旅游市场营销实务

主　编　董　倩　张荣娟
副主编　徐　姜　屈　迪
　　　　李潇璇　王路婷
参　编　袁　哲　姜玲玲

北京理工大学出版社
BEIJING INSTITUTE OF TECHNOLOGY PRESS

版权专有 侵权必究

图书在版编目（CIP）数据

旅游市场营销实务 / 董倩，张荣娟主编. —北京：北京理工大学出版社，2018.8（2021.9重印）

ISBN 978-7-5682-6275-0

Ⅰ. ①旅… Ⅱ. ①董… ②张… Ⅲ. ①旅游市场-市场营销学-高等学校-教材 Ⅳ. ①F590.8

中国版本图书馆 CIP 数据核字（2018）第 206856 号

出版发行 / 北京理工大学出版社有限责任公司	
社　　址 / 北京市海淀区中关村南大街 5 号	
邮　　编 / 100081	
电　　话 /（010）68914775（总编室）	
（010）82562903（教材售后服务热线）	
（010）68944371（其他图书服务热线）	
网　　址 / http://www.bitpress.com.cn	
经　　销 / 全国各地新华书店	
印　　刷 / 河北盛世彩捷印刷有限公司	
开　　本 / 787 毫米 × 1092 毫米　1/16	
印　　张 / 21.25	责任编辑 / 刘永兵
字　　数 / 496 千字	文案编辑 / 刘永兵
版　　次 / 2018 年 8 月第 1 版　2021 年 9 月第 3 次印刷	责任校对 / 周瑞红
定　　价 / 49.80 元	责任印制 / 李　洋

图书出现印装质量问题，请拨打售后服务热线，本社负责调换

前　言

近年来，我国旅游业保持持续、快速的发展势头，成为国民经济发展的重要增长点，成为很多地区经济战略的核心内容。随着旅游业的蓬勃发展，旅游教育也得到了长足的进步，据统计，2010 年我国共有高、中等旅游院校 1 968 所，其中高等院校 967 所；全国旅游院校学生数共计 1 086 358 人，其中高等院校 596 095 人。在我国多渠道、多方位、多层次的旅游高等教育格局已经形成，学科建设和教材建设已初具规模。旅游业的迅猛发展迫切需要大量高素质、创新型、实用型旅游专业人才，旅游教育的进步更应适应旅游业的发展需要，旅游专业大学生亦应成为旅游业人才供给的主力军。本书结合旅游业实际情况与需要，统揽市场营销学的知识逻辑与体系，立足高职高专旅游专业学生，力求旅游专业学生在认知营销学知识体系的基础上，能够结合旅游业具体情况开展营销策划实务性活动。本书通篇以模块与任务形式展开，共分五个模块；每个任务以案例导入旅游营销理论，配以案例帮助学生理解知识，中间穿插各类旅游视频，方便学生学习与拓展知识面，并以拓展阅读来丰富学生知识和课外学习内容，每个模块最后以实训活动开展旅游营销策划练习结束，以为未来的企业实习与工作奠定基础。

本书由辽宁现代服务职业技术学院的董倩老师、张荣娟老师担任主编；由辽宁省交通高等专科学校的徐姜老师、大连市旅游中等职业技术专业学校的屈迪老师、辽宁现代服务职业技术学院的王路婷老师和抚顺职业技术学院的李潇璇老师担任副主编；营口职业技术学院的袁哲老师、辽阳职业技术学院的姜玲玲老师参编。全书由董倩老师和张荣娟老师实施策划和组织编写，完成全书的体系安排、内容审定和修改工作。李潇璇老师负责模块一任务一、任务二和任务三的内容编写及课件的制作工作；董倩老师负责模块二任务一、任务二和模块四任务四的内容编写及视频和课件的制作工作；屈迪老师负责模块二任务三和模块四任务一、任务二和任务三的内容编写及视频和课件的制作工作；王路婷老师负责模块二任务四和模块三任务一、任务二和任务三的内容编写及视频和课件的制作工作；徐姜老师负责模块五任务一、任务二、任务三和任务四的内容编写及视频和课件的制作工作。

目 录

模块一　旅游市场营销概述……………………………………………………（1）
　　任务一　认识旅游市场……………………………………………………（2）
　　　　第一节　市场…………………………………………………………（2）
　　　　第二节　旅游市场……………………………………………………（7）
　　任务二　认识旅游市场营销………………………………………………（10）
　　　　第一节　市场营销……………………………………………………（12）
　　　　第二节　旅游市场营销………………………………………………（17）
　　任务三　旅游市场营销的新发展…………………………………………（23）

模块二　旅游市场分析…………………………………………………………（29）
　　任务一　旅游市场营销调研………………………………………………（29）
　　　　第一节　旅游市场营销调研概述……………………………………（31）
　　　　第二节　旅游市场营销调研的程序与方法…………………………（33）
　　任务二　旅游市场营销环境分析…………………………………………（46）
　　　　第一节　旅游市场营销环境概述……………………………………（47）
　　　　第二节　旅游市场营销宏观环境分析………………………………（49）
　　　　第三节　旅游市场营销微观环境分析………………………………（53）
　　　　第四节　SWOT 分析…………………………………………………（56）
　　任务三　旅游消费者行为分析……………………………………………（61）
　　　　第一节　旅游消费者需求概述………………………………………（61）
　　　　第二节　旅游动机与旅游者行为分析………………………………（65）
　　任务四　旅游竞争…………………………………………………………（72）
　　　　第一节　认识竞争对手………………………………………………（73）
　　　　第二节　收集竞争情报………………………………………………（74）
　　　　第三节　分析和评价竞争对手的战略………………………………（77）

第四节　竞争战略的选择 ……………………………………………（81）

模块三　旅游市场营销战略选择 ………………………………………（90）

任务一　旅游市场细分 …………………………………………………（91）
　　第一节　认识旅游市场细分 ……………………………………………（92）
　　第二节　旅游市场细分的原则与方法 …………………………………（95）

任务二　旅游目标市场选择 ……………………………………………（100）
　　第一节　目标市场策略 …………………………………………………（101）
　　第二节　旅游企业目标市场选择战略 …………………………………（104）

任务三　旅游市场定位 …………………………………………………（109）
　　第一节　旅游市场定位 …………………………………………………（110）
　　第二节　旅游市场定位的方法步骤 ……………………………………（115）
　　第三节　CIS 战略在旅游营销中的应用 ………………………………（120）

模块四　旅游营销战略制定 ……………………………………………（128）

任务一　旅游产品 ………………………………………………………（128）
　　第一节　认识旅游产品 …………………………………………………（129）
　　第二节　旅游产品生命周期 ……………………………………………（133）
　　第三节　旅游产品组合策略 ……………………………………………（137）
　　第四节　旅游品牌策略 …………………………………………………（141）
　　第五节　新产品开发策略 ………………………………………………（145）

任务二　旅游产品价格策略 ……………………………………………（153）
　　第一节　旅游产品价格概述 ……………………………………………（154）
　　第二节　旅游产品定价程序与方法 ……………………………………（158）
　　第三节　旅游产品定价策略 ……………………………………………（160）

任务三　旅游营销渠道策划 ……………………………………………（167）
　　第一节　旅游产品营销渠道概述 ………………………………………（168）
　　第二节　旅游中间商 ……………………………………………………（171）
　　第三节　旅游产品营销渠道策略 ………………………………………（174）

任务四　旅游促销策划 …………………………………………………（179）
　　第一节　旅游促销 ………………………………………………………（180）
　　第二节　旅游促销组合 …………………………………………………（182）
　　第三节　旅游广告 ………………………………………………………（185）
　　第四节　旅游营业推广 …………………………………………………（194）
　　第五节　旅游公共关系 …………………………………………………（199）
　　第六节　旅游人员推销 …………………………………………………（205）
　　第七节　旅游体验营销 …………………………………………………（212）

模块五　旅游营销战略实务 ……………………………………………… (225)

任务一　旅游景区营销策划 ……………………………………………… (226)
第一节　旅游景区营销策划概述 ……………………………………… (228)
第二节　旅游景区产品 ………………………………………………… (230)
第三节　旅游景区营销策划原理 ……………………………………… (235)

任务二　旅行社营销策划 ………………………………………………… (245)
第一节　旅行社营销策划概述 ………………………………………… (248)
第二节　旅行社营销策划 ……………………………………………… (252)

任务三　旅游饭店营销策划 ……………………………………………… (260)
第一节　旅游饭店营销策划概述 ……………………………………… (264)
第二节　旅游饭店营销策划 …………………………………………… (269)

任务四　旅游交通营销策划 ……………………………………………… (288)
第一节　旅游交通营销策划概述 ……………………………………… (292)
第二节　旅游交通营销策划实施 ……………………………………… (294)
第三节　自驾旅游项目 ………………………………………………… (313)

参考文献 …………………………………………………………………… (329)

模块一

旅游市场营销概述

■ 导读

当人们的生活中出现交换和交易时，人们就开始学习如何更好地展现自己的商品，当经济发展到一定程度时，交易就变得愈加烦琐和复杂。随着人们需求的不断变化，人们开始系统地整理交换和交易的技巧和方法，开始有针对性地改善自己的商品。所以，市场营销是经济发展到一定阶段的产物，其目的是应对人们在生产销售中遇到的各种问题，应对竞争，掌握消费者需求。市场营销告诉人们什么是市场，让企业明白如何在市场中通过市场细分来确定目标市场，如何比竞争对手更好地满足消费者。

旅游市场营销是市场营销的一个分支，它和普通的市场营销虽然原理相同，但是在实际操作和应用上则具有自己的特点。这是因为旅游产品本身具有特殊性，旅游市场的需求又因消费者的不同存在着很大的差异。所以旅游市场有它独特的要求，而旅游市场营销需要在一般市场营销的基础上加以调整和优化。

■ 知识目标

了解市场营销和旅游市场营销的概念和特点，明确其发展历程，掌握旅游市场营销的新发展。

■ 技能目标

能够运用市场营销和旅游市场营销的概念分析市场情况，解释说明旅游市场营销包含的内容。

任务一　认识旅游市场

知识点：了解市场的定义和构成，掌握其功能与作用，明确其类型。了解旅游市场营销的含义，掌握其营销的特点，明确其未来发展趋势。

技能点：能够运用市场和旅游市场相关概念分析实际的市场问题。

案例导入

2017年6月5日第11届亚洲国际豪华旅游博览会（ILTM Asia 2017）在上海举行。作为亚洲旅游业最受瞩目的年度盛会之一，本次博览会吸引了亚洲实力雄厚的豪华旅行社、礼宾服务公司、私人定制旅游公司以及全球各地的参展商。

据ILTM Asia主办方统计，共有来自亚洲18个旅游市场的469个买家参与本届上海博览会，其中中国内地买家186个、香港买家35个，占比近半；来自泰国、新加坡、澳大利亚的买家数量有明显增加。另外，本次博览会还吸引了来自53个国家的462家参展商，覆盖多个行业类别。当时官方预测，本次博览会将促成逾2.6万个洽谈机会，较上一年增长6%。业内人士认为，买家和参展商的热情很大程度上源于对亚洲豪华旅游的一致看好。

据全球调研机构Agility发布的《高收入人士豪华旅游洞察报告》（*Affluent Insights*）显示，2017年，中国高净值人群的增速有望超越美国达到全球最快，4/5的高收入人士计划在未来一年增加旅行次数，其中7/10将选择更加豪华的方式出游。报告还预测，截至2020年，中国游客在海外的消费总额有望达到4 220亿美元。Alison Gilmore在采访中表示，从目前来看，3.22亿中国千禧一代日益成为代表决策力和消费力的重要人群，相对于财富他们更重视体验，因此对国民整体的旅游消费行为和趋势产生了巨大影响，他们将带动旅游频率和消费持续上涨。"跟过去相比，中国的'80后''90后'更具冒险精神，他们希望尝试新的目的地和旅游体验，这使得游轮和猎游旅游大受欢迎，同时也能进一步提升旅游目的地的人气，"Alison Gilmore进一步解释道，"全新的体验和活动是影响目的地选择的重要因素，游客通常会在出行前预定行程，这为供应商按需定制旅游产品提供了机遇。"随着中国及泛亚洲地区的游客对出境游和豪华游的需求日益增长，越来越多的豪华旅游品牌相继进军亚洲市场，它们面临的最大困难是如何扩大知名度。"寻求真正奢华体验的消费者会更看重他们所中意的旅游品牌和体验。"对此，Alison Gilmore认为，要想打入亚洲市场，豪华旅游品牌首先要在旅游市场中占有一席之地，并选择与深刻了解其产品和品牌特质的合作伙伴展开合作。

资料来源：人民网，http://travel.people.com.cn/n1/2017/0608/c41570-29326258.html。

问题：为何多方机构都看好中国豪华旅游市场？

第一节　市场

1. 市场

《周易·系辞》就市场的起源写道："神农日中为市，致天下之民，聚天下之货，交易而退，各得其所。"司马光在《资治通鉴》中也说："神农日中为市，致天下之民，聚天下之货，交易而退，此立市始。"这两种说法都认为原始市场是从神农氏时代开始出现的。但神农是传说中的上古帝王，不一定确有其人。不过有一点可以肯定，我国古代社会进入农业时期，社会生产力有了一定发展后，先民们就开始有了可以交换的少量剩余产品，因而产生了原始市场。"市"在古代也称作"市井"，这是因为最初的交易都是在井边进行的。《史记·正义》写道："古者相聚汲水，有物便卖，因成市，故曰'市井'。"古时在尚未修建正式市场之前，常是"因井为市"。这样做有两点好处：一是解决商人、牲畜用水之便，二是可以洗涤商品。《风俗通》云："于井上洗涤，令香洁。"后来在城镇附近均设井供商人饮马之用。古时的这一遗风一直延续了下来，直到 20 世纪 40 年代末，仍能在乡镇中见到市井，"市井"一词也一直沿用至今。

市场从古代发展至今，从最原始的市场到当今社会的多元化市场，出现了多种定义和类型，下面我们从两个方面来了解市场。

1.1 狭义的市场

看过《三国演义》的人应该记得刘关张三兄弟相识的一幕，刘备卖草鞋，关羽贩豆子，张飞卖猪肉，关羽和张飞发生了矛盾，刘备出来劝解，三人意气相投，才有了后来的桃园结义。这里要说的是，刘关张三人相识的地点就是集市。古代的集市也就是现在所说的市场。狭义的市场是买卖双方进行商品交换的场所，即买方和卖方聚集在一起进行商品交换的实地，或是一个地点，或是一片区域，是可以看得见的商品交易场所或地点。

1.2 广义的市场

随着社会分工和市场经济的逐步发展，市场的定义也在不断发展和深化，并且在深化的过程中体现出了不同层次的多重含义。

（1）市场是指对某种特定商品或某类商品进行交易的买方与卖方的集合。这里所说的市场，包括有需求的人或企业和能够满足这种需求的人或企业，这里的市场是以人为主体的市场。

（2）市场是各种市场主体之间的交换关系乃至全部经济关系的总和。市场是商品交换顺利进行的条件，是商品流通领域一切商品交换活动的总和。市场是以商品交换为基本内容的经济联系方式。

（3）市场是指为了买入和卖出某些产品而与其他企业和个人相联系的一群企业和个人。市场的规模，即市场的大小，就是购买者的数量，数量越大，意味着市场就越大。

（4）杰罗姆·麦卡锡认为，市场是指一群具有相同需求的潜在客户。他们愿意以某种有价值的东西来换取卖方所提供的商品，这样的商品是满足需求的方式，市场表现为对某种或某类商品的消费需求。

随着互联网的发展，市场不一定是真实的场所和地点，当今许多买卖都是通过互联网来实现的，中国最大的电子商务网站淘宝网和京东商城就是提供交换的虚拟市场。

2. 市场构成

2.1 宏观市场构成

商品、卖方、买方作为宏观市场构成的基本或主要因素，通过买方和卖方之间的相互关联，一步一步地推动着市场的车轮向前运动。

（1）可供交换的商品。这里所说的商品包含了多种含义，商品可以是有形的产品，比如服装、食品、房子、汽车，等等；也可以是无形的产品，比如导游服务、健身服务、家教服务，等等；还可以是各种商品化了的资源要素，比如技术、信息、资金、土地、劳动力，等等。商品交换是市场的基本活动，在商品交换的过程中所产生的经济联系也是以商品的购买或者出售为内容的。所以，具备一定数量的可供交换的商品，是市场存在的物质基础，也是宏观市场的基本构成要素。如果没有了可供交换的商品，市场也就不复存在了。

（2）提供商品的卖方。商品是用来交换的，但是商品不具备自主交换的能力，不能自己到市场中去与其他商品进行交换，所以它必须由它的提供者，也就是出售商品的一方，即卖方带到市场上去进行交换。在商品交换的过程中，商品提供者通过具体的商品交换满足了他们自身的经济利益和经济需求。同时，卖方或者说商品提供者向市场提供了一定数量的商品，所以，卖方作为市场供求关系中的供应方而成为宏观市场的基本构成要素。

（3）有支付能力的商品需求者——买方。卖方将一定数量的商品带到市场中，商品交换还没有完成，卖方还必须找到既具备支付能力又有需求的购买者，去完成商品的交换，否则市场也不能存在。因此，买方作为商品的需求者，所代表的市场需求是决定商品交换能否实现的基本要素。所以，买方也是宏观市场的基本构成要素。

2.2 微观市场构成

在市场经济条件下，微观主体是企业。从微观角度或者企业角度考察，企业作为某一种或某一类商品的生产者或者经营者，必然直接面对有购买需求的消费者，也就是买方。企业需要研究买方的特点和需求，从而生产出适销对路的产品，使自己的产品、服务和营销方案与地理、人口、心理和行为因素相适应。因此，深入了解企业所面临的现实市场状况，从中选择目标市场并确定进入目标市场的市场营销策略，以及进一步寻求潜在市场，是企业开展市场营销活动的前提，企业对微观市场的研究更具有直接的意义。宏观市场只是企业组织市场营销活动的市场环境。微观市场的构成包括人口、购买力、购买欲望三方面要素。

（1）人口。需求是人的本能，对物质产品及精神层面的需求是人类能够生存的基本条件，哪里有人，哪里就有需求，哪里就会形成市场。人口的数量决定着市场的大小，人口的状况影响着市场需求的内容和结构。构成微观市场的人口因素包括人口的数量、性别、年龄结构、地理分布，消费者家庭户数和家庭人口数，消费者的民族与宗教信仰，消费者的职业和文化程度等多种具体因素。人口是微观市场构成三要素中最基本的要素。

（2）购买力。顾名思义，购买力就是支付货币购买商品的能力。社会购买力来源于各种经济成分的职工工资收入、其他职业劳动者的劳动收入、居民从财政方面得到的收入（如补贴、救济、奖励等）、银行和信用单位的贷款、居民其他收入、社会集团购买消费品的货币等。消费者的消费需求是通过手中的货币购买商品实现的。因此，在人口状况既定的条件下，购买力就成为决定市场容量的重要因素之一。市场的大小直接取决于购买力的高低。一般情况下，购买力受到人均国民收入、个人收入、社会集团购买力、平均消费水平、消费结构等因素的影响。购买力是微观市场构成三要素中最物质的要素。

（3）购买欲望。购买欲望指消费者购买商品的愿望、要求和动机。它是把消费者的潜在购买力变为现实购买力的重要条件。只具备一定的消费者和购买力，而消费者缺乏强烈的购买欲望或者购买动机，商品交易也无法完成，而没有商品交易的市场也就不能称为市场了。因此购买欲望也是市场不可缺少的重要构成因素。

微观市场的这三个构成要素是相互制约、缺一不可的，它们共同构成了企业的微观市场，而市场营销学研究的正是这种微观市场的消费需求。

3. 市场的功能与作用

尽管社会形态和商品经济发达程度不同，市场在性质、规模以及发育状况、地位、作用等方面存在着差别，但其基本功能和作用是一切市场所共有的，是市场活动所具有的内在属性，具体表现在以下几个方面。

3.1 交换功能

众所周知，"丝绸之路"是古代连接东西方的著名贸易要道。随着时代发展，"丝绸之路"成为古代中国与西方政治经济文化往来的通道的统称。有西汉张骞开通西域的官方通道"西北丝绸之路"；有北向蒙古高原再西行天山北麓进入中亚的"草原丝绸之路"；有长安到成都再到印度的山道崎岖的"西南丝绸之路"；还有从广州、泉州、杭州、扬州等沿海城市出发，经南洋到阿拉伯海，甚至远达非洲东海岸的"海上丝绸之路"。

元朝时期，元朝统治者发动了三次西征及南征，大大扩展了版图，加之设立驿路、恢复欧亚交通网络，使欧亚广大地域范围内国际商队长途贩运活动再度兴盛起来。据史料记载，当时在漫长的东西方陆路商道上从事商队贩运贸易的有欧洲商人，有西亚、中亚地区的商人以及中国色目商人等。欧洲和中亚、西亚商人一般都携带大量金银、珠宝、药材、奇禽异兽、香料、竹布等商品来中国或在沿途出售，他们所购买的主要是中国的缎匹、绣彩、金锦、丝绸、茶叶、瓷器、药材等商品。元代来中国的外国商人、商队为数之众，在外国史料中多有记载。《马可·波罗游记》中几处写道，元大都外城常有"无数商人""大量商人"来往止息，"建有许多旅馆和招待骆驼商队的大客栈……旅客按不同的人种，分别下榻在指定的彼此隔离的旅馆"。《通商指南》也指出，"汗八里都城商务最盛。各国商贾辐辏于此，百货云集"。

从以上资料可以看出，"丝绸之路"是以市场为媒介以物换物最为典型的代表，这也体现了市场最基本的功能——交换。以市场作为场所和媒介，最终实现商品的交换，这就是市场的交换功能。在市场经济条件下，商品生产者出售商品、消费者购买商品以及经营者买进和卖出商品的活动，都是通过市场进行的。市场不仅为买方、卖方以及中间商提供交换商品的场所，同时通过等价交换的方式促成商品所有权在买方和卖方之间转移，从而实现商品的交换。

尽管随着市场经济的发展，商品的范围已经拓展到各种无形产品以及生产要素，比如资金、房地产、信息、技术、服务、劳动力、产权，等等，但上述商品的交换仍然是通过市场完成的。

3.2 反馈功能

1996年，在竞争激烈的洗衣机市场，海尔在产品供过于求、大量积压的局面下，改变了以往单一的大容量洗衣机的生产，研发了一款容量小、具有省水省电功能、能洗小件衣物的洗衣机"小小神童"。上市后三个月，"小小神童"在京每月销售逾5 000台。1997年年初"小小神童"在上海、广州及其他大中城市陆续上市，一年之内，销售突破30万台，两年内销售达到100万台,夏季销售尤其火爆,突破了夏季洗衣机销售的淡季,开创了洗衣机市场的又一个新局面,使海尔的发展又形成一个新的高峰。海尔的"小小神童"能够取得如此成功,完全归功于准确的市场信息反馈。首先,海尔的决策者根据市场的大量调研发现,市场上2公斤①以下的洗衣机市场是一个空白,而这个空白却一直被众多洗衣机厂家忽视;其次,以往夏季被认为是洗衣机销售淡季,然而这是因为企业没有提供满足消费者需求的产品才造成的一个误区,事实上夏季消费者洗衣量不仅没有减少,反而增加了;最后,以往小件衣物(包括内衣裤、袜子、手帕等)人们通常用手洗,但海尔人认为随着科技的发展,人们的这一习惯可能会改变。海尔根据前期掌握的资料,打破市场常规,改变了之前的大容量洗衣机为市场主流的传统,将"小小神童"设定为小容量洗衣机产品系列,这样的产品满足了那些人口少、夏天洗衣勤的家庭的需求。海尔的成功案例反映出了市场的另一个重要功能,就是信息的反馈。

市场把交换活动中产生的信息传递给交换活动中的买方、卖方以及中间商,这就是市场的反馈功能。商品卖方和买方在市场上进行交易时,不断输入有关生产、消费等各方面的信息,而这些信息经过转换,又以新的形式反馈到市场。对于市场营销而言,企业可以根据商品销售情况的反馈,判断消费者的偏好,为市场营销战略策划提供依据;对于一个国家而言,市场的反馈机制能够反映国民经济各部门间的比例关系,政府可据此调整社会资源在各部门之间的分配。

3.3 调节功能

调节功能指市场在其内在机制的作用下,能够自动调节社会经济的运行过程和基本比例关系,以价格、供求关系、竞争等方式,对社会生产、分配、交换、消费的全过程进行自动调节。例如甲地A水果市场价格大幅上涨,乙地的很多水果商闻风而来售卖A水果,随着甲地A水果的增多,价格开始下降,甚至达到了10年来的最低水平。这就是市场在调节社会消费水平、消费结构和消费方式,调节各个市场主体之间的利益分配关系,调节市场商品的供求总量与供求结构等方面的作用。

4. 市场类型

按购买者的购买目的可分为:消费者市场、生产商市场、转卖者市场、政府市场。

按市场竞争状况可分为:完全竞争市场、完全垄断市场、不完全竞争市场、寡头垄断市场。

按交易产品的最终用途可分为:生产资料市场、生活资料市场。

按交易对象的内容不同可分为:商品市场、技术市场、劳动力市场、金融市场、信息市场。

按市场的地理位置可分为:国内市场、国际市场。

小结:本节详细说明了市场的含义和特点,明确了市场的分类,要求学生具备分析市场情况的能力,引导学生按照不同的方式将市场分类。

小组活动:以小组为单位,选择不同的酒店,通过网络查询和实地调研的方式分析该酒

---

① 1公斤=1千克。

店的市场情况，并为该酒店的发展方向提出建议。

第二节 旅游市场

市场是由人口、购买力、购买欲望共同构成的，缺一不可。旅游市场的形成与经济的发展密不可分。研究表明，当城乡人均收入超过 1 000 美元时，每增加 10% 会有 1% 用于旅游；当城乡人均收入超过 3 000 美元时，每增加 10% 会有 2%～5% 用于旅游；一个国家或地区人均 GDP 超过 5 000 美元时，旅游进入大众化日常性普遍消费阶段。经济的发展是旅游市场形成的主要条件，旅游客源市场分布与国家经济发展水平和国民收入水平保持一致，经济发达的国家和地区都是旅游市场发展强劲的地方。以中国为例，作为世界第二大经济体，随着经济的发展，国民收入不断提高，旅游市场呈井喷式发展。

1. 旅游市场的含义

旅游市场是旅游产品交换过程中反映的各种经济行为和经济关系的总和。旅游市场属于一般商品市场的范畴，具有商品市场的基本特征，有旅游供给的场所、旅游消费者和旅游经营者。

旅游市场是由某一特定旅游产品的现实消费者和潜在消费者组成的。旅游市场的主体是旅游产品的消费者。潜在的消费者指那些现在尚不具备购买能力或购买意愿，但在未来有可能购买旅游产品的人，他们构成了潜在旅游市场；现实的消费者指那些已经具备旅游产品的购买能力且有购买意愿的人，他们构成了现实旅游市场。

2. 旅游市场的特点

旅游市场是旅游消费者满足旅游欲望进行消费行为的场所，它为人们提供了人文经历、自然感受，增加了人们的阅历和体验，因此，旅游市场中的产品有别于普通商品，兼具有形产品和无形产品，更强调服务和购买感受。

首先，旅游产品的范围十分广，它覆盖了旅游活动中食、住、行、游、娱、购六个方面，需要多行业、多人员共同参与到旅游市场中来完成；其次，旅游市场为游客提供的产品大多是无形产品，这些无形产品可以是导游服务，也可以是购买感受，还可以是心得体会，这就导致了旅游市场提供的产品大多是生产与消费同时进行的；最后，旅游产品的特殊性决定了旅游产品是不可转移的。

2.1 旅游市场是多行业合作的综合市场

旅游者多方位的需求导致旅游产品的多元发展，而旅游产品的多元发展使得旅游市场呈现出综合性。一次旅游行为需要食、住、行、游、娱、购等多方企业分工合作共同完成，缺一不可。旅游市场就像一根线将相关企业串联起来，使它们产生关联性，从各个方面满足旅游者的需求和欲望，构成一个完整的旅游产品。

2.2 旅游环境的不稳定性造成了旅游市场的波动和敏感

旅游行业的发展和游客的旅游行为往往是多变和不确定的，同时对旅游产品的评价也很难有固定不变的标准，这是因为各种因素都对旅游行业产生影响，同时制约旅游市场的发展。旅游行业牵扯到多个部门和行业之间的分工协调，牵一发而动全身，往往一个微小的变化就会使整个旅游市场发生动荡。另外旅游行业的宏观环境也会对旅游市场产生一定的影响，例如环境的变化、气候的影响、经济的繁荣、政策的变更，等等。

2.3 旅游资源的分布促进了异地旅游市场的繁荣

大自然的鬼斧神工造就了不同的自然风光，既有大漠孤烟的辽阔，又有烟雨蒙蒙的婉约，同时不同的文化传统、风俗习惯又赋予了世界不同的人文景观。这些珍贵的旅游资源分布在世界各地，因为它们是固定不动的，才有了旅游，才有了人们购买旅游产品来实现旅游感受。这些造成了旅游市场的异地特性，销售者、生产者、消费者往往不在同一个地域，旅游产品的生产变成一个跨越空间的过程。

2.4 旅游感受成为旅游市场中的主要组成部分

食、住、行、游、娱、购作为旅游行为的六个环节，几乎包含了旅游市场中的所有旅游产品。在这些旅游产品中，无论是旅游资源、旅游设施，还是交通运输、餐饮住宿、旅游服务，消费者购买到的大多是旅游感受，是无形产品，所以旅游市场更多的功效是帮助游客获得更多的满足和欢愉。

3. 旅游市场的未来发展趋势

全球性是当今旅游市场非常突出的特点。一是世界各个国家都在积极地发展旅游业，旅游市场俨然成为当今最具活力的市场，有的国家甚至将旅游业作为支柱性产业，给旅游市场极大的空间和便利；二是旅游者来自世界各个国家、各个民族，都是为了在旅游活动中寻求内心的愉悦和快乐；三是旅游经营者跨国家、跨地区的旅游经营活动越来越多，以旅游住宿为例，在三亚亚龙湾就汇集了包括美高梅、里兹卡尔顿、铂尔曼、喜来登等多家国际连锁酒店，跨国家、跨地区的国家化经营趋势非常明显。

小结：本节综合介绍了旅游市场的定义和特点，说明了旅游市场的未来发展。要求学生能够掌握分析旅游市场特征，可以根据消费者的不同需求选择相应的旅游市场。

小组讨论：以小组为单位，查询绿色旅游相关信息，讨论分析这种生态旅游市场出现的原因。

任务一小结：在本任务中，对市场和旅游市场分别进行了讲解说明，细致详尽地阐述了市场和旅游市场的含义，并以此为切入点展开说明了市场和旅游市场的特点，为引入市场营销和旅游市场营销的概念打下了基础。

拓展阅读

乘2022年冬奥会东风，让3亿人共享冰雪盛宴，冰雪旅游进入黄金时代

冬日的北国白雪皑皑。黑龙江哈尔滨以巨型雪雕将夏日苍翠的太阳岛变成了雪中王国；吉林松原以查干湖冬捕展现神秘原始的渔猎文化；内蒙古以盛大的"冰雪那达慕"发出最诚挚的邀请。

即便在郁郁葱葱的冬日南国，浙江绍兴乔波冰雪世界、湖北神农架滑雪场、四川西岭雪山滑雪场、贵州六盘水玉舍雪山滑雪场等室内滑雪场也深受游客喜爱。

"2022年冬奥会为发展冰雪旅游提供了巨大机遇，对于提升我国冰雪旅游的国际化、标准化水平，扩大冰雪旅游品牌影响，具有强大的带动作用。"在国家旅游局举办的冰雪旅游研讨会上，国家旅游局局长李金早表示，在大众旅游时代全域旅游发展格局下，冰雪旅游正进入黄金发展期，市场潜力巨大。

中国旅游研究院发布的《中国冰雪旅游发展报告（2017年）》指出，冰雪旅游正成为地方经济社会发展新支柱，中国将在2022年超额完成"3亿人参与冰雪运动"的目标。

报告显示，大众观光和休闲度假并重的中国特色冰雪旅游发展模式初步形成，2016—2017年冰雪季（2016年11月—2017年3月），冰雪旅游市场规模达到1.7亿人次，冰雪旅游收入约合2 700亿元，我国已经成为冰雪旅游大国，正在向冰雪旅游强国迈进。

"冰雪旅游是旅游+运动+度假的新型休闲业态，具有高增长、新体验、效益好的三大特点。"中国人民大学休闲经济研究中心主任王琪延说，在国家体育总局、国家旅游局等部门的共同推动下，冰雪旅游正在我国体育旅游大潮中异军突起。

中国旅游研究院韩元军博士说："2016—2017年冰雪季在中国冰雪旅游发展史上具有里程碑意义。在各方努力下，我国推动冰雪旅游发展的顶层设计方案日趋完善，正在形成冰雪旅游发展的合力。"

如今，借举办2022年冬奥会和旅游大发展的东风，我国不少地区正全力推动"冰天雪地"向"金山银山"转变，推出各具特色、丰富多样的冰雪旅游产品，将"冷资源"打造成为"热经济"。

黑龙江建立了全省冰雪产业发展联席会议制度，开展全民冰雪活动日系列活动，营造出冬季资源"冰天雪地"、活动"铺天盖地"、面貌"翻天覆地"、游人"欢天喜地"的浓厚氛围；编制完成了《黑龙江省冰雪旅游专项规划（2016—2025年）》《黑龙江省生态旅游专项规划（2016—2025年）》，同时在产品供给和市场营销两大重点上狠下功夫，成功叫响了"冰雪之冠·畅爽龙江"冬季品牌。

吉林省出台了《关于做大做强冰雪产业的实施意见》，创新性地提出，打造"以冰雪旅游为本体、以冰雪体育为基础、以冰雪文化为引领"的"3+X"全产业链条，树立吉林冰雪产业发展的全新坐标，为国家研究出台寒地冰雪经济政策树立标杆。

河北省颁布了《河北省冬季运动发展规划》，提出到"2022年全省参与冰雪运动人次达到3 000万以上"的奋斗目标；研究制定了《河北省体育产业发展"十三五"规划》，提出实施冰雪经济发展计划，打造冰雪健身、冰雪休闲、冰雪旅游、装备制造、产业服务于一体的冰雪产业链，不断培育冰雪产业消费热点，力争到2022年全省冰雪产业规模达到1 000亿元。

此外，新兴力量也积极发展，如新疆各地均将冰雪旅游纳入旅游工作重点。

韩元军说，2016—2017年冰雪季我国冰雪旅游人次占全国旅游总人次比重不到5%，人均仅为1.3次，这与滑雪强国人均5次左右还有较大差距。这也说明，我国冰雪旅游市场潜力巨大，远远不能满足老百姓的需求。目前，冰雪观光是冰雪旅游的主要类型，未来将融合更多时尚、科技、流行、健康元素，形成"冰雪旅游+"发展态势。

中国冰雪旅游将进入高速增长的黄金时代。《中国冰雪旅游发展报告（2017年）》显示，预计2021—2022年冰雪季，我国冰雪旅游人数将达到3.4亿人次，收入达到6 700亿元，冰雪旅游将带动旅游及相关产业的产值达到2.88万亿元，"3亿人参与冰雪运动"的目标将在 2022 年提前超额完成。冰雪旅游将成为"双创"新高地,投资新热点。

《中国冰雪旅游发展报告(2017 年)》同时指出,未来冰雪旅游将从竞争走向合作,东北地区将进一步巩固长距离游客第一选择的龙头地位;河北张家口加速从小众滑雪发烧友市场向大众冰雪旅游市场转变;北京将借助冬奥会发展更多高标准冰雪旅游产品;内蒙古和新疆等冰雪资源富集区将通过把冰雪资源与本地民族特色文化、优美自然风光相结合,联合开展"丝绸之路"冰雪旅游带开发。

对此研判,韩元军说,这主要是基于两方面,一方面是政策红利逐渐释放,冰雪旅游产品更丰富,基础设施和公共服务更完善,供给质量更高;另一方面冰雪旅游属于高消费旅游类型,有着其他产品无可替代的魅力,市场需求不可限量。

黑龙江省旅游发展委员会主任锡东光表示,要以打造"两座金山银山"为抓手,坚持"四化"总体思路,突出打好生态牌、念好冰雪经,加快旅游业供给侧结构性改革,大力发展冰雪游等,促进旅游与文化、体育、健康、养老等产业融合发展,加快建设全国一流的生态休闲度假旅游目的地、夏季健康养老基地和全域旅游示范区以及全国首选冰雪旅游目的地。

吉林省旅游发展委员会主任杨安娣说:"要瞄准冰雪产业的制高点,找准产业竞争的突破口,统筹推动、持续发力、步步深入,最终把吉林打造成中国冰雪旅游强省和世界冰雪旅游目的地。"

韩元军则表示,各地必须走冰雪品牌化之路,塑造具有本地个性的冰雪旅游产品,注重目的地冰雪文化的打造,形成冬季独特吸引力。

资料来源:新浪新闻,http://news.sina.com.cn/o/2017-12-29/doc-ifyqchnr7177939.shtml。

问题:冬奥会为中国的冰雪旅游市场带来了怎样的改变?

任务二　认识旅游市场营销

知识点:了解市场营销的含义,掌握市场营销核心概念,明确市场营销的发展历程,了解市场营销道德的重要性。掌握旅游市场营销定义,了解旅游市场特点,熟悉旅游市场营销的发展历程。

技能点:能够运用市场营销的核心概念分析市场和消费者的需求,能够计算衡量消费者价值和消费者满意度;能够通过运用旅游市场营销的相关概念完善旅游产品。

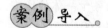

一定要住一次的动物主题酒店

相信小伙伴们动物园都去得多了,但是住过动物园般的酒店吗?这些酒店可以在阳台上喂长颈鹿,与棕熊共浴,吃饭时旁边还有狮子和企鹅陪着。

想想都觉得开心刺激吧!接下来要介绍的几家遍布全球的动物主题酒店,就能让孩子与动物近距离接触,感受大自然的美妙。

NO.1 肯尼亚的长颈鹿庄园:全球家庭亲子游的梦想之地

长颈鹿庄园其实是一家酒店,是肯尼亚最有名的建筑之一,位于肯尼亚内罗毕市郊。庄园始建于20世纪30年代，后来由一个非洲保育基金的创办人购入，饲养了2只当时极度濒危的Rothschild长颈鹿。在基金帮助下，长颈鹿的数量如今已有7只，它们会在庄园里自由行走，在每天早上7点，会将脖子伸到窗内和你共进早餐。

庄园共有6间房间，房间最大特色是有多个敞开的大窗户，方便长颈鹿将头探入房间。庄园除了长颈鹿，还有大量雀鸟和羚羊等野生动物。但要和长颈鹿同居，除了要付每晚3 000多港元的房费，还要和众多外国游客排队等候才可以呢。

如果某天清晨叫醒你的不是闹钟而是长颈鹿，你会不会感到惊讶呢？每天早晨，长颈鹿会在庄园里散步，等待饲养员为它准备早餐，或者把脑袋探进客房窗户里寻找美味，与游客共进早餐。

这个奇趣的童话庄园2014年在CNN评选的全球TOP10"梦想旅游之地"位列榜首，被旅游界风向标杂志*Travel & Leisure*选为2017年家庭游最佳旅游目的地。

用什么可以吸引长颈鹿的注意呢？当然是靠特制的长颈鹿小零食。通常在长颈鹿保育中心，工作人员会拿一大桶小零食，让大家喂给长颈鹿。

这里特制了两层高的小楼，站在二楼正好和长颈鹿身高差不多，与长颈鹿来个近距离的亲密接触完全不成问题。

在早晨温暖的阳光下与它的大萌眼对视，摸摸它的头，要想获得长颈鹿的亲吻也非常简单，把特制的小零食用牙轻轻咬住，长颈鹿就会把舌头伸过来。

NO.2 澳大利亚的贾马拉野生动物度假酒店：在互动中了解可爱的动物

澳大利亚堪培拉的国家动物园及水族馆中的贾马拉野生动物度假酒店（Jamala Wildlife Lodge）舒适奢华的环境不仅能让人放松身心，还能让人近距离与动物接触，真正融入大自然之中。

客人在享受豪华舒适的住宿条件的同时体验非洲风情，不仅可以与熊共浴，和狮子共进晚餐，还能从卧室阳台喂长颈鹿等。与动物互动的创意旨在提高游客保护世界濒危物种的意识。

这家酒店分布在动物园的三处地点，共有18间客房，包括长颈鹿树屋、丛林别墅等，为客人提供与各种野生动物亲密接触的体验。Savannah木屋中有6间超大卧室、公共餐厅、开放酒吧、2个宽敞的休息区、私人水族馆、户外露台以及游泳池和温泉等。

对于动物来说，它们可以获得更多空间；对于游客来说，他们可以看到更多东西；对于旅游业来说，当地可获得更多收益。

NO.3 巴哈马的巴哈马亚特兰蒂斯酒店：和5.5万只海洋生物共眠

巴哈马亚特兰蒂斯酒店位于天堂岛，酒店的名字是取自传说中的大陆亚特兰蒂斯，它拥有2 317个房间（包括216个套间），其中包括全球最贵的套房之一——每晚25 000美元的价格绝对堪称顶级奢华，以及礁湖、瀑布、11处游泳场、7处滑水场；还有为儿童建造的"探索·发现"频道营地，1座豪华游艇码头，以及1座世界级娱乐场和温泉疗养胜地、18个餐馆、20个休闲室和俱乐部。亚特兰蒂斯酒店可以提供长达数英里的原始海滩，从酒店一直绵延伸展到巴哈马蔚蓝的海洋。亚特兰蒂斯酒店集休闲舒适和刺激娱乐于一身，堪称无双。

亚特兰蒂斯酒店的世界最大的室外水族馆The Dig游弋着上千种海洋生物，鲨鱼和海豚都生活于此。它还是一个巨大的水上乐园，数十个大小不等的游泳池和高矮不同的水滑梯充分调动起人们的运动细胞，酒店弯曲漫长的私家海滩为顾客提供了安静放松的休闲环境，周围栖息着大量海洋生物。

  NO.4 斐济的波塞冬海底度假村：海底两万里

  波塞冬海底度假村位于南太平洋岛国斐济境内的一个私人小岛上，占地 5 000 英亩①，坐落于斐济潟湖（Fiji lagoon）水下，是世界第一的星级海底度假酒店。游客通过潜艇或连接海滩的一条隧道前往度假村，沿途能观赏到珊瑚、海豚、鲨鱼等水下景观。

  度假村共设有 3 种类型的住宿环境：带私人海滩的陆地式公寓、水上公寓和水下公寓，旅客可以体验各种住宿环境。其住宿地包括 24 套景观套房、48 座别墅和 1 座位于水下 12 米的奢华公寓。

  水平公寓每套客房都有一扇巨型窗户，可以通过特殊的遥控器改变公寓内部的景色，欣赏各种千奇百怪的海洋生物。所有的游客都可以使用潜艇或通过一个特殊的隧道进入度假村的餐厅、酒吧和 SPA 水疗室。度假村共提供 6 个餐厅和 7 间酒吧，还提供水下休息区、剧场区、会议礼堂、9 洞式高尔夫球场、网球场、游泳池和健身俱乐部。两个人在波塞冬海底度假村住宿一周的费用最低标准大约是 3 万美元。

  资料来源：个人图书馆，http：//www. 360doc. com/content/16/0806/00/2668928_581128385. shtml。

  搜狐旅游，http：//www. sohu. com/a/161893663_606811。

  百度百科，https：//baike. baidu. com/item/%E8%B4%BE%E9%A9%AC%E6%8B%89%E9%87%8E%E7%94%9F%E5%8A%A8%E7%89%A9%E6%97%85%E9%A6%86/16595789? fr＝aladdin。

  百度百科，https：//baike. baidu. com/item/%E5%B7%B4%E5%93%88%E9%A9%AC%E4%BA%9A%E7%89%B9%E5%85%B0%E8%92%82%E6%96%AF%E9%85%92%E5%BA%97/5978854? fr＝aladdin。

  百度百科，https：//baike. baidu. com/item/%E6%B3%A2%E5%A1%9E%E5%86%AC%E6%B5%B7%E5%BA%95%E5%BA%A6%E5%81%87%E6%9D%91/5428357。

  问题：自然主题酒店出现的契机是什么？

第一节 市场营销

  1. 市场营销的定义

  在我们的生活中，营销无处不在，对于每一个人、每一个企业，市场营销都是至关重要的内容，它帮助企业获取利润，为消费者提供令他们满意的产品，它不单单是促销或者宣传，它融合在整个企业的运营和生产之中，和企业的发展息息相关。作为企业的一种职能，市场营销能够发现消费者的欲望，确定目标市场，设计相应的产品，满足市场需求。

  关于市场营销的概念有多种说法，例如，"市场营销是引导商品或劳务从生产者到达消费者或使用者手中的一切企业经营活动""市场营销是对思想、货物和劳务的构想、定价、促销和分销的计划和执行过程，以创造、达到个人和组织的目标的交换"等，不管哪种定

---

  ① 1 英亩＝4 046.856 平方米。

义都在试图描述市场营销的过程，找到市场营销的本质。

有关市场营销的定义，在世界范围内影响力比较大，得到大多数人认同的，一是菲利普·科特勒的市场营销定义，另一个是英国市场营销协会的市场营销定义。

1.1 菲利普·科特勒的市场营销定义

科特勒的定义：市场营销是个人或群体通过创造并同他人交换产品和价值，以满足各自的需求和欲望的一种社会活动和管理过程。

这个定义涵盖了市场营销的多个重要概念，它是基于消费者提出的，指出了市场营销旨在满足消费者的需求和欲望，但同时也强调了企业在营销中的地位和作用，最终的目的并不是仅使消费者得到满足，而是消费者和企业达到双赢，这个定义包含了市场营销的核心理论。

1.2 英国市场营销协会的市场营销定义

英国市场营销协会的定义：市场营销是一个组织或企业以获取盈利为前提，负责识别消费者需求、应对消费者需求、满足消费者需求的管理过程。

英国市场营销协会的定义着重强调了消费者的重要性，立足于消费者需求，强调消费者在营销当中的导向作用。

不管是哪一种市场营销定义，都强调了消费的主导地位，认为市场营销是一种企业管理的过程，在了解消费者需求的基础上，生产能够满足消费者欲望的产品，通过和消费者的交换来达到企业发展、盈利的目的。

需要注意的是，虽然消费者在市场营销中具有十分重要的作用，但是市场营销并不是完全以消费者为导向的。在市场营销中，企业本身也十分重要，因为沟通交流是双向的，交易也必须由双方来共同完成，不是单方可以决定的，所以在市场营销的概念中需要表明企业具有同样的重要性，市场营销是双向互动的管理过程。

2. 市场营销的核心

通过对市场营销概念的深入分析，可以从中提取几组关键词，它们在市场营销活动中占据着主体地位，承担着市场营销的主要工作。

2.1 需要、欲望和需求

2.1.1 需要

需要就是人维持日常生活的基本要求，饥饿的时候需要食物充饥，口渴的时候需要饮料解渴，困倦的时候需要睡眠，伤心的时候需要哭泣，开心的时候需要欢笑，需要既是生理上的，也包括精神上的，是人自身所具备的，不能凭空捏造。

2.1.2 欲望

欲望是更深层的需要，是人们将需要具象化的表象，它受文化习俗、生活习惯和个人喜好的影响，可以说是欲望赋予了需要更多的表现形式。例如，北方人喜欢吃面食，南方人喜欢吃米饭，等等。

同时，随着经济的发展、科技的进步，人们的欲望也越来越多，满足人们日益增长的欲望成了企业生产产品和设计产品的主要目标。

2.1.3 需求

欲望作为人们内心想法的表现是无穷无尽的，但是无尽的欲望之中能够真正实现的却往往只有少部分，这些能实现的欲望，就是需求。可以说需求是特定的欲望，它要求消费者兼具购买欲望和购买能力两个条件。

市场营销要做的事情，就是刺激人们产生特定的欲望，并根据这些欲望提供各种特定的产品来满足消费者的需求。

2.2 产品

人们在生活中产生了各种各样的欲望，这些欲望又转变成了各种需求，满足人们不同需求的就是产品。产品的范围很广，包括人们的衣、食、住、行，以及娱乐等各个方面，既有有形物品，也有无形的服务、体验等。

总的来说，产品就是所有可以通过市场获得的、能够满足人们需要的物品。随着人们需求的变化，无形的服务和购买感受越来越被人们重视，例如一家餐厅环境脏乱，服务态度恶劣，那么即使它的菜肴再美味，也不能得到人们的认可，也不是一个成功的产品。

2.3 消费者价值和满意

2.3.1 消费者价值

消费者通过购买产品来满足自身的需求，但是企业和消费者在认知和目的上的差异会导致消费者购买到的产品，或是无法让他们满意，或是超出了他们对产品的期望。能够直观地反映消费者满意程度的就是消费者价值。

消费者价值就是消费者得到产品之后获得的价值和消费者付出代价的差值，用公式表达为：消费者价值＝使用价值－成本。需要注意的是，这里所说的成本不仅指金钱，也包括时间。

当消费者购买的产品使他获得的使用价值大于他所付出的成本时，这就是一个成功的产品，值得推荐和再次购买。当消费者认为他获得的使用价值和成本相等时，这只是一个正常的产品，没有特殊之处，是否值得推荐和再次购买，全凭消费者的心情。当消费者认为他获得的使用价值小于成本时，这就是一个失败的产品，必然会遭到消费者的坚决抵制。

2.3.2 消费者满意

消费者的满意度通过产品提供的功能和消费者对产品期望值的比较来衡量。当产品为消费者带来的功能大于消费者的期望时，消费者会非常满意，当产品为消费者带来的功能等于消费者对产品的期望时，消费者会满意，当产品为消费者带来的功能小于消费者的期望时，消费者会不满意。

举例来说，当一个网红咖啡厅在面对众多排队等待购买的消费者时，不同的做法会在消费者心中产生不同的满意度。

假设咖啡厅没有任何表示，任由消费者长时间地排队等候，他们在疲劳中买到相应的产品，会与其期望值形成落差，导致对产品的满意度降低。咖啡厅如果提供免费的座位和茶水，对排队等位的消费者给予一定的折扣，增加消费者获得的价值，会提升消费者的满意度。

增加产品价值，降低消费者期望，是提高消费者满意度最直接的方法。消费者的期望来自以往的购买经验、朋友的意见以及营销者和竞争对手的信息与承诺。但是，不能一味地降低消费者期望，让消费者失去购买兴趣，企业需要认真衡量，力争将消费者期望保持在一定的高度，维持消费者对产品的兴趣，保持消费者对产品的购买意愿。

2.3.3 质量

产品质量是能够决定消费者价值和消费者满意的一个至关重要的因素,它能直接影响产品的效能。需要注意的是,大多数企业对于产品质量的定义并不是绝对的"无瑕疵",而是根据消费者满意来定义产品质量,实现的是相对完美的质量,是消费者期望中想要的质量,或者是消费者可以接受的质量。例如,现在很多手机品牌为了美观和清晰会选择玻璃屏幕和陶瓷机身,这样的设计牺牲了手机的抗摔性,使手机质量下降,但是这样的牺牲消费者可以接受,那么这就是一款质量合格的产品。

2.4 市场

市场营销理念中的市场由三部分组成,它们是消费者、购买能力和购买欲望,也就是说,形成一个市场需要在一定的空间或区域内有充足的人口,并且这些人具有购买欲望和购买能力。

2.5 交换和交易

2.5.1 交换

交换是以某些物品与他人换取所需要的物品的行为。在原始社会,人们就学会了用自己多余的物品向别人换取自己需要的东西。人们获取自己所需要的物品的方式有很多种,可以自给自足,这是中国古代农业社会的生活方式;也可以巧取豪夺,这是强盗的方式;也可以沿街乞讨,这是乞丐的方式;还可以通过交换来获得,这是我们现在使用的方式。

交换能否产生,取决于交换的条件,就是说交换后双方感觉是否比交换以前好。当人们决定以交换的方式来满足需要或欲望时,就出现了市场营销。

2.5.2 交易

交易是交换的基本组成单位,交易是双方之间的价值交换,也就形成了交易市场营销。交换过程涉及大量的工作,卖方必须搜寻买方,找到他们的需要,设计良好的产品和服务,设定合理的价格,有效地开展促销活动,并高效率地进行存储和运输。

3. 市场营销理念

市场营销是随着市场的发展,消费者需求的增加,激烈的竞争,经济的繁荣而出现的。市场营销经历了从无到有、从简到繁、从偏到全的过程,现在的市场营销理论正日趋完善。

3.1 生产理念

生产理念是历史最为悠久的市场营销理念,它曾长期主导市场销售。生产理念是以卖方市场为主的营销方法,它关注生产和分销,以方便自己运营为生产目的,认为消费者所需要的是可以买到和买得起的商品。生产理念以产定销,消费者没有自主选择的权利,处于弱势地位。例如,某些饭店明明有充足的空位,却只开放部分区域,就是为了方便管理和打扫。这样的营销理念随着生产力的发展、社会的进步、人们需求的变化,适用范围越来越小。

3.2 产品理念

产品理念和生产理念比较相似,也是从企业自身出发,是一种着眼于自身内部的营销方式。产品理念认为企业应该提供质量好、款式佳、能够满足消费者喜好的产品。这样的营销理念只是一味地追求满足消费者的欲望,但消费者的欲望无穷无尽,并且在不断变化,所以在产品理念指导下生产出来的产品,往往在兴盛一段时间之后,会迅速地衰败,不再被人们认可和喜欢，生命周期十分短暂，例如很多风靡一时的特色小吃店，都是来去匆匆，几个月之后就纷纷倒闭了。

3.3 销售理念

销售理念的出现是因为大部分企业意识到了消费者的需要是有限的，同时能够满足消费者需要的竞争者又非常多，为了赢得更多的市场和消费者，企业需要进行大量的宣传、销售和促销，以保证消费者购买该企业的产品。

销售理念虽然能够提高企业的销售量，但它并不是为消费者服务的。可以说销售理念的目的是卖出企业的产品，但是这些产品和消费者的需求之间却存在一定落差，也就是说，企业不在乎产品是否为消费者所需要，是否具有消费者价值和消费者满意，也不在乎销售的经济效益。

销售理念下生产的产品大多不能长期反复销售，只是通过促销、广告等手段把产品推销给消费者，并不是消费者真心需要的产品，例如景区的餐饮、住宿等，以及大部分产能过剩的企业的产品。

3.4 市场营销理念

市场营销理念是一种出现比较晚的理念，这种理念的核心观点就是消费者至上，我们所熟悉的"消费者是上帝"这句话就是依据这个理念提出的，它立足于消费者的需求，旨在制造出具有消费者价值和消费者满意的产品。

市场营销理念在很多时候能够帮助企业实现自身的营销目标，它将市场细分，追求比竞争者更好、更符合消费者需求的产品。日韩、欧美地区流行的单人餐厅正是在这种理念的引导下出现的，人们可以选择避开人群独自进餐，避免了和陌生人共餐的尴尬。这些特殊的用餐区优化了消费者的用餐感受，将消费者的利益最大化，同时也为餐厅带来较大的利益。

3.5 新营销理念

新营销理念可以说是市场营销理念的进化版本，这个理念的出现源于人们对于市场营销理念的质疑，人们认为市场营销理念已经不能满足消费者和企业的需求，不能很好地面对市场的变化和应对科技的发展。市场营销理念过分突出消费者而弱化企业本身的功能，使得在企业生产中消费者起主导作用，为了迎合消费者的需求，导致企业产品种类和产品系列的繁多，增加运营成本。

新营销理念也可称为社会营销理念，这种理念最大的特点在于加强了沟通和联系。消费者不再满足于商家、企业的介绍，不再处于被动接收信息的地位。随着互联网的普及，人们能够获取信息的渠道更多、更全面，他们可以相互交流、相互沟通，实现资源共享、信息透明。同时伴随着经济和科技的发展，人们可以足不出户买遍世界所有地区的特色产品。同样，企业也可以通过网络将产品卖往世界各地。可以说，网络的发展改变了人们的生活方式、购物方式和旅游方式。

新营销理念同时代表着新技术和创造力的兴起。人们更喜欢具有个人特色的产品，个性化的定制成为新潮流；同时，人们关心环境保护，关心绿色健康，关心节能减排，关心人文关怀。在新营销理念中，企业不再一味地满足消费者的欲望和需求，而是要生产出符合消费者自身需求和长远利益的产品，同时企业也有自身发展的方向和坚持，正确地处理和消费者之间的关系，统筹兼顾各方利益，达到共荣、共同发展的目的。

4. 市场营销道德

所谓道德是约束人们行为的准则，它也可能和法律相一致，也可能是在法律之外对人们的一种行为要求，各个行业都有自己的职业道德，市场营销也是如此。

市场营销道德是消费者对企业的要求，是评判企业价值的一个标准，市场营销道德涉及企业经营活动的价值取向，要求企业在生产、运行以及整个营销活动中，都要时刻牢记要符合社会的需求和消费者的利益，将消费者价值和消费者满意放在首位，符合社会职业道德，以道德标准来规范自身的行为，履行自身的社会责任。

市场营销道德渗透在企业的各个环节之中，这些环节包括产品设计和生产、市场调研、销售促销、公共关系等多方面，所有的营销活动都要符合消费者的利益，满足消费者需求，使消费者获得幸福感。

正确的市场营销道德观要求企业具有正确的价值观，有良好的组织关系，对内创造良好的企业氛围，建立良好的企业文化，使员工树立良好的道德观，对外符合社会道德标准，建立健全行业职业道德准则。

小结：本节主要介绍了市场营销的概念，通过对市场营销定义的分析引出市场营销的核心内容，要求学生能够运用市场营销的核心内容，分析市场情况，了解消费者需求，具有市场营销道德。

小组讨论：以小组为单位，每人讲述发生在自己身边的市场营销现象，和其他小组成员一起分析这些市场营销现象的特点。

第二节　旅游市场营销

1. 旅游市场营销定义

旅游市场营销是市场营销的一部分，属于市场营销的范畴；从理论上说，市场营销的概念和特征也适用于旅游市场营销，所谓的旅游市场营销就是市场营销在旅游行业中的运用。但由于旅游行业本身的特殊性，旅游市场营销也有一些和传统营销的不同之处。

旅游市场营销是旅游企业充分考虑旅游者的需求，确定自身的目标市场，设计适当的旅游产品，以满足市场需求的过程。旅游市场营销包括景区旅游市场营销、酒店市场营销，等等。

也可以说，旅游市场营销是以消费者的需求为导向，旅游企业通过对市场和消费者的分析、对产品的设计、对销售的执行、消费者对产品的反馈等过程来完成和协调旅游中的各种经济活动，为消费者提供优质的产品和服务，保证消费者价值，提高消费者满意度，为企业赚取利益的过程。

我们把旅游市场营销定义为：旅游企业通过对旅游产品的构思、定价、促销和分销的计划与执行，满足旅游者需求和实现旅游企业目标的管理过程。

因为旅游行业的特殊性，它更强调消费者的地位和重要性，所以在旅游市场营销的定义中，首先我们需要注意的是，旅游市场营销是以消费者为导向的，其核心依然是完成交换。交换的双方是旅游企业和旅游消费者，旅游企业为消费者提供符合他们需求、让他们满意的旅游产品；旅游者用等价的金钱作为交换，在交换中，旅游者得到了满意的旅游产品，旅游企业得到了经济效益。

其次，旅游市场营销因旅游产品的特殊性，呈现出的是一种动态的管理过程。旅游产品的生产和销售经常是同时进行的，而且旅游评价也很难有统一的标准，往往是以个人的感受作为评价标准，所以对于旅游市场营销来说，顾客满意和顾客价值是十分重要的。

最后，旅游市场营销所适用的范围很广。旅游行业的跨度很大，旅游市场本身就是一个多行业分工协作共同构建的市场，囊括了食、住、行、游、娱、购六个方面，包含多种不同的旅游产品和服务，旅游市场又有独特的异地性，所以旅游市场营销是一个跨越时间和空间的多方合作的管理过程。

2. 旅游市场营销特点

旅游业是一个特殊的服务行业，旅游产品和普通产品既有相同点也有不同点，旅游市场营销和一般的营销也有所差异，旅游市场营销具有自己的特点。

2.1 生产和销售同时进行

旅游产品和普通产品最大的不同就是它不能在生产完成之后放在商场中等待人们挑选和购买。旅游产品的生产和消费同时进行，消费者参与到旅游产品的生产之中，旅游企业的员工在生产旅游产品的过程中和消费者相互沟通、共同完成，可以说大部分旅游产品都是独一无二、与众不同的，消费者既是旅游产品的生产者，也是旅游产品的评价者。

例如，某个导游带领旅游团去攀登泰山，导游针对不同类型的游客会进行侧重点不同的导游讲解，而不同的游客关注的重点也会有所不同，所以即便导游每次讲解的导游词都是相似的，但每次讲解也都是全新的旅游产品，也都是一次旅游产品的生产过程，并且因为消费者参与了导游讲解的过程，所以对每次产品的评价，消费者满意度和消费者价值也都会有所不同。

2.2 多种销售方式并存

旅游市场具有异地性，也就是说，人们愿意选择到其他地方去感受不同的自然风光和风土人情，这就使旅游目的地和游客之间产生了空间的距离。消费者可以通过不同的方式到达旅游目的地，因此各种各样的旅游销售商应运而生。

旅游产品的特殊性和多变性，季节对旅游产品的影响，以及很多旅游产品的固定性，使旅游产品不能像普通商品那样通过物流从工厂到达批发商、零售商的手里，在商场中销售给消费者，它需要消费者主动靠近。

同一款旅游产品可以通过多种销售渠道进行销售，如依靠旅游中间商或旅游代理商来销售。旅游经销商向消费者提供旅游目的地、酒店、景点和交通等相关的旅游信息，以此影响消费者的购买决策。

例如，一个三口之家想到九寨沟旅游，他们可以选择通过旅行社购买相关的旅游产品，也可以自己直接向景区、酒店等进行购买，同样也可以通过各种软件在网上购买，或者在代购店购买。这些都是九寨沟景区旅游产品不同的销售渠道，每个销售渠道都会为消费者提供相应的旅游信息，消费者可以选择购买最符合自身需求的产品，这是旅游市场营销在激烈竞争中的应用。

2.3 旅游者具有至关重要的地位

对任何产品来说消费者都至关重要，在旅游市场营销中，消费者的作用更为突出。因为消费者直接参与到了旅游产品的生产之中，他们决定着旅游产品的生产和评价，同时旅游企业则要对参与到旅游之中的消费者进行管理和照顾，因为将消费者的需求放在最核心的位置，使旅游产品变得充满个性和感情，满足消费者的各种需求，突出消费者的主体地位，保障消费者的安全和满意是旅游市场营销中至关重要的内容。

例如，游客入住酒店之后，酒店有义务保障游客的人身安全和财产安全，如果发生了游客行李丢失等问题，酒店有责任赔偿游客相应的损失，同时酒店应满足游客合理的要求，为游客营造舒适的居住环境。

2.4 多部门协作完成产品生产

旅游产品是综合的产品，缺少任何一个环节都不是完整的产品。旅游产品包含食、住、行、游、娱、购等多方面，每一方面都有很多的分支。根据消费者的需求和喜好不同，不同消费层次的旅游产品有多种排列组合方式。

旅游产品的各个环节相互联系，相互协调，缺一不可。如果相关的各个环节存在着矛盾和不协调，就会导致整个旅游产品生产的失败，无法满足消费者的需求。旅行社、交通运输、餐饮住宿、景区等多个企业相互沟通，相互协调，才能保证旅游产品按计划完成。

2.5 旅游产品往往相似度很高

通常普通产品在表现形式上都有自己独特的形象设计和技术，都有属于自己的专利，但是旅游产品大多是服务和感受，很难区别哪些是独有的，哪些是模仿的，这就造成了旅游产品很容易被模仿的特性。

例如，查干湖冬捕在全国声名大噪之后，全国各地的冬捕活动层出不穷，要想在众多竞争者中脱颖而出，就要重视体验式营销，为游客营造一种氛围、一种情景，让游客沉浸其中。

2.6 旅游质量很难控制

旅游产品是旅游企业和旅游消费者共同生产完成的。不同的消费者有不同的文化、不同的喜好、不同的生活习惯，对产品的需求和好恶也有所不同，所以旅游产品很难用统一的质量标准来衡量，大多以顾客满意度的形式来表现。例如，导游向旅游消费者介绍产品时，有些消费者觉得需要，可以解他们的燃眉之急，同样也有消费者觉得这是浪费自己的时间，非常反感，这就导致了同一个产品有着不同的评价和质量等级。

3. 旅游市场营销的发展

人们很早就开始有旅游行为了，明代的地理学家、旅行家和文学家徐霞客就是古代的旅游达人。他"达人所之未达，探人所之未知"，探幽寻秘，游览了中国的大好河山，著有《徐霞客游记》。意大利著名的旅行家马可·波罗通过一本《马可·波罗游记》将神秘的中国展现在欧洲人眼前。但是相应的旅游市场营销却形成得比较晚，到20世纪60年代才开始出现。

3.1 国外旅游市场营销的发展

旅游行业在国外很早就出现了，但一直没有受到重视，在20世纪60年代之前，旅游行业被归在服务业或商业之中，只是一种赢利的手段，直到60年代之后，旅游业才脱颖而出，成为一种支柱性的产业，形成了旅游专业，有了行业规范和准则。

3.1.1 旅游市场营销的蒙昧时期

20世纪60年代后，人们对旅游的兴趣逐年递增，直接导致了旅游产品的供不应求，越来越多的人参与到旅游生产之中，使旅游业成为第三产业。随着旅游行业的蓬勃发展，相关的竞争也越来越激烈，人们开始重视旅游市场营销，初步形成了旅游市场营销理论，但仅仅是宣传、促销、广告等行为。

3.1.2 旅游市场营销的探索时期

经过20世纪60年代的摸索，旅游业逐渐成为拉动经济发展的增长点。越来越多的人意识到旅游市场营销不能再是单纯地推销商品，还需要注重产品的质量，并且将旅游市场营销的重点放在消费者的需求上，根据消费者的兴趣爱好、市场的需求、生产力的发展情况、地方经济的繁荣状况来确定旅游产品。这是一个百家争鸣的时代，旅游市场的竞争异常激烈，旅游从业者需要不断地创新产品，改进旅游组织形式，开发新的销售渠道，了解更多消费者的偏好，将消费者真正放在旅游市场营销的核心位置。

3.1.3 市场细分与目标市场定位时期

20世纪80年代，旅游市场营销理念在发展了20年之后进入了一个蓬勃发展的摩登时代，旅游市场营销再也不是粗放的发展模式，而是开始寻求更细致、更完善、更有针对性的发展道路。旅游行业开始依据人口、经济、文化等因素将旅游市场细分，将有共同特征、喜好和兴趣的人进行分类，以便更好地设计符合消费者需求的旅游产品，增强自身的竞争力，利用市场定位理论，确立旅游企业在市场中的地位。

3.1.4 多元营销时期

进入21世纪之后，随着科技和生产力的发展、经济全球化的推进，旅游市场营销开始多样化，更强调消费者的感受，体验式营销、个性营销等营销模式备受推崇，绿色营销的理念也逐渐被人们认同。

3.2 国内旅游市场营销的发展

1949年11月，新中国成立了自己的第一家旅行社，这家旅行社的成立标志着中国旅游业的兴起。但是在这之后的30年间，我国的旅游业并不是优先发展的行业，而仅仅是一种国际友好交流的手段，国人没有太多旅游的意愿，国外游客也很少，主要是配合外交工作，履行外事接待的职能。这个时期的旅游业存在着结构单一、规模不大、配套设施不完善等各种问题，可以说这个时期我国并没有自己完善的旅游业。

3.2.1 旅游市场营销筹备时期

1978年对中国来说是十分重要的一年，是中国改革开放开始的一年，旅游业乘改革之东风进入了新的发展阶段。在这一时期国家为了增加财政收入，发展国内外市场，把发展旅游业作为重要的经济政策。旅游业从原本的外事接待转变成了支撑国民经济发展的重要行业。在政府的主导下，我国的旅游业开始了蓬勃的发展，开始了多样化的转变，为旅游市场营销的发展奠定了基础。

3.2.2 旅游市场营销的萌芽时期

旅游业经历了一段时间的发展和改革之后，从1988年开始进入了新的发展阶段。旅游业在政企分离的基础上实现了管理体制的又一次变革，开始与社会主义市场经济相结合，成为发展市场经济的主力军,在国家的扶持和倡导下进入了一个高速发展的时期。

3.2.3 整合旅游传播时期

旅游业虽然为经济发展做出了重要贡献,但在蓬勃发展不断壮大的过程中,也暴露出了自身缺乏专业理论、从业者专业知识不足、无法和国际旅游业接轨等问题。

为了解决这些问题,从1999年开始,我国引进了大量西方先进的旅游市场营销理论,其中包括顾客满意理论、整合营销传播理论、数据库营销理论、网络营销理论。这些先进的旅游市场营销理论经过学习和吸收,开始形成中国的旅游市场营销理论,为中国的旅游市场发展提供了理论指导。

信息技术的引入是这个时期的重要标志之一,现在深入人们生活的大数据和网络购物都是在这一时期引入和形成的。携程网和艺龙网等旅游网站是我国第一批互联网旅游企业,它们改变了旅游产品的销售渠道,使互联网成为中国旅游市场营销的重要组成部分。

3.2.4 精细化和国际化营销时期

中国的旅游业在蓬勃发展时期一直是粗放的发展模式,通常是从旅游企业的需求出发,不能反映消费者真实的意愿。随着人们生活水平的提高,原本的旅游市场已经不能满足消费者的需求,旅游产品需要更精细的划分、更有针对性的设计。进入21世纪,随着我国现代化、城市化进程的推进,人们的生活水平得到了提高,开始有了各种不同的旅游诉求。

在这个时期,人们对旅游有了更多的需求,旅游行为不再是盲目的、冲动的,而是理性的、有计划的。人们开始期望能够拥有更多的时间旅游,能够更深入地参与旅游,能够更细致地感受旅游,所以自驾游、自助游开始进入了人们的视线。这些新兴的旅游形式固然对旅游企业产生了一定的冲击,但是也促进了旅游业的变革,使旅游市场营销有了很大的发展,改变了旅游业原本各据一方的局面。各旅游企业之间达成共识,形成合作,联合营销、区域旅游成为旅游市场营销的主要方式,显现出旅游业未来的发展方向。

3.2.5 品牌营销时期

从2006年开始,中国成为世界旅游大国,外国游客激增。旅游目的地城市成为每个旅游城市建设的目标,改变了原来只知道景点名称而不知其所在地的尴尬局面。依托现有的旅游资源打造旅游目的地城市,同时提倡精品旅游项目,实施深度营销策略,推广复合式旅游模式,是2006年至今的旅游城市发展目标。

3.2.6 "互联网+"、智慧旅游时期

随着大数据时代的到来,科技的发展超乎人们的想象,互联网、移动网络已经成为人们赖以生存的工具,它改变了人们的生活方式和消费方式,同样影响了人们的旅游行为。

2014年"互联网+"的概念开始形成,它是互联网发展的成果。"互联网+"简单来讲就是互联网+各个行业,对旅游业来说,就是互联网+旅游,这样的加法并不是简单地提供信息,而是将互联网和旅游业紧密地结合在一起。信息通信技术以及互联网平台让旅行变得更加便利和简单,它是一种新的形态,可以实现旅游资源的优化组合、广泛传播。"互联网+"同时改变了经济形态,消费者在旅游中的所有花费都可以通过互联网来支付。

智慧旅游的概念是随着大数据和互联网的普及而出现的。它利用云计算和移动网络帮助游客通过手机掌握旅游资源,了解旅游地特色,参与旅游活动,帮助人们安排和调整工作与旅游计划。智慧旅游的景区可以实现WiFi全覆盖,包括电子门票、扫码服务、网络预订、

网络购票等旅游行为。

例如乌镇建设的智慧旅游景区,一是提供了覆盖全景区的免费 WiFi;二是健全了景区的导航系统,游客可以通过软件浏览景区地图,时时定位,根据地图完成游览;三是提供了语音导游讲解功能,游客可以根据自己的喜好选择不同明星的语音来为自己做导游讲解;四是为游客推送景区活动和时事新闻,以便游客更好地获取信息,拥有完美的旅游感受;五是实现了无现金交易,人们可以选择支付宝或者微信来完成购买支付,方便快捷;六是为游客提供了更便捷的预订系统,人们可以利用多平台完成餐厅、旅店的预订和付款,进行接送车辆的预订。智慧旅游使得人们拥有更好的旅游感受,让旅游变得更便捷、更人性化。

小结: 这一节讲述了旅游市场营销的定义,帮助学生了解旅游市场营销的特点和发展,熟悉大数据时代旅游市场营销出现的新变化。

小组实训: 以小组为单位,通过互联网模拟完成整个旅游行程的预订过程,感受智慧旅游和"互联网+"带来的旅游市场营销的变革。

任务二小结: 本任务详细介绍了市场营销和旅游市场营销的含义,分析了市场营销的核心概念,解释说明了需求的重要性和顾客满意在营销中的重要作用;讲解了市场营销和旅游市场营销的特点及发展历程,帮助学生具备基本的市场营销和旅游市场营销的能力。

拓展阅读

泰国皮皮岛快艇爆炸

2017年1月14日,一艘载有31名乘客的快艇在隶属于泰国甲米府的皮皮岛海域"维京洞穴"附近突然发生爆炸,多名游客受伤。

获悉事故消息后,国家旅游局高度重视,立即启动应急预案,要求中国驻曼谷旅游办事处了解情况,配合我驻泰国使馆敦促医院全力救治受伤游客。国家旅游局要求相关部门全面了解组团社及领队、游客相关信息,并指导做好善后处置和旅行社责任保险理赔等工作。

该团是由江苏百事通国际旅行社有限公司(以下简称百事通公司)南京威尼斯服务网点招揽的游客,交由上海泰申国际旅行社有限公司操作,行程时间为1月12日至1月17日。1月14日中午,该团按计划乘快艇赴皮皮岛旅游,在接近该岛时,快艇发生漏油起火。

经调查,百事通公司与游客签订了电子合同,合同签订规范。百事通公司和上海泰申国际旅行社之间也有同行合作协议。得知事故消息后,百事通公司启动紧急预案,成立事故处理小组,并启动相关保险理赔程序。

据普吉岛新闻网报道,爆炸是供油管的一处问题引发的。当地警官也证实,事故可能与供油管及燃料泄漏有关。

一位不愿透露姓名的当地华人导游表示,前往皮皮岛的游船既有正规旅行社的船,也有"黑船",不少船的状况不好,存在风险,容易出事。

"泰国是南京出境游短线排名前三的目的地,而且去普吉岛的旅游团队中有90%以上的游客都会选择坐快艇到皮皮岛。因为游客从普吉岛到皮皮岛只有乘坐快艇和游轮两种方式。乘坐快艇更方便,路上只花一个半小时,坐游轮则要两个多小时。"江苏省中旅出境部负责人吴艳告诉记者，每年10月到次年4月都是普吉岛的旅游旺季。

吴艳说，每家旅行社都有固定合作的快艇公司，地接社也会要求对方事先检查快艇。因为海岛游是泰国旅游中最重要的一部分，每天都有数以万计的游客在泰国各个岛屿之间乘坐快艇往来。皮皮岛由于景色优美，每天快艇的行程都不固定，导游会根据游客的意愿决定去哪些景点。有些游客想参加浮潜项目，常选择适当地点在渡海途中跳下去浮潜，这也增加了安全隐患。

"泰国天气多变，加之快艇管理混乱，近年来已发生多起中国游客乘坐快艇出海撞船、翻船事件。"业内人士告诉记者，比如，2014年10月，普吉岛附近海域发生一艘快艇和渔船相撞事故；2016年1月，一艘载有47名中国游客的游艇在皮皮岛附近追尾，造成5人受伤；2016年4月，芭堤雅格兰岛一艘满载游客的快艇撞上中国游客租用的摩托艇，造成8名中国游客受伤；2016年5月，苏梅岛一艘快艇倾覆，船上游客和船员共36人落水，4名游客死亡，包括1名中国香港游客。在泰国，快艇的二手交易较为频繁，部分快艇安全性较差，应谨慎选择乘坐。

业内人士提醒游客，应选择当地正规的旅游公司和快艇公司的快艇，事先要了解旅游意外保险事项，了解当天气象和海况，乘坐快艇参加涉水活动要结伴同行并全程穿救生衣，不会游泳者请勿尝试。参加浮潜事先接受培训，如感到身体不适或遇潮汐、浪大等情况请勿涉水，尽量避免在有船只航行的地方下水。一旦发生事故，如当地旅游公司或快艇公司未办理旅游意外保险，可向当地旅游警察报案。

随着自由行游客数量不断增长，出国旅游产生的意外风险也在不断加大。"无保险不旅游。泰国当地私立医院治疗费用较高，建议出国旅游前购买足额的旅游意外保险。"国华人寿保险专家建议，最好是买综合性的旅游意外保险，这类保险一般包括意外伤亡、医疗住院、延误变更、个人钱财损失、个人行李物品损失、全球救援服务等保障。

资料来源：新浪新闻，http://mil.news.sina.com.cn/2018-01-15/doc-ifyqqciz7219842.shtml。

问题：从旅游市场营销的角度来说，导致普吉岛快艇爆炸的原因是什么？

任务三　旅游市场营销的新发展

知识点：了解旅游市场营销的发展情况。

技能点：掌握新型旅游市场营销情况，将新的技术和特色运用于旅游市场营销中。

宠物航班，宠物的专属座位

2009年7月14日美国首架宠物航班从纽约起飞。航班的宠物"乘客"同旅行的普通乘客一样，持"登机卡"登机后，被工作人员引领至各自专属的"座位"上。运送宠物"乘客"的专用飞机经过改装后可以容纳50只宠物。

宠物航空公司的宗旨是为宠物运输提供一个安全舒适的解决方案。美国约有8 700万个家庭养有宠物，每年大约有7 600万只宠物随主人旅行，其中200万只乘飞机出行。

"目前，为宠物'乘客'提供的航线仅为4条，即每周一班由纽约飞往华盛顿、芝加哥、丹佛和洛杉矶的航班，单程票价为149美元，未来几年公司的航线将增至25条。"

基于安检考虑，宠物"乘客"被要求在起飞前2小时检票；为避免排队等候，提前72小时检票也可以，主人可以把宠物"乘客"先寄养在机场为其专门配备的休息室内。此外，宠物如常陪伴主人出行的话，还可为主人赢取宠物旅行积分点数。

事实上，宠物航班这一细分市场的潜力是无限的。美国西南航空公司对乘客携带宠物登机宣布解禁，称如果宠物的笼子能放在乘客座位之下，将允许同乘客一道旅行。大陆航空和达美航空也采取了特别措施争取携带宠物的乘客客源。大陆航空提供的"宠物安全特别服务"项目，使宠物"乘客"享有最后登机、优先下机的待遇，以减少它们长时间暴露在外和处于有潜在危险的机舱内的时间。达美航空则推出"宠物第一"的项目，为宠物"乘客"配备一个恒温的货车专门接送。

中国海南航空公司于2017年12月试行推出"客舱运输宠物"的服务。旅客乘坐海南航空于广州、青岛、长沙、喀什、厦门、海口、济南、深圳、合肥九地出港的国内直达航班，可以直接将宠物带进客舱。

根据《海南航空客舱运输宠物说明》，旅客有在客舱运输宠物需求的，须提前24小时到海航直属售票处提出申请。同时须准备两份证明，一份是动物卫生监督所出具的《动物检疫合格证明》，其中"运载工具消毒情况"一栏必须填写且单据上须盖有动物卫生监督所检疫专用章；另外一份是小动物疫苗注射证明。

此外，为了保证其他旅客的乘机体验，海航还规定，每个航班客舱最多带入两只宠物，一名旅客只可携带一只宠物进入客舱。同时，宠物须独立包装，合计重量（含宠物和宠物箱）不得超过5千克（含）。宠物箱须放置在座椅前排下方，长、宽、高的尺寸分别不得超过35、28、24厘米。

宠物品种限定为一般家庭驯养的猫、狗，年龄须在6个月以上，健康，未怀孕，未在48小时内分娩过。收费标准则统一为800元人民币/航段/每只宠物。为了尽可能降低宠物对其他旅客的打扰，在运输过程中旅客须将宠物全程置于宠物箱中，不得喂水喂食；同时自行承担宠物在运输全程中的看管责任，并遵守当地机场安全检查的规定。此外，还须为宠物佩戴口套防止吠叫、穿戴纸尿裤，此项物品由旅客自备。如果其他旅客不想挨着宠物，可以在机上向机组申请调换座位。

据了解，四川航空公司也将推出"宠物机票"。不过按照川航目前公布的计划，川航的"宠物机票"并不允许宠物进入飞机客舱。宠物仍是通过飞机腹舱进行运输，但会有基础保险赠送、独立恒温休息区、实时在途监控、人性化关爱、到港安全确认、全程专车护送等系列配套服务。

川航方面表示："'宠物机票'是川航推出的宠物全流程运输服务项目，旨在通过提供专业化、人性化的服务，解决宠物空运中遇到的各种难题。虽然宠物仍是通过飞机腹舱进行运输，但川航会尽最大的努力保证宠物安全、舒适地到达目的地。"川航方面还介绍，"宠物机票"前期只适用于狗和猫,后期将根据旅客需求逐步增加适用对象。

资料来源:新浪旅游,http://dalian.sina.com.cn/tour/tourjp/2009-07-08/11056579.html;成都商报,http://focus.scol.com.cn/zgsz/201801/56065690.html。

问题:是什么原因使得宠物可以通过飞机客舱运输?

1. 个性化与流行化结合的趋势

随着经济实力的增强和旅游的日益普及,人们在参与旅游活动时,已经不再满足于传统的旅游形式,不再满足于上车睡觉、下车拍照、不停购物的旅游模式,不再喜欢大众的旅游方式,而是希望更具有个性,更多地按照个人的喜好来进行旅游活动,于是邮轮旅游、绿色旅游、体验旅游各种新型旅游形式纷纷亮相。

在这样的需求下,越来越多的定制旅游开始出现。旅游企业开始针对不同游客的喜好和需求为他们定制具有个性的旅游项目,同时不同主题的旅游形式也层出不穷,例如新婚游、闺密游、毕业游,等等。另外,由于"自由行"的普及,与交通运输相关的旅游企业为方便游客开始推行大交通策略,全国各地开始尝试多交通联运模式,例如广州推出"航空+邮轮"模式,三峡景区的湖北宜昌推出铁路与公路、航空、水路、旅行社的跨行业合作。这些措施有效地促进了旅客联程运输的发展,为个性化的旅游打开方便之门,使旅游变成了一种时尚。

2. 目标市场微型化的趋势

传统的旅游形式大都以价格或目的地作为区分旅游产品的依据。人们不分男女老少都会参加同样的旅游项目,购买同样的旅游产品,虽然部分旅游产品会有一定的年龄和性别的要求,但也会因为安全或收费的原因,经常出现同一个旅游团中有些游客玩得很开心,有些游客却无项目可玩,有些游客觉得饭菜美味,有些游客却"无饭可吃"的现象。

所以旅游业从粗放转向精细、将旅游市场细分是十分必要的。目标市场的微型化虽然会使某些旅游项目受众面变窄,但也会使旅游产品的针对性增强,使旅游产品更符合消费者的需求和喜好。

例如,途牛网提出针对不同人群设计相应的主题旅游,为消费者量身定制各类主题旅游线路,包括蜜月游、亲子游、闺密游、毕业游、夕阳游、购物游等。各式各样的旅游主题线路让旅游更有针对性、更有个性。

3. 信息不对称减少的趋势

所谓的信息不对称,就是指在交易中,买卖双方得到的信息是不同的,卖方掌握着大量和商品相关的信息,消费者得到的信息大都是卖方希望他们得到的,所以在交易中,卖方处于比较有利的地位,掌握着主动权,消费者只能被动接受。

但是在现在这个信息爆炸的时代,网络的普及改变了人们的生活方式,拓展了人们获取信息的渠道。人们可以通过各种方式和渠道获取商品的相关信息,旅游企业再也不能成为旅游信息的把持者,甚至有些情况下,旅游者掌握的信息比旅游企业还要丰富,例如人们可以通过携程、去哪儿等旅游网站查询旅游产品的介绍和评价,以此作为自己的购买依据。

旅游信息获取的多元化直接减少了旅游信息的不对称，虽然这种情况可能会降低旅游企业的收益，但总的来说，会使旅游业的发展越来越好。

4. 技术冲击力加大的趋势

科学技术的发展改变了人们的生活方式，云计算、互联网让出行变得更加便利，人们可以通过网络订票、预订酒店、签订电子合同等。旅游景区也实现了服务的智慧化、营销的智慧化、管理的智慧化。科技的发展更是缩短了世界的距离，人们可以更快更舒适地到达旅游目的地。

小组讨论：以小组为单位，查询飞机上可以用手机的相关新闻，讨论分析这样的改变是如何产生的。

任务三小结：本任务主要讨论的是旅游市场营销的新发展，详细说明了个性化与流行化在今后的旅游市场营销中越来越重要的原因，分析了目标市场微型化的趋势以及信息不对称的减少带来的旅游市场营销透明化的好处，介绍了技术冲击力给旅游市场营销带来的便利。

拓展阅读

2017年中国旅游法治十大事件

1. 《旅行社条例》修订后发布

2017年3月1日，国务院第676号令公布新修订的《旅行社条例》。条例对旅游合同的内容、旅行社的法律责任、导游人员的权利与义务、旅游及其他行政部门的监管职责等做出了更加细化的规定，对于维护旅游者权益，促进旅行社规范经营，推进旅游等行政机关依法行政、严格执法有着积极意义。本次修订也是根据中共十八届四中全会的精神，结合中国旅游业走进新时代的实际进行的最新修订，有利于推动旅行社业的高质量发展。

2. 国家旅游局发布《导游管理办法》

2017年11月1日，国家旅游局第44号令发布《导游管理办法》，办法自2018年1月1日起施行。该办法根据中国已进入信息化社会的形势，根据中央改革办有关"放、管、服"的精神，创建信息化规制方式，对导游人员的服务进行规范，同时对导游人员的合法权益予以明确强调。该办法将会成为导游人员在新时代履职、发展的重要规范。

3. 云南省人民政府印发《云南省旅游市场秩序整治工作措施》，对旅游乱象进行整改

在《中华人民共和国旅游法》颁行之后，包括云南在内的全国旅游市场秩序都有较大程度的改善。但是，随着形势的发展，一些地区的旅游市场秩序又逐渐出现失序甚至是混乱的情况，尤其是作为云南旅游市场的风向标——丽江古城近年来被新闻媒体报道了多起旅游业负面新闻。旅游市场的失序、混乱，严重损害了整个云南旅游业的形象，也损害了《中华人民共和国旅游法》的权威。为此，云南省政府以旅游法为依据，根据当地的实际出重拳、下猛药，力图扭转云南旅游市场失序的现状，提升云南旅游形象，这对于全国其他地方具有积极的借鉴意义。没有秩序，没有安全，就没有舒心、放心的旅游，最后甚至会变成没有旅游。这对于云南这样的旅游大省来说，真的需要认真对待。

4. 青海省颁布国内第一个国家公园条例《三江源国家公园条例》

建立国家公园，对相关区域内的各类自然保护物种进行整体保护，是中国政府总结国内自然保护区管理经验，积极借鉴境外自然保护区的先进管理理念与实践，在自然保护、生态文明创建方面做出的重大改革。在此方面，青海省颁布的国内首部国家公园条例将为国内其他地方国家公园的创建、发展、完善提供宝贵的经验。

5. 2017年全国旅游监管服务平台在北京、上海等六省市试点

为了规范旅游市场，国家旅游局根据信息化时代的新形势，积极利用移动互联、大数据、云计算等先进技术，对全国旅游市场进行规范。为了稳妥起见，国家旅游局先行选择北京、上海等六省市进行试点，力图用技术手段创建更好，更具针对性、适应性的旅游市场监管方式。

6. 八达岭老虎伤人案原告索赔218万元，法院将择日宣判

八达岭的出名，不仅仅因为长城，也因为其野生动物园里的老虎伤人致死案。2016年该案曾在社会上引发广泛关注。历经一年之久，该案终于在北京市延庆区人民法院开庭审理。该案的审判结果不仅关系到双方当事人的责任承担，还对国内其他动物园的管理、规范、责任承担、标准制定等起到促进作用。

7. 导游为救游客在泰国被大象伤害致死

一位英勇的导游在泰国为救游客被大象伤害致死。在这起事件中，导游付出了自己的生命，而游客却得以保全。导游的行为体现了对游客高度负责的职业精神，理应受到广大旅游者、整个旅游业界的尊重。

8. 2017年10月9日，国家旅游局发布文明旅游红黑榜

文明旅游是一个热点话题。每逢重大节假日，国内媒体都会对一些不文明的旅游现象进行曝光。如何引导、规范、治理部分游客的不文明行为，促进整个旅游业的规范发展，是国家旅游局始终关注的问题。文明旅游红黑榜就是将当事人不文明旅游的信息向社会发布，从而对不文明旅游行为人从道德层面进行约束，克服单纯的法律惩戒之不足；同时，对文明旅游的现象也进行公布，褒扬文明旅游者，引导、激励其他旅游者效仿，从而促进整个旅游业的文明发展。

9. 《安徽省旅游条例》首次明确在禁止通行、没有道路的区域旅游遇险者将承担救援费用

"驴友"擅自冒险进入禁地，陷于险境需要救援，其高昂的费用究竟如何分担？虽然我国旅游法有了粗线条的规定，要求旅游者在获救后承担自己应承担的费用，但是在具体执行中，如何判断、如何衡量、如何确定救援费用的分担比例，需要地方立法根据当地实际加以具体化。在这方面，《安徽省旅游条例》根据本省境内多年的救援实践，依据《中华人民共和国旅游法》做出了明确规定："应当由旅游活动组织者及被救助人员相应承担。"该规定将有利于规范"驴友"探险行为，促进户外探险旅游的安全。

10. 2017年8月九寨沟地震，国家旅游局依法启动应急机制

九寨沟是国内著名的旅游胜地，当众多游客因地震而陷于危难之际，12301国家智慧旅游公共服务平台根据《中华人民共和国旅游法》的规定，本着对广大游客生命安全高度负责的态度，积极与央视等国内著名媒体一起向社会发布信息，安抚人心，受到广大旅游者的好评。

资料来源：凤凰网，http://news.ifeng.com/a/20180114/55109966_0.shtml。

问题：人们旅游越来越便利、需求越来越个性化的原因是什么？

模块一总结与复习：

1. 市场的含义与基本要素；旅游市场的含义。
2. 市场营销和旅游市场营销的概念。
3. 市场营销的核心内容。
4. 旅游市场营销的特点。
5. 旅游市场营销新的发展特点。

实训活动：以小组为单位，寻找不同的旅游线路，分析它们是否可以满足人们的需求，尝试运用旅游市场营销相关理论，修改相应的旅游线路，分析旅游业应如何制订营销计划。

模块二

旅游市场分析

导读

旅游业正逐步由资源时代进入营销时代,传统旅游业是凭借资源、资金、设备进行竞争,现代旅游业则以营销、管理、创新等决定市场竞争的胜负。旅游营销策划活动是建立在对旅游市场的充分认知基础上的。模块二主要对旅游市场的情况进行分析讲解,包括旅游市场营销调研、旅游市场营销环境分析、旅游消费者行为分析和旅游竞争四个任务内容,通过这部分的讲解力求使学生对旅游市场有充分的认识和理解,为后续的旅游营销战略策划和旅游营销策划实务学习奠定牢固的基础。

知识目标

通过学习掌握旅游市场调研的主要类型、调研的基本内容与调研方法、旅游市场营销环境的构成与基本内容、旅游者的消费行为分析、对竞争对手的分析评价方法与竞争战略选择等。

技能目标

通过模块二的学习,学生能够对旅游市场展开调研工作,能够灵活运用SWOT分析方法,能够深入理解旅游者的消费行为,并在市场竞争中能够实施合理的策略。

任务一　旅游市场营销调研

知识点:旅游市场营销调研的基本含义、作用、类型,旅游市场营销调研的基本内容、程序、方法、技术。

技能点:通过任务一的学习,学生能够对旅游市场营销调研工作有整体性了解,能够使用适当的方法进行调研。

2016年全年旅游统计数据报告

2016年全年,全域旅游推动旅游经济实现了较快增长,大众旅游时代的市场基础更加厚实,产业投资和创新更加活跃,经济社会效应更加明显,旅游业成为"稳增长、调结构、惠民生"的重要力量:国内旅游44.4亿人次,同比增长11.0%;入出境旅游2.6亿人次,同比增长3.9%;全年实现旅游总收入4.69万亿元,同比增长13.6%。

(一)全年国内旅游人数同比增长11.0%

根据国内旅游抽样调查结果,2016年全年,国内旅游达44.4亿人次,比上年增长11.0%。其中,城镇居民31.95亿人次,增长14.03%;农村居民12.4亿人次,增长4.38%。国内旅游收入3.94万亿元,增长15.19%。其中,城镇居民花费3.22万亿元,增长16.77%;农村居民花费0.71万亿元,增长8.56%。

(二)全年入境旅游人数和入境过夜游客人数同比分别增长3.8%和4.2%

2016年全年,入境游客1.38亿人次,比上年增长3.8%。其中,外国人2 815万人次,增长8.3%;香港同胞8 106万人次,增长2.0%;澳门同胞2 350万人次,增长2.7%;台湾同胞573万人次,增长4.2%。入境游客按照入境方式分,乘船占3.4%,乘机占16.4%,乘火车占0.8%,乘汽车占21.9%,徒步占57.5%。

2016年全年,入境过夜游客5 927万人次,比上年增长4.2%。其中,外国人2 165万人次,增长6.7%;香港同胞2 772万人次,增长2.3%;澳门同胞481万人次,增长3.1%;台湾同胞509万人次,增长5.0%。

(三)全年入境旅游收入达1 200亿美元

2016年全年,入境旅游收入达1 200亿美元,比上年增长5.6%。其中,外国人在华花费668亿美元,增长10.3%;香港同胞在内地花费305亿美元,增长2.3%;澳门同胞在内地花费76亿美元,增长3.1%;台湾同胞在大陆花费150亿美元,增长5.0%。

(四)全年入境外国游客亚洲占比67.5%,以观光休闲为目的的游客占33.4%

2016年全年,入境外国游客中,亚洲游客占67.5%,美洲游客占10.7%,欧洲游客占17.3%,大洋洲游客占2.6%,非洲游客占1.9%。按照年龄分,14岁以下占3.6%,15~24岁占9.6%,25~44岁占46.8%,45~64岁占34.3%,65岁以上占5.7%;按性别分,男性占63.0%,女性占37.0%;按目的分,会议/商务占18.4%,观光休闲占33.4%,探亲访友占3.1%,服务员工占15.0%,其他占30.1%。

2016年全年,按入境游客人数排序,我国主要客源市场前17个国家为:韩国、越南、日本、缅甸、美国、俄罗斯、蒙古、马来西亚、菲律宾、新加坡、印度、泰国、加拿大、澳大利亚、印度尼西亚、德国、英国。

(五)全年中国公民出境旅游达1.22亿人次

2016年全年,中国公民出境旅游为1.22亿人次,比上年增长4.3%。出境旅游花费1 098亿美元,比上年增长5.1%。

资料来源:国家旅游局数据中心,http://www.ctaweb.org/html/2017-2/2017-2-24-

9-10-97907. html。

问题：结合案例谈谈旅游数据的调研和统计有怎样的价值。

第一节 旅游市场营销调研概述

1. 旅游市场营销调研的含义

旅游市场营销调研是运用科学方法，有目的、有计划地收集、记录、整理、分析和报告有关旅游市场的各种情况、信息和资料，以了解旅游市场发展变化的现状和趋势，解决旅游企业面临的市场问题，为旅游企业营销活动提供科学依据的活动。

（1）旅游市场营销调研是旅游企业科学制定营销策略的基础。旅游企业营销策划活动是在对外部环境、旅游者、竞争对手充分认知的基础上展开的，因此旅游市场营销调研工作是旅游企业科学制定营销规划的基础，是旅游企业市场营销活动的开端。

（2）旅游市场营销调研有利于优化营销策略。在旅游市场营销调研的基础上，能够充分地认知外部环境、旅游者、竞争对手，综合理解调研的结果，能有效地规避营销风险，做出有利于旅游企业的营销策略调整。

（3）旅游市场营销调研有利于发现新的市场机会。在旅游市场营销调研的基础上，积极利用外部的环境因素，能够规避强大的竞争对手，发现旅游者新的需求，发掘新的市场机会，并能结合自身资源优势做出有益于旅游企业发展的决策。

2. 旅游市场营销调研的类型

2.1 按调研范围划分

（1）普查：对所要研究的对象的全体进行逐一的、普遍的、全面的调研。这是全面收集信息的一种方法，可以获得较为完整、全面、系统的信息资料，是企业科学管理的基础，但同时也必须付出大量的人力、物力、财力。

（2）重点调研：一种非全面调研，是在全体调研对象中选择一部分重点单位进行调研，以取得统计数据的调研方法。重点单位在全体调研对象中只占一小部分，但重点单位的调研标志量在总体中却占较大比重，因而具有很强的代表性，能够反映总体的基本情况。

（3）典型调研：一种非全面调研，是根据调研目的和要求，在调研对象中选择少数具有代表性的典型单位进行深入细致的调查研究，以认识同类事物的发展变化规律及本质的调研方法。典型调研适用于调研总体同质性比较高的情况，同时要求调研者有较丰富的经验，在划分类别、选择典型上有较大的把握。

2.2 按调研目的划分

（1）探测性调研：指旅游企业对市场状况不甚明了或对问题不知从何处突破时所采用的一种调研方法，其目的是发现问题所在，以便确定调研的重点。探测性调研的手段主要有三个：一是利用现成资料，这是主要来源；二是向专家、产品设计者、技术人员和用户、顾客做调查；三是参考以往类似案例，从中找出一些有关因素，得到启发。例如一段时期某航空公司 A—B 航线上座率持续下滑，企业不明原因，不知该采取何种措施，这种情况下就需要进行探测性调研。

（2）描述性调研：一种常见的调研方法，是通过详细的调查和分析，对旅游市场营销活动的某些方面进行客观的静态描述，多数的市场营销调研都属于描述性调研，例如旅游企业市场潜力调研、旅游产品市场占有率调研、旅游产品的购买群体结构分析等。描述性调研可以发现其中的关联因素，但是并不能说明两个变量哪个是因、哪个是果，因此描述性调研侧重说明问题而不是分析因果。描述性调研处理的是总体的描述性特征，回答的是"旅游者需要什么，什么时候需要，如何满足"的问题。

（3）因果关系调研：为了查明不同要素之间的关系，以及查明导致产生一定现象的原因所进行的调研。这种调研方法可以查清外界因素的变化对项目进展的影响程度，目的是找出关联现象或变量之间的因果关系。描述性调研可以说明某些现象或变量之间相互关联，但要说明某个变量是否引起或决定其他变量的变化，就要用因果关系调研。问卷调查就属于这类调研方法。

（4）预测性调研：专门为了预测未来一定时期内某一环节因素的变动趋势及其对旅游企业市场营销活动的影响而进行的市场调研。对企业产品的需求如果无从估计的话，未来企业将承担极大的风险，因此预测性调研是科学决策的依据，能够预测未来发展的趋势。例如某旅游目的地对广告投放效果的预测就适用于这类调研。

3. 旅游市场营销调研的内容

3.1 旅游市场营销环境调研

（1）政治环境调研：对旅游企业所在国家的政策、法令及政治形势的稳定程度等方面的调研，包括国家的有关方针政策、制度体制、法律法规等。

（2）经济环境调研：主要是调研旅游企业所处的经济环境及可能对旅游企业造成的影响，包括综合经济指标、工商农业、财政、金融、基础设施、GDP、产业结构、人口结构等方面的情况。

（3）社会文化调研：主要是调研旅游企业所处的社会文化环境及可能对旅游企业造成的影响，包括社会生活方式、风俗习惯、宗教信仰、价值观、教育水平等。

（4）技术发展状况调研：主要是调研与旅游企业生产和服务相关的技术水平及未来发展趋势，同时还应了解同质产品与服务的技术水平，包括新发展、新发明、新创造、新技术、新工艺、新产品开发情况等。

（5）自然地理状况调研：主要是调研旅游企业所在地区的自然地理情况，包括地理位置，自然资源，气候，交通，人口分布、数量、结构等。

3.2 旅游市场需求调研

（1）旅游市场容量、市场结构调研，即调研旅游消费者的数量及其构成，以及职业、年龄、收入、教育水平、民族、宗教信仰等人口统计特征。

（2）旅游消费者心理、消费欲望、消费动机、消费观念、消费行为特征调研。

3.3 旅游市场营销策略调研

（1）产品调研：围绕旅游企业产品和服务进行的调研，包括产品设计、产品品牌、产品生命周期等各方面是否符合旅游者需求。

（2）价格调研：对旅游企业产品和服务的价格进行的调研，包括价格的需求弹性、产品定价策略、竞争对手价格情况等。

（3）渠道调研：对旅游企业产品和服务的分销渠道、中间商及能力进行的调研。

（4）促销调研：对主要的促销方式，包括旅游人员推销、旅游广告、旅游公共关系、旅游营业推广等促销方式的实施效果及对比变化进行的调研。

3.4 竞争对手调研

旅游企业要在市场营销中取胜，就必须对竞争对手保持高度的关注，随时掌握竞争对手的各种动向，包括对竞争者的属性，各类产品的市场占有率及变动趋势，竞争对手的营销策略、售后服务的方法等进行调研。

小结： 本节主要对旅游市场营销调研的含义、作用、基本类型和内容进行了深入的讲解，要求学生能够深入理解旅游市场营销调研的基本概念，并对调研的几方面内容有整体的把握。

小组讨论： 谈谈如何了解竞争对手的信息。

第二节　旅游市场营销调研的程序与方法

旅游市场营销调研是一项十分复杂的工作，要顺利完成任务，必须有计划、有组织、有步骤地进行。

1. 旅游市场营销调研的程序

1.1 调研准备

旅游企业应根据调研的内容收集资料做初步分析，从而界定调研的主题、调研的目标。在旅游企业的实际调研中，许多调研人员对所调研的问题并不十分清楚，或者说不能抓住问题的关键，这就需要收集一些资料进行分析，找出问题的关键所在，明确主题，为具体调研活动打下基础。

1.2 制订调研计划

制订调研计划就是对旅游市场营销调研工作做出整体性的规划，包括调研目的、调研对象、样本的选择、地点、时间、调研方式、调研人员的组成、行程安排、经费预算等。

1.3 资料收集

市场营销资料一般分为两大类，一类是一手资料，又叫原始资料，是调研人员根据调研计划确定的调研方式和调研对象，通过调查、观察、实验等多种方法取得的资料，这种方法费用相对较高；另一类是二手资料，又叫次级资料，通常为国家机关、金融服务部门、行业机构、市场调研与信息咨询机构等发布的统计数据，或者各类出版物中提供的相关数据，这类资料可以通过查阅和网络搜索获取。

1.4 资料分析

一般调研取得的资料比较零散，需要对其进行审核筛选，而后进行分类整理。审核即去伪存真，分类是便于资料的使用，便于做后续的分析研究。

1.5 整理调研报告

调研报告是根据调研情况和分析结果整理而成的，是调研活动结论性意见的书面形式。调研报告在编写上应遵循客观公正的原则，全面清晰地反映调研结论；文字描述应简明扼要。调研报告的内容包括调研对象的基本情况、对调研问题的分析和说明、调研者的结论和建议。

2016年上海市国民经济和社会发展统计公报（节选）

上海2016年实现旅游产业增加值1 689.70亿元，比上年增长6.9%。至年末，全市已有星级宾馆238家，旅行社1 518家，A级旅游景区（点）97个，红色旅游基地34个。

项　　目	数量/家或个
星级宾馆	238
五星级	70
四星级	69
旅行社	1518
经营出境旅游业务的旅行社	181
A级旅游景区（点）	97
5A级景区（点）	3
4A级景区（点）	50
红色旅游基地	34
全国红色旅游基地	9
旅游咨询服务中心	48
旅游集散中心站点	4

全年接待入境旅游者854.37万人次，比上年增长6.8%。其中，入境外国游客659.83万人次，增长7.4%；港、澳、台同胞194.54万人次，增长4.9%。其中，过夜旅游者690.43万人次，增长5.6%。全年接待国内旅游者29 620.60万人次，比上年增长7.4%。其中，外省市来沪旅游者14 679.73万人次，增长5.4%。全年入境旅游外汇收入65.30亿美元，比上年增长9.6%；国内旅游收入3 443.93亿元，比上年增长14.6%。

资料来源：上海统计，http：//www.stats-sh.gov.cn/html/sjfb/201703/293816.html。

问题：结合案例分析调研报告撰写的注意事项。

2. 旅游市场营销调研的方法

2.1　观察法

观察法是指通过现场观察调研对象的动态、活动来取得第一手数据的调研方法。观察法有三种具体形式。

（1）直接观察法：调研人员在调研现场对调研单位的调研项目进行清点、测定、计量，并加以记录的一种方法。直接观察法又可以分为公开观察法和隐蔽观察法。公开观察是指调研人员在调研地点的公开观察行为，调研对象可以意识到观察者的存在；隐蔽观察是指调研对象没有意识到自己的行为已被观察和记录，隐蔽观察法可以作为直接收集竞争对手资料的调研方法。例如，在旅游景区的购物店，旅游市场营销调研人员记录旅游者的购买喜好、年龄结构等，据此调整旅游产品结构，开发新产品。又如，民航部门可以通过观察旅游者的出行记录，分析旅游者出行规律，继而推销机票。

（2）痕迹观察法：不直接观察调研对象的行为，而是观察调研对象留下的痕迹。例如经济学家通过分析居民的生活垃圾来分析居民的生活水平。

（3）行为记录法：用各种仪器对调研对象在一定时间内的行为进行记录，再从记录中找出所需的信息。例如，一些旅游网站将客户搜索的词条或关键词记录在后台服务器，通过数据处理和分析来判定旅游动向，进而通过弹窗推荐旅游产品和服务。

"十一黄金周"大连旅游再迎小高峰

在国庆节、中秋节"喜相逢"的 8 天超级假期中，大连旅游业持续高涨，游客接待量呈两位数增长，各主要景区再次呈现爆棚的喜人景象，重点零售和餐饮企业营业额均有较大增长。

"十一黄金周"期间，全市接待海内外游客 348.9 万人次，比上年同期（下同）增长 10.8%；实现旅游综合收入 47.1 亿元，增长 13.2%。主要旅游景区接待游客 386.6 万人次，增长 10.75%；门票收入 15 087.6 万元，增长 11.6%。大连商场、友谊商城、家乐福等十大重点监测的商场、超市实现商品销售收入 19 981 万元，增长 10.7%。万宝海鲜坊、星海鱼港、亚惠快餐等十大重点监测的餐饮企业实现餐饮销售收入 2 888.1 万元，均实现增长。

自驾游、自助游群体明显增加。"十一黄金周"期间，来大连旅游自驾车 48.5 万辆，增长 19.8%，主要景区的停车位全部爆满。

资料来源：辽宁省统计，2017－10－19，http：//www. ln. stats. gov. cn/sjjd/shiqzx/201710/t20171019_3079208. html。

问题：结合案例谈谈对旅游市场营销调研中观察法的理解。

2.2 询问法

询问法是将调研内容以面对面、书面或电话询问的方式向调研对象提出，通过调研对象的回复获得所需要的资料，是市场调研中最常见的一种方法。一般来说，应该事先设计好询问程序及调查表或问卷。它包括四种具体方法。

（1）面谈调研法：调研人员向调研对象当面询问以获得资料的一种最常见的调研方法。这种方法可以采用预先设计提纲的方式，也可以采用开放式问答的方式；这种方法回答率高，能够深入了解情况，而且可以进行多次，能得到更为真实、具体、有深度的资料。但是这种方法成本较高，受调研人员的主观理解等影响很大。例如，针对旅游专家进行的旅行社新时期发展方向的面谈问题，可以设计为：Q1. 你认为在高速发展的信息时代，传统旅行社有哪些竞争优势？Q2. 传统旅行社存在哪些不足？针对这些不足，你有什么好的发展建议？Q3. 随着在线旅游平台（OTA）的出现，传统旅行社将面临哪些挑战？Q4. 你认为传统旅行社将会被在线旅游商所取代吗？Q5. 在线旅游商，例如携程、去哪儿等相对于传统旅行社具有哪些竞争优势？Q6. 如何把传统旅行社与在线旅游商两者的优势互补，以达到最大限度的发展？Q7. 传统旅行社在转型升级的过程中如何避免在线旅游商曾经遇到的问题，如信任度、服务质量等？Q8. 自驾游已是一个很大的市场，有很大的潜力，传统旅行社该怎样抓住这个市场机遇？

（2）电话调研法：是通过电话和调研对象进行交谈以收集资料的方法。这种方法主要优点是收集资料快、成本低、电话簿有利于分类；主要缺点是只限于简单的问题，难以深入与调研对象交流。

（3）邮寄调研法：是调研人员把事先设计好的调查问卷或表格通过邮局寄给调研对象，要求其自行填妥寄回，以收集所需资料的方法。现在多采用网络邮件的方式。这种方法主要优点是调研范围大、成本低、调研对象有充分时间独立思考问题；主要缺点是受多重因素的影响，调查问卷往往回收时间长、效率低。

（4）网络调研法：是通过网络邀请答题以获取市场信息的一种调研方法。这种方法主要优点是收集资料快、成本低；主要缺点是仅限于较为简单的问题。

您好，我们是×××，我们正在进行一项关于旅游的调查，想请您用几分钟时间帮忙填写这份问卷。本问卷实行匿名制，所有数据只用于统计分析，请您放心填写。题目选项无对错之分，请您按自己的实际情况填写。谢谢您的帮助。

Q1. 请问您最近3个月是否有旅游计划？（单选）
    A. 是
    B. 否

Q2. 请问您计划什么时间旅游？（单选）
    A. 周末
    B. 节假日
    C. 平时

Q3. 请问您这次出行的原因是？（单选）
    A. 公务出差
    B. 家庭外出
    C. 单位奖励旅游
    D. 探亲
    E. 其他

Q4. 请问您打算结伴旅游还是单独旅游？（单选）
    A. 结伴旅游
    B. 单独旅游

Q5. 请问您打算去哪个地方旅游？（单选）
    A. 欧洲
    B. 美洲
    C. 非洲

D. 东南亚

E. 日韩

F. 其他

Q6. 请问您打算出游几天？（单选）

    A. 1 天

    B. 2～3 天

    C. 4～5 天

    D. 5～7 天

    E. 7 天以上

Q7. 请问您打算去什么样的景点旅游？（单选）

    A. 繁华都市

    B. 水乡古镇

    C. 名胜古迹

    D. 海滨海岛

    E. 自然景观

    F. 其他（请注明）

Q8. 请问您打算选择哪种旅游方式？（单选）

    A. 随团

    B. 自助游

    C. 与"驴友"同行

    D. 独自出游

    E. 其他

Q9. 请问您打算跟谁一起旅游？（单选）

    A. 家人

    B. 朋友

    C. 同事

    D. 其他

Q10. 请问您旅游的主要目的是什么？（单选）

    A. 休闲放松

    B. 增长见识

    C. 消磨时间

    D. 陪伴家人、朋友

    E. 其他

Q11. 请问您的旅游预算是多少？（单选）

    A. 500 元以下

    B. 501～1 000 元

    C. 1 001～2 000 元

    D. 2 001～5 000 元

E. 5 001~10 000 元

F. 10 001~30 000 元

G. 30 000 元以上

Q12. 请问您打算选择哪种类型的酒店？（单选）

A. 商务型酒店

B. 度假型酒店

C. 长住型酒店

D. 会议型酒店

E. 观光型酒店

F. 经济型酒店

G. 公寓式酒店

H. 个性化酒店

Q13. 请问您选择酒店主要考虑哪些因素？（多选）

A. 酒店服务

B. 交通便利性

C. 性价比

D. 窗外风景

E. 其他

Q14. 请问您一般会通过哪些途径了解旅游信息？（多选）

A. 旅行社

B. 宣传海报

C. 媒体广告

D. 朋友介绍

E. 网络查找

资料来源：问卷网，https://www.wenjuan.com/lib_detail_full/51dfd6899b9fbe6fc37051e3。

问题：请完成旅游问卷。

2.3 文案法

旅游市场营销调研工作需要收集两大类资料，即我们先前提到的一手资料和二手资料，文案法就是通过收集各种二手资料，筛选出与市场调研问题有关的情报，所以也称间接调研法或资料分析法。这种方法主要优点是快捷、成本较低。二手资料的来源主要有：旅游企业内部积累的各种资料，如旅游报刊以及一些内部文件；国家机关公布的国民经济发展计划、统计资料、政策法规等，以及一些内部资料；旅游行业协会和其他旅游组织提供的资料，或旅游研究机构、旅游专业情报机构和咨询机构提供的市场情报和研究结果；旅游企业之间交流的有关资料；国内外公开出版物，如报纸、杂志、书籍上刊登的新闻报道、评论及调查报告。对资料进行处理，整理出对调研问题有价值的信息是非常重要的步骤，一般采用以下方法。

（1）文献筛选法：根据旅游市场营销调研的目的有针对性地查找有关资料，经过分析筛选出与旅游企业市场营销相关的信息。例如，某国外旅游企业要收集近几年我国各地区旅游者出境游的情况，就可以通过国家旅游局官方网站进行旅游统计数据的查询，也可以通过

《中国旅游统计年鉴》查出不同地区、不同城市旅游者出境旅游情况。文献筛选法具有查找方便、传播广泛的特点，是旅游企业获取信息的最主要来源。

（2）报刊剪辑法：调研人员从各种报刊中分析和收集旅游营销信息，以及时发现市场机会，争取和占领市场。信息社会突出的特点是信息量大、信息更新速度快，因此从日常的新闻报道中很容易发现有价值的信息。

（3）情报联络法：旅游企业在国内外某些地区设立情报联络网，进行商业情报资料收集工作。一般由旅游企业派遣专门的调研人员在主要营销区域设立情报资料收集站，获取有关旅游市场供求趋势、旅游者购买行为、旅游产品价格等方面的信息。

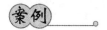

TripAdvisor：中国出境自由行游客需求调研

2016年7月，旅行规划及预订网站TripAdvisor（猫途鹰）在中国联合Uber、乐视视频、华为荣耀、小红书、Discovery Expedition、漫游宝等一系列品牌发起了"猫途鹰寻呆萌旅人"的线上征集活动，共有近4亿人次关注，参与人数破20万。活动期间，TripAdvisor还发起了一项名为"出国旅行时你面临哪些困难和挑战"的线上调查，调查对象为过去2年间有过自助出境游经历的中国用户。根据本次在线调查的数据显示，目前中国自助出境游客遇到的最大的困难排在前三位的是语言障碍、当地信息稀缺、旅游计划烦琐。

挑战1：当地语言沟通困难，菜单路牌像天书

现状：40%的受访者表示语言障碍是他们出境游最大的难题之一。

应对：面对这一情况，75%的人表示会使用翻译软件；71%的人会运用肢体语言沟通；35%的人会使用预先准备好的图片或以当地语言书写的信息卡片；甚至还有10%的人表示会随身携带词典。

挑战2：行前获取目的地的信息有限，在当地易上当

现状：37%的受访者表示难以提前获取关于目的地的有效且真实的信息。

应对：绝大部分受访者表示已经养成提前查看其他旅游者写的旅游攻略及点评的习惯。89%的人会提前查看其他旅游者分享的旅游攻略；75%的人会查看其他旅游者在TripAdvisor等APP上的点评；38%的人会询问去过当地的亲朋好友。

挑战3：做计划太麻烦，潇洒与高品质难以兼得

现状：36%的受访者表示做旅游计划是出境游中最令他们感到麻烦的。

应对：75%的人的解决办法是直接参考网上其他旅游者的旅游攻略，拷贝现成的线路；26%的人会参考旅游团的游览线路；也有受访者不提前做计划，到了目的地后再用旅游类APP搜索当地娱乐信息（26%）或者到目的地后再寻求当地人的推荐（21%）。

挑战4：目的地环境陌生，东西南北分不清

现状：24%的受访者表示在陌生的境外目的地迷路是一个很大的麻烦。

应对：针对这一情况，71%的人表示会使用导航或地图类APP；35%的人会选择打车前往目的地；22%的人会使用纸质地图；同时73%的人会在遇到困难时向他人求助。

挑战5：难以控制旅游花销，容易超预算

现状：25%的受访者表示旅游目的地消费高，一不小心就超预算。

应对：面对这一情况，93%的人表示会多方比价后再订机票或酒店；72%的人在当地会选择乘坐公共汽车而不是打车；54%的人表示会尝试寻找当地便宜且好吃的餐厅；43%的人会寻找当地免费或票价低的景点或游玩项目；28%的人会搜寻当地商户优惠券。

挑战6：依赖网络获取信息，上网不便就傻眼

现状：22%的受访者表示在境外上网不方便或者上网花费高是困扰他们的最大问题之一。

应对：在境外需要使用网络时，85%的人使用公共场所的免费WiFi上网；64%的人购买当地SIM卡上网；49%的人直接求助当地人获取信息；另外30%的人购买当地地图或者旅行指南；而17%的人使用手机的海外漫游功能上网。

挑战7：时间和金钱都没少花，却住不好、玩不尽兴

现状：20%的受访者表示，不知道如何选择适合自己的酒店或娱乐项目是最令人头疼的问题之一。

应对：针对这一问题，86%的人会在网上查看其他旅游者分享的旅游攻略；62%的人会在网上查看其他旅游者分享的照片和点评；52%的人选择询问去过当地的亲朋好友；33%的人选择参考纸质旅游指南或当地出版的旅游小册子上的推荐；24%的人选择参加当地一日游，或者雇用当地导游。

资料来源：TripAdvisor：中国出境自由行游客需求调研，http：//www.pinchain.com/article/86085。

问题：假如你是一家专门做自由行产品的旅游网站经营者，这份报告对你的营销活动有哪些影响？你能从中筛选出哪些重要的旅游信息？

2.4 市场实验法

市场实验法是先观察条件相同的两个实验群体的反应，再在一定时期内对实验群体开展市场营销活动，然后对两个群体进行事后调查的方法。市场实验也称为试销，是新产品导入市场时常采用的一种检验产品、了解市场反应的重要方法。例如旅游企业在相邻的两个省份进行广告投放效果测试就很适合使用市场实验法。

3. 旅游市场营销调研技术

3.1 调查样本的选取

根据旅游市场营销调研对象的范围，调查样本的选取可以分为市场普查和抽样调查两种方法。

（1）市场普查法：对所要研究的全部对象进行全面调查，这种方法调查范围广、调查对象数量多、资料全面，但工作量大，成本非常高。

（2）抽样调查：按照科学的原理，从若干单位组成的事物总体中抽取部分样本单位来进行调查、观察，用所得到的调查样本的数据推断全体。

抽样调查分为简单随机抽样、等距抽样、分层抽样和整群抽样等。

①简单随机抽样，也叫单纯随机抽样，就是从总体中不加任何分组、划类、排队等，完全随机抽取调查单位。特点是每个样本单位被抽中的概率相等，样本的每个单位完全独立，彼此间无一定的关联性和排斥性。简单随机抽样是其他各种抽样形式的基础，通常只是在总

体单位之间差异程度较小和数目较少时采用这种方法。

②等距抽样，也叫机械抽样或系统抽样，是将总体各单位按一定标志或次序排列成图形或一览表（也就是通常所说的排队），然后按相等的距离或间隔抽取样本单位。特点是抽出的单位在总体中是均匀分布的，且抽取的样本可少于纯随机抽样。等距抽样既可以用于与调研项目相关的标志排队，也可以用于与调研项目无关的标志排队。

③分层抽样，也叫类型抽样，就是将总体单位按其属性特征分成若干类型或层，然后在类型或层中随机抽取样本单位。特点是由于划类分层，增大了各类型中单位间的共同性，容易抽出具有代表性的调查样本。该方法适用于总体情况复杂、各单位之间差异较大、单位较多的情况。

④整群抽样，就是从总体中成群成组地抽取调查单位，而不是一个一个地抽取调查样本。特点是调查单位比较集中，调查工作的组织比较方便。但调查单位在总体中的分布不均匀，准确性差。因此，在群间差异不大或者不适宜单个抽选调查样本的情况下可采用这种方式。

3.2 旅游市场营销调查问卷

3.2.1 旅游市场营销调查问卷的设计要求

旅游市场营销调查问卷的设计是一项十分重要的工作，一份科学合理的调查问卷是调研的前提条件。问卷设计信息要有明确的调研目的和内容，明确的调研对象，问卷设计的语言要表述恰当；设计问卷时，应该考虑数据统计和分析是否易于操作，考虑问题数量的合理性、逻辑性、规范性等问题。

（1）问卷表达应清晰准确，不能使用容易让人误解、不理解的词汇。例如，向在校大学生提问："作为大学生您经常出去旅游吗？""经常"二字就可能给调研对象造成误解。什么是"经常"，什么频率算"经常"，每个人有不同的理解，所以该问题应改为："作为大学生您每年出去旅游几次？"这样表达就十分清晰准确，也能获取明确的信息。又如："作为大学生您相信来自 pyq 的旅游推送信息吗？""pyq"是当前很多大学生对微信朋友圈的简称，但在正式的调查问卷中不能使用，应用标准的词汇进行提问。

（2）问卷设计要避免使用引导性的表述。例如："××航空公司的机票价格低廉，最低至 99 元，您是否会选择乘坐该公司航班？"这样的问题会对调研对象造成误导，不能获得其真实的态度与购买意愿，产生的结论也缺乏客观性；而且这种提问方式容易使调研对象反感，很明显这里包含了广告信息的成分。

（3）问卷设计要有艺术性，避免提出敏感性、刺激性的问题而造成调研工作无法推进。例如，以在校大学生为调研对象的一份调查问卷中有这样一个问题："作为大学生您尚未旅游的原因是什么？a. 家庭条件有限　b. 生活费不够花　c. 没兴趣　d. 对旅游产品不满意　e. 其他"，这种提问方式因涉及调研对象的心理、生活习惯和个人隐私而使其不愿回答，这种提问也很难得到真实信息。如果换种说法，"作为大学生您尚未旅游的原因是什么？a. 课业繁忙　b. 旅游费用高　c. 没兴趣　d. 对旅游产品不满意　e. 其他"，会容易让人接受，效果会更好。

（4）问卷设计要避免提容易造成误差的问题，比如时间久远难以回忆的问题。

3.2.2 旅游市场营销调查问卷的结构内容

一份调查问卷通常由四部分组成：题目、前言、主体内容、结束语。题目是本次调研的主题,要求简单明确、表述清晰。前言主要是对本次调研目的、价值及填表须知等内容的说明。前言必须简明易懂,陈述不宜过长,以能激发调研对象兴趣为佳。主体内容是需要收集的主要信息,由连贯的一个个问题及相应的选项构成,是旅游市场营销调研的核心内容。调研工作实际就是通过调研对象对主体内容的回答来展开的,调研人员可以通过调研对象的回答了解其基本情况和对某一特定事物的态度、意见倾向。结束语是对调研对象的合作表示感谢,并标注时间、地点等信息。

小结:本节主要对旅游市场营销调研的程序、方法和技术进行讲解,要求学生能够深入理解知识点,并能对调研流程有整体把握,会使用主要的调研方法、会制作调查问卷。

小组实训:在"大众创新,万众创业"的背景下,拟定建立大学生创业项目——"青春活力旅行社",主要以本校大学生为目标群体进行调研工作,结合你的想法,编写调查问卷。

任务一小结:任务一对旅游市场营销调研的定义、作用、类型,调研的基本内容、程序、方法、技术进行了深入讲解,要求学生能够牢牢掌握相关知识,对调研工作能够整体把握,并能够进行简单的旅游市场营销调研工作。

拓展阅读

《中国出境旅游发展年度报告2017》

2017年10月13日,《中国出境旅游发展年度报告2017》在北京发布。中国旅游研究院国际所所长蒋依依博士代表课题组讲解了报告的核心观点和主要数据。

该报告由中国旅游研究院组织专家团队编写,是自2003年以来连续出版的第十三部出境旅游研究报告。基于长时间跟踪与深度调研,报告清晰直观地展现了2016年出境旅游市场的总体状况、客源地产出特征、目的地消费行为与满意状况,并就2017年发展趋势提出建议,同时分析了中国"一带一路"沿线国家与欧洲地区旅游市场的特征。

报告显示,从总量上看,2016年中国出境旅游市场总量与消费增长都呈现出趋缓的态势。我国出境旅游市场达到1.22亿人次,出境旅游花费1 098亿美元,同比分别增长4.3%与5.07%。如图1所示。

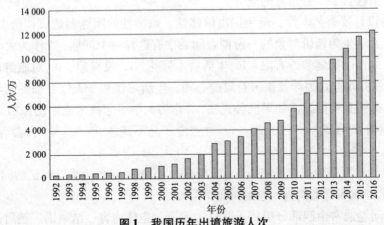

图1 我国历年出境旅游人次

从结构上看，出境游比例的显著提升表明中国内地游客的脚步渐行渐远，赴"一带一路"沿线国家游客量的快速增长推动了民众之间的直接沟通与交流。2016年排在前10位的内地游客出境旅游目的地为中国香港、中国澳门、泰国、韩国、日本、越南、中国台湾、美国、新加坡、马来西亚，主要目的地仍多为周边国家与地区。值得注意的是出国游的比例提升显著，2016年占到出境游总数的31.24%，与2015年的26.72%相比提升了将近5个百分点。据不完全统计，赴"一带一路"沿线国家游客量也增长明显，2016年达到约5 000万人次。如图2、图3所示。

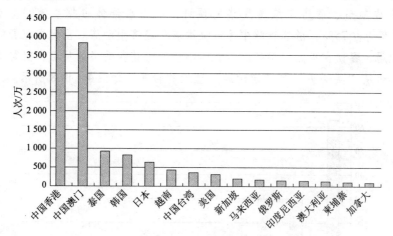

图2　2016年我国出境旅游目的地前十五位

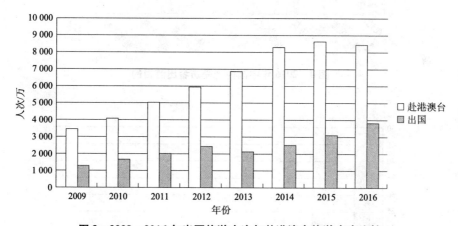

图3　2009—2016年出国旅游人次与赴港澳台旅游人次比较

从客源产出上看，经济增长是出境旅游的主要推动因素，西部地区与"新一线"市场活跃度进一步上升。除了签证便利度提高等因素影响外，客源地的国民收入水平变化在很大程度上影响着出游意愿与出游形式。研究显示，人均可支配收入与出境旅游人次数的相关度最高。虽然各省、自治区、直辖市出游力从东到西仍然表现为"6∶2∶1"的递减形态，但西部地区爆发出强大的旅游消费潜力，云南、四川、青海、内蒙古、新疆等省、自治区旅游消费增长速度较快。随着国际航班、签证中心的新增，杭州、成都、南京、天津、武汉、重庆、厦门等"新一线"城市出境游客的增长速度较快，消费能力也比肩上海、北京、广州、深圳等一线城市。

从在目的地的消费行为上看，游客的消费方式正在实现从"买买买"到"游游游"的理性转变。调查结果显示，首次出境旅游的游客居多，游览观光和休闲度假是出境旅游的主要目的。对出游频率和决策重要程度的调查结果表明，出境旅游仍然是人们普遍难以决策的重大消费选择。女性市场明显高于男性市场，出境游客大多是和家人或朋友结伴而行，在选择境外旅游目的地时注重景点/旅游地的吸引力。多数游客愿意通过旅行社安排境外旅游活动，在选择旅行社时注重知名度和诚信度。选择半自助游、私家团的游客比例正在提升，说明游客不再满足于固定的路线与行程，对于弹性时间的要求正在增加。未参团的出境游客大多通过网络完成航班、酒店与旅游线路的预订，中高端群体占据主流，花费在5 000～20 000元的游客约占75%，游客青睐中等价位酒店和经济型酒店。出境游花费的主要项目为购物、参团费用、餐饮和景点门票等。尽管购物仍然为花费最多的项目，但购物比重的收缩反映出消费行为从"买买买"到"游游游"理性的转变。如图4～图8所示。

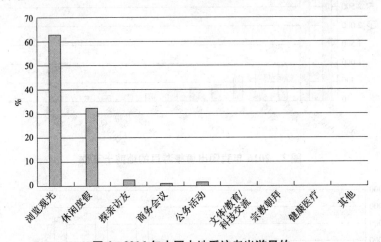

图4　2016年中国内地受访者出游目的

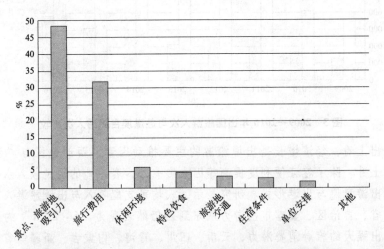

图5　2016年中国内地受访者出境游线路选择影响因素分布

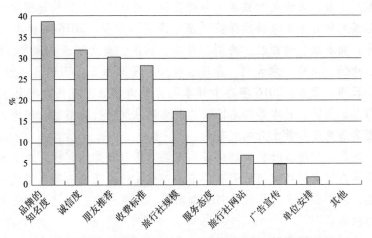

图6　2016年中国内地受访者出境游选择旅行社的影响因素

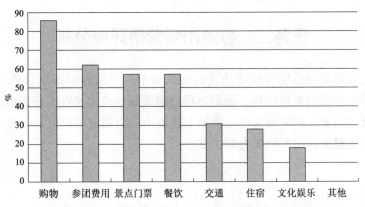

图7　2016年中国内地受访者出境游消费项目选择占比

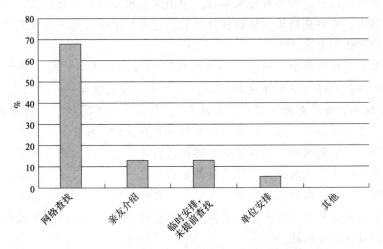

图8　2016年中国内地受访者出境游安排旅游线路的渠道

资料来源：国家旅游局数据中心

从游客满意度上看，无论是对旅游服务质量的满意度还是对目的地国家的总体满意度都较高。出国游客满意度各季度都持续保持"基本满意"水平。2016 年样本国家游客满意度从高到低依次是：新加坡、新西兰、美国、日本、韩国、澳大利亚、印尼、越南、加拿大、法国、柬埔寨、德国、南非、意大利、泰国、英国、马来西亚、西班牙、俄罗斯、菲律宾、阿根廷、印度、巴西、蒙古。2016 年各个样本国家的游客满意度指数整体上有所提高，其中新加坡、新西兰、美国、日本等样本国家的游客满意度保持在前列，越南、柬埔寨、南非等样本国家的游客满意度指数上升幅度较大。

报告认为，对目的地经济社会贡献颇多的中国市场日益受到重视，加上宏观经济、基础设施、市场政策等内部发展环境持续完善，中国内地公民出境旅游需求将进一步释放。随着市场发展的成熟，旅游需求多样化趋势将更加明显。分享经济、支付手段等新技术和新政策将有效扩大旅游供给。

资料来源：中国旅游研究院，http://www.dotour.cn/article/31159.html。

问题：谈谈这些旅游数据的价值和意义。

任务二　旅游市场营销环境分析

知识点：主要对旅游市场营销环境进行深入讲解，包括旅游市场营销环境的含义、特点、意义，旅游市场营销宏观环境，旅游市场营销微观环境和 SWOT 分析法。

技能点：通过任务二的学习，学生能够对旅游市场营销宏观环境和旅游市场营销微观环境进行分析，并能熟练运用 SWOT 分析方法。

案例导入

2017 哈萨克斯坦"丝绸之路"国际旅游节暨旅游投资论坛于 2017 年 11 月 15 日在哈萨克斯坦南哈萨克斯坦州首府希姆肯特市举行。中国国家旅游局副局长杜江、南哈萨克斯坦州州长杜依梅巴耶夫、哈萨克斯坦文体部旅游委员会主席穆尔杂玛基耶娃以及中哈两国旅游部门、企业代表约 300 人出席。

杜江在开幕式上致辞表示，随着"一带一路"倡议和"光明之路"新经济政策全面对接，两国各领域的交流合作不断深化和拓展，而旅游近来已成为一个热点领域。2017 年正值中哈建交 25 周年和哈萨克斯坦"中国旅游年"，两国旅游部门和业界积极对接政策措施，频繁交流互动，先后举办了论坛、展览、推介等一系列活动。杜江指出，为推进中哈旅游伙伴关系持续发展，今后两国业界应在开发丝路特色旅游、推广旅游产品线路、人员往来便利化、改善旅游服务接待设施等诸多方面开展务实合作。

杜依梅巴耶夫、穆尔杂玛基耶娃等哈方官员在致辞时均对中国旅游代表团访哈表示热烈欢迎，希望两国旅游业界借助此次论坛交换信息、探讨合作，使哈萨克斯坦尽快成为更多中国公民青睐的出境旅游目的地。

在论坛期间，来自中国旅游研究院、中国旅行社协会以及福建、贵州、新疆等省、自治区的旅游业界代表围绕"从长城到丝路之心"主题，针对丝路旅游、跨境旅游、网络营销等不同议题做了精彩发言，取得了很好的互动交流效果。

资料来源：中华人民共和国国家旅游局，http://www.cnta.gov.cn/ztwz/sczl/。

问题：谈谈"一带一路"背景下旅游业的新契机。

插入视频："一带一路"宣传片。

第一节 旅游市场营销环境概述

1. 旅游市场营销环境的概念

旅游市场营销环境是影响旅游企业市场营销活动的各种内部因素和外部因素的总和，由宏观环境和微观环境两部分组成。旅游企业的市场营销活动离不开环境，必须在一定的时间、空间条件下展开，因此必须对旅游市场营销环境加以分析，对宏观环境和微观环境分析方法加以把握。

2. 旅游市场营销环境的特点

2.1 旅游市场营销环境因素具有动态系统性

旅游市场营销环境是一个系统，具有多因素交融的特点，在这个系统中各类环境因素相互作用、相互影响。一个因素的变化可以引起其他因素的变化，其他因素的变化又会引起该因素的调整；一个因素可能对一些企业造成机会，也会对另一些企业造成威胁；不同因素造成影响的程度也不尽相同，各因素之间也会相互作用。另外，各因素本身不是永远不变的，是在不断变化的；各因素对同一企业的影响也不是永远不变的，是动态变化的；各因素之间也会相互作用。随着社会经济环境的变化，各因素的影响程度也在动态调整，例如随着新科技时代的到来，科学技术在旅游市场营销活动中发挥了更重要的作用，互联网技术得到了更广泛的应用，在旅游市场营销活动中的影响不容小觑。因此，企业必须动态地把握营销环境。

印度尼西亚巴厘岛上的阿贡火山2017年11月25日下午再次喷发。中国驻登巴萨总领事馆26日在官网上发布公告，紧急提醒中国公民近期谨慎前往巴厘岛旅游。

据报道，印尼国家减灾署发言人苏托波呼吁民众保持冷静，因为阿贡火山的警戒水平并没有提高。他说，该火山当天发生"蒸汽喷发"喷出了浓烟、灰尘、碎石和沙子。据媒体报道，这类蒸汽喷发是阿贡火山下的地下水被岩浆加热迅速气化所造成的。

2017年9月，阿贡火山活跃程度上升，印尼国家火山学中心当时将阿贡火山的警戒水平提高至第三级别，并疏散了约14万人。在火山活动减弱之后，当局将警戒水平调低至第二级别，许多人陆续返回家园，但现在又有上万人再度出逃。到目前为止，阿贡火山的活动并没有对巴厘岛机场运输造成影响。该火山距离巴厘岛的游人观光地区约75公里。由于担心火山可能随时爆发，近几个月来当地居民纷纷迁往疏散中心，游客也不敢前往游玩。印尼官员估计，这对巴厘岛的旅游业造成至少1.1亿美元的损失。澳大利亚及新加坡已经发出旅游警告，澳大利亚政府呼吁在巴厘岛的国民"密切留意当地媒体报道，遵守当局的指示，避开现有的禁区"。中国驻登巴萨总领事馆官员说,目前巴厘岛伍拉莱国际机场航空预警已升至最高级"红色",一些国家的航空公司已取消往返巴厘岛的航班。若风向改变,火山灰往西南方向扩散,伍拉莱国际机场可能随时关闭。火山警戒级别仍为第三级,仅次于最高级别。火山口周围6公里内以及火山口正北－东北、西南－正南－东南方向7.5公里内为危险区域,禁止居民和游客活动。中国驻登巴萨总领事馆建议中国公民密切留意领事馆发布的提醒,合理安排行程,近期谨慎前往巴厘岛;已在巴厘岛的中国公民须保持高度警惕,注意自身安全,切勿前往火山周围区域活动,并注意防范滞留风险。遇紧急情况要及时报警并在第一时间与总领事馆联系。

资料来源:人民政协网,http://www.rmzxb.com.cn/c/2017-11-27/1882482_1.shtml。

问题:巴厘岛面临怎样的危机?

2.2 旅游市场营销环境因素具有客观性

任何一家企业都是在一定的环境中生存和发展的,尤其旅游企业,对社会、经济、文化各方面的依赖性很强。这种环境具有客观性,是现实存在的。旅游企业的营销环境包括微观与宏观两个方面,对于宏观环境,如国家的政治、经济、文化等是旅游企业无法控制的,是客观的,旅游企业只能在一定程度上施加影响;对于微观环境中的外部因素,如竞争对手、消费者,旅游企业也是不能控制的,只能进行积极的引导;而旅游企业能够控制的,受主观因素影响的只有微观环境中的内部因素。旅游企业唯有积极利用企业内部因素,制定积极有效的营销策略,才能在不断变化的营销环境中取胜。

2.3 旅游市场营销环境具有针对性

旅游市场营销环境的优劣是针对具体企业而言的,特定的营销环境只对具有相应条件的旅游企业具有价值,而对于其他企业也许充满危机与风险。因此,市场营销环境分析必须结合旅游企业的实际情况来进行,要充分考虑旅游企业的营销特点,综合进行衡量分析。

3. 旅游市场营销环境分析的作用

3.1 营销环境分析是旅游市场营销的基础性工作

旅游市场营销环境的客观性要求旅游企业必须尊重环境,同时也必须在环境的约束下开展营销活动。积极主动地适应营销环境,做好环境分析工作,是旅游企业市场营销工作的基础。

3.2 营销环境分析有利于旅游企业发现市场机会,规避风险

旅游企业对营销环境的分析能够帮助企业在不断变化的环境中发现市场机会,利用机会给企业带来经济效益;同样,营销环境分析也能发现企业的风险,使企业及时规避风险,调整战略,在激烈的竞争中化险为夷,甚至将风险转化为旅游企业发展的新机遇。

3.3 营销环境分析有利于旅游企业营销战略的制定

营销环境分析是旅游企业制定营销战略的基础和前提,可以帮助旅游企业对营销环境做出客观的判断。旅游企业只有准确分析营销环境特征,明确自己的优势和不足,结合自身条件做出正确判断,才能为制定科学合理的营销战略提供充分的依据,在激烈的市场竞争中立于不败之地。

小结：本节主要对旅游市场营销环境的含义、特点和意义进行了深入的讲解，要求学生能够深入理解旅游市场营销环境的基本概念。

小组讨论：谈谈你最近关注的与旅游有关的外部信息。

第二节　旅游市场营销宏观环境分析

旅游市场营销宏观环境是指包括政治、法律、人口、社会、文化、自然、经济、科技、交通等在内的外部大环境。旅游市场营销宏观环境制约着旅游企业的市场营销活动。旅游企业必须积极调整自身以适应宏观环境的要求，在一定的宏观环境中生存发展。

1. 旅游市场营销的政治、法律环境

旅游市场营销的政治、法律环境是影响旅游企业营销活动的重要宏观环境因素。政治环境引导着旅游企业营销活动的方向，法律环境则规范旅游企业的行为。

1.1　政治环境

政治环境是指旅游企业市场营销活动的外部政治形势。政治环境引导旅游企业营销活动的方向，稳定的政局会给旅游企业营销活动带来积极作用，而动荡的政局则会导致社会秩序混乱，旅游业会受到严重影响。

政治环境对旅游企业营销活动的影响因素主要为国家政治制度，国际政治环境，政府的人口政策、财政政策、货币政策、外汇政策等，这都会给旅游企业营销活动带来深刻的影响。例如，近些年国际救援中心专家每年都会绘制年度最危险和最安全国家的地图，地图上用不同的颜色标明风险等级不同的国家：紫色表示风险不均等的国家，绿色表示风险较低的国家，黄色表示风险中等的国家，橘色表示风险较高的国家，红色表示风险极高的国家。2017年度风险最高的国家包括利比亚、马里、苏丹、也门、叙利亚、中非共和国、阿富汗和委内瑞拉；而俄罗斯、巴西、玻利维亚、哈萨克斯坦、沙特阿拉伯和乌克兰等国则在中等风险国家之列；对旅行者风险较低的国家有美国、加拿大、阿根廷、澳大利亚、中国、日本及大多数中欧国家；风险等级最低的国家包括挪威、瑞典、芬兰、冰岛、瑞士、斯洛文尼亚和丹麦等。

1.2　法律环境

法律环境对旅游企业的营销活动具有极强的约束作用。法律是旅游企业营销活动的准则。旅游企业只有遵守法律，才能受到有效保护。为适应旅游环境的新变化，保障旅游者和旅游经营者的合法权益，规范旅游市场秩序，保护和合理利用旅游资源，促进旅游业持续健康发展，《中华人民共和国旅游法》（以下简称《旅游法》）于2013年4月25日发布，自2013年10月1日起施行，并于2016年11月进行了修正。例如，对某些旅行社为了招揽游客，以超低价、零团费、负团费作为诱饵，诱骗游客，《旅游法》明确规定："不得以不合理的低价组织旅游活动，不得诱骗旅游者，不得通过安排旅游者购物或另行付费旅游项目获取回扣等不正当的方式获得利益，不得指定具体的消费场所，不得安排另行付费旅游项目。"这明确了低价招揽游客的经营行为属于非法。《旅游法》对旅游市场起到极大的推进和规范作用。

2. 旅游市场营销的经济环境

旅游市场营销的经济环境是影响旅游企业营销活动的主要宏观环境因素,包括居民收入、消费结构、产业结构、经济增长率、货币供应量、银行利率、政府支出等,其中居民收入、消费结构对企业营销活动影响较大。

2.1 经济发展水平

旅游者的购买力与所在国家或地区的经济发展水平有着密切的关系。旅游企业营销人员应着力分析能够反映经济发展水平的相关指标,全面把握经济发展状况。

国民生产总值(GNP)是最重要的宏观经济指标,指一个国家或地区所有常驻机构、单位在一定时期(年或季)内收入初次分配的最终成果。人均 GNP 反映出一个国家或地区居民的富裕程度,与旅游活动密切相关。一般来说,人均 GNP 达到 300 美元就会兴起国内旅游,达到 1 000 美元,就会有出境旅游的需求,而达到 1 500 美元以上,旅游增长更为迅速。

个人可任意支配收入是在个人可支配收入中减去用于购买生活必需品的费用支出(如房租、水电、食物、服装等项开支)后剩余的部分。这部分收入一般用于购买高档耐用消费品、娱乐、教育、旅游等,是消费需求变化中最活跃的因素,也是旅游企业开展营销活动所要考虑的主要因素。

2.2 消费者收入与消费结构

市场营销人员通过分析消费者收入和消费结构,可以充分了解目标市场的规模、增长趋势、消费支出的行为模式等。收入越高,可支配收入(尤其是可任意支配收入)越多,旅游机会就越多,外出就餐娱乐机会也越多。

恩格尔系数是食品支出与家庭消费总支出的比率,即:恩格尔系数=食品支出金额/家庭消费支出总金额。

恩格尔系数是衡量一个国家、地区、城市、家庭生活水平高低的重要参数。恩格尔系数越小,食品支出所占比重越小,表明生活越富裕,生活质量越高;恩格尔系数越大,食品支出所占比重越大,表明生活越贫困,生活质量越低。由此可见,随着经济的发展和人民生活水平的提高,旅游消费支出占家庭消费总支出的比重是一个逐步提升的过程,而恩格尔系数则呈现反方向变化。

2.3 经贸活动

国际国内经贸活动的开展是市场营销活动的风向标。旅游企业营销人员应时刻关注重要的经贸活动,抓住重要的发展契机。例如,"一带一路"充分依靠中国与有关国家既有的双、多边机制,借助既有的行之有效的区域合作平台,积极发展与沿线国家的经济合作伙伴关系,共同打造政治互信、经济融合、文化包容的利益共同体、命运共同体和责任共同体,开启了全球经贸的新格局,这对旅游市场营销活动具有极大的指导意义,对旅游线路的开发、新营销渠道的开拓都具重要的意义。

3. 旅游市场营销的人口环境

人口数量直接决定旅游市场规模和潜在容量,人口的性别、年龄、民族、婚姻状况、职业、居住分布等也对市场格局产生影响，从而影响旅游企业的营销活动。

3.1 人口规模

旅游客源国人口规模基本上可以反映该国旅游市场的规模，是旅游营销人员预测市场规模的基本依据。

3.2 人口结构

人口的年龄结构、性别结构、民族结构、家庭结构、教育结构、职业结构等都从不同方面影响旅游市场营销。据统计，2015年中国60岁及以上人口达到2.22亿，占总人口的16.15%；预计到2020年，60岁及以上人口达到2.48亿，老龄化水平达到17.17%；预计到2025年，60岁及以上人口达到3亿，成为超老年型国家。由此可见，老年旅游市场潜力巨大，如何开发和操作这一市场是很多旅游企业面临的机遇和挑战。

3.3 人口分布

人口分布与旅游需求密切相关。一方面，旅游消费会因地理位置、人文环境不同产生消费需求的差异，例如在城市中生活的人希望在周末享受田园生活，而在农村生活的人则希望周末进城购物消费；另一方面，随着空间距离的增大，旅游费用会增多，客源会减少，例如，在广西桂林旅游的游客中，东北游客所占比例较小，而广东游客较多。所以市场营销人员应着眼于近程旅游市场，争取中程旅游市场，放眼远程旅游市场。

4. 旅游市场营销的社会文化环境

旅游市场营销的社会文化环境是指在一种社会形态下已经形成的价值观念、宗教信仰、风俗习惯、道德规范等的总和。一方面，任何企业都处于一定的社会文化环境中，旅游企业的产品开发、价格策略、营销渠道、宣传促销每个营销环节都要符合当地的文化背景、文化传统，尊重当地的风俗习惯；另一方面，社会文化环境是一种比较复杂的环境因素，往往对旅游消费行为也会产生潜移默化的影响，而且这种影响是动态的。因此市场营销人员应善于把握变化趋势，随时调整营销策略。例如，伊斯兰教的斋月被穆斯林视为一年中最尊贵的月份，根据伊斯兰教义，斋月期间穆斯林如无特殊豁免原因，须在黎明至日落期间戒饮食，非穆斯林在斋戒时间段内不得在公共场所或穆斯林面前饮水、进食或吸烟，不得向穆斯林提供可现场消费的食品和饮料。面对这一宗教特点，旅行社等旅游企业就须考虑旅游线路的时间安排，绕开这一时段。

5. 旅游市场营销的自然环境

旅游市场营销的自然环境是指自然界提供给人类的各种形式的物质资料，如阳光、空气、水、森林、土地等。旅游营销管理人员应该重点关注自然环境变化，制定相应的对策；旅游企业的市场营销活动，也应与可持续发展的理念相符合，保护环境，绿色营销。例如，2015年浙江省人大常委会第二十一次会议批准了杭州市人大常委会第二十九次会议审议通过的《杭州市生活垃圾管理条例》，该条例明确规定"住宿、旅游、餐饮经营者不得在经营活动中免费提供一次性用品"。实际上许多省市近年来都制定了酒店停配一次性用品的规定。一次性用品的浪费现象确实很严重，在这个问题上一方面政府应严格监管，另一方面旅游企业应积极引导游客转变观念，实行绿色营销，保护自然环境。

云南省香格里拉县的下给温泉是近代热泉形成的典型地质景观，极具观赏性和科考价值，景区内的喷气（热气）孔尤为罕见。但在旅游开发过程中，在不了解喷气孔的地质构造及规律的情况下，开发者企图将喷气孔变为"桑拿浴"场所，结果严重破坏了稀有旅游地质景观。该县的另一处地下泉——天生桥"彩泉"，因被"现代化"装饰而失去了"彩泉"再现的自然条件。

"西南净土"香格里拉的一些地方在旅游开发的大潮下难逃劫难。中国风景园林学会的多位专家指出，近年来，一些地方的错位开发，使不少国家级风景区人工化、商业化、城市化现象泛滥，有的风景区正蜕变为吃喝玩乐的游乐场，自然生态系统遭到空前破坏。

比如，丽江玉龙雪山架有3条索道，每条索道都伸入自然保护区的核心区。其中，近3 000米长的玉龙雪山索道延伸到海拔4 506米的雪山上，每小时单向运送客流量达426人。这些索道的建设和运营给保护区带来了生态灾难。大量游人的涌入使亘古冰川遭到破坏，部分冰川开始融化；高山植被和野生花卉被游客践踏、破坏；野生动物的数量急剧减少，当年规划时还存在的珍稀动物现已难觅踪迹。玉龙雪山生态环境的破坏速度令世界各国专家惊讶。更为严重的是，一些景区没做规划就进行开发。迪庆藏族自治州旅游局提供的一份材料显示，该州共有18个旅游区、225个景区（点），但是目前只完成2个地方旅游发展总体规划、6个旅游总体规划、3个旅游详细规划，正在编制的和今后2年要编制的规划有20个。这份材料说："迪庆藏族自治州旅游资源相当丰富，但目前所完成的各类规划远远不能满足旅游区的开发需要，在各旅游区建设中已显现出规划滞后的情况，部分地区已出现先建设后规划或无规划建设的现象，蔓延下去将对我州旅游资源造成严重的浪费和破坏，有的甚至是毁灭性的、不可恢复的破坏。"

资料来源：搜狐新闻，http://news.sohu.com/20050608/n225857183.shtml。

问题：结合案例谈谈旅游市场营销中自然环境的重要意义。

6. 旅游市场营销的科技环境

科学技术是第一生产力，是社会生产力中最活跃的因素，影响着人类生活的方方面面，对旅游企业营销活动的影响更为突出。一部手机就可以订购所有的旅游产品，也使旅游消费者对旅游方式有了更多的选择。原来很多游客怕麻烦选择跟团旅游，而现在则选择自由行，借助现代科技手段随时查找信息，设计调整行程，购买必要的旅游产品。同时由于现代科技的进步，很多旅游工作岗位也发生了变化，原来旅游景区的讲解员、讲解设备，很多都被旅游者自己的手机替代；关注旅游景区公众号，收听旅游讲解已不再是难事。

随着网络技术的发展，很多旅游消费者已不再去旅行社门店进行旅游产品购买，而是在旅行社官网下单，同时通过网络订购飞机票、景点门票、酒店等。科技发展也促使旅游企业调整营销策略，更新促销手段，不再局限于传统平台，而有了更多新的选择，如利用微博、微信开展促销活动，很多旅游企业开始借助旅游网站销售产品，开拓旅游营销新思路。

作为国际旅游界规格最高的会议,世界旅游组织大会每2年召开一次。2017年召开的联合国世界旅游组织第22届全体大会首次走进中国西部城市成都。大会期间,与会的各国旅游管理部门负责人就深化丝绸之路旅游合作发表了意见,包括联合打造丝绸之路旅游品牌,开发一程多站旅游产品,丰富丝路旅游产品供给;加强市场合作,推动市场互换和客源互送;实现信息共享,加大旅游统计领域合作;简化旅游签证手续,提升便利化水平等一系列问题。

旅游营销管理有限责任公司媒介部总监郝璐介绍说,在联合国世界旅游组织第22届全体大会期间,成都开展了一系列推广活动,包括"美丽中国成都之夜"、"大香格里拉旅游"、"美丽中国之美丽四川多彩成都"旅游图片展、旅游商品展和美食品鉴等。

在"美丽中国成都之夜",将成都深厚的文化内涵结合著名的景区景点线路,以多种手段把歌舞、川剧、杂技等艺术形式结合在一起的一台全方位反映天府文化的演出呈现给与会嘉宾。此外,大会期间打造的多彩成都旅游体验馆,采用实景搭建的形式,呈现成都的茶馆、锦官城等川西民居建筑文化,并应用高科技的AR/VR全息影像技术让嘉宾如身临其境般感受金沙遗址、都江堰、大熊猫基地等著名景点;还现场展示蜀锦蜀绣的制作、川剧变脸、功夫茶艺等非物质文化遗产。"到了成都肯定少不了美食",郝璐介绍说,在美食品鉴区,成都名厨现场制作麻婆豆腐、三大炮、火锅等传统美食,邀请嘉宾品尝。"另外,我们还策划了'香格里拉之夜'大会闭幕晚宴,通过视觉、听觉、嗅觉、味觉推广香格里拉的风土人情,再现藏文化精髓,让世界进一步了解香格里拉。"

资料来源:成都全搜索,http://news.chengdu.cn/2017/0824/1905517.shtml。

问题:结合案例谈谈全息影像等新科技对旅游营销的影响。

插入视频:联合国世界旅游组织第22届全体大会宣传片。

小结:本节主要讲解旅游市场营销宏观环境,对政治环境、法律环境、经济环境、人口环境、社会文化环境、自然环境、科技环境进行了具体论述,要求学生能够深入理解宏观环境的构成,并能结合实际做出分析。

小组讨论:谈谈沈阳历史文化街区旅游营销面临的宏观环境情况。

第三节 旅游市场营销微观环境分析

旅游市场营销微观环境是与旅游企业的营销活动发生最直接关系的具体环境,由旅游企业的内部环境和外部环境构成,包括旅游中间商、旅游供应商、旅游消费者、旅游竞争者和社会公众等因素。

1. 旅游企业内部环境

旅游企业市场营销活动是一项综合性的工作,涉及企业很多职能部门的联动配合,所以市场营销微观环境的分析首先要从旅游企业内部环境开始,找到自身优势和劣势所在。

1.1 旅游企业资源

旅游企业资源主要指旅游企业拥有的人力资源、财力资源、物力资源。

21世纪的竞争,从根本上说是人才的竞争,哪家企业拥有更优质的人才资源,哪家企业就会在竞争中占据优势。

旅游企业的资金条件是营销活动开展的基础,直接决定着旅游企业的营销规模。例如,上海迪士尼乐园是美国大型跨国公司项目,拥有雄厚的资本,园区面积116公顷,总规划面积达7平方公里,这都是以雄厚的资本为依托的。

旅游业是服务性行业,服务水平的高低一方面取决于人力资源素质,另一方面则有赖于物力资源条件,即通常我们所说的设备设施。例如上海迪士尼乐园的游客体验水平极高,这与其设备设施的建设密不可分,尖端的材料、创新的科技、梦幻的效果为游客打造了一个非同一般的体验世界。

1.2 旅游企业文化

企业文化是企业的无形资产,是企业内部关系的外在表征,包括企业内部管理的规章制度、企业经营哲学、企业员工共有的价值理念、企业使命等。企业文化是影响企业运行的核心精神,影响着企业的组织结构和企业资源的开发,甚至员工的工作方式;企业文化也能形成企业内部团结友爱、相互信任的气氛,在企业形成强大的凝聚力。因此,现代企业管理非常重视企业文化,看重它在调动员工积极性、发挥员工主动性、提高企业凝聚力、优化企业形象、约束员工行为、激发员工创造力等方面起到的重要作用。

1.3 旅游企业组织结构

旅游企业的组织结构是指为了实现组织的目标,经过组织设计形成的组织各个部门、各个层次之间固定的构成方式,包括企业所有制形式、职能部门结构、部门的人员结构、管理结构的设置、投资与经营管理的权责等方面。企业的成功不是靠一人的努力,是多要素相互依赖、组织综合作用的结果。当所有要素保持协调一致,实现合理优化的组织结构体系时,就能实现整体大于各部分总和的效果,形成组织竞争优势。

2. 旅游中间商

旅游中间商是指处在旅游企业与旅游者之间,协助旅游企业推广产品的组织和个人,主要包括旅游批发商、旅游经销商、旅游零售商、旅游代理商,以及随着互联网的产生与发展而出现的在线网络服务商。一般来说旅游企业很难实现旅游六要素的全线提供,而在这方面中间商具有优势。旅游中间商运用自身与多家旅游企业的联系,将资源进行有效整合,以最方便的方式提供各类服务,创造了更多旅游消费者所需要的特别价值。例如提供两城市间的空中运输、地面点对点运输、景区接送服务、旅游酒店、旅游购物服务,等等。

旅游企业对中间商的选择十分重要,应考虑中间商的信誉、能力、合作意愿等,同时应预防中间商有可能进行的制约行为。

去哪儿是中国领先的旅游搜索引擎,是目前全球最大的中文在线旅行网站,创立于2005年2月,总部在北京。2015年1月29日,去哪儿网和22家高端酒店集团在上海宣布结成同盟,以期在大数据时代共同整合在线旅游产业链,打造高端住宿出行生态圈。这22家酒店集团包括温德姆、Club Med、洲际、悦榕庄、千禧等。2015年10月26日,携程公告称同意与去哪儿合并，合并后携程拥有45%的去哪儿股份。2015年12月17日，韩亚航空宣布，其在中国首家网络旗舰店正式登陆中文在线旅游网站去哪儿，并与去哪儿网在北京举行了战略合作启动仪式。

去哪儿认识到，在线旅游市场的用户需求已经逐渐变化，中立、智能、全面的比较平台对用户进行旅游产品选择和决策的作用日渐突出。因此，去哪儿凭借其搜索技术，对互联网上的机票、酒店、度假和签证等信息进行整合，为用户提供及时的旅游产品价格查询和比较服务，协助消费者搜索到最有价值的机票、酒店、签证、度假和其他旅游服务，帮助旅游者做出更好的旅游选择。

资料来源：百度百科，https://baike.baidu.com/item/%E5%8E%BB%E5%93%AA%E5%84%BF/3441357？fr=aladdin。

问题：结合案例谈谈你对旅游中间商去哪儿网的了解。

插入视频：去哪儿网宣传片。

3. 旅游供应商

旅游供应商是指向旅游企业提供生产经营所需资源的组织和个人，对旅游企业营销活动的影响面极广。旅游企业在经营中需要各种资源，包括原材料、能源、资金、人才等，必须处理好与供应商的关系，防止供应商的提价行为，保证自身利益。例如，旅游酒店常与高职院校合作，采取订单式培养学生，节约前期培训成本，高职院校利用旅游酒店的设备进行实习、实训等工作。

4. 旅游消费者

旅游消费者是旅游企业市场营销的中心，是企业服务的对象，也是企业利润的来源。旅游企业为了满足旅游消费者的需要从事旅游经营活动，没有旅游消费者就没有旅游企业，所以旅游企业必须认真研究顾客，把握消费动向。

5. 旅游竞争者

在旅游企业营销过程中，一定时期内所表现出的大量市场需求，常常会引起大量竞争者的进入，各企业间开始争夺市场、争夺旅游消费者，因此旅游企业不仅要密切关注消费者的动向，更要密切关注竞争对手的动向，严防竞争对手的入侵。

6. 社会公众

旅游企业营销所面对的公众是指对实现本企业目标有显现或潜在利害关系和影响力的一切团体、组织和个人。旅游企业的生存与发展依赖良好的公众关系和社会形象。旅游企业所面对的公众主要有以下几种：

（1）金融公众：指影响旅游企业或其资金能力的企业，主要包括银行、投资公司、信托公司、保险公司、租赁公司、证券公司等金融机构。

（2）媒介公众：主要指报社、杂志社、广播电台、电视台、出版社等大众传媒机构。旅游企业应保持和媒介公众的良好关系，为公关活动奠定良好基础。

（3）政府公众：指负责管理旅游企业的业务和经营活动的政府机构，例如旅游管理、工商管理、税务、卫生检疫、技术监督、司法、公安等部门。

（4）社区公众：指旅游企业所在地的居民和社区组织。旅游企业处理好与当地居民的关系非常重要，居民配不配合开发旅游，支不支持发展旅游，对旅游景区影响很大。如果社区公众能够积极投身旅游营销活动中，将对旅游市场营销活动起到极强的推动作用。

从2013年4月10日起，"中国最美小城"湖南凤凰古城将原来免费的古城景区和南华山神风景区合二为一"捆绑销售"，向游客收取148元的门票。当地政府颁布的凤凰县《旅游景区门票管理办法实施细则》称，凤凰县居民户籍在外地的直系亲属（指配偶、祖父母、外祖母、本人及配偶的父母或养父母、兄弟姐妹、子女及养子女、孙子女及外孙子女）凭身份证进入凤凰古城风景名胜区。但直系亲属身份的确认要由本县居民向社区、村委会、居委会申请，填报信息采集表并进入身份识别系统备案。此外，居住在凤凰古城风景名胜区内的居民操办红白喜事，前来参加的亲朋好友可免票进入。居民黄田对记者说，他女朋友不在细则规定的免票范围，不知道该怎么处理。几经商量后，工作人员还是准许黄田的女朋友免票进入景区。凤凰门票"新政"刚实施三天，就引来争议不断。当地居民也称，给亲友办理"通行证"的手续很烦。当地居民杨华还担心办理申请手续会泄露亲友的个人隐私，"如何保护隐私，这点我存疑问"。不少商贩也表示这种做法很不合理，在凤凰古城内经营小吃店的商户黄见芳说，他们进古城也要办证，"每天出去采购买货，还得天天出示证件，真是多余"。

资料来源：新浪财经，http://finance.sina.com.cn/china/dfjj/20130412/182015133064.shtml。

问题：结合案例谈谈旅游企业应如何协调和社区公众的关系。

插入视频：凤凰古城宣传片。

（5）一般公众：指社会大众，可能是企业产品的潜在购买者、潜在投资者，旅游企业应力求在他们心中树立良好的企业形象。

（6）群众团体：是指消费者权益保护组织、环境保护组织以及其他有关的群众团体。

小结：本节主要讲解旅游市场营销微观环境，对旅游企业内部环境、旅游中间商、旅游供应商、旅游消费者、旅游竞争者和社会公众进行了具体论述，要求学生能够深入理解微观环境的构成，并能结合实际做出分析。

小组讨论：谈谈社区公众对旅游市场营销工作的影响。

第四节 SWOT分析

1. SWOT分析的含义

SWOT分析法又称态势分析法，是一种企业内部分析方法，是对企业自身情况和生存环境进行综合分析的方法，即根据企业自身的既定内在条件进行分析，找出企业的优势、劣势及核心竞争力之所在，从而将公司的战略与公司内部资源、外部环境有机结合。SWOT分析广泛应用于旅游企业战略研究中。其中，S代表企业内部优势（Strength），W代表企业内部劣势（Weakness），O代表企业外部机会（Opportunity），T代表企业外部威胁（Threat）。优势、劣势分析主要着眼于企业内部的实力及与竞争对手的比较,机会和威胁则主要着眼于外部环境的变化给企业可能带来的影响。

2. 旅游企业SWOT分析步骤与内容

2.1 列明旅游企业内部的优势、劣势,外部的机会、威胁

(1) 优势(S):指企业超越其竞争对手的能力,或者指公司所特有的能提高公司竞争力的东西。例如,当两个旅游景区同处在一个市场、拥有同样的目标群体时,如果其中一个旅游景区拥有更高水平的人力资源,景区讲解人员能力更强,那么我们就可以认为这个旅游景区比另一个旅游景区在人力资源上更具有优势。旅游企业竞争优势可以来自技术技能、有形资产、无形资产、人力资源、组织体系结构、竞争能力等。

(2) 劣势(W):指与竞争对手相比而欠缺的某些条件,或者是企业本身的短板。例如,有些以自然风光为主题的旅游景区,开发较晚,设施设备先进,人力资源杰出,但是山水风光并不具有特色,因此很难吸引游客,这就是旅游景区核心竞争力不强。旅游企业竞争劣势一般来自缺乏具有竞争意义的技能技术,缺乏有竞争力的有形资产、无形资产、人力资源、组织资产,关键领域里的竞争能力正在丧失等。

(3) 机会(O):指影响企业发展的重大因素。旅游企业应珍惜每一次机会,综合评价每一次机会可能带来的效益,选择那些和旅游企业资源匹配的机会加以利用,谋求企业获得最大限度的发展。例如,A旅游企业的竞争对手B在市场投资中失利,经营遇到困难,于是A旅游企业获得了并购对手的机会,而且经过综合分析认为此次并购后将给企业带来每年不低于50%的利润增长,那么这对于A旅游企业而言就是一次机会。旅游企业的机会一般来自市场进入壁垒降低、获得并购竞争对手的能力、市场需求增长强劲、向其他地理区域扩张、可以扩大市场份额、技能技术向新产品新业务转移、为更大客户群服务等。

(4) 威胁(T):指企业的外部因素,是那些有可能对公司的赢利能力、市场地位构成威胁的因素。旅游企业应当及时发现威胁,及时做出判断,并采取积极措施来对抗威胁带来的影响,将旅游企业的营销工作带回正轨。例如,某旅游景区受到地震影响,区域内景观遭到破坏,这就是外部环境给景区带来的威胁。旅游景区应该积极做好震后修复工作,尽早使旅游工作恢复常态。旅游企业的威胁一般来自外部因素的不利变动、市场需求减少、替代品、出现强大的新竞争对手、外贸政策的不利变动、客户或供应商的谈判能力提高、经济萧条和业务周期性冲击等。

2.2 优势、劣势与机会、威胁两两组合,形成优势机会(SO)、劣势机会(WO)、优势威胁(ST)、劣势威胁(WT)四个矩阵

如表2-2-1所示。

表2-2-1 SWOT矩阵

项 目	企业内部优势(S)	企业内部劣势(W)
企业外部机会(O)	SO	WO
企业外部威胁(T)	ST	WT

2.3 对优势机会、劣势机会、优势威胁、劣势威胁四个矩阵进行具体分析，以确定企业针对目前情况应该采取的具体策略和措施

运用系统分析的方法，将各种环境因素相互匹配加以组合，制定发展策略，发挥内部优势，克服劣势，积极利用机会，规避、化解威胁。

（1）优势机会（SO）：企业内部有优势，外部有机会，是一种理想的战略模式。当企业具有特定方面的优势，而外部环境又为发挥这种优势提供有利机会时，可以采取该战略。

（2）劣势机会（WO）：企业内部有劣势，外部有机会。当外部存在机会，但由于企业内部存在劣势而妨碍机会的利用时，企业应采取措施积极克服劣势，以充分利用当前机会，或企业积极利用外部机会来弥补内部劣势，使企业改变劣势而获取优势。

（3）优势威胁（ST）：企业内部有优势，外部有威胁。企业应利用自身优势回避或减轻外部威胁造成的影响。

（4）劣势威胁（WT）：企业内部有劣势，外部有威胁。这时企业处于内忧外患时期，往往面临生存危机。企业应着力减少内部劣势，尽力规避外部环境威胁。

小结：本节主要对SWOT分析法进行深入讲解，要求学生能够应用这种方法对旅游企业进行营销战略分析。

小组实训：以小组为单位，选择一家熟悉的旅游企业（也可以是旅游目的地等）进行SWOT分析。

任务二小结：任务二对旅游市场营销环境进行了深入讲解，包括旅游市场营销环境的含义、特点、意义、构成及分析和SWOT分析的内容。

拓展阅读

众创背景下辽宁旅游产业发展与创新人才建设SWOT分析

一、SWOT分析

（一）辽宁旅游产业发展与创新人才建设的主要优势

1. 辽宁旅游资源丰富，具有潜在的竞争优势，有冰雪旅游和民俗风情等特色旅游产品

辽宁省旅游资源丰富，拥有山地旅游资源、森林旅游资源、水体旅游资源、边境旅游资源、冰雪旅游资源、民俗旅游资源、乡村和工业旅游资源等多种类型，具有潜在的竞争优势。辽宁有山有林有海有边境，一年四季自然景观都具有观赏价值：春天旅顺的樱花、辽河口的芦苇和桃花，夏天海岛、海滨的自然风光，秋天关门山的红叶和盘锦的红海滩，冬天的东北民俗、冰雪旅游、温泉等都吸引着各地游客。这是大自然对辽宁的特殊馈赠，在国内各省并不多见。辽宁悠久的地质历史还遗留下了很多珍贵的地质旅游资源，如朝阳的古化石、阜新的玛瑙、岫岩的玉石、抚顺的琥珀、喀左的紫砂等。此外还有质量很高的清朝文化旅游项目，如沈阳故宫、清福陵、清昭陵、抚顺的清永陵、桓仁的五女山等古迹。

2. 政府重视旅游产业发展，具备良好的政策环境

辽宁省政府一直重视旅游产业的发展，2014年出台了《关于促进旅游产业改革发展的

实施意见》，旅游业一直是服务业发展的龙头产业，收入增长速度也名列前茅。

3. 旅游专业人才培养院校云集，创新创业教育正逐渐普及

辽宁省共有68所各级各类院校开设了旅游管理专业的课程，旅游专业人才培养具有较好的普及性。各类院校进行差异化人才培养，专业发展已逐渐完善，特别是近年来大部分院校都进行了创新创业教育的相关改革和实践，积累了一些经验。这些院校通过平时的专业实训技能训练、企业短期顶岗实践、创新创业项目大赛、成功创业讲座等对学生进行创新创业意识的培养，并深化校企合作，联合成立职业教育集团，扶持了多项创新创业项目。

（二）辽宁旅游产业发展与创新人才建设的主要劣势

1. 旅游高端优质产品不够，没有突出的竞争优势

据统计，辽宁省是全国5A级景区数量最少的省份之一，4A级景区数量也居全国下游水平。虽然省内的旅游资源丰富，但是高端优质产品却不多，也没有和其他省份竞争的突出优势。如省内虽然也有冬季冰雪旅游项目，但是和黑龙江省的冰雪旅游相比没有竞争优势。

2. 旅游经济发展区域不平衡，旅游资源时空分布不均

辽宁省旅游经济发展主要集中在沈阳、大连、丹东组成的三角地带。在南部地区的沿海地带和东部地区的山地地带都有品质较高的旅游资源。该区域的经济发展水平较高，居民出游频率高，促进了当地旅游业的快速发展，而辽西地区旅游业则相对发展较慢。同时，由于辽宁省四季分明，冬季时间较长，能够适合一般游览的时间较短，同样的旅游资源可以利用的时间却有限，时空分布不均衡。

3. 创新创业型旅游人才培养和保障体系不够完善

创新创业型旅游人才培养体系在省内各院校的发展建设还不够完善。创新创业教育是一个系统工程，必须将传递创新意识和专业知识技能的学习深度融合，甚至跨专业帮助创业人才克服困难，但由于资金等保障体系不够完善等原因，目前很多创新创业项目还不能落地，只能是纸上谈兵。

4. 创新创业旅游人才容纳力不强，人们就业的倾向是安稳的"铁饭碗"

由于受到传统观念影响，很多人就业更倾向于安稳的"铁饭碗"，因此才有了考公务员热潮，很多人更是向机关、事业单位、国企等就业方向集中。旅游产业中小企业发展已进入基本饱和阶段，小型企业缺乏竞争力，因而很多单一经营小型旅行社的旅游创业项目赢利困难，进而使人们在此行业创业的意愿逐渐降低。

（三）面临的主要机遇

1. 中国（辽宁）自由贸易试验区给旅游产业发展和创新人才建设带来新契机

2017年国务院下发了中国（辽宁）自由贸易试验区总体建设方案。自贸试验区由沈阳片区、大连片区、营口片区三个部分组成，总占地119.89平方千米，每个片区都有自己的发展规划。设立自贸区无疑对大连、沈阳、营口三个城市未来发展具有至关重要的作用。随着构建"辽满欧""辽蒙欧""辽海欧"三大通道目标的确立，盘锦、锦州也将从中获得前所未有的发展契机。自贸区不仅带来税收的优惠、经济的发展，辽宁的出境旅游也将得到发展。旅游销售渠道的拓展和旅游产品服务的创新也将有更多实现的可能。

2. 辽宁省政府把旅游产业作为服务业发展龙头重点完成

辽宁省在政府工作报告中明确提出："把发展旅游产业作为新常态下战略意义的新增长

点。"素以"工业大省"著称的辽宁省服务业发展一直相对滞后,与其他地区特别是沿海省市相比差距更大。2014年辽宁服务业占GDP比重为41.8%,低于48.2%的全国平均水平,而旅游业作为辽宁省服务业的龙头正逐步显现驱动作用,旅游业大有发展空间。2016年辽宁省旅游项目总投资近700亿元,积极拉动了地方经济发展和就业。

3. 在国家大力推进创新创业教育改革背景下,辽宁旅游创新人才培养能力进一步提升

2015年5月,《国务院办公厅关于深化高等学校创新创业教育改革的实施意见》正式发布,国家推进创新创业教育的全面深化改革将使辽宁旅游创新人才培养的能力在实践中逐步提升。

(四)面临的主要挑战

1. 经济整体低迷,旅游产业发展势必受到影响

由于全球经济低迷,旅游产业的发展也受到了影响。旅游经济存在着较大的脆弱性,在战争、自然灾害、疾病疫情、政局动荡等外部因素的影响下,旅游市场会出现较大波动,旅游经济的发展面临着很多不确定性。

2. 旅游基层从业人员收入不稳定,导致人才流失

旅游基层从业人员受旅游淡旺季的影响,收入有较大起伏,经常出现"旺季忙、淡季闲"的情况,这也导致了人才的流失。

二、SWOT策略分析和建议

(一)SO策略

利用自身优势,抓住中国(辽宁)自由贸易试验区建设的新契机,在良好的政策环境下,大力发展区域经济的同时,旅游产业势必需求增多,有助于更多院校的创新创业型人才培养。建设改革力度加大,旅游人才培养更加普及,创新会产生新的旅游产品、服务和新的渠道,也会进一步推动自主创业人才的出现。

(二)WO策略

抓住自贸区建设机遇,随着消费的不断升级,开发辽宁旅游高端优质服务产品,对辽宁旅游资源的开发利用以城市为节点向全域旅游方向发展,缩小区域差距,进行城市联动的开发建设。打破传统观念,培养旅游创新创业高端人才,深化教育改革,真正做好产业与教育的融合。创新创业教育不仅是就业教育的一部分,还是系统工程,需要在日常校园文化和专业教学、实践实训中营造创新创业教育氛围,把创业意识和创新精神融入旅游专业人才培养过程,使学生不论是课上还是课下、校内还是校外、日常实训还是竞赛、普及性教育还是创新创业大赛,都能在校园学习生活中得到创新创业意识和精神的培养,并完成相应的思维训练和能力养成。

(三)ST策略

利用自身旅游资源开发潜力大和人才基数大、年轻化等优势,不断适应行业发展新潮流,积极参与政府创业扶持项目,战胜挑战。对创新创业人才的培养不能局限于技能训练和意识培养,还需要给予一定程度的经济支持,帮助在经济上依靠父母的青年人才度过创业初期的困难时期。不断依据行业发展新趋势和市场人才实际需求进行创新创业教育改革,鼓励学生大胆创新尝试,留住人才在旅游及其相关产业发展。

(四)WT策略

克服劣势,积极寻找途径迎接挑战。在外部环境不利和收入不稳定的作用下,自身的劣

势有可能被放大。在经济持续低迷的情况下，旅游需求的下降会降低创业的意愿，增加创业面临的风险，很多类似的创业项目会因为恶性竞争而夭折，创业失去灵活资本的竞争优势。因此，应积极面对挑战，健全创新创业型人才培养机制，完善创业人才优惠政策，增强旅游行业从业吸引力。

资料来源：李婉娜. 众创背景下辽宁旅游产业发展与创新人才建设SWOT分析［J］. 辽宁经济，2017（9）.

问题：结合SWOT分析的结果，谈谈你对辽宁旅游产业发展的建议。

任务三　旅游消费者行为分析

知识点：旅游消费者概念及含义；马斯洛需求层次理论内容、马斯洛需求层次理论对旅游服务的意义、马斯洛需求层次理论对旅游产品开发的启发；旅游需要的含义；旅游需求的含义及特点；旅游动机的概念、分类；影响旅游动机的因素；旅游者购买行为的概念，旅游者购买决策过程分析。

技能点：运用马斯洛需求层次理论对旅游者动机进行合理分析，制定相应营销对策。

游乐，更爱新潮与心跳

早年的传统旅游比较注重清净与闲适。受现代思潮影响的年轻人却更喜爱快节奏的游乐与刺激。与观光游不同的是，游乐旅游有更多的参与内容，不仅能够带来更多的愉悦，而且常常伴随着挑战自我。2004年北京环球嘉年华52天创造1.4亿元惊人收入的原因，就是它"狂欢节"式的游乐活动吸引了102万人次的游客（2005年北京环球嘉年华历时73天，接待游客约156万人次，活动总收入1.7亿多元；与2004年相比，总收入增长17.3%，日均客流量增长20%）。有资料显示，这些游客不仅有大量的北京青少年，也有大量专程从北京周边城市赶来的旅游者。深圳华侨城的几个主题公园都曾是十分成功的，但是近几年旅游旺季和节假日的统计显示，后起的"欢乐谷"占据了游客人数和营业收入双双第一的位置。不可否认，新潮新异和令人心跳的游乐旅游将是国内旅游今后发展的不可或缺的重要组成部分。

资料来源：搜狐，http：//www.sohu.com/a/125839722_443684。

问题：结合材料分析一下当前年轻人的旅游需求。

第一节　旅游消费者需求概述

现代人旅游消费需求普遍化程度在迅速提高，并呈现多样性、综合性、个性化、特色化发展趋势，要求旅游产品多样化，旅游服务综合化、系列化。来自市场的种种迹象也都表明，越来越多的旅游者选择更独特、更奇异、更新颖的旅游景点，他们注重具有综合性特征的旅游地和旅游项目，即奇异独特的自然景观同特定的人文景观融为一体，从而在一次确定的旅游过程中获得集知识性、娱乐性、体验性、享受性等为一体的多重满足。

1. 旅游消费者

"旅游消费者"一词虽然被广泛使用,但人们并不一定都能理解其确切含义。美国市场营销协会对消费者行为是这样定义的:"消费者行为是感知、认知以及环境的动态互动过程,是人类履行交易职能的行为基础。"这里主要是强调影响消费者行为的因素。科特勒在他的《市场营销教程》中使用了消费者市场(Consumer Market)的概念,它是指所有为个人消费而购买或取得商品和服务的个人与家庭。

我们将旅游消费者定义为:在旅游世界中,因旅游者需求而进行购买、享用旅游产品的个人或组织。对此,可以从以下几个方面进行理解。

(1) 旅游消费者的消费活动是发生在独立于生活世界的旅游世界中,日常生活中消费旅游产品的人不能称其为旅游消费者。

(2) 旅游消费者购买、享用的旅游产品在构成上可以分为两种,一种是核心旅游产品,另一种是组合旅游产品。前者是指满足旅游者愉悦需要的产品,可以供人审美;后者是旅游企业和旅游相关企业围绕旅游核心产品的核心价值而做的多重价值追加的产品。

(3) 旅游消费者所消费的对象构成极其复杂。从物质形态上来看,有有形产品、无形服务,还有二者的结合;从实现程度上来看,包括生存性消费、享受性消费和发展性消费及三者的结合;从时间上来看,可以分为旅游前消费、旅游中消费、旅游后消费。

(4) 旅游消费者的主体包括个人和组织。这是从广义的角度定义的,因为旅游消费者很大一部分是正式或非正式的团体组织,它们对旅游与接待业的作用不容忽视。

(5) 在旅游世界中,同一旅游产品的决策者、购买者、享用者可能是同一个人,也可能是不同的人。一般旅游者既是享用者又是决策者,但也存在购买者和享用者分离的情况。

2. 马斯洛需求层次理论

马斯洛需求层次理论是人本主义科学的理论之一,由美国心理学家亚伯拉罕·马斯洛于1943年在《人类激励理论》的论文中提出。文中将人类需求从低到高像阶梯一样按层次分为五种,分别是:生理需求、安全需求、社交需求、尊重需求和自我实现需求。马斯洛认为人的需求是有层次的,并且是以高层次为导向的。他的需求层次结构当中,从基本的生理需求到最高的自我实现的需求,存在阶梯的过渡关系,如图2-3-1所示。

图2-3-1 马斯洛需求层次

2.1 马斯洛需求层次理论对旅游服务的意义

用人本主义心理学的理论来研究旅游消费者的行为，我们会发现，旅游者的行为动力一般会超越基本的生理需求和心理需求，但旅游过程的复杂性又决定了旅游离不开生理需求的满足。通过旅游，人们获得了归属和认同，赢得了尊重和认可。旅游不仅是获得审美享受、增长知识的机会和途径，更是发现自我和实现自我的一种方式。

旅游作为一种追求更高愉悦的体验，主要表现为一种非功利性的精神层面的需求。因此，需求层次理论中的生理和安全需求被淡化，并非人们旅游活动中的主导需求，旅游服务的侧重点应当有所调整。如何让游客有一次难忘的旅游体验，最重要的是引领游客进入"无我状态"，即所谓"高峰体验"。马斯洛认为，人在自我实现的过程中产生出一种所谓"高峰体验"的情感，这个时候的人是处于最幸福的时刻，是最高、最完美、最和谐的状态。此时，旅游服务引导和解说至关重要。

2.2 马斯洛需求层次理论对旅游产品开发的启发

在旅游活动中，景区景色的质量是根本，导游人员的服务水平是灵魂，而旅游产品则是这些的寄托和延伸，是连接旅游景区和旅游者的载体。旅游产品是旅游活动的重要组成部分，因此，在旅游产品开发中挖掘产品的文化因素具有重要意义。

2.2.1 选取具有地域优势的产品

一个地区地域优势的首要因素就是当地的地域文化特色，一个具有当地地域文化特色的产品就像其地域的浓缩，会让旅游者在游览时找到认同感。同时，具有地域文化特色的产品也便于生产者对其形象的把握。此外，深入分析目标旅游者的需求，从其需求出发设计旅游产品，也能够加速旅游产品价值的实现。

2.2.2 选定主题明确的旅游产品

旅游产品的核心价值就是其主题，因此在选定旅游产品时一定要确定其主题。旅游产品的主题不仅要突出其自身的特点，还要与旅游景区的主题相协调。如在自然风景突出的地区，产品的主题要有自然天成的意境；在历史文化和民族气息浓重的地区，旅游产品要有一定的文化底蕴和民族特色；而以现代风光为特色的旅游地区，其产品就要突出现代新奇的特点。

2.2.3 挖掘旅游产品的文化因素

旅游产品选定之后，要对旅游产品外形、功能、材料等进行全方位的合理设计。经过合理设计的产品外形能够最直观地体现产品所蕴含的文化内涵。旅游产品都具有一定的功能，也就是其使用价值。旅游产品不仅要实现其价值，更要注重其使用价值，因为这样才能满足消费者的多种需求，保持产品的长久生命力。

2.2.4 提升旅游产品的人性化

现阶段，科技的高速发展让新技术迅速地应用到人们的生活中。在一些相对传统的领域，新科技成果也有所渗透。新科技应用于原有的产品，尤其是传统的产品中，可以使产品更贴近现代人的需求，更加体现产品的人性化，从而更加方便地服务人们的生活。

3. 旅游需要和旅游需求

3.1 旅游需要

心理学认为，产生行为的直接原因是动机，而促进动机产生的原因有两个：内部驱力和外部诱因。内部驱力是内因，当它成为人的意识反映时，就成为需要，成为人对某种事物或目标的渴望。外部诱因是外部条件，当外部条件不变时，内在需要就会成为一个人动机产生的原因。而旅游作为一种特殊的行为方式，有其特殊的规定性。一方面，它是心理内驱力的结果；另一方面，它是外部世界吸引的结果。所以，"旅游需要就是指当人处于缺乏旅游状态时出现的个体对旅游愉悦行为的自动平衡倾向和择取倾向，是心理内驱力在潜在旅游者头脑中的意识反映"。旅游需要的主体是旅游者，包括现实旅游者和潜在旅游者。凡是以旅游为对象的需要都是旅游需要，而不仅仅限定于人们对旅游产品和旅游服务的愿望与要求。

旅游需要的产生受旅游者本身及其所处的社会环境两方面因素的影响。

一方面，旅游者本身因素。受旅游者本身主客观两方面因素的影响，会形成不同的旅游需要与动机。旅游者的客观因素是指旅游者有足够的旅游费用和余暇时间，这是产生旅游动机的前提性因素；而主观因素是指旅游者本身的需要、气质、兴趣、理想、爱好、性格和健康等，因为旅游者本身的某些特质会影响旅游目的地的选择。当然，在旅游活动中，旅游者的愿望也是十分重要的，强烈的旅游愿望也可能产生外出旅游的需要与动机。

另一方面，社会性因素。旅游者的旅游需要和动机也会受到社会性因素的影响，在不同的国家，人们对于旅游活动的认识不同、感受不同，积极性也不同。一般来说，一个国家或地区的经济状况如何和当局对旅游重视与否、团体或社会是否鼓励、旅游是否形成时尚这些社会性因素，对旅游者产生旅游动机的影响很大。旅游者所处的社会阶层、隶属于什么样的群体，都会对旅游者旅游动机产生影响。人们往往会模仿周围的人外出旅游，加之网络的发展、媒体的利用，好多旅游消费者在家中就已经将旅游评价了解得非常清楚，并做出自己的旅游决策。家庭成员对旅游需要和动机也有影响，家庭所处的阶段，家庭成员的年龄、个性等都会产生相应的作用。

3.2 旅游需求

3.2.1 旅游需求的含义

需求是人们在一定条件下对某种事物渴求满足的欲望，是产生人类一切行为的原动力。经济学意义上的需求是指在一定时期内，在各种可能的价格下消费者愿意并且能够购买的产品或劳务的数量。所以说，需求是一个经济化了的概念。

旅游需求是指在一个特定时期内，有旅游欲望和足够闲暇时间的消费者在各种可能的旅游产品价格下愿意并且能够购买的旅游产品的数量。简言之，旅游需求就是旅游者对旅游产品的需求。上述定义体现了旅游需求产生的约束条件，即旅游需求产生的前提是人们对旅游产品的购买意愿，旅游需求产生的经济条件是人们的实际支付能力，旅游需求产生的必要条件是人们拥有闲暇时间；并且强调旅游需求是一种有效的需求，旅游者具有旅游动机、足够的闲暇时间和一定的支付能力，三者缺一不可。

旅游需求是旅游市场形成的基础，是一个国家旅游业发展的前提。旅游需求分为现实需求和潜在需求。现实需求即旅游意愿、闲暇时间、可支配收入同时具备的状态，潜在需求则是这三大条件不同时具备的状态。现实需求产生直接影响，具有眼前和近期性；潜在需求产生间接影响，具有长期性，但具有更大的市场价值。

3.2.2 旅游需求的特点

（1）指向性：旅游需求的指向性包括旅游需求的时间指向性和旅游需求的地域指向性。

旅游需求的时间指向性是指旅游需求在时间上具有较强的季节性。旅游需求的地域指向性是指旅游需求在空间上具有较强的冷热性。

（2）整体性：旅游需求的整体性是指人们对旅游活动的需求具有多面性或系列性，即行、游、住、食、购、娱等多个方面的需求。大多数旅游者在决定旅游时，往往将有关的产品或服务结合起来进行整体考虑。

（3）敏感性：旅游需求的敏感性是指人们对出游环境发生变化所做出的敏感反应，这种环境变化既包括政治社会环境，也包括自然经济环境。

（4）多样性：旅游需求的多样性是指人们在选择旅游地、旅游方式、旅游等级、旅游时间和旅游类型等方面存在的差异性。人们的个性差异、生活条件的不同、经济收入的差别和人们所处的社会环境的影响，使人们产生各种各样的旅游需求。

小结：通过本节学习，学生应该理解旅游消费者需求产生的心理动因，可以用马斯洛需求层次理论分析旅游者行为背后的心理需求，能够掌握旅游需要和旅游需求的内涵，并做出相应解释。

小组讨论：学生以小组为单位，运用马斯洛需求层次理论对游客在旅游过程中的某些行为进行分析，讨论其中的心理需求。

第二节　旅游动机与旅游者行为分析

旅游动机是直接推动一个人进行旅游活动的内部动因或动力，是人类社会发展到一定阶段的产物。旅游动机的产生和人类其他行为动机的产生一样，都来自人的需要。在人们的旅游活动中，旅游动机是非常丰富和复杂的，因此旅游动机是一个复杂的心理学与行为学概念。

1. 旅游动机

1.1 旅游动机概述

动机是促进和维持人的活动，并使活动指向一定目的的心理倾向。动机产生于人的某种需要，当需要产生时，心理上会产生紧张和不安的情绪体验，成为一种内在的驱动力，这就产生了动机。心理学研究表明，人的动机和行为是相互联系着的，人的各种活动都是由动机引起的，它支配着人的行为。

旅游动机亦是如此，它是一个人进行旅游活动的心理需要，是推动人们从事旅游活动的内因。当客观条件具备，并能够满足旅游的主观需要时，旅游动机才能确定，并由思想向现实转化，变为实际的旅游行动。简单地说，旅游动机指的是促发一个人有意去旅游以及确定到何处去、做何种旅游的内在驱动力。

一般来说，可将旅游动机归纳为以下五种。

（1）身心方面的动机。身心方面的动机主要是指为了健康或寻求精神上的乐趣而产生的旅游动机。长期的紧张工作、城市喧嚣的环境、繁杂的家务等不仅造成身体的疲劳，而且造成精神上的疲惫，使人心理上产生压抑感，损害了人们的身心健康。因此，人们需要暂时离开工作环境和家庭环境，摆脱俗务，调节身心，于是就产生了旅游动机。旅游动机包括度假、疗养、参加体育活动、参加消遣娱乐活动、观光等。现在旅游与健身、娱乐越来越多地联系在了一起。

　　（2）文化方面的动机。文化方面的动机是指人们为了满足认识和了解异国他乡、扩大视野、丰富知识的需要而产生的旅游动机。如了解异国他乡的文化艺术、风俗习惯、政治经济、宗教等状况，以及进行学术交流和艺术交流等。

　　（3）社会方面的动机。社会方面的动机又叫交际动机，是人们为了社会交往、保持与社会的经常接触而产生的一种旅游动机。如探亲访友、故地重游、开展社交活动、宗教朝圣等。

　　（4）地位和声望方面的动机。地位和声望方面的动机是人们为满足个人成就和个人发展的需要而产生的旅游动机。旅游者希望通过旅游得到别人的承认，引人注意，受人赏识，获得良好的声誉等。

　　（5）经济方面的动机。这是人们为了达到一定的经济目的而产生的旅游动机，包括贸易、购物等。

1.2　旅游动机的分类

　　精神需要的提出旨在解释人们为什么外出旅游。事实上，这些精神需要可以以各种不同的具体方式反映出来。例如，这类具体需要可能是为了扩大视野，认识和了解这个世界，探求平常没有接触过的事物等。不同的需要产生不同的旅游动机，即使相同的需要也可能因为人的民族、性别、年龄、职业和文化程度等因素的影响产生不同的旅游动机。可见促使人们外出旅游的直接旅游动机也是多种多样的。日本学者田中喜一将旅游动机归为四类：心情动机、身体动机、精神动机和经济动机。中国学者屠如骥认为常见的旅游动机有：求实的动机、求新的动机、既求实又求新的动机、求名心理的动机、求美心理的动机、好胜心理的动机、求爱心理的动机、求知心理的动机和访古寻友、认祖归宗心理的动机。美国学者约翰·A·托马斯曾提出使人们外出旅游的十八种动机，而美国著名的旅游学教授罗伯特·W·麦金托什则提出，因具体需要而产生的旅游动机可划分为身体方面的动机、文化方面的动机、人际交往方面的动机和地位声望方面的动机四种基本类型。

　　根据旅游心理产生的一般规律，旅游动机大致可分为以下几种类型。

　　（1）观光型旅游动机。旅游者以观赏为目的，对自然、名胜古迹、社会风情、艺术馆、博物馆等观光内容有着浓厚兴趣，通过旅游满足求美、求知、求实的心理需求，达到陶冶情操的目的。

　　（2）度假型旅游动机。指以外出度假的方式，以放松头脑和健身、娱乐为目的的旅游动机。度假型旅游是一种使人的身体得到休息、心理得到放松的高层次的旅游模式。它满足了旅游者生理和心理两方面的需求。

　　（3）文化型旅游动机。由于旅游可以扩大知识面，特别是能够增加一些直接的感性认识，人们便产生了通过参观游览一些文物古迹、博物馆等旅游活动来满足需求的动机。

　　（4）商务型旅游动机。随着现代经济的发展，各国、各地区间的经济联系日益紧密。以从事各种商业经济活动为主要目的的商务旅游者日益增多。人们在旅游观光的同时，还进行业务洽谈、结交商务合作伙伴。

　　（5）会展型旅游动机。这类旅游者以参加国际国内各种会议、会展为主要目的，同时在当地各旅游景点参观游览。

（6）宗教型旅游动机。因旅游者对其所信仰宗教的虔诚，到宗教圣地旅游以朝觐为目的。

（7）社会关系型旅游动机。旅游活动以寻根问祖、探亲访友为目的，或想通过旅游活动广交益友。

（8）特种旅游动机。这类旅游者以追求刺激、浪漫、挑战自我为目的，开展野营、漂流、登山、自驾车旅行等各种形式的旅游活动。

以上几种旅游动机基本上概括了旅游者的全部动机。但对于旅游者来讲，几种旅游动机会以各种组合方式形成一种综合性动机。

1.3 影响旅游动机的因素

1.3.1 个人因素

（1）心理因素。在影响旅游动机的个人的因素中，个性心理特征起着重要作用。不同个性心理特征的人有着不同的旅游动机，进而产生不同的旅游行为。

（2）年龄因素。身体状况会对旅游动机产生影响。年轻人易于接受新思想，对社会和自然界充满好奇感；中年人生活经历比较丰富，多倾向于对自我实现的追求；老年人由于身体状况的原因，旅游动机会大大减弱。

（3）性别因素。现代社会，男女性别差异同样会影响旅游动机。如男性游客旅游目的多以休闲、商务为主，而女性游客的旅游活动多以购物为目的。但随着社会发展，性别因素的影响力会逐渐减弱。

（4）文化因素。受教育程度高、文化修养好的旅游者易于了解和接受新事物，喜于改变环境，多具有对知识和文化的渴求；反之，受教育程度较低的旅游者对环境适应能力较低，多选择熟悉的旅游目的地和旅游景点。

1.3.2 客观因素

（1）经济条件。旅游活动的顺利进行离不开经济条件的支撑。换句话说，旅游是一种高消费活动，是在满足正常生活支出的基础上进行的消费行为。经济条件对人的需要具有很大的影响作用，进而也会影响到旅游动机。

（2）时间条件。旅游者为了体验与感受和自己居住地不同的环境、事物，根据自己的时间安排旅游计划，进行旅游活动。可见，具有一定的可支配时间是旅游者旅游活动产生的必要条件。

2. 旅游者的购买行为

旅游者选择购买和使用旅游产品的方式是所有旅游市场营销人员共同面对的问题。一个旅游企业要在激烈的市场竞争中取胜并求得发展，就必须生产和销售旅游者喜欢购买的产品，满足旅游者的需求，同时获得相应的利润。旅游企业理解和把握旅游者的消费心理和购买行为，更好地选择产品的种类、价格、销售渠道及促销策略，对实现旅游企业的经营目标具有十分重要的意义。

2.1 旅游者购买行为的概念

旅游者个体在进行旅游决策和购买、消费、评估、处理旅游产品时的行为表现被称为旅游者购买行为。行为科学家科特·莱文（Kurt Levin）认为，旅游者购买行为是旅游者个人特点、社会影响因素及环境因素的函数。其中，旅游者个人特点包括个人特性和心理特性。

个人特性包括年龄、职业、经济状况、生活方式、自我观念和个性等,心理特性包括动机、感觉、学习过程、信念和态度等。社会及环境影响因素包括参考群体、家庭、社会阶层及文化因素等。

2.2 旅游者购买决策过程分析

旅游企业开展市场营销活动不仅需要了解旅游者的购买行为类型、影响因素,更重要的是要对旅游者的购买决策过程进行深入的分析,从而针对每个阶段旅游者的消费心理与行为特点采取适当的措施,有效影响与引导旅游者的消费决策,为企业赢利。

2.2.1 购买角色的识别

旅游决策的形成过程往往由诸多人共同参与。各成员扮演着倡议者、影响者、决策者、购买者和使用者等不同角色。

(1) 倡议者是首先提出或有意购买某一旅游产品的人。他们一般性情活泼,信息灵敏,易于接受新事物。例如,一个人尚小的时候,一般其父母是倡议者,而他一旦长大,自己就成了积极的倡议者了。旅游企业可以通过这类倡议者将旅游信息传递到其他成员,以促使旅游行为的发生。

(2) 影响者是其看法和建议对最终决策具有一定影响的人。一般来说,如果影响者对倡议者的建议持支持赞成的态度,那么就容易促成决策者做出决定。

(3) 决策者是指对旅游产品购买握有决策权的人。他们决定是否购买、购买什么或者购买何种品牌、何时购买、何地购买等。这种人一般都掌握家庭的经济大权,是家庭中的"财政部长",在家庭旅游决策中具有举足轻重的作用,是旅游企业争取的重点对象。

(4) 购买者是指具体操作预订或购买的人。他们对旅游营销人员更有直接的意义。

(5) 使用者是实际消费旅游产品的人。他们体验旅游产品后的满意度及对产品的评价影响家庭以后的旅游决策。

识别各种购买角色在旅游企业的市场营销过程中将起到重要作用,可以帮助旅游企业设计、开发产品和开展有效的促销活动。

2.1.2 旅游者购买决策过程

旅游者产生旅游动机后,需要经过一定的购买过程才能完成整个旅游产品的购买活动。分析旅游者的购买过程,了解旅游者在购买过程各阶段的思想和行为,可以使旅游企业采取适当措施有效影响和引导旅游者的购买决策,从而实现有效的产品销售。图2-3-2描述了旅游个人消费者购买决策的一般过程。从这个流程图中可以看到,旅游消费者购买决策的完成是多种因素综合的、交叉影响的过程。

(1) 需求的识别。一般来说,购买决策过程是从旅游者对某一需要的认识开始的。这种需要可能源于旅游者的某种内在生理活动,也可能源于外界的某种刺激,或是内外两方面共同作用的结果。旅游需要是整个购买行为的原始驱动力,当人们意识到自己对旅游产品的需要时,如果出现能够满足需要的旅游产品,便会产生具有特定指向性的购买动机。旅游企业营销人员应该对旅游消费者进行调查,弄清楚什么类型的需要或问题导致他们购买某种旅游产品,什么引发了这些需要,这些需要如何引导旅游消费者选择某种特殊的旅游产品。通过收集信息,旅游企业营销人员就能识别出各种最能刺激旅游消费者对某种旅游产品的兴趣的因素,并把这些因素纳入营销计划当中。此外,旅游营销人员还必须了解自己的旅游产品

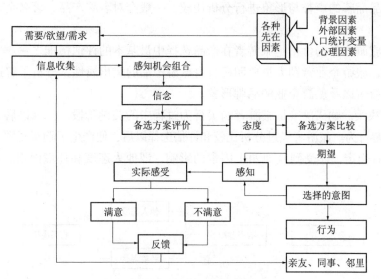

图 2-3-2 旅游者购买决策过程

可以满足旅游者哪些内在需求,以及通过哪些外在刺激来引发人们对旅游产品的需求。在这一阶段,营销人员要努力唤起和强化旅游者的需求,并帮助他们确认需求。

(2) 信息的收集。旅游者的某些需要可以通过常规购买行为得到满足,因为所需信息已被旅游者通过以往的收集而掌握。但是还有一些需要根据以往的经验无法做出对满足需要的对象的选择判断,他们需要收集相关的各种信息,至于收集多少信息,这要看内驱力的强度、原有信息的多少、获得更多信息的难易程度、增加信息的价值,以及一个人通过收集信息可能得到的满意程度。旅游消费者获得信息的来源很多,内部信息很大程度上是来自以前购买某种旅游产品的经验和感受,外部信息主要有以下四种:

①个人来源:家庭、朋友、邻居、同事等。

②商业来源:广告、推销员、经销商、包装物和展览等。

③公共来源:大众传媒、旅游版的社论、消费者评选机构。

④经验来源:包括试验性使用等。

这些信息来源的相对影响力随产品和购买者的不同而变化。一般来说,商业来源的信息主要起到旅游产品告知的作用,而个人来源与经验来源的信息往往起旅游产品评价作用。旅游营销人员必须不定期地进行市场调查,识别旅游者的信息来源并权衡每种来源的重要性,从而制定有针对性的营销沟通方案,以增强旅游者对本企业旅游产品的了解和信任。

(3) 方案的评估。旅游消费者运用各种信息得到几种可供选择的旅游产品后,一般都会理性地将这些信息进行整理和系统化,对各类信息进行对比分析和评估。在评估和选择的过程中,营销者应重视以下方面:

①产品属性。旅游者在购买旅游产品时,不仅要考虑质量和价格,更要比较同类产品的不同属性。

②属性权重。产品每个属性的相对重要性因人而异,旅游者并非对产品的所有属性都感兴趣,而只是对其中的几种属性感兴趣,他们对属性分析后,就会建立自己心目中的属性等级。

③品牌声誉与形象。旅游者常把旅游品牌名称作旅游产品质量的指标。他们会将各种旅

游企业或其产品品牌的声誉与形象进行分析比较,一般会对名牌产品、著名企业给予更高的评价。

④价格。旅游产品的价格是旅游者在产品选择中最基本的评估标准之一。

由此可见,旅游企业营销人员要明确自身旅游产品的突出属性,分析了解这些属性在旅游者心目中的权重以及旅游企业的品牌形象。

(4)购买决策。购买决策是旅游者购买行为过程中的关键阶段。在这以后,旅游者才会产生实际的旅游行为。旅游者经过分析比较和评估选择以后,便产生了购买意图。然而旅游者购买决策的最后确定,还受到其他两个因素的影响,即他人态度和环境因素。如图2-3-3所示。

图2-3-3 购买决策过程

购买意图即旅游者决定购买何种旅游产品、预计的消费金额、消费时间、消费地点等。他人态度主要是指旅游者家人或其他紧密型相关群体的态度,这是影响购买决策的主要因素,如妻子有购买邮轮旅游产品的意图,受到丈夫反对,就可能改变或放弃购买意图。环境因素主要指旅游者的收入情况、旅游费用等可预测因素,以及失业、产品涨价、自然灾害等不可控因素,这些因素都可能导致旅游者购买意图的改变。

小结:通过本节学习,学生能够了解旅游者的旅游动机,把握影响旅游动机的因素,通过对旅游者决策过程进行分析,掌握旅游者购买心理,以更好地制定营销策略,推出合适的旅游产品,迎合消费者的需求。

小组活动:以小组为单位,通过角色扮演方式揣摩各类游客的旅游动机,模拟旅游者决策形成及购买行为产生的全过程。

任务三小结:任务三主要对旅游消费者概念进行深入分析,对马斯洛需求层次理论进行深入讲解;对旅游需求的含义及特点,旅游动机的概念、分类,影响旅游动机的因素,旅游者购买行为,旅游者购买决策过程等内容进行深入分析,要求学生能够结合基本理论,分析旅游者需求与心理,做出合理的营销决策。

拓展阅读

网络时代的旅游者消费行为

随着互联网的推广和普及,网络已经渗透到社会生活的各个领域,成为继报纸、杂志、广播、电视之后的第五媒体。据2014年1月公布的第33次《中国互联网络发展状况统计报告》显示:"到2013年12月,我国的互联网网民达到6.18亿人,与上年相比共计新增网民5 358万人,互联网普及率为45.8%,其中手机网民数量高达5亿人,比2012年年底增加了8 009万人,占网民总数的81.0%。"这些数据充分反映了互联网与人们生产生活的联系愈加密切。正如教育学者所言："它携带着自己特有的价值和意义,渗透到人类活动的每一个角落,并以非常的力量支配着人类的行为和观念;它无所不在、异彩纷呈,构成人间迷人的现象。"年青一代对网络情有独钟,无论是学习、生活还是娱乐,网络对他们都产生了深刻的影响。很多人每天都要花费大量的时间上网,包括上网聊天、看电影、网上购物以及玩网络游戏等。互联网的强大魅力深刻影响了人们的学习、生活以及交往方式,影响着人们的价值观念。其高度的共享性使人们获取信息更加广泛快捷,给人们提供了更多的学习资源和更广阔的学习空间,为旅游企业提供了更广阔的展示自我的舞台,而同时纷繁复杂而又充满诱惑的网络世界也对旅游者的消费行为产生了深刻的影响。

一、互联网视阈下的旅游者更易盲目消费

随着科学技术和网络服务的发展,人们的上网方式日益多样化,各类电脑（如台式电脑、笔记本电脑、平板电脑）以及手机都是当前人们的主要上网工具,其中手机网民的不断增加最为显著。手机上网的便捷让旅游者对自己的消费行为具有更大的选择空间。旅游者在旅程中看到喜欢的商品会随时随地在网上购买。只要旅游者愿意,总能在旅游过程中拍下自己喜欢的商品,既不费时也不费力。之所以人们不愿在旅游景区购买商品,主要是因为旅游景区的商品价格一般比较贵,而网上的商品一般价格低廉。旅游者在旅游过程中,由于有愉悦的旅游体验,其消费往往难以把持,从而造成盲目消费。

二、互联网视阈下的旅游者更易攀比消费

在消费泛滥的网络世界,旅游者往往自发"结盟",组建属于自己的微信群、QQ群、网站等,宣传自己的旅游体验、购物体验。这种交流会助长旅游者的消费攀比心理,比如,某某在旅游过程中购得一个价值不菲的纪念品,那么知悉这个信息的另一位旅游者就可能会让自己也置身于这种愉悦的消费体验之中,并做出自己的消费行为,久而久之,旅游者相互攀比消费的风气就会在这种氛围的感染下自发形成,这种现象在经济学上叫作消费的连锁效应。

旅游者的消费攀比心理与旅游者自身的自制力有着密切的关系。消费自制力指的是能够自觉地控制自己的消费行为和消费情绪的能力。消费自制力强的人不仅能够抑制自身负面的消费行为和动机,还能够激励自己去做出正确的消费决定。与之相反,消费自制力差的人往往容易受到周围环境的影响和引诱,其消费行为往往缺乏相应的约束。

三、互联网视阈下的旅游者更易被哄骗消费

互联网的巨大影响,加之市场经济的刺激,很多旅游商家会利用旅游社交网络散发商品信息,甚至包括虚假的商品信息,刺激旅游者的消费需求及消费行为。网络道德在一定程度上能够规范人们的网络行为,促进文明上网。在网络社会中,由于网络的虚拟性,上网者的身份、行为目的以及上网方式都可以很好地隐蔽甚至篡改,这样人们就可以避开现实社会种种规范的约束,使自己的网络行为肆无忌惮。在这样的情况下,旅游者很难辨别各类商品信息的真伪,总处于"被动"地位。很多商家把旅游者看成自己的"钱包",甚至不惜采取违法的手段来诈骗消费,使旅游者上当受骗。旅游者在互联网交往中必须提高自己对虚假商品信息的辨别能力,防止被商家"哄骗"消费。

资料来源：新晨范文, http://www.xchen.com.cn/jjlw/xfxwlw/702522.html。

问题：结合材料谈谈网络时代旅游者消费的新特点。

任务四　旅游竞争

知识点：掌握竞争对手的概念、分析竞争对手的方法及竞争策略的选择。
技能点：会使用波士顿矩阵分析法。

案例导入

线上旅行社纷纷落地为哪般？旅游竞争重心转向服务

2016年7月，驴妈妈旅游网与腾冲市签订战略合作协议，正式落地腾冲；6月，同程旅游在云南的首家旗舰店在南亚风情第一城开业……就在传统旅行社纷纷抢搭"互联网+"这班快车忙着线上销售的时候，OTA（在线旅行社）却不约而同地将目光转向"线下"，在云南开门店、设立区域中心。不过，在资深旅游业者、云南美途海外旅行社总经理汪涛看来，"OTA布局线下并不太新鲜"。5年前，他就做出过"OTA最终都要布局线下"的判断。

"目前，所有的OTA都不是传统意义上的旅行社，因为OTA所做的绝大部分都是机票销售、酒店房间预订等单项服务。其中，仅机票销售一项就占到OTA营业收入的60%左右。"汪涛说，OTA在以低价促销抓流量、抢占市场份额的同时，也在无形中挤压了航空公司和酒店的利润，弱化了其直销渠道。因此，2016年以来，南航、海航、国航、东航等多家航空公司相继宣布关闭某网站旗舰店，暂停与其合作。航空公司通过持续提高直销比例以及下调机票代理佣金的方式来打压机票代理行业，造成OTA在机票代理方面的利润变薄。

酒店方面亦然。2015年以来，国内多个酒店联盟相继成立，如绿地、海航、中兴和泰及亚朵4家酒店集团宣布成立"中国未来酒店联盟"；汉庭、如家、铂涛等酒店集团则纷纷加大自建渠道的力度。酒店行业的这些动作就是希望通过打造直销渠道来摆脱其对OTA的依赖。

2015年中国旅游市场总交易规模达到41 300亿元。其中，在线渗透率为13.1%，仍有大量的旅游消费发生在线下。汪涛说，要做好非标品市场，离不开传统旅行社的支撑。这也是为何近年来OTA纷纷选择落地的原因。以同程旅游为例，它在旅行社业务方面投入30亿元，其中10亿元为旅行社投资基金。目前，同程旅游已收购南通辉煌、上海美辰、广州创游、北京永安等国内中小型旅行社，并分别与日本HIS、韩国乐天观光、泰国玩美假期达成战略合作，在日本、韩国和泰国成立合资旅行社。而携程、途牛、驴妈妈等OTA也在通过投资或并购旅行社，设立分公司、区域中心等方式加大线下布局。

OTA纷纷落地，在汪涛看来是一个好现象，是对旅游本质的回归。"无论技术如何发展，旅游的本质仍是产品的独特性和服务的优质性，只有在解决品质、服务的基础上，才能去谈旅游产品是否有优惠。OTA往线下发展，必然会对传统旅行社有冲击，这种冲击是不可避免的。不过，对于传统旅行社来说，要生存、发展仍然必须靠品质、服务说话。"汪涛说，"未来将没有严格意义上的线上旅行社和线下旅行社。线下的传统旅行社要学习线上旅行社，利用现代技术向线上转移；线上的旅行社则要学习线下旅行社的品质、服务，二者将相互学习、融合。"

资料来源：中国经济网，http：//www.ce.cn/culture/gd/201607/12/t20160712_13745179.shtml。

问题：旅游竞争重心为何转向服务？服务在旅游服务中到底起到怎样的作用？

第一节 认识竞争对手

认识竞争对手是进入旅游市场竞争前的首要一步，同时也是收集竞争情报与分析竞争对手的重要基础，只有准确、客观地认识竞争对手，才能在之后的竞争中有的放矢，在旅游市场竞争中占有一席之地。企业需要在对自身和产品有着清晰认识的基础上，识别出市场中的竞争者，同时也要对竞争对手进行分类，以便今后布置有针对性的营销策略。

1. 竞争对手的界定

竞争对手是指那些生产相同或相似产品，或者使用相同或相似资源，实力相当，业务上有竞争关系的企业或组织。

2. 竞争对手的类型

（1）从旅游消费者的角度分析，旅游企业在开展营销活动时，面临以下四种类型的竞争者：

第一，愿望竞争者。愿望竞争者指提供不同产品以满足不同旅游需求的竞争者。消费者的愿望是多方面的，包括吃、穿、住、行以及社交、旅游、运动、娱乐等。旅游企业可认为自己在与所有的大件耐用消费品、房地产等企业进行竞争。因为在同一时间段内，消费者的消费能力是有限的，选择此就不能选择彼，尤其是在旅游企业选择促销时就必须考虑到这个层次的竞争行为。因此，旅游企业可以把所有争取同一消费群体的其他企业都看作竞争者。

第二，产品竞争者。产品竞争者是指提供能满足同一种需求的不同产品的竞争者。旅游者出行要利用某种手段和途径，实现从一个地点到达另一个地点的空间转移，如飞机、火车、轮船都可用作旅游交通工具，这些企业也就互相成为产品竞争者。

第三，行业竞争者。行业竞争者是指生产同种产品，但提供不同规格、型号、款式的竞争者。由于这些同种但不同形式的产品在对同一种需要的具体满足上存在差异，购买者有所偏好，因此这些产品的生产经营者之间便形成了竞争关系。例如，三星级酒店与四星级酒店的竞争。

第四，品牌竞争者。品牌竞争者是指生产相同规格、型号、款式的产品，但品牌不同的竞争者。品牌竞争者之间的产品相互替代性较高，因而竞争非常激烈，各企业均以培养顾客品牌忠诚度作为争夺顾客的重要手段。以酒店为例，希尔顿国际酒店、香格里拉国际饭店、凯悦饭店、凯莱国际酒店、半岛酒店、锦江饭店等就互为品牌竞争者。因此，当其他企业以相近的价格向同一顾客群提供类似产品与服务时，便成为竞争者。

（2）从行业的角度分析，旅游企业在开展市场营销活动时，其竞争者有以下几种：

一是现有旅游企业：指本行业内现有的与本企业生产同样产品的其他旅游企业，它们都是直接竞争者。

二是潜在加入企业：指可能是一个新办旅游企业，也可能是其他行业的企业进入旅游行业，是旅游行业新增加的生产力，与现有旅游企业争夺旅游市场份额和主要资源。

三是替代品企业：指与旅游产品具有相同功能、能满足旅游消费者需求的不同性质的其他产品。随着科学技术的发展，替代品越来越多，企业都将面临与生产替代品的企业进行竞争。这个层次是同一产品不同品牌之间的竞争。

（3）从市场竞争地位的角度分析，旅游企业的竞争者有以下层次：

第一，市场领先者。市场领先者是指在旅游市场上占有较大份额的旅游企业。一般来说，大多数行业都有被认为是市场领先者的企业，该企业在价格调整、新产品开发、销售渠道等方面处于主导地位，影响着同行业的竞争者。市场领先者在市场竞争中要维护自己的优势，保住自己的领先地位。

第二，市场挑战者。市场挑战者一般在行业中处于第二或第三的地位，又称为亚公司，其中也有一些大公司，如海南航空公司就处于挑战者地位。每一个挑战者企业都希望取代市场领先者而成为该行业中占有市场份额最大的企业，因此必须仔细分析市场领先者的优势和劣势，避开其优势，攻击其劣势，准确而有力地打击市场领先者。在市场竞争中，挑战者更要重视产品质量，推出比市场领先者更优质的产品，并运用适当的营销策略，去夺取市场的主导地位。

第三，市场追随者。市场追随者与挑战者不同，它不是向市场领先者发动进攻并图谋取而代之，而是追随在领先者之后自觉地维持共处局面。这些企业在目标市场、产品创新、价格水平和分销渠道等方面都追随、效仿领先者，同时与其保持差异，不发生直接冲突，但不是盲目跟随，而是择优跟随，在跟随的同时还发挥自己的独创性，不进行直接的竞争。旅游市场追随者必须维护好现有旅游消费者，并争取一定数量的新旅游者。

第四，市场补缺者。市场补缺者是指那些在市场上势单力薄的小企业，很难在大市场上维持长久。它们通常对大市场进行细分，并选择其中一个适合自己发展且无竞争对手的小市场来谋求长远发展。一般情况下，这种企业会认真地研究市场细分，提供其他企业不愿或不能提供的特色服务。

以上各类型竞争者的竞争构成了竞争环境。全面地认识各种层次的竞争，有助于看清企业自身在竞争环境中所处的位置。

小结：旅游企业应以积极的态度对待竞争对手，做到取长补短。没有竞争就没有进步，如果一个企业不能认真对待竞争对手，那么就有可能停滞不前。永远不要小看竞争对手，应该重视竞争对手，竞争对手远比想象的强大，如果不能够对竞争对手进行准确的识别，那么企业很难成功。

小组实训：以小组为单位开展名为"认识竞争对手"的实训活动，主要目标是掌握竞争对手的基本概念、类型。由教师组织，学生分组讨论。首先，学生分组，选定某一旅游企业；其次，结合其实际情况，分析其竞争对手及类型；最后，选择某小组学生进行PPT展示，并组织讨论与评析。

第二节　收集竞争情报

旅游企业参与市场竞争，不仅要了解自己的顾客，还要明确自己的竞争对手，密切关注竞争环境的变化，了解自己的竞争地位及彼此的优劣势，只有知己知彼，方能百战不殆。

1. 市场竞争者优劣势分析

在旅游市场竞争中，旅游企业要分析竞争者的优势与劣势，做到知己知彼，才能有针对性地制定正确的市场竞争战略，以避其锋芒、攻其弱点、出其不意，利用竞争者的劣势来争取市场竞争的优势，从而实现企业营销目标。旅游市场竞争者优劣势分析包括以下内容。

第一，旅游产品的分析。分析竞争企业的产品在市场中所处的位置，能在多大程度上满足消费者的需求，以及产品系列、产品项目的数量。

第二，销售渠道的分析。正确运用销售渠道可以使企业迅速、及时地将旅游产品转移到旅游消费者手中，达到扩大产品销售、加速资金周转、降低流动费用的目的。任何一个企业要把自己的产品顺利地销售出去，都要正确地选择产品的销售渠道。选择销售渠道有两个方面：一是选择销售渠道的类型，二是选择具体的中间商。竞争企业销售渠道的广度与深度、效率与实力、服务能力等对竞争力有重要影响。

第三，市场营销的分析。市场营销面对的是市场，做的是通过什么样的途径来满足这个市场。要了解竞争企业市场营销组合的水平、市场调研与新产品开发的能力、销售队伍的培训与技能水平。

第四，经营能力的分析。经营能力的分析包括：竞争企业的价格水平及资金实力，竞争企业的资金结构、筹资能力、现金流量、资信度、财务比率、财务管理能力；竞争企业人员的能力；竞争企业管理者的领导素质与激励能力、协调能力、专业知识，以及管理决策的灵活性、适应性、前瞻性、质量控制能力；竞争企业在产品、工艺、基础研究、仿制等方面具有的开发能力，研究与开发人员的创造性、可靠性、简化能力等素质与技能；竞争企业的信誉等。

2. 竞争者的市场反应行为

在竞争过程中，不同的企业对竞争者的反应行为不同。

第一，从容型。从容型是指有些企业对其他企业的行动不立即采取反击行动，而是从容应对。其原因可能是深信顾客的忠诚度，也可能是没有反击所必需的资源，还可能是并未达到应予反击的程度。对于这类竞争对手要格外慎重。

第二，防御型。防御型是指有些企业会对外在的威胁和挑战做出全面反应，以确保其地位不被侵犯。但是全面防御也会把战线拉长，对付一个竞争者还可以，若同时对付几个竞争者，则会力不从心。

第三，反击型。反击型竞争者的反击方式并不一样。有的是死守阵地，其反击范围集中，而且又有背水一战拼死一搏的信念，所以反应强度相当高；有的是采取强烈、粗暴的反击方式，对所有的任何形式的进攻都会做出迅速而强烈的反击；有的是有选择地反击，只对某些类型的攻击做出反应，而对其他类型的攻击则不采取行动；还有一种是随机地进行反击，没有固定的反应模式，其反击不能确定，或者根本无法预测其会采取哪种反击方式。因此，必须了解这些类型的反击者的敏感部位，避免不必要的冲突。

小结： 通过分析竞争对手的优势、劣势，企业可以避开自身劣势的一面，学习到更多的东西。同时可以分析目标对象在以往的竞争中，当对手采取某些措施和行动之后做出的反应,及反应是否强烈,以便在今后竞争中有针对性地采取应对措施。

小组实训:以小组为单位开展名为"竞争者优劣势分析"的实训活动,主要目标是掌握竞争对手优劣势分析的内容、竞争对手的反应模式的基本知识。由教师组织,学生分组讨论。首先,学生分组,并选择以下一家旅游企业;其次,分析该企业的优劣势、反应模式;最后,某小组学生进行PPT展示,并组织讨论与评析。

中国国旅

中国国旅集团有限公司是由中国国际旅行社总社与中国免税品(集团)总公司合并重组而成。2003年12月,国资委下发《关于同意中国铁路工程总公司等6户企业重组的通知》,批准中国国际旅行社总社与中国免税品(集团)总公司进行重组,着手组建中国国旅集团有限公司。2004年11月,中国国旅集团公司正式对外宣布成立。2006年5月更名为中国国旅集团有限公司。中国国旅集团有限公司目前已成为企业资产近50亿元,集旅行服务、交通运输、对外贸易、房地产开发与管理、电子商务等综合服务于一体的国有重点大型企业集团。

中国康辉

中国康辉是一家大型国际旅行社、国家特许经营中国公民出境旅游组团社,经营范围包括入境旅游、出境旅游及国内旅游。康辉总部设有总经理室、办公室、经营管理部、财务部、日韩部、欧洲部、东南亚部、亚洲部、澳非部、港澳商务订房部、国内部、省内接待部、自驾车部、前台、市场销售部、开发旅游部、拓展旅游部、观光旅游部、亚太旅游部、外联旅游部。中国康辉以全国康辉系统的80多家旅行社为依托,与国内外同行有着广泛和友好的合作关系。日臻完善的全国网络和垂直管理模式形成康辉集团在全国旅行社行业中的独特优势。中国康辉以"网络化""规模化""品牌化"为发展目标,遍布全国及海外的网络和2 300余名优秀员工真诚为海内外旅游者提供全方位的优质服务。北起哈尔滨,南至深圳、海南,东起上海,西至甘肃、新疆,中国康辉在全国各大城市设有220多家垂直管理的子公司连锁企业,其中1999、2000年度就有8个分社进入全国国际旅行社百强行列。

资料来源:百度百科。

第三节 分析和评价竞争对手的战略

分析竞争对手的目的是为了准确判断其战略定位和发展方向,并且预测其未来的战略选择,准确评价竞争对手对本企业的战略行为的反应,估计竞争对手在实现可持续竞争优势方面的能力。

1. 分析竞争对手的步骤

1.1 识别企业的竞争者

旅游企业参与市场竞争,不仅要了解谁是自己的顾客,还要弄清谁是自己的竞争对手。竞争对手分析是旅游企业确定竞争策略的前提,要分析竞争对手首先就要准确识别竞争对手。识别竞争对手并不是一项简单的工作,旅游者需求的复杂性、多层次性、易变性及旅游业的快速发展都使得市场竞争中的企业面临复杂的竞争形势,一个企业可能会被新出现的竞争对手打败,或者由于旅游者需求的变化而被淘汰。旅游企业必须密切关注自身所处的竞争环境,了解彼此的优势、劣势。

1.2 识别竞争者的策略

准确识别竞争对手后,还要对其进行深入细致的分析,识别出竞争对手的策略,根据竞争对手的策略以及自身企业的实际情况制定应对的竞争策略,从而建立企业自身优势,获取最终的成功。

1.3 判断竞争者的目标

每一个旅游企业的最终目标都是赢利,但是每个企业对利润的满意度不同,追逐利润的方式也不同,因此,一个企业可能会存在多个目标,如获利能力、成本降低、服务领先等。

1.4 评估竞争者的优势和劣势

任何一个旅游企业要实现其策略并达到目标,都取决于自身的资源与能力。必须确认每一竞争对手的优势与劣势,搜集竞争对手近几年来的一些重要数据资料,通过这些资料清楚地了解竞争对手,规避其长处,攻击其明显的弱点。

1.5 确定竞争者的战略

了解竞争对手的战略,就是要了解其对全局目标的规划,这有助于旅游企业扬长避短,合理制定或调整自己的战略。一旦企业之间采取相似的战略,它们就属于同一个战略群体,同一战略群体中竞争对手的目标群体一致、产品相似,它们之间的竞争也就更加激烈,而不在同一战略群体中的竞争相对没那么激烈。

1.6 判断竞争者的反应模式

掌握竞争对手的反应模式有助于旅游企业选择最佳的进攻类型,以及预测竞争对手对本企业的营销策略可能做出的反应。例如,当企业采取某些措施和行动之后,竞争对手的反应是不强烈、行动迟缓,或者只会在某些方面反应强烈,如降价竞销;还是对任何方面的进攻都迅速强烈地做出反应;抑或是反应模式难以捉摸,根本无法预料它们会采取什么行动等。

2. 竞争对手的分析方法

2.1 波士顿矩阵分析法

波士顿矩阵(BCG Matrix),又称市场增长率—相对市场份额矩阵、波士顿咨询集团法、四象限分析法、产品系列结构管理法等。

波士顿矩阵由美国著名的管理学家、波士顿咨询公司创始人布鲁斯·亨德森于1970年首创。

波士顿矩阵认为，决定产品结构的基本因素有两个，即市场引力与企业实力。市场引力包括企业销售量（额）增长率、竞争对手强弱及利润高低等。其中销售增长率是最主要的反映市场引力的综合指标，是决定企业产品结构是否合理的外在因素。

企业实力包括市场占有率，技术、设备、资金利用能力等，其中市场占有率是决定企业产品结构的内在因素，直接显示出企业竞争实力。销售增长率与市场占有率既相互影响，又互为条件。市场引力大，市场占有率高，可以显示产品发展的良好前景，企业也具备相应的适应能力，实力较强。如果仅市场引力大，而没有相应的高市场占有率，则说明企业尚无足够实力，则该种产品也无法顺利发展；相反，企业实力强而市场引力小的产品也预示了该产品的市场前景不佳。

以上两个因素相互作用，会出现四种不同性质的产品类型，形成不同的产品发展前景：销售增长率和市场占有率"双高"的产品群（明星产品）；销售增长率和市场占有率"双低"的产品群（瘦狗产品）；销售增长率高、市场占有率低的产品群（问题产品）；销售增长率低、市场占有率高的产品群（金牛产品）。

2.1.1 基本原理

波士顿矩阵将企业所有产品从销售增长率和市场占有率角度进行再组合。在坐标图上，以纵轴表示企业销售增长率，横轴表示市场占有率，各以10%和20%作为区分高、低的中点，将坐标图划分为四个象限，依次为明星产品、问题产品、金牛产品、瘦狗产品。如何将企业有限的资源有效地分配到合理的产品结构中去，保证企业收益，是企业在激烈竞争中能否取胜的关键。通过产品所处不同象限的划分，企业采取不同决策，以保证其不断地淘汰无发展前景的产品，保持"问题""明星""金牛"产品的合理组合，实现产品及资源分配结构的良性循环。

2.1.2 基本步骤

核算企业各种产品的销售增长率和市场占有率：销售增长率可以用本企业的产品销售额或销售量增长率，时间可以是1年或是3年以至更长时间；市场占有率可以用相对市场占有率或绝对市场占有率，但一定要用最新资料。

2.1.3 基本计算公式

本企业某种产品绝对市场占有率 = 该产品本企业销售量/该产品市场销售总量

本企业某种产品相对市场占有率 = 该产品本企业市场占有率/该产品市场占有份额最大者（或特定的竞争对手）的市场占有率

2.1.4 波士顿矩阵相应的战略对策

（1）明星产品：处于高增长率、高市场占有率象限内的产品群。采取的发展战略：积极扩大经济规模和市场机会，以长远利益为目标，提高市场占有率，加强竞争地位。

（2）金牛产品：处于低增长率、高市场占有率象限内的产品群，已进入成熟期。其财务特点是销售量大，利润率高，负债比率低，可以为企业提供资金，而且由于增长率低，也无须增大投资。采取收获战略：一是把设备投资和其他投资尽量压缩；二是采用榨油式方法，争取在短时间内获取更多利润，为其他产品提供资金。

（3）问题产品：处于高增长率、低市场占有率象限内的产品群。前者说明市场机会大、前景好，后者则说明在市场营销上存在问题。其财务特点是利润率较低，所需资金不足，负债比率高。采取选择性投资战略：一是对该象限内那些经过改进可能会成为"明星"的产品进行重点投资，提高市场占有率，使之转变成明星产品；二是对其他将来有希望成为"明星"的产品在一段时期内采取扶持的政策。

（4）瘦狗产品：低增长率、低市场占有率象限内的产品群。财务特点是利润率低，处于保本或亏损状态，负债比率高，无法为企业带来收益。采取撤退战略：一是减少批量，逐渐撤退，对那些销售增长率和市场占有率均极低的产品应立即淘汰；二是将剩余资源向其他产品转移；三是整顿产品系列，最好将瘦狗产品与其他事业部合并，统一管理。如图 2-4-1 所示。

图 2-4-1 波士顿矩阵分析

2.2 价值链分析法

价值链分析法是由美国哈佛商学院教授迈克尔·波特提出来的，是一种找寻企业竞争优势的工具，即运用系统性方法来考察企业各项活动和相互关系，从而找寻具有竞争优势的资源。

价值链的含义：第一，企业各项活动之间都有密切联系，如原材料供应的计划性、及时性和协调性与企业的生产制造有密切的联系；第二，每项活动都能给企业带来有形或无形的价值，如售后服务这项活动，如果企业密切注意顾客所需或做好售后服务，就可以提高企业的信誉，从而带来无形价值；第三，价值链不仅包括企业内部各链式活动，更重要的是还包括企业外部活动，如与供应商之间的关系，与顾客之间的关系。

2.2.1 识别价值活动

识别价值活动要求在技术上和战略上有显著差别的多种活动相互独立。价值活动有两类：基本活动和辅助活动。基本活动是涉及产品的物质创造及其销售、转移给买方和售后服务的各种活动；辅助活动是辅助基本活动并通过提供外购投入、技术、人力资源以及各种公司范围的职能以相互支持的各种活动。

2.2.2 确立活动类型

（1）直接活动：涉及直接为买方创造价值的各种活动，例如零部件加工、安装、产品设计、销售、人员招聘等。

（2）间接活动：能使直接活动持续进行的各种活动，如设备维修与管理、工具制造、原材料供应与储存、新产品开发等。

（3）保证活动：确认其他活动质量的各种活动，如监督、视察、检测、核对、调整和返工等。

2.2.3 分析方法

每一种产品从最初的原材料投入到最终到达消费者手中，都要经过无数个相互联系的作业环节，这就是作业链。可以从内部、纵向和横向三个角度展开分析。

（1）内部价值链分析是企业进行价值链分析的起点。企业内部可分解为许多单元价值链，商品在企业内部价值链上的转移完成了价值的逐步积累与转移。每个单元链上都要消耗成本并产生价值，而且它们有广泛的联系，如生产作业和内部后勤的联系、质量控制与售后服务的联系、基本生产与维修活动的联系等。深入分析这些联系可减少那些不增加价值的作业，并通过协调和优化两种策略的融洽配合，提高运作效率、降低成本，同时也为纵向和横向价值链分析奠定基础。

（2）纵向价值链分析反映了企业与供应商、销售商之间的相互依存关系，为企业增强竞争优势提供了机会。企业通过分析上游企业的产品或服务特点及其与本企业价值链的其他连接点，往往可以十分显著地降低自身成本，甚至可与上下游企业共同降低成本，提高这些相关企业的整体竞争优势。纵向价值链分析就是产业结构的分析，对企业进入某一市场时如何选择入口及占有哪些部分，以及在现有市场中外包、并购、整合等策略的制定都有极其重大的指导作用。

（3）横向价值链分析是企业确定竞争对手成本的基本工具，也是企业进行战略定位的基础。比如企业通过对自身各经营环节的成本测算，对不同成本额的企业可采用不同的竞争方式，面对成本较高但实力雄厚的竞争对手，可采用低成本策略，扬长避短，争取成本优势，使规模小、资金实力相对较弱的小企业在主干企业的压力下能够求得生存与发展；而相对于成本较低的竞争对手，可运用差异性战略，注重提高质量，以优质服务吸引顾客，而非盲目地进行价格战，使自身在面临产品价格低廉的小企业挑战时，仍能立于不败之地，保持自己的竞争优势。

2.3 标杆分析法

标杆分析法又称竞标赶超、战略竞标，即将本企业各项活动与从事该项活动最佳者进行比较，从而确定行动方法，以弥补自身的不足。

（1）确定要进行标杆分析的具体项目。

（2）确定要在哪些领域哪些方面进行标杆分析。

（3）收集分析数据，包括本企业的情况和标杆的情况。分析数据必须建立在充分了解公司当前状况以及标杆（或标杆企业）状况的基础之上，数据应主要针对企业的经营过程和活动，而不仅仅是针对经营结果。

（4）实施方案并跟踪结果。

（5）根据标杆分析确定的实现方案，完成 ERP（企业资源计划）实施或评估工作。

小结：企业在发展过程中面对许多市场竞争对手，掌握竞争对手分析的方法和内容，有助于企业了解对手的竞争态势，对企业的战略选择和制定至关重要。

小组实训：以小组为单位进行波士顿矩阵的应用实训，主要目标是掌握波士顿矩阵。

由教师组织，学生分组讨论。首先，学生分组，选定某一旅游企业；其次，结合其实际情况，运用波士顿矩阵探讨其旅游产品；最后，某小组学生进行 PPT 展示，并组织讨论与评析。

第四节　竞争战略的选择

竞争战略有三种：成本领先战略、差异化战略、战略联盟。旅游企业必须从这三种战略中选择一种作为主导战略。要么把成本控制到比竞争对手更低的程度；要么在旅游产品和服务中形成自身的特色，让旅游者感觉到优于竞争对手；要么致力于服务某一特定的旅游细分市场、某一特定的旅游产品种类或某一特定的地理范围。这三种战略架构上差异很大，成功地实施它们需要不同的资源和技能，旅游企业要根据自身实际选择适合的战略。

1. 差异化战略

所谓差异化战略，是指为使企业产品与竞争对手产品有明显的区别，形成与众不同的特点而采取的一种战略，是将企业提供的产品或服务差异化，树立起企业在行业中独特的风格。这种战略的核心是取得某种对顾客有价值的独特性。企业要突出自己的产品与竞争对手之间的差异性，主要有四种基本途径：产品差异化、服务差异化、人员差异化及形象差异化。

1.1　差异化战略的适用条件

1.1.1　企业实施差异化战略的外部条件

（1）差异是被消费者认为有价值的，企业与竞争对手的产品之间差异的创造途径是多样的。

（2）消费者对产品的需求和使用要求是不同的，即消费者需求是有差异的。

（3）竞争对手很少有采用类似的差异化途径，即真正能够实现企业的这种"差异化"是独一无二的。

（4）市场需求变化快，竞争的关键在于不断地推出新的特色产品。

1.1.2　企业实施差异化战略的内部条件

（1）具有很强的研发能力，勇于创新。

（2）企业在其服务或产品质量方面的声望处于领先地位。

（3）企业在这一行业有悠久的历史或吸取其他企业的技能兼具自己的风格、特色。

（4）有很强的市场营销能力。

（5）企业内部各部门之间具有很强的协调性，如研究与开发、产品开发以及市场营销等职能部门。

（6）企业具备良好的物质条件，能够吸引更优秀、更具创造性和高技能的人才。

（7）各种销售渠道能密切配合，进行强有力的合作。

1.2　差异化战略的优势与风险

1.2.1　实施差异化战略的优势

（1）能建立起顾客对企业的忠诚。

（2）能形成强有力的产业进入障碍。

（3）能增强企业对供应商讨价还价的能力。这主要是由于差异化战略提高了企业的边际收益。

（4）削弱购买商讨价还价的能力。企业通过差异化战略，使购买商缺乏与之可比较的产品选择，降低了购买商对价格的敏感度。此外产品差异化使购买商具有较高的转换成本，使其更依赖本企业。

（5）由于建立起了顾客的忠诚，也使得替代品无法与之竞争。

1.2.2 实施差异化战略的风险

（1）可能丧失部分客户。如果采用成本领先战略的竞争对手压低产品价格，使其与实行差异化战略的企业的产品价格差距拉大，用户为了节省费用就会放弃选择差异企业的产品，转而选择其竞争对手的物美价廉的产品。

（2）用户所需的产品差异程度下降。当用户变得越来越老练、对产品的特征和差异体会不明显时，就可能忽略差异。

（3）大量的模仿缩小了感觉得到的差异。特别是当产品发展到成熟期时，拥有技术实力的企业很容易通过逼真的模仿，缩小产品之间的差异。

（4）过度差异化。

2. 低成本竞争战略

低成本竞争战略指企业在提供相同的产品时，内部加强成本控制，在研究、开发、生产、销售、服务和广告等领域内把成本降到最低限度，使成本或费用明显低于行业平均水平或主要竞争对手，从而赢得更高的市场占有率或更高的利润，成为行业中的成本领先者的一种竞争战略。根据企业获取成本优势的方法不同，低成本竞争战略的几种主要类型为：简化产品型成本领先战略、改进设计型成本领先战略、材料节约型成本领先战略、人工费用降低型成本领先战略、生产创新及自动化型成本领先战略。

2.1 低成本竞争战略的适用条件

2.1.1 企业实施低成本竞争战略的外部条件

（1）现有竞争企业之间的价格竞争非常激烈。

（2）企业所处产业的产品基本上是标准化或者同质化的。

（3）实现产品差异化的难度较大、途径很少。

（4）多数消费者使用产品的方式相同。

（5）消费者的转换成本很低。

2.1.2 企业实施低成本竞争战略的内部条件

（1）持续的资本投资和获得资本的途径。

（2）先进的生产加工工艺技能。

（3）严格的劳动监督。

（4）设计容易制造的产品。

（5）低成本的分销系统。

2.2 低成本竞争战略的优势与风险

2.2.1 实施低成本竞争战略的优势

（1）抵挡住现有竞争对手的进攻。

(2) 削弱购买商讨价还价的能力。
(3) 更灵活地处理供应商的提价行为。
(4) 形成进入障碍。
(5) 树立对替代品的竞争优势。

2.2.2 实施低成本竞争战略的风险
(1) 降价过度引起利润率降低。
(2) 新加入的企业可能后来居上。
(3) 丧失对市场变化的预见能力。
(4) 技术变化降低企业资源的效用。
(5) 容易受外部环境的影响。

3. 战略联盟

战略联盟就是两个或两个以上的企业或跨国公司为了达到共同的战略目标而采取的相互合作、共担风险、共享利益的联合行动。

工业旅游作为新旅游产品始于工业遗产旅游。英国、德国等国经验证明，旅游业是老工业基地复兴的重要牵动性产业。我国工业旅游多依托运营中的工厂开展参观、体验等活动，未能把单一的接待职能转换为旅游服务，让游客在了解工业生产与工程操作的过程中，获取旅游者精神需求和吃、住、行、游、购、娱等基本旅游享受。主要原因是工业企业出于投入与效能的考虑，一般对在企业内大兴土木进行配套设施建设存有顾虑；另外，成为旅游示范点后，安全问题、生产管理等问题都令企业头疼；这也是国内工业旅游尚未做大的重要原因。沈阳铁西区工业旅游虽然起步较晚，但首创"工业旅游联盟"模式，开辟了政府、企业和旅游公司联合开拓工业旅游市场的新方式。它将旅游产业链中的景点（工业企业）、旅行社、宾馆、饭店、商场及其他相关服务业整合到一起，通过资源共享、利益共得，一起打造工业旅游品牌，开创了一条国内工业旅游业发展的新道路，而且也将成为做大工业旅游品牌的开始。

丰富的工业遗产是缺乏自然景观的铁西最大的旅游资源。2007年9月4日启动的铁西区"工业文化之旅"活动月推出"工业遗产游""魅力都市游""现代工业游"三大旅游线路，全面拓展铁西文化旅游资源，其中尤以"现代工业游"为亮点，28家企业组建了全国首个"工业旅游联盟"，推动工业旅游进入新阶段。

近年国内工业旅游发展迅速，但普遍存在着市场化程度不强，缺乏统一的协调组织等问题。铁西区的沈阳北方重工集团、沈阳东药集团、铁西百货等28家相关大型企业签署了《工业旅游联盟公约》，联合组建了铁西工业旅游联盟。这些大型现代化企业开放部分生产车间供游人参观。如沈阳可口可乐公司设计了参观线路，参观者可以看到生产全过程，并可以在厂内品尝到刚刚下线的产品。铁西工业旅游联盟涵盖了大型工业企业、宾馆住宿业、餐饮服务业、零售业、旅游服务业等五大行业，可为游客提供餐饮、购物、导游"一条龙"服务；作为一个资源共享、利益共得的互惠平台，将促进区内旅游景区、宾馆、旅行社及工业旅游示范企业间的广泛合作，使之成为铁西区旅游各相关行业沟通发展的纽带。联盟成员表示，将全力支持铁西工业旅游联盟的工作，为铁西旅游做出应有的贡献。各旅行社代表提出，开通自助式旅游景区观光穿梭巴士线路，以"一卡通"为支付系统，以景点为站点，将铁西的优秀旅游资源串联起来，为游客提供无障碍的一站式旅游服务体系。国际服装城代表建议，建设以商业、铁西区特色旅游为核心的休闲、购物一体的商业旅游景区。铁西区旅游局负责人表示，将通过联盟来实现"资源整合、共创品牌、互惠互利、共同发展"的奋斗目标，通过行业合作提升旅游产业整体服务水平，加速推进铁西旅游产业的发展，共同为打造"旅游目的地城区"努力奋斗。

资料来源：佚名. 沈阳铁西打造首个"工业旅游联盟"[J]. 领导决策信息, 2008 (37).

问题：结合案例谈谈旅游联盟的优势。

3.1　实施战略联盟的优势

（1）创造规模经济。
（2）实现企业优势互补，形成综合优势。
（3）可以有效地占领新市场。
（4）有利于处理专业化和多样化的生产关系。

3.2　战略联盟的风险规避

（1）谨慎选择结盟对象，没有互补性资源的企业不应作为联盟对象。
（2）实施战略联盟内部的有效管理。
（3）加强联盟内各成员企业间关系的协调。
（4）合理的利益分配和风险分担。
（5）要有应对战略联盟变化的策略。
（6）正确认识战略联盟的解体。

小结：旅游企业在制定战略时要结合内外部因素的综合分析来确定哪个是最好的、最符合自身实际需要的战略。低成本战略是低于竞争对手的成本，而不是最低的成本，这一战略的优点是能够快速地抢占市场份额，当市场上的产品不存在明显差异或者消费者对价格很敏感的时候更容易吸引消费者；但旅游企业要注意的是，如果针对某产品的低成本优势是其他竞争对手可以轻易效仿的，这样建立起的优势很快就会丧失。差异化战略要求企业不断地创造出不同于竞争对手的产品或服务，一般需要投入很多精力，新产品很容易被复制。战略联盟主要适用于资源有限的企业，可以起到集中资源、优势互补的作用，但是这样的风险比较大。

因此，在选择具体竞争战略时，首先，要了解企业现行的战略是什么；其次，对企业所处的环境进行分析，包括行业分析、竞争对手分析、社会环境分析以及企业自身优劣势分析；最后，在以上分析的基础上结合几种基本战略的优缺点，选择适合企业发展的竞争战略。

小组实训：以小组为单位开展名为"竞争战略的选择"的实训，主要目标是掌握竞争战略的基本概念。由教师组织，学生分组讨论。首先，学生分组，组成模拟旅行社；其次，为本旅行社做战略选择并阐述理由；最后，选择某小组学生进行PPT展示，并组织讨论与评析。

众信旅游发布2018年度四大特色产品引领旅游业创新潮流

为满足新时代广大消费者的旅游需求，2018年1月18日众信旅游在北京发布2018年度产品，包括"设计师系列""一家一团系列""五天年假系列""达人带路系列"四大原创品牌产品。

众信旅游2018年重点推广的四大主打产品系列，是近2年深受市场欢迎的特色品牌，充分展现了旅行生活方式的多样性和精致度，也体现了众信旅游作为产品创造者的专业和远见。

设计师系列：甄选众信旅游12位有情怀的资深产品设计师，秉承对旅行的热爱和旅游事业的执着全新创造的产品系列。包括"战斗民族体验记·深度俄罗斯8日游""陪伴的力量——宝贝成长在台湾"在内的一系列产品，有望成为2018年市场爆款。

一家一团系列：专为家庭游消费群体设计的独创品牌系列产品。众信旅游精心设计了74款优质产品，并根据家庭成员不同的组合形式，分成四大系列，提供精致家庭旅行生活私享体验。

五天年假系列：定义为"属于年轻上班族的半自助旅行"。该系列36款产品全部按照假期时间合理设计产品团期及行程天数，行程安排了年轻人喜好的新奇体验、时尚购物、特色美食等活动，定价也符合年轻工薪族的消费水平。

达人带路系列：众信旅游已成功运营2年的品牌系列产品，2018年再度重装上阵。达人带路系列以众信旅游自有特色金牌领队、社会各领域专家、学者和名人为核心，会聚具有共同兴趣爱好的游客组成团队，强调旅游的社交属性，增加游客的获得感和幸福感。

资料来源：中新网，http://www.bj.chinanews.com/news/2018/0119/62849.html。

问题：试分析众信旅游的竞争战略。

任务四小结：旅游市场竞争可以促使旅游企业提高效益。竞争对于旅游企业来说是一种强制的促进力量，迫使旅游企业必须加强经营，降低成本，改进技术，充分调动企业员工的积极性，不断提升自身的产品及服务，以求能够在激烈的市场竞争中站稳脚跟，在旅游市场上取得一定份额。旅游市场竞争可以更好地满足旅游消费者的需要。旅游市场竞争实质上是为了争夺旅游消费者，旅游消费者的需要是旅游企业考虑的首位问题。在竞争中，旅游企业为了赢得旅游消费者，就必须不断提高旅游产品的品质，降低价格，加强旅游产品的宣传，不断推出新的旅游产品，最终满足旅游消费者的需要。

拓展阅读

维京游轮全新定义欧洲旅游

自2006年起，中国出境旅游人数逐年攀升，平均保持每年13%的增长，2016年突破1.22亿人次。而在当前中国公民护照持有率不到10%的情况下，未来10年的出境旅游市场也将呈持续爆发式增长。随着国民经济的稳步发展，国民消费结构也逐步升级，日益壮大的中国高收入群体对高品质的生活方式与旅游体验的需求为高端出境旅游带来巨大的市场机遇。据财富品质研究院调研，预计到2020年，60%的中国游客出行是为了寻求更好的度假休闲与生活体验，可见，中国正进入大旅游消费时代：由观光旅游向生活方式过渡。

  政策风向给旅游业带来的影响同样不容忽视。受到"一带一路"等利好政策的影响，旅游业发展得到了越来越多的便利条件。例如新的飞行航线开通，以及更多国家逐步对中国公民放宽签证政策等都为中国高端出境旅游市场开发提供了更充分的条件。

一、消费升级为旅游市场带来的显著变化——"高端"的新定义

  随着居民收入增长，居民的消费观念、内容与模式同步升级。人们更乐于把钱花在旅游上，旅游对于国人来说不再是奢侈品，而逐渐成为刚需。人们对于目的地的选择也更为苛刻，传统的"长线多国刷景点"已经过时，最常规的低标准、赶行程产品也已经无法满足游客需求，一线城市的游客出行倾向更可以体现这一趋势。可见，旅游市场对"高端"产品的需求正不断扩大。

  必须明确的一点是，这里的"高端"在当前消费环境下首先意味着"高质量"，其次才是"高价格"。换言之，"新高端"重在体验。国内旅游产品同质化的现象比较严重，但是国人旅游的需求却逐渐向定制化、个性化、主题化发展。随着科技的发展以及互联网的普及，消费者可以轻松且迅速地搜索到更具性价比的旅游目的地和旅游产品，从而获得独特的旅游体验。所以，实行差异化战略对于旅游业而言变得空前重要，而创造独特的体验就是差异化的关键。"定制化""个性化""深体验"也成了"新高端"的全新内涵。

  以中国游客钟爱的欧洲游为例，游客对于行程自由度的需求突显，据调查显示，目前访欧的跟团游虽然还是主流，但自由行的比例也在不断扩大。伴随"一带一路"所带来的机遇，欧洲旅游热度飙升，2017年上半年中国赴欧洲旅游同比实现了65%的增长，其中跟团游人数实现了81%的高增长，而自由行人数也增长了26%。

  "自由度"提升还要归结于游客对旅游意义的界定有了更丰富的内涵和期待。旅游的主力消费人群已经告别"规模出行"，不再是为了晒景点、刷国家而走马观花，而是按照自己的意愿去探寻更精彩的世界。旅游度假体验已成为中国游客的重要生活追求，大同小异或缺乏内涵的低价跟团游无法满足消费升级的市场需求，对目的地沉浸式的历史、文化、艺术、美食等全方位生活方式的内容体验将受到中国游客欢迎。

二、维京游轮，新高端之选

  随着经济实力与消费水平的快速升级，中国已经成为游轮出行增长最快的市场，游客在选择出行方式时，对游轮这种相对新颖又轻松的旅游方式表现出了不断增长的好奇心。面对这样的市场机遇，全球各大游轮公司纷纷进驻中国市场，并开始为中国游客量身打造游轮产品。

  在游轮业快速升级的今天，大部分游轮公司通常喜欢以"豪华"作为卖点，巨大的吨位、奢华的设施再加上眼花缭乱的主题噱头，已经成为所谓"高端游轮"的标配。这类产品在中国市场占比很高，大多依托中国本地的母港，在目的地上也相对局限，主要围绕日本、韩国等中国周边国家和地区。对于新形势下的消费者来说，既想体验游轮的舒适便捷，又想去往更远的目的地，现有的游轮产品品类未免过于单薄。面对这样的市场环境，挪威的

维京游轮开创性地以精致内河游轮起家，创新经营20年，深谙消费者需求，如同维京人满怀探索世界的执着追求，专注于开发以目的地为核心的内河及海上游轮产品，专为对地理、文化和历史感兴趣的游客而打造，并且提供最贴心细致的服务，将"沉浸式的个性化体验"作为研发新高端产品的基本原则。

  在全球河轮市场，维京游轮的表现和成就令其竞争对手难以望其项背，连续7年被 *Travel + Leisure* 评为"全球最佳内河游轮"，11次获 *Condé Nast Traveler* "读者选择奖"以及被 *Fodor's Travel* 评为"全球最佳游轮"。从2013年5月起公司开始投资组建小型海上游轮船队，宣布正式将业务扩展至海洋航游，2015年，第一艘海洋游轮"维京星辰"号于斯堪的纳维亚、波罗的海和地中海区域开启了海上航线。维京屡获殊荣的小型海上游轮能直接出入大多数港口，方便游客快速高效地上下船，带领游客深入目的地，悠然探索原汁原味的民俗风情。船内设计低调优雅，每间客舱都配置了私人景观阳台，提供品种繁多的就餐选择；除此之外，船上还配有超大泳池、挪威特色的水疗中心、全景观的探险家酒廊和有丰富经典藏书的图书馆，让游客尽享品质至尊之旅。海轮产品推出的当年，便被 *Travel + Leisure* 杂志评为"2016年全球最佳海上游轮"，2017年蝉联这一称号，足以显示维京游轮的强大实力和不容置疑的品牌影响力。目前维京游轮在全球拥有65艘内河游轮及3艘海上游轮。

  维京游轮于2016年年底正式进入中国市场，带着北欧人对品质特有的理解、执着和坚持，成为中国旅游高端产品中的最大亮点。乘坐游轮，沿多瑙河和莱茵河深入游览欧洲，这款在国内史无前例的欧洲行新产品一经推出便俘获人心无数。维京秉承了其极具优势的欧洲河游资源，在服务内容和品牌战略上充分考虑到中国游客的实际需求，成为旅游欧洲的最佳选择。

三、品牌赋能，创造体验的裂变

  1. 定制化。维京针对中国市场推出的定制化内河游轮产品创下了多项业界第一——全世界第一家提供全中文服务的游轮公司；中国市场上第一款真正的"一价全包"、没有任何额外费用的游轮产品。"在维京的游轮上可以看到越来越多的游客，他们来自不同的行业、不同的城市，但相同的是他们希望找到一款完美的旅游产品，带着家人去探索世界、体验惊喜。"维京游轮高级副总裁Jeff Dash说，"中国的中产阶级消费群体崛起得很快，预计2020年将达到3.6亿人。他们已经把旅行当作一种生活方式，他们是挑剔的一群人，既不喜欢跟团，也没太多精力自己做攻略定资源。"所以在"为中国市场定制"的基础上，维京游轮支持游客自由选择仅在维京游轮才可以享受到的定制化的付费体验项目，例如搭乘直升机穿越河谷、去米其林大厨的私家城堡享受美食，搭乘私人飞机去一个定制的欧洲游线路，操纵滑翔伞鸟瞰琉森的诗意湖景，乘坐热气球俯瞰莱茵河。

  2. 个性化。内河游轮在数百年前就已经成为欧洲皇室贵族挚爱的出游方式，它代表了优雅、惬意、闲适的生活态度，同时也能满足深度探索所到之地的旅游需求，完美契合目前中国高端市场所需要的个性化产品形态。融合欧洲古典贵族气质与中国元素的舒适体验，维京游轮为中国市场提供了前所未有的独特设计。"对市场表示最大程度的尊重"是维京游轮开拓中国市场的主要战略思想。在个性化服务的环节上，维京游轮对于主题和细节也有更强的创意和驾驭能力，真正做到提供独到趣味的设计安排。比如，越来越多的中国游客希望在目的地观光期间拥有更多的自由活动时间，而想要真正了解当地人文和生活风貌，就不得不劳心费力准备攻略。针对日益多元化的市场细分和更多深层次的旅行需求，维京游轮在2018年推出"小红人特色游"项目。在大部分已安排了自由活动时间的目的地城镇，游客既可以完全自主选择活动路线，更可以根据个人的兴趣和喜好，选择加入由维京品牌特设的旅游礼宾带队的小团，跟志同道合的同船游客一起走进当地人爱去的酒吧、咖啡馆、集市和各种热门的休闲去处，跨越语言障碍，悠然放松地感受当地的生活气息。

3. 深体验。维京游轮以目的地为核心，围绕文化、历史、艺术、音乐以及美食打造游轮产品。无论是船上时光还是岸上游览，维京都对目的地的旅游资源进行深挖，带领游客从多个角度体验当地原汁原味的生活方式。船上有系列文化讲座、岸上导游游览、小型音乐会，甚至还有葡萄酒和艺术品鉴赏活动；在岸上游览时，维京也会特别甄选最地道的当地体验，如去科隆品尝地道的德国啤酒或是在维也纳享受专属音乐会等。在航线景点的选择上，维京除了带领游客探访标志性的景点以外，还会探访更多传统欧洲线路从未涉及的地方，包括历史老城米尔滕贝格、威尔特海姆，著名的世界文化古城乌兹堡、罗腾堡、班堡和纽伦堡，地处瓦豪河谷的文化遗产名城格特维格、克雷姆斯。维京游轮创始人兼董事长托尔斯泰·哈根（Torstein Hagen）表示："维京之道遵循的是多层次的旅行体验，有完美的设施，专业的服务，最重要的是专注目的地的产品深度开发——停靠更多的港口，停留更长的时间，在相对有限的时间内让维京的客人们充分享受更深刻的文化体验，最大化地展现世界的高度和广度。"

四、期待中国旅游市场发展的未来

现在是亟须中国旅游行业迅速完成观念升级的关键时刻，所有的市场参与者应该借助"一带一路"的东风乘势而上，一方面要主动拥抱新理念和新资源，促进不同旅游市场之间的交流和沟通；另一方面要把握消费升级的趋势，抓住新兴市场需求带来的机遇，以升级的产品和服务主动引导市场转型，更好地服务每个消费者，为之提供独特的价值，重塑新的旅游商业生态。维京之道不仅体现在20余年的成功运营经验上，更体现在对中国消费者的深切关爱上，积极地用真正"高端"的产品迎合市场的转型，彻底解决消费者的出行需求。同时，维京游轮也希望以其"诚信"和"尊重"的核心价值观，以及"以体验为核心"的产品定位，引领中国旅游市场的消费升级浪潮，帮助改善中国旅游市场环境，肩负起推动产品升级的责任。

资料来源：中国新闻网，http://finance.huanqiu.com/cjrd/2017-09/11275595.html。

问题：全新定义欧洲旅游的意义是什么？

模块二总结与复习：

1. 旅游市场营销调研的基本含义、作用、类型。
2. 旅游市场营销调研的基本内容、程序、方法与技术。
3. 旅游市场营销环境的含义、特点。
4. 旅游市场营销宏观环境和旅游市场营销微观环境的构成。
5. SWOT分析。
6. 旅游消费者概念及含义。
7. 马斯洛需求层次理论。

8. 旅游需要的含义，旅游需求的含义及特点，旅游动机的概念及分类。
9. 旅游者购买行为与决策分析。
10. 掌握认清竞争对手、分析竞争对手的方法及竞争战略的选择。

实训活动：以小组为单位开展名为"市场调查问卷设计"的实训活动，主要目标是掌握市场机会，分析相关知识点，并运用知识为旅游企业或类似组织进行调查文件设计。由教师组织，学生分组讨论。首先，学生"筹建"一家旅行社或者类似的旅游企业；其次，注意运用市场规模分析、竞争对手分析、消费者分析、外部环境分析等相关知识内容；最后，为其编写调查报告。

模块三

旅游市场营销战略选择

▍导读

旅游业被誉为"永远的朝阳产业"。我国有着非常丰富的旅游资源，而旅游业持续发展的关键是要将这些资源整合成符合旅游消费者需求的旅游产品。由于旅游产品的特殊性，旅游企业在推出新的旅游产品时，不仅要注重旅游产品的品质，还要关注旅游产品主观上带给旅游消费者的体验。因此，如何包装、整合旅游产品对旅游企业来说至关重要。比如，很多旅游者喜欢探险旅游，实际上我国在这方面的资源是很丰富的，那么，如何将这些资源整合成旅游产品，并推介给喜欢探险的旅游者，如何改善并优化市场营销策略，制定什么样的市场营销战略，则是旅游企业要思考的问题。

在国际化、全球化的背景下，旅游企业的营销战略也应不断创新。旅游企业在制定营销战略的过程中，需要综合考虑多方面因素，应充分重视旅游消费者的需求，通过旅游市场细分、市场目标选定、目标市场定位实现最终的战略选择。旅游企业要时刻关注竞争者产品状况，找出与对手之间的差异，借鉴并模仿竞争对手，或者与竞争对手结成联盟，互相帮助，取长补短，避免终端渠道竞争，以此节约成本，提高双方的综合竞争实力，共同开发设计出优质旅游产品。

▍知识目标

了解旅游市场细分的定义、意义，掌握旅游市场细分的一般原则与方法，掌握旅游目标市场的选择依据与方法，掌握旅游市场定位的基本步骤和策略。

▍技能目标

能够进行旅游市场细分，并准确选择目标市场，能够分析旅游目标市场，并制定有效的旅游市场定位策略。

任务一 旅游市场细分

知识点：掌握旅游市场细分的定义、意义、原则与方法。
技能点：能够进行旅游市场细分。

华山旅游市场细分

近几年来旅游业发展迅猛，新开发景区如雨后春笋，旅游市场竞争日益激烈。没有一个科学的市场细分和有效的营销手段，就无法满足旅游者日益扩大的消费需求，无法适应瞬息万变的市场竞争。陕西省的华山景区是国家首批公布的 44 家风景名胜区之一，多年来和许多名山大川一样在国内旅游市场中拥有较高的地位。

一、以地理变数为导向，加强客源目标市场的有效销售

华山地处我国北方地区，有北国之雄、南国之秀，是特点较为突出的山岳风景区，目前主要是面对国内旅游市场，每年外国游客人数只占到全年游客量的 6%。近年来，在陕西、山西、河南的主要城市设立的华山旅游服务咨询中心与当地有一定影响的酒店、旅行社建立了旅游协作关系，并通过一定形式的广告、信息宣传，使这些地区成为华山旅游的重要客源市场，2000 年上述地区游客量占到 52%。今后的营销目标应进一步向外延伸，开拓交通较为便捷的西北、华北、华南地区，使之成为华山旅游市场的新亮点。

二、加强客源心理变数的分析，开发适销对路的旅游产品

按照旅游动机细分，有探亲访友旅游、观光旅游、度假旅游、公务旅游、奖励旅游五类。首先，探亲访友、观光旅游属于相对稳定的市场，需要长期巩固，要经常将景区风光、交通、价格、特色旅游活动等旅游信息通过媒体、旅游商推向目标市场，加大对旅游者的视觉冲击力，增强旅游者的选择信心。

其次，近年来华山非常关注度假旅游市场，每年都对学生寒暑假旅游市场进行价格调整，进行专题促销宣传，投入很大的营销精力，成效也较为突出，但是对工薪阶层旅游度假市场，营销手段不多。

再次是公务旅游，即会展和商务旅游市场。要做好这个市场，产品包装、旅游环境、服务质量、营销方式和策略都必须体现高规格，与西安上档次的国际、国内旅行社在互惠互利的基础上共推华山旅游产品，在提高华山品牌感召力的同时，给旅游者来华山游览提供全方位的旅游服务和旅游咨询。

最后，针对奖励旅游市场，华山景区可以先行一步，对先进模范人物实行大幅度的旅游优惠，甚至可以全程免费服务。通过他们的传播，华山就会深入人心。

按照旅游者兴趣爱好，旅游市场可细分为探险、体育、美食、修学、保健、科学考察、宗教、寻根、购物等子市场。这些都是华山的优势，经过适度开发，无疑会丰富华山旅游产品，全方位利用华山旅游资源。

三、根据购买行为变数，有效调节旅游市场

按照旅游组织方式，可将旅游市场细分为团体旅游市场、散客旅游市场、组合旅游市场。团体旅游市场在华山旅游市场中占有较大的比例，2000年华山团队旅游人数占到全年游客量的61%。经营主体应进一步挖掘团队旅游市场潜力，在互惠互利的基础上，建立目标市场的旅行社营销网络，使华山旅游品牌遍地开花。另外，提供给旅游商的华山旅游线路要尽量拉长时间，力争改变"华山一日游"的现状。散客在当今旅游市场所占比例越来越大，华山可在散客聚集地进行长期固定的旅游标识宣传，合理引导游客，保证游客进得来出得去。

按照购买时机、频率、数量可将旅游市场细分为淡季旅游市场、旺季旅游市场和平季旅游市场。在当前市场条件下，华山可尝试使用淡旺季门票价格调节淡旺季旅游市场。同时充分利用华山季节变化形成的风光优势，进一步包装旅游产品，炒热淡季旅游。

四、依据人口变数，积极进行主题旅游产品开发

按照年龄可将旅游市场细分为青年旅游市场（15~24岁）、成年旅游市场（25~34岁）、中年旅游市场（35~54岁）和老年旅游市场（55岁以上）。青年旅游市场以求知、猎奇为主要动机，一部《笑傲江湖》倾倒无数青年人，"华山论剑""思过崖畔""铁剑寒情""飞花雪月"正好可以满足青年人的猎奇心理。老年旅游市场是一个长期稳定的市场，休疗、消遣、度假、寻根是老年人旅游的主要动机。"天下杨氏出华阴"，前些年华山曾尝试举办过一次杨氏寻根祭祖活动，在国内引起较大反响。

资料来源：新浪博客，http://blog.sina.com.cn/s/blog_6e6020c30100mm7x.html。
　　　　　百度文库，https://wenku.baidu.com/view/ce6a3ffe9e31433239689326.html。

问题：为什么要进行市场细分？华山旅游市场细分的依据是什么？

第一节　认识旅游市场细分

旅游市场受旅游资源和旅游产品的影响，以及旅游客源地的社会、经济、文化、自然条件等因素的制约，并不是一个同质、统一的市场，而是一个异质、多元组合的市场，可以根据不同消费者的需求和欲望，以及购买行为与习惯的差异，划分成若干个子市场，将具有相同或相近的旅游需求、价值观念、购买心态、购买方式的旅游者分到一起。

1. 旅游市场细分的定义

旅游市场细分是指旅游企业根据旅游者的特点及需求差异，将一个整体市场划分为两个或两个以上具有类似需求特点的旅游者群体的活动过程。旅游市场细分不是从产品出发，而是从区分不同旅游者的不同需求出发来分析并划分市场，每一个具有类似需求特点的旅游者群体就是一个细分市场。可见，旅游市场的细分不可能精确到每一个旅游者，但相对于大众化营销却精细很多。

市场细分的原理和概念是温德尔·R·史密斯（Wendell R. Smith）于1956年最先提出的。旅游市场细分这一原理的主要根据是：旅游者的欲望、购买实力、地理环境、文化、社会、购买习惯和购买心理特征的不同决定了旅游者的需求存在广泛的差异。因此，企业可以根据旅游者特点及其需求的差异性，把一个整体旅游市场加以细分，即划分为具有不同需求、不同购买行为的消费者群体。

2. 旅游市场细分的意义

2.1 发现机会

旅游市场细分可以发现已得到满足的需求、未完全满足的需求、潜在的需求，有利于开发旅游新产品，开拓旅游新市场，识别和发掘旅游市场机会。

2.2 制定战略

旅游市场细分有利于有针对性地制定和调整旅游市场营销组合策略，有利于旅游企业优化资源配置和取得良好的经济效益。

2.3 抗衡对手

旅游市场细分有利于旅游企业根据自身实际情况制定灵活的竞争策略。虽然企业的竞争能力受客观因素的影响存在差别，但是这种差别可以通过有效的市场细分战略改变，尤其是小企业可利用市场细分来显示自己的实力，与优于自己实力的对手相抗衡。

春秋航空公司（简称春航）是春秋国旅的子公司，是首个中国民营资本独资经营的低成本航空公司，也是首家由旅行社起家的廉价航空公司，2011 年净利润逾 4.7 亿元，是当前国内最成功的低成本航空公司。其总部在上海，在上海虹桥机场、上海浦东机场、石家庄正定机场、沈阳桃仙机场、扬州泰州国际机场设有基地。为节约成本，春航鼓励乘客从其网站购票，对乘客免费携带行李的重量及体积做了较其他航空公司更为严格的限制，简化了机票和登机牌，机舱座距比其他航空公司的飞机平均小 28 英寸①。同时在飞机上，春航不提供免费的膳食和饮料（初期提供免费瓶装水，但后改为收费），乘客如有需要，可购买。春航有时还会在飞行过程中进行名为"空中商城"的推销活动（深夜航班除外）。截至 2017 年上半年，春秋航空在飞航线共 162 条，其中国内航线 108 条（含港澳台地区航线 7 条）、国际航线 54 条。

资料来源：百度百科：春秋航空。

问题：为何春秋国旅选择了这一类型的民航企业进行投资经营？

2.4 拓展市场

旅游市场细分有利于满足旅游者的需求，不进行市场细分的企业在选择目标市场时必定是盲目的，不能进行有针对性的市场营销。

2.5 扬长避短

市场细分能显现出每一细分市场竞争者的优劣，企业只要看准市场机会，发挥自身优势，利用对手劣势，集中人力、财力、物力、技术和信息等，就可能在其优势市场竞争中实现以小胜大、以弱胜强。

3. 旅游市场细分的标准

旅游市场细分的标准主要是由能够引起旅游者需求变化的因素，即地理因素、心理因

---

① 1 英寸 = 2.54 厘米。

素、行为因素、人口因素所构成。每个旅游者的年龄、职业、文化程度、购买习惯等都有差异，这些差异导致旅游者需求不同，任何一个差异因素都可以作为市场细分的依据。总体上来说，旅游市场细分可以按照以下方式进行。

3.1 按地理因素细分

所谓按地理因素细分，就是按照旅游者所在的地理位置细分旅游市场，以便能够从地域的角度来研究各细分旅游市场的特征。处于不同地理位置的旅游者对旅游产品的需求和偏好是不同的。因此，区域、国家、地区、城市、乡村、不同的气候带等，都可以作为地理细分的标准。例如，世界旅游组织（UNWTO）将国际旅游市场划分为六大区域，即欧洲区、美洲区、东亚及太平洋区、南亚区、中东区、非洲区。按国家、地区划分是旅游业最常用的一个细分标准。我们通常按国界将旅游市场细分为"国内旅游市场"和"国际旅游市场"，这也是旅游目的地国家细分旅游市场最常用的形式。将旅游者按国别划分，有利于旅游地或旅游企业了解主要客源国市场情况，从而针对特定客源国市场的需求特性，制定相应的市场营销策略，进而提高市场营销效果。气候的不同也会影响旅游产品的消费，影响旅游者的流向。根据气候带可以把旅游市场细分为热带旅游区、亚热带旅游区、温带旅游区、寒带旅游区等。根据人口密度可以细分为都市、郊区、乡村旅游市场等。

3.2 按心理因素细分

所谓按心理因素细分，就是按照旅游者的生活方式、态度、个性等心理因素细分旅游市场。旅游者在心理上具有许多不同的特征，如旅游动机、生活方式、兴趣爱好、价值取向、旅游习惯等各不相同，这些都可以作为旅游市场细分的标准。不同旅游者的心理或精神追求具有很大差异，市场的细分能使人们在旅游活动中更多地获得心理上或精神上的满足。例如，根据旅游动机可以将游客分为公务客人和度假客人，与之对应的细分市场就是公务旅游市场和度假旅游市场。因此，旅游经营者应利用各种心理因素差异对市场进行细分，创造不同的市场特色。

3.3 按行为因素细分

所谓按行为因素细分，就是按照旅游者对旅游产品的了解程度、利益、消费情况或反应等行为因素细分旅游市场。如行为目的、时机、利益、使用者状况、使用率、忠诚度等对细分旅游市场至关重要。不同的旅游者在行为上往往会有很大差异，例如，根据购买组织形式可将旅游市场细分为团队市场和散客市场。又如，有些旅游者在旅游时只选择某一家航空公司的飞机或只住某一家酒店。因此，经营者可以按照这种行为习惯将旅游者分为坚定的品牌忠诚者、转移型的忠诚者和无品牌偏好者。

3.4 按人口因素细分

所谓按人口因素细分，就是按照旅游者的年龄、收入、受教育程度、职业、种族、性别，以及宗教、家庭规模、社会阶层等人口因素细分旅游市场。一般情况下，旅游企业会选择其中的一个或几个变量作为划分的标准。例如，消费者在不同的年龄阶段，由于生理、性格、爱好的变化，对旅游产品的需求往往有很大的差别，那么旅游市场可按照人口年龄段细分为6岁以下、6～11岁、12～19岁、20～34岁、35～49岁、50～64岁、65岁以上市场等，或者可细分为儿童市场、青年市场、中年市场、老年市场等。不同的种族或民族有不同的传统习俗、生活方式，对旅游产品的需求也呈现出差异，那么可按种族或民族进行市场细分,例如,可以分为白种人、黑种人、黄种人市场。不同职业的人,由于职业特点及收入不同,消费需求的差异也很大,例如可将专业技术人员、管理人员、农民、学生等细分为若干个子市场。宗教信仰不同,例如信仰天主教、基督教、犹太教、伊斯兰教、印度教、佛教的旅游者,其消费需求同样存在差异。

近年来,尤其是"515战略"实施以来,国家旅游局积极贯彻落实中央对港澳工作部署,充分发挥旅游对港澳青少年开展国情教育的独特作用,连续多年开展"港澳青少年内地游学工程",出台了《港澳青少年内地游学接待服务规范》,成立了内地游学联盟,推出了"华夏文明之旅"等诸多游学品牌,迸发出强劲的市场活力和社会影响力。

2017年7月25日,由国家旅游局指导,湖南省旅游发展委员会主办的2017年港澳青少年游学推广活动暨内地游学联盟大会在湖南省长沙市举行。大会发布了《2016—2017年度内地游学联盟报告》《2017—2018年度内地游学联盟计划》,港澳游学机构推荐的最受港澳青少年欢迎的"十大游学博物馆""十大游学主题活动""十大游学景区"以及首批全国港澳青少年游学基地等。

此外,国家旅游局还积极协调港澳旅游企业资助内地贫困学生赴港澳游学交流。"爱心助教"活动自2014年开展以来,已经资助江西、宁夏、青海三地近百名优秀贫困学生赴港澳游学交流,成为内地贫困学生增长见识、促进内地与港澳青少年双向游学的重要举措。国家旅游局相关负责人表示,港澳青少年肩负着建设港澳、振兴中华的历史使命,国家旅游局高度重视港澳青少年的健康成长,将切实担起"一肩双责"重任,进一步发挥内地游学联盟机制作用,推动各地出台支持政策,积极宣传推广各地游学资源和新产品,深化内地与港澳游学机构合作,进一步拓展港澳青少年赴内地游学市场。

资料来源:搜狐,http://www.sohu.com/a/163237145_146332。

问题:结合案例谈谈游学旅游市场的细分变量和市场前景。

小结:旅游市场细分是指企业根据旅游者特点及其需求的差异,将一个整体市场划分为两个或两个以上具有类似需求特点的旅游者群体的活动过程。其细分的标准主要由能够引起旅游者需求变化的因素构成,即地理因素、心理因素、行为因素、人口因素。

小组实训:以小组为单位开展名为"认识旅游市场细分"的实训活动,主要目标是掌握市场细分的基本概念。由教师组织,学生分组讨论。首先,学生分组,选定辽宁某一景区;其次,学生结合其实际情况,探讨市场细分的四类因素;最后,选择某小组学生进行PPT展示,并组织讨论与评析。

第二节 旅游市场细分的原则与方法

1. 旅游市场细分的原则

旅游市场细分要真正发挥作用必须符合某些原则,即一个有效的细分市场必须是可以衡量、可以赢利、可以进入、相对稳定的。

1.1 可衡量性

可衡量性指能明显地区分开各细分市场的需求特征、购买行为等，能具体地测量出各细分市场的规模和购买力大小等。要做到这一点，就要保证所选择的细分标准清楚明确，能被定量测定。另外，所选择的标准要与旅游者的某种或某些旅游购买行为有必然的联系，这样才能使各细分市场的特征明显，且范围清晰。

1.2 可赢利性

可赢利性指细分出的市场在游客人数和购买力上足以保证企业取得良好的经济效益。企业要想赢利必须保证细分市场的相对稳定，也就是说，企业在占领市场后的相当一段时间不要改变自己的目标市场，以便制定较长期的经营策略。细分市场不仅要保证企业的短期利润，还必须有一定的发展潜力，保持较长时期的经济效益，从而不断提高企业竞争能力。

1.3 可进入性

一个有效的细分市场必须具备足够的容量，即经过细分后确定的目标市场要使旅游产品有条件进入并能占有一定的市场份额。旅游企业必须从实际出发，保证细分出的市场是企业的人力、物力、财力等资源所能达到的，是企业经营力所能及的，否则不要贸然开拓。此外，企业营销人员要有与客源市场进行有效信息沟通的能力，要有畅通的销售渠道，这对于具有异地性特征的旅游市场尤为重要。

1.4 相对稳定性

相对稳定性是指旅游市场细分后在一定时间内保持相对稳定。细分后的市场能否在一定时间内保持相对稳定，直接关系到旅游企业生产经营的稳定与否。细分市场如果变化太快、太大，会使制定的营销组合很快失效，容易造成旅游企业经营困难，严重影响企业的经营效益。旅游市场细分是一项复杂而又细致的工作，因此要求细分后的市场具有相对的稳定性。

2. 旅游市场细分的方法

目前，多数学者采用三种细分方法：单一因素细分法，综合因素细分法，系列因素细分法。

2.1 单一因素细分法

单一因素细分法，即根据影响旅游消费需求的某一种因素进行市场细分的方法。这种方法是根据市场营销调研结果，把选择影响旅游消费者需求最主要的因素作为细分变量，从而达到旅游市场细分的目的。影响消费者需求的因素是多种多样的，一些因素又相互交错在一起，共同对某种需求产生影响。例如：性别与年龄、职业与收入等交织在一起，影响需求的增减变化。所以用单一变量法来细分市场，只能是一种概括性的细分，也就是所谓的"求大同存小异"。

2.2 综合因素细分法

所谓综合因素细分法，是指以影响消费需求的两个或两个以上因素为标准，同时从多个角度进行市场细分的方法。这是从多方面对旅游市场进行划分，适用于市场对某一产品需求的差异性是由多个因素综合影响所致的情况。如旅游企业可根据其规模的大小，旅游者的地理位置、生活方式、收入水平、年龄等多个因素,将旅游市场划分为不同的子市场。

2.3 系列因素细分法

所谓系列因素细分法,是企业依据影响需求倾向的多种因素对某一产品市场由大到小、由粗到细地按一定顺序逐步进行市场细分的方法。系列因素细分法适用于影响市场需求的因素较多、企业需要逐层逐级辨析来寻找适宜的目标市场的情况。这种方法可使旅游目标市场更加明确而具体,有利于旅游企业更好地制定相应的市场营销策略。如可按旅游者的地理位置(城市、郊区、农村)、性别(男、女)、年龄(儿童、青年、老年)、收入(高、中、低)、职业(专业技术人员、管理人员、农民、学生)、购买动机(求刺激、求安宁)等因素来细分。

3. 旅游市场细分的步骤

美国的市场学家麦卡锡提出了细分市场的一整套程序,即:选定产品市场范围;了解、列举分类顾客的基本需求;了解不同潜在顾客的不同要求;概括潜在顾客的共同要求;根据潜在顾客基本需求上的差异,划分不同的群体和子市场;进一步分析每一细分市场需求和购买行为特点,并分析其原因,以便在此基础上决定是否可以对这些细分市场进行合并,并做进一步细分;估计每一细分市场的规模。根据麦卡锡提出的市场细分程序,可以将旅游市场细分概括为以下步骤:

3.1 确定旅游市场的范围

旅游经营者在确定了总体经营方向和经营目标之后,就必须确定其经营的市场范围,这项工作是企业市场细分的起点。市场范围以旅游者需求为着眼点确定,因此企业必须调查分析市场需求动态,同时,应充分结合自己的经营目标和资源,从广泛的市场需求中选择自己有能力服务的市场范围,不宜过窄或过宽。

3.2 确定潜在旅游市场需求

旅游经营者在确定适当的市场范围后,应根据市场细分的标准和方法,了解市场范围内所有现实和潜在顾客的需求,并尽可能地详细归类,以便针对其需求的差异性,决定采用何种市场细分变量,为市场细分提供依据。

3.3 分析存在的旅游细分市场

旅游经营者通过了解旅游者对旅游产品和服务的所有需求,再根据主要目标群体在地区分布、人口特征、经济状况、购买行为、消费习惯等方面的因素,推测其潜在的市场需求,分析可能存在的细分市场。

3.4 确定旅游市场细分标准

旅游企业应分析哪些需求因素是重要的,并通过与实际情况和细分市场的特征进行比较来寻找主要的细分因素。旅游者的共同需求不能作为市场细分的标准,要选出旅游者最具差异性的需求作为细分标准,筛选出最能发挥旅游企业优势和特点的细分市场。

3.5 为旅游细分市场命名

旅游经营者可以根据实际情况用一个或几个标准来对旅游市场进行细分,然后根据各个细分市场的主要特征,用形象化的语言或其他方式为各个可能存在的细分市场确定名称,以引发旅游者对旅游产品的认同感。

3.6 进一步了解各旅游细分市场

旅游经营者通过深入分析各旅游细分市场的需求，了解旅游者的购买心理、购买行为等，再对各细分市场进行必要的分解或合并，寻找并发现最终的目标市场。

3.7 分析旅游细分市场的规模和潜力

旅游经营者在调查的基础上，评估每一旅游细分市场的规模和潜力，对细分市场竞争状况做出分析，找出旅游市场的主攻方向，进而选择最有利的子市场作为目标市场。

小结：随着经济的发展，旅游者的需求日趋个性化和多元化。旅游者的需求和欲望是千差万别的，而且还随着环境因素的变化而改变。即使一个规模巨大的旅游企业，由于资源、设备、技术、人员等方面的局限，也不可能满足旅游市场上全部旅游者的所有需求。因此，旅游企业应根据自身的优势条件，集中力量开发某一种或几种产品，针对那些有利于本企业的目标市场开展经营。可见，要使旅游市场细分真正发挥其作用，必须遵循某些原则，按照某些步骤，采取某些方法。

小组实训：以小组为单位开展名为"旅游市场细分策略"的实训活动，主要目标是掌握市场细分的基本概念。由教师组织，学生分组讨论。首先，学生分组，选定一种旅游产品，分析其细分策略；其次，学生讨论旅游市场细分标准，并提出对策建议；最后，选择某小组学生进行PPT展示，并组织讨论与评析。

任务一小结：所谓旅游市场细分，就是指企业通过辨明具有不同需求的消费群体，将整个市场划分为不同类别的子市场。同一细分市场中旅游者需求差别比较细微，而不同的细分市场旅游者的需求差别则比较明显。旅游企业通过市场细分，能更好地确定经营组合，使产品或服务的价格、种类、销售渠道、经销方法等更能满足某一个或某几个细分市场的需求；可以掌握旅游者的不同需求情况，从而发现未被满足或未被充分满足的市场需求；还可以对各细分市场中的消费需求和市场竞争状况加以对比，根据对比结果了解和掌握各细分市场中旅游者的需求满意度，同时看出自身所具有的优势和劣势，采取正确的营销策略，开发新产品，开拓新市场。

拓展阅读

"十一黄金周"旅游消费再创新高，新鲜玩法和细分市场成为增长新动力

根据国家旅游局发布的统计数据，2016年"十一黄金周"前5日，假期旅游消费达到4 062.5亿元，旅游接待接近5亿人次。而同程旅游发布的"十一黄金周"出游盘点数据显示，10月1—7日，国内长线游、周边游、出境游等细分市场均出现了供需两旺的热闹景象，旅游消费领域涌现出的各种新鲜玩法，以及旅游消费需求的升级，已成为推动"黄金周"旅游消费高速增长的新动力；同时，老年游等细分市场也成为假期旅游消费重要的增长点。

同程旅游发布的"十一黄金周"出游盘点数据显示，北京、三亚、厦门、九寨沟、昆明等是游客人数最多的国内长线游目的地，超过七成的游客出游行程在4~7天，跟团游为主要出游方式。总体而言，2天以内的短程周边游仍是"黄金周"期间国内游最热门的选

择,自驾游、自助游以及亲子游为主要的需求类型。需求主题方面主要以生态游、主题公园类最热门,二者游客人数合并占比近六成。

"十一黄金周"期间,国内旅游商家针对游客推出了多种多样的促销活动,进一步刺激了居民的出游热情。同程旅游在国庆节期间针对国内游用户推出了"国庆出游红包"以及特价门票促销等活动,极大地调动了人们旅游消费的积极性。此外,同程旅游面向中老年人推出的"百旅会"VIP会员活动吸引了广大中老年旅游爱好者的关注。

"十一黄金周"出境游仍以短程出境游(以邻近中国大陆的地区及国家为出游目的地)为主,占比近七成,韩国、日本、泰国、新加坡、越南、菲律宾以及我国香港地区等为短线出境游的热门目的地。长线出境游以美国、阿联酋、俄罗斯、意大利、法国、瑞士等为最热门的国家,其中到俄罗斯的出游人数增幅最大,首次超过了法国、意大利等传统热门国家。在出境海岛游方面,到巴厘岛、长滩岛、亚庇、塞班岛、马尔代夫等东南亚海岛的游客人数最多,行程基本在6天左右,跟团游为主要出游方式。

尽管"十一黄金周"期间出现了局部短时降水等不利因素,但居民的旅游消费需求依然保持了强劲的增长势头,出游人数再创新高。同程旅游提供的"十一黄金周"出游盘点数据及专家分析认为,旅游商家响应供给侧改革号召,在产品供给上的推陈出新成为刺激假日旅游消费的重要推手。此外,居民旅游消费的升级也是"十一黄金周"旅游消费规模大幅增长的重要动力。

产品创新"旅游+"模式成假日旅游市场增长新动力

"婚拍+蜜月游"、小团定制、"演出+景区旅游"、高端定制专线游等是同程旅游面向此次"十一黄金周"旅游市场推出的众多创新产品中的一部分,国内其他旅游商家也在铁路游、亲子游等领域推出了众多创新举措。

"婚拍+蜜月游"是同程旅游率先推出的一款创新产品。它面向新婚夫妇,创造性地将婚纱摄影和蜜月游相结合,深受"80后""90后"新婚夫妇的欢迎,在国庆"结婚季"更是需求暴增。"十一黄金周"的最后一天,同程旅游组织了888名新娘聚会活动,并申请了吉尼斯世界纪录。之后又组织了500对新人上游轮,参加天海邮轮"新世纪"号上海——福冈——济州——上海四晚五日游。新婚夫妇在邮轮上参加了集体婚礼秀等有趣而又不失庄重的活动,并且全程均有专业摄影师为新人们提供摄影服务。该活动创造了"十一黄金周"出境邮轮婚拍游参加人数的最高纪录。

另外,作为国内领先的景区门票在线预订平台,同程旅游在持续提升节假日景区门票预订服务的同时,"十一黄金周"期间还与全国热点景区联合举办了音乐节、亲子演出等活动,极大地提升了游客体验的丰富度和满意度。"十一黄金周"期间,同程旅游在成都国色天香、重庆南山植物园、东莞香市动物园、厦门观音山等数百个景区举办了音乐节、知名亲子节目演出、风车节、风铃节、自拍节等趣味活动;同时还将一些新建景区的开业仪式与"黄金周"相结合,营造了良好的假日出游氛围,充分发挥了新建景区对旅游消费的拉动效应。

针对假日庞大的周边游群体,同程旅游创造性地将周边玩乐与传统的周边游产品进行了融合,充分满足了居民休闲度假和旅游的需求。同程旅游周边游相关负责人表示,随着我国城镇居民休闲度假需求的快速提升,当前市场上的传统旅游产品已无法充分满足这部分需求,休闲与旅游的界限正变得日益模糊,迫切需要在产品供给端进行创新。

消费升级拉动高端旅游产品需求

"十一黄金周"期间,同程旅游面向出境游和国内长线游消费者推出的"同程专线"产品,达到出游人数同比增长近 2 倍,"十一黄金周"的部分热门线路需要提前一个月以上才能预订到,用户满意度在 95% 以上。"同程专线"是同程旅游推出的高端跟团游产品,以自营为主,每一个服务环节均有明确的质量标准,服务供应商全部经过严格的筛选。

同程旅游国内游事业部 CEO 杨佳佳表示,"品质游正在成为旅游消费领域的一个新热点,也是同程旅游践行供给侧改革政策的主要发力方向"。

除了"同程专线"外,"快乐大巴"也是同程旅游推出的一款创新产品,针对的是城市及周边 1 日游或 2 日游市场。"快乐大巴"是一款高品质短程旅游产品,其在导游服务、过程管理、车辆及行程安排等方面的服务品质得到了消费者的广泛认可,"十一黄金周"期间这款产品也取得了非常不错的成绩。

"银发族"等细分市场正在成为假日旅游消费新的增长点

"十一黄金周"期间,一则 101 岁老人乘邮轮出境游的新闻被广泛传播,这位老人就是来自无锡市的刘成心,她以 101 岁的高龄成为中国年龄最大的出境旅游者之一,同时,她也是同程旅游刚刚启动的中老年旅游服务品牌"百旅会"的代言人。这则新闻引发了人们对中老年群体旅游消费的关注。根据国家统计局发布的《2015 年国民经济和社会发展统计公报》,2015 年中国 13.67 亿人口中,60 岁及以上的老人为 2.22 亿人,占总人口比例的 16.5%。而根据同程旅游与中国老龄产业协会老龄旅游产业促进委员会联合发布的《中国中老年人旅游消费行为研究报告》提供的一项调研数据,中老年人的总体旅游消费意愿为 81.2%,62.9% 中老年旅游者每年出游 2 次以上,属于重度旅游消费者。同程旅游 CEO 吴志祥据此认为,老年市场潜力巨大,已经成为线上、线下旅游企业的必争之地。

除中老年旅游市场外,亲子游、蜜月游、自驾游等细分市场在"十一黄金周"期间的表现也非常抢眼,成为国内旅游消费的新亮点和重要增长点。

资料来源:央广网,http://tech.cnr.cn/techgd/20161008/t20161008_523181847.shtml。

问题:为什么要进行旅游市场细分?

任务二　旅游目标市场选择

知识点: 掌握旅游目标市场的选择依据与方法。

技能点: 能够准确选择目标市场。

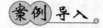

TripAdvisor 推出新视频《世界与你想象中不同》

作为全球最大的旅行平台,TripAdvisor(猫途鹰)发现中国出境游人群相比很多其他国家的旅游人群对"旅行"有着很不同的理解。在中国,出国旅行往往更容易被赋予"符号化"的含义:一想到旅行,马上想到的是满满的行程单,是在喧嚣的名胜景点的拥挤合影,是回国时的大包小包。但 TripAdvisor 相信,真正的旅行远不止于此,真正的旅行是一个"见天地，见众生，见自己"的过程，是一种非常纯粹的生命体验。因此，不同于以往的很多市场沟通，2016秋天，TripAdvisor根据真人真事改编，推出了一部时长约3分钟的视频《世界与你想象中不同》，希望和大家分享对旅行的看法和信念。

"在女主角的童年记忆里，妈妈总在抱怨爸爸为什么不在家。当爸爸兴高采烈地对她描述外面的美好时，小时候的她，更多的是对爸爸的不解、埋怨和疏离。可长大后的她偶然踏上了爸爸曾经描述过的地点，开始旅行，并逐渐理解了当年那个不满足眼前世界的爸爸。根据爸爸留下的旅行相册，追随他的足迹，看过更多风景，她才真正懂得了爸爸的世界。与此同时，也开始寻找自己的世界。"

这是一个真实的故事。伴随成长，伴随更广的视野和更多的经历，人总会不断改变自己对世界的看法。很多"80后""90后"正处于这个心态变化的阶段，对人生开始有了更独立的思考，对父母开始有了更多的理解，也对爱情开始有了不同的体会。在这个不断理解世界的过程中，TripAdvisor相信，旅行是最好的催化剂。

作为TripAdvisor中国区的首席运营官，林松也经常被身边的朋友提问："你忙成这样，为什么还要固定抽时间去旅行？"他的回答通常很简单："世界与你想象中不同。"他还想说："没有见过一个人看过的世界，就没法理解他的选择。"不论是他于2014年在别人不解的目光中决定只身骑行欧亚大陆，还是2015年从咨询公司加入TripAdvisor，每个决定背后都有之前所有生命经历的积淀。

幸运的是，2015年加入TripAdvisor之后，林松立刻被这个由全球亿万旅行者组成的大家庭深深感动——每月有来自世界各地的近3.5亿名访问者，在这里分享他们的经历、他们的生命，以及他们对世界的理解；在这里，和全球旅行者一起分享这个世界的美好。同样，他也希望把这样一个丰富、真实、有价值的旅游平台介绍给更多中国旅行者，成为他们贴心的出行伴侣，帮助他们更好地计划和享受旅行、探索和认识世界。

因为世界的美好，与你想象中不同。

资料来源：环球旅讯，http://www.traveldaily.cn/article/106684。

问题：如何定位旅行的意义才能更好地吸引旅游消费者？

插入视频：《世界与你想象中不同》。

第一节 目标市场策略

旅游市场细分是旅游企业选择目标市场的依据，选择目标市场是市场细分的延伸。旅游经营者需要根据自身的实力与市场情况，从细分的市场中选择出一个或几个作为自己从事市场营销活动的对象，这一过程就被称为目标市场的选择。

1. 目标市场的定义

所谓目标市场，就是指企业准备进入的细分市场，或准备满足的具有某一需求的顾客群体。

2. 选择目标市场的理由

在旅游企业市场营销活动中，选择目标市场，明确具体服务对象，是企业制订市场营销活动计划的基本出发点。旅游经营者必须选择和确定目标市场的主要理由如下。

2.1 各个市场机会吸引力不同

对于旅游经营者来说，并非所有的细分市场都有利可图，具有同等的吸引力，只有与自身实际情况和条件相匹配的细分市场才有较强的吸引力，才是最佳选择。

2.2 企业的经营活动受到限制

不是每个细分市场都是企业愿意进入和能够进入的，一个旅游经营者无法提供旅游市场内所有旅游者所需要的产品。由于资源有限，旅游经营者的营销活动必然被限定在一定范围内。旅游企业在制定市场营销策略时，必须在纷繁复杂的旅游市场中，根据旅游者的地域分布、需要、爱好及其他购买行为的特征，寻找何处才最适合销售自己的旅游产品，从而确定具体的目标市场。旅游经营者还必须根据一定的标准，将包含着异质的整个旅游市场细分成基本特性趋于一致的若干子市场，并根据自身条件，确定具体旅游产品，确定目标市场。

3. 目标市场选择的条件

3.1 有较高的赢利水平

旅游企业在选择目标市场时要考虑该市场是否具备良好的市场赢利前景，而且在某个细分市场赢利情况不佳时，是否可在其他细分市场赢利。

3.2 有充分发展的潜在购买力

拥有一定的消费者购买力，有足够的销售量及营业额，有较理想的尚未满足的消费需要，有可充分发展的潜在购买力的目标市场，才适合作为旅游企业市场营销的发展方向。

3.3 市场竞争尚不激烈

旅游企业应选择竞争尚不激烈、竞争对手未能控制的市场作为目标市场，才更有可能乘势开拓并占有一定的市场份额，在市场竞争中取胜。

3.4 与企业资源优势吻合

很多旅游企业喜欢选择市场容量最大、利润量最大的市场作为自己的目标市场，只考虑眼前利益，看不到长远利益，不考虑自身资源是否与之吻合、是否具有优势，盲目选择。旅游企业选择的目标市场要符合自身的目标和能力，集团化、高端的企业不适合选择中、低端的大众化目标市场；同理，小规模、中低端的企业也不适合选择高端的小众目标市场。

4. 旅游目标市场选择的步骤

选择目标市场就是旅游企业确定到底要进入多少细分市场，以及确定要进入的各个细分市场的重要程度。因此，对旅游企业而言，选择目标市场必须在市场细分的基础上，对各个细分市场进行充分的评估，确定各个细分市场的优先等级和先后顺序。同时，对那些值得企业作为市场营销发展方向的细分市场，企业要根据是否有足够的能力、是否有足够的竞争优势来进行选择。旅游企业一般按以下步骤选择目标市场。

4.1 评估市场容量

值得旅游企业作为市场营销发展方向的细分市场必须具有足够的市场容量。首先，要对各细分市场的销售量及其发展趋势进行评估，收集各类细分市场历年的销售情况，包括接待旅游者数量、旅游者组成情况、旅游天数等。然后，依据对各细分市场的统计数据预测未来的需求量及发展趋势，进而确定有潜力的细分市场及潜力小甚至会萎缩的细分市场。企业一般会将有潜力的细分市场作为目标市场。企业不仅要考虑各细分市场的情况，还要对自身的销售情况进行统计分析，了解各类细分市场的销售额及销售额的构成情况，包括接待旅游者的数量、天数，客房利用率，该细分市场接待数占总接待数的比重等，一般把目前业务量最高的细分市场作为短期的目标市场。

4.2　评估赢利能力

旅游企业应该选择能给自己带来较大利润的细分市场作为目标市场。能给企业带来较大利润的细分市场一般需求量比较大，比如接待旅游者数量较多、房间的利用天数较多等。但是有些细分市场需求量很大、价格偏低、经营费用高，企业得不到理想的利润。因此，在选择目标市场时，还要考虑各类细分市场能够获得的利润、其平均价格及销售数量，分析各类细分市场所需要的经营费用等，从而确定能获取较大利润的细分市场。

4.3　评估季节影响

旅游活动具有很强的季节性，各个细分市场在不同的季节，需求量具有较大差异。绝大多数旅游企业不会一年四季都处于旺季，也不会一年四季都是平季或淡季。当处于旺季时，需求量就会很大，不需要特意的市场宣传和推广工作，旅游企业的接待能力可以得到较充分的利用；相对来说，平季的需求量比旺季要小一些，但也可以达到一定规模；但淡季的需求量就会很小。如冬季出行一般为冰雪游、避寒游。冬季南北气候的差异造成了旅游市场南下避寒、北上赏雪的现象，北方主推冰雪和温泉，其中冰雪运动、冰雪艺术展、冰雪观赏、各式温泉等相关主题产品层出不穷，而南方的避寒游走俏。因此，旅游企业要分析了解各个细分市场的旺季、平季、淡季，把能充分利用旅游企业接待能力的细分市场作为市场营销发展方向。

4.4　分析招揽能力

旅游企业选择目标市场时，除了考虑各细分市场是否值得作为市场营销发展方向以外，还必须分析企业自身是否具有足够的招揽能力。要分析自身的旅游产品特色、基本设施情况以及服务质量等，以确定是否有足够的招揽能力，是否能满足各类细分市场的旅游者的需求。如果旅游者的需求超出了本企业能够提供的产品或服务的范围，就要测算自身能否承担让旅游者满意所需投入的各种成本。如果已经具备相应的能力，则需要进一步提升产品及服务质量争取更好地满足旅游者的需求，并分析旅游者还没得到满足的需求，努力改善产品和服务去满足这些需求。

4.5　分析竞争对手

旅游企业进入细分市场之前，要了解自己的竞争对手。旅游企业对目标市场的选择除了要考虑自身的条件外，还要分析竞争对手的情况，分析在各细分市场上竞争对手的优势、劣势，分析自己的产品能否满足这些细分市场的各种需求，明确这些细分市场能否作为本企业的市场营销发展方向。

小结： 选择目标市场营销策略，明确应为哪一类旅游者服务，满足他们的哪一种需求，是旅游企业在营销活动中的一项重要内容。旅游企业为什么要选择目标市场呢？因为不是所有的子市场对本企业都有吸引力，任何企业的人力资源和资金都是有限的，不能追求过大的目标,只有扬长避短,选择有利于发挥旅游企业自身优势的目标市场,才不至于在庞大的市场上瞎撞乱碰。

小组实训:以小组为单位开展名为"旅游目标市场认知"的实训活动,主要目标是掌握旅游目标市场的选择依据与方法。由教师组织,学生分组讨论。首先,学生分组,选定一种旅游企业,分析并概括其目标市场的有关情况;其次,学生讨论选择旅游目标市场的原因,提出对策建议;最后,选择某小组学生进行 PPT 展示,并组织讨论与评析。

第二节　旅游企业目标市场选择战略

旅游企业在对不同的细分市场进行评估后,必须选择一个或多个细分市场作为服务对象。在选择目标市场时,要对每一个细分市场进行分析,分析旅游者是否具有充分的购买理由,筛选出理由更充分、需求更迫切的细分市场作为目标市场。旅游企业要视旅游者的需求程度以及迫切性来确定各旅游细分市场的优先等级和重要性。

1. 选择旅游细分市场

1.1　密集单一化模式

旅游企业选择一个细分市场集中营销,能更加了解该细分市场的需求,并能较快地在此树立声誉,建立牢固的市场地位。但如果该细分市场不景气,或者某个竞争者也进入同一个细分市场,企业则要承担较大的风险。

1.2　选择专门化模式

旅游企业选择若干细分市场,其中每个细分市场在客观上都具有一定的吸引力,并且符合企业的目标和资源。在各细分市场之间很少有或者根本没有任何联系,每个细分市场都有可能赢利,多细分市场还可以分散公司的风险。

1.3　产品专门化模式

旅游企业集中提供一种旅游产品,并向各类游客销售这种产品。通过这种战略,可以使某种产品树立很高的声誉,并体现企业的专业化水平。但如果该产品被一种全新的产品代替,企业就会面临巨大危机。

1.4　市场专门化模式

旅游企业专门为满足某类消费者群体的各种需要提供服务,从而获得良好的声誉,并成为这类群体所需各种旅游产品的综合服务提供者。

1.5　完全覆盖化模式

旅游企业用各种旅游产品同时满足各种游客的需求,运用不同的产品覆盖所有类别的消费群体。但选择覆盖所有的细分市场战略,只适合大型旅游企业。在这种模式中,值得注意的是,旅游企业仍然应该集中在某一类产品或者是某一个细分市场塑造自身的独特优势,否则容易形成"大而全"或"小而全",而缺乏核心竞争力。总体情况如图 3-2-1 所示。

2. 旅游目标市场的选择策略

一般来讲,对旅游目标市场的选择有三种策略:无差异目标市场策略、差异性目标市场策略和密集性目标市场策略,具体如图 3-2-2 所示。

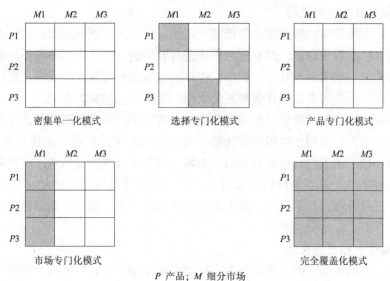

P 产品；M 细分市场

图 3-2-1 旅游细分市场选择

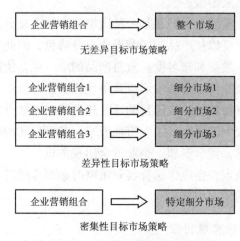

图 3-2-2 旅游目标市场选择策略

2.1 无差异目标市场策略

无差异目标市场策略，又称整体市场营销策略，即旅游企业把整体市场看作一个大的目标市场，不进行细分，只推出一种旅游产品，运用统一的市场营销组合对待整体市场，试图吸引尽可能多的消费者，是一种求同存异的营销策略。有些企业经过市场调查之后，认为某些特定产品的消费者需求大致相同或较少差异，因此采用大致相同的市场营销策略。

这种策略突出的优点在于，企业推出的产品单一，有利于大规模销售和节省经营费用、降低成本，价格上有竞争优势。另外，吸引力大的旅游产品容易形成垄断性的名牌产品，从而创造规模效应。这种策略的缺点在于，旅游企业即使一时能赢得某一市场，如果竞争企业都照此效仿，就会造成市场上某个局部竞争非常激烈，而其他部分的需求却没有得到满足，不能满足旅游者需求的差异性，游客的满意度低。因此，本策略主要适用于供不应求或初现的旅游产品市场，随着旅游市场竞争的加剧，本策略就不再适用。

2.2 差异性目标市场策略

差异性目标市场策略，即旅游企业把整个市场划分为若干细分市场，从中选择两个以上细分市场作为自己的目标市场，并有针对性地进行营销组合以适应旅游者不同的需求，凭借产品与市场的差异，获取最大收益。例如，将旅游市场细分为观光、度假、会议等不同的市场，针对旅游者不同的需求，设计各种旅游线路，提供不同的旅游产品。

这种策略的优点在于，能更好地满足各类旅游者的不同需求，市场覆盖面宽；有利于提高旅游产品的竞争力；有利于取得连带优势，树立企业形象；有利于抓住更多的市场机会，增加企业的销售量；由于同时经营数个细分市场，有利于分散市场风险。这种策略的缺点在于，旅游产品种类多，需要多种销售渠道，广告、推销等费用相应增加，导致经营费用提高；由于经营比较分散，在某一种产品上很难形成规模效益，影响企业的经营效率和优势的集中发挥。

2.3 密集性目标市场策略

密集性目标市场策略，即旅游企业在市场细分的基础上，集中所有力量对一个或几个细分市场采用专业化的经营方式，来满足细分市场上旅游者的需求。比如有的旅行社专门提供乡村旅游、探险旅游等特色旅游服务。

这种策略的优点在于，旅游企业能在某一特定细分市场上充分发挥自身优势，提高竞争力。由于经营的针对性强，可以使产品与经营形成自身特色，因此有利于扩大旅游企业在这一特定细分市场上的规模、效益和知名度；旅游产品的单一化，使得经营成本相对较低，旅游企业可集中使用有限资源在特定市场中形成竞争优势。这种策略往往适合资源能力有限的中小型旅游企业以及旅游资源独特的旅游目的地。这种策略的缺点在于，旅游企业过分依赖某一特定市场，经营具有较大的风险；由于市场面窄，若可赢利的空间大，很容易吸引竞争者进入，致使需求发生变化，竞争激烈，企业就会出现危机。

以上三种策略各有优缺点，企业在选择经营策略时必须考虑自身的条件、产品和服务的特点，以及市场、竞争者的情况等。

3. 影响目标市场选择的客观因素

3.1 企业自身实力

企业自身实力包括旅游企业的人员素质、可支配资金、基本设施、管理水平、产品及营销组合设计能力、接待管理能力、招揽促销能力等。这些条件对于确定目标市场经营范围的大小起着决定性的作用。如果经营者实力雄厚、资源丰富，可以采取差异性目标市场策略；反之，如果企业能力有限、实力不足且规模不大，则应采取密集性目标市场策略。

3.2 旅游产品特点

旅游产品存在很大的差异，差异较小的旅游产品有可替代性。旅游企业在选择营销策略时，要考虑旅游产品替代性或差异性的特点，根据旅游者的需求提供服务。有些具有特色的，性质差别较大、替代性小的旅游产品，须有很多档次来满足不同旅游者的需求，可以采取差异性目标市场策略或密集性目标市场策略。而有些以单一的产品就能满足所有旅游者的需要，差异性小、替代性强的产品，若竞争集中在价格上，可以采取无差异目标市场策略。

3.3 旅游市场特点

旅游产品市场需求同质时，旅游者的兴趣爱好及其他特点很相近，可采用无差异目标市场策略；相反，对于需求异质的旅游产品市场，则采用差异性或密集性目标市场策略。

3.4 产品生命周期

旅游企业应根据产品生命周期的不同阶段采取相应的目标市场策略。处在投入期的旅游产品，此时对市场需求不甚了解，往往为了探测市场需求，都是比较单一的产品，价格和销售渠道基本上单一化；对于成长期的旅游产品，应采用差异性或密集性目标市场策略；对成熟期的产品，应采用差异性目标市场策略，以利于开拓新的目标细分市场，延长产品生命周期；对衰退期的产品，应采用密集性目标市场策略，使企业集中力量对少数有利可图的细分市场进行营销推广。

3.5 市场竞争特点

如果旅游企业的产品垄断性强，竞争者数量少、实力弱，可采用无差异目标市场策略。反之，竞争者数量多、实力强，则采用差异性或密集性目标市场策略。旅游企业采用何种策略，往往根据其竞争对手的策略而定。比如，竞争者采用的是无差异目标市场策略，企业就应针对细分市场采用差异性或密集性目标市场策略，争取占领某个特定市场。

"出彩关东·观冬"精品旅游线路撬动葫芦岛冬季旅游市场

东北地区寒冷的冬天对旅游行业来说是一个非常尴尬的季节，然而辽宁葫芦岛冬季旅游却呈现出一派喜人景象。葫芦山庄景区此前是拥有"五个唯一"的特色景区。这"五个唯一"是：东北地区唯一一处同时拥有两座国家级博物馆的平台级景区；唯一一处以实景、实物、真品的方式，大体量整合式呈现古圈、碾子、石磨、石桩以及磨盘文化的景区；唯一一处街区化、组团式、全链条展示古老关东民俗风物的景区；唯一一处完整覆盖淡水湖泊与黄金海岸，并且二者仅有一路之隔的景区；唯一一处连续举办了八届国际葫芦文化节的景区。2017年冬天，葫芦山庄创意开发了"关东雪乡""滑雪场""溜冰场""新春灯会""篝火晚会"等冬季旅游产品，成功打造了第六个"唯一"，即中国唯一一处同时拥有关东民俗雪乡景区与冬季滑雪场的旅游目的地。

冬季旅游是葫芦岛又一城市名片。它让游客在体验中了解葫芦文化、关东文化、雪乡文化、温泉文化等，让葫芦岛与来自全国的游客有了亲密互动，使其"激情、梦想、坚持"的城市印象更加深入人心。

资料来源：新浪旅游，http://travel.sina.com.cn/domestic/news/2018-01-20/detail-ifyquptv8224175.shtml。

问题：讨论该旅游产品的目标市场选择策略。

小结：旅游目标市场选择是一个系统性的工作。旅游经营者需要做好充分的市场调查，考虑到各种影响因素，最终才能选择一个准确有效的目标市场。从整个旅游营销活动来看，目标市场的选择至关重要，目标市场选择是否准确直接影响后续的工作效果。

小组实训：以小组为单位开展名为"旅游目标市场选择"的实训活动，主要目标是掌握旅游目标市场策略。由教师组织，学生分组讨论。首先，学生分组，选定一种旅游产品；其次，学生讨论旅游产品的目标市场选择策略；最后，选择某小组学生进行 PPT 展示，并组织讨论与评析。

任务二小结：研究旅游目标市场是为了让旅游企业能够更准确地找到自己的目标旅游者，使资源利用更加有效。同时研究旅游目标市场，更加了解旅游目标市场，能使旅游企业对旅游产品和服务的改善、推广等更有针对性，更加符合旅游目标市场的需求，并且能够更有效地增加旅游企业盈利。

拓展阅读

农业新常态大背景下教你如何玩转乡村旅游

乡村旅游是以农村自然风光、人文遗迹、民俗风情、农业生产、农民生活以及农村环境为旅游吸引物，以城市居民为目标市场，满足旅游者的休闲、度假、体验、观光、娱乐等需求的旅游活动。乡村旅游起源于19世纪中期的欧洲，但大规模地开展是在20世纪80年代以后。乡村旅游是现代旅游的一项新事物，但它却以极快的速度迅速发展，特别是在西方发达国家，乡村旅游已具有相当的规模，并已走上规范发展之路。

随着乡村旅游的兴起，全国越来越多的乡村被开发为旅游乡村。在这个潮流的带动下，乡村也得到了很好的发展。但是发展乡村旅游有利也有弊，优点在被无限放大之时，弊端并没有被掩盖掉。若是这些弊端得不到很好的解决，乡村旅游的发展将会弊大于利。因此，了解这些问题，想出解决这些问题的办法是乡村旅游业开展之初首先要做到的。

我国乡村旅游的发展是供给与需求两方面因素共同推动的结果。从供给的角度看，主要是农村产业结构调整的需要；从需求的角度看，主要是城市化进程加快的结果。20世纪80年代，随着农村产业结构的调整，农业观光旅游项目的设计与开发成为农村地区发展旅游业的重要方面，并为第一与第三产业的结合找到了一个重要的切入点。从市场需求角度而言，旅游者选择乡村旅游的动机主要有以下四点。

一是回归的需求。由于城市化的加快，使得人们又有了回归大自然的心理需求。

二是求知的需求。由于现在城市很难看到淳朴的大自然景象，这就使城里人产生了直接接触大自然的欲望。

三是怀旧的需求。怀旧是人类的共同特征，旧地重游的旅游者对于目的地的选择具有明确的指向，特别是对一些重大历史事件的发生地。

四是复合型的需求。如求新、求异、求美、求乐的需求，身心调解的需求，对美食或购买土特产品的需求，等等。

近几年，乡村游已日益成为现代旅游的一大亮点，很多地方充分利用丰富的乡村旅游资源优势，大力发展休闲农业和乡村旅游，不但促进了地方经济发展，还直接让从事乡村游的农民鼓起了腰包。随着乡村游的蓬勃发展，竞争在所难免，要在众多乡村游项目中脱颖而出，必须打好特色牌。

首先，乡村旅游景点要注重原生态环境的保护。乡村游不是以山水人文景观吸引游客，

模块三　旅游市场营销战略选择

而应以休闲游乐为主打。现在有些乡村旅游景点为了追求"档次",不惜大兴土木,建造亭台楼阁等现代建筑,反而破坏了乡村景观的原汁原味,显得不伦不类。

其次,乡村游景点要以既能饱眼福又能饱口福的特色吸引游客。很多人青睐乡村游,就是冲着美食、换换口味去的,如果没几道新鲜美味的农家菜肴,是吊不起游客胃口的。

最后,乡村游经营要保持农家淳朴的品质,不能用杀鸡取卵的功利做法,而要立足长远、细水长流,用物美价廉、贴心服务取胜,依靠回头客带来新游客,确保乡村游的可持续发展。

资料来源:新浪博客,http://blog.sina.com.cn/s/blog_71ca22070102vg4t.html。

问题:如何确定目标市场?

任务三　旅游市场定位

知识点:掌握旅游市场定位的基本步骤和策略。
技能点:能够分析旅游目标市场并制定有效的旅游市场定位策略。

与上海迪士尼定位不同　香港迪士尼深耕广东市场

香港迪士尼方面称,自2005年开园以来,共接待超过6 400万名游客,主要客源为内地游客,广东游客占整体内地游客人数的1/3。该乐园将继续扩建、增加国际化娱乐项目及服务,持续吸引更多的内地游客到访。

香港迪士尼方面称,近年来该乐园推陈创新,把时下受欢迎的迪士尼故事和人物融入游乐项目设计中。其中,2016年推出了全新音乐剧"迪士尼魔法书房"、惊险刺激项目"星球大战:入侵明日世界"、迪士尼小熊杜飞主题商店、"反转迪士尼"万圣节派对和"雪亮圣诞"活动等。2017年1月,全球迪士尼乐园首个漫威主题游乐设施"铁甲奇侠飞行之旅"在香港迪士尼乐园开始接待游客,春节期间乐园整体入场游客因此同比增加13%,酒店入住率达97%,主要为内地游客。整个寒假期间,广东游客入场人次同比增长超过20%。

香港迪士尼乐园持续加大对广东客源市场的营销力度,继2017年1月中旬针对广东游客推介首个漫威主题游乐设施"铁甲奇侠飞行之旅"后,在广州又推介了全新特色项目"迪士尼明星春日嘉年华"。深圳、广州、佛山、东莞、中山、江门、珠海及惠州,是香港迪士尼在广东的8个核心客源城市。据统计,这8个城市的游客前往香港迪士尼乐园,乘坐跨境大客车是占比最高的交通方式,但搭乘广深"和谐"号动车、广九直通车以及7人座商务车的比例也在不断提高。香港迪士尼将针对广东游客再度推出交通+乐园优惠套票。香港迪士尼方面称,该乐园联手香港和广州的优质诚信港澳游"红名单"旅行社、珠三角核心旅行社包销商,推出"香港迪士尼乐园春日游园一日团队游",产品包括香港市区美食购物、入园体验春日主题活动以及游玩"铁甲奇侠飞行之旅"游乐设施。

与上海迪士尼定位不同,香港迪士尼乐园度假区高级市场经理沈怡称,新项目可为广东等中国内地游客提供交通、游玩体验、住宿、美食及购物等方面的一站式度假服务。该乐园联手内地旅行社推出"世外桃源"三天两晚自由行套餐,当中包含香港迪士尼乐园两日门票、两晚入住迪士尼好莱坞酒店等。

针对上海迪士尼是否分流其客源的问题，沈怡说，香港迪士尼与上海迪士尼的游乐设施、市场定位和目标客源地存在差异，双方可共同做大内地市场。

资料来源：网易财经，http：//money.163.com/17/0316/10/CFL39T0J002580T4.html。

问题：结合案例谈谈香港迪士尼的成功与市场定位的联系。

第一节　旅游市场定位

旅游市场细分和旅游目标市场的选择是让旅游企业更准确地招揽旅游者，而旅游市场定位则是让旅游企业在旅游者心目中形成特殊的偏好。旅游企业选择和确定了目标市场之后，就必须在目标市场上为自己的产品确定一个位置，树立鲜明的品牌形象。

1. 旅游市场定位的含义

旅游市场定位是指旅游企业根据目标市场上的竞争者和企业自身的情况，通过一定的信息传播途径，从各方面为本企业的旅游产品和服务创造一定的条件，进而树立旅游产品在目标市场及旅游者心目中的形象，使所提供的旅游产品具有一定的特色，以求在目标顾客心目中形成一种特殊偏好，与竞争者的旅游产品有所区别。

2. 旅游市场定位的内容

2.1　产品定位

产品定位侧重于从产品实体上表现出来，如质量、特征、成本、商标、地点等方面的特色，有的可以从旅游者心理上反映出来，如奢华、朴素、新颖等；有的主要在于价格；有的主要在于质量。旅游企业在进行产品定位时，要了解竞争对手的产品特色，还要研究旅游者对该旅游产品各种属性的偏爱程度，进而确定本企业的产品特色。

2.2　企业定位

企业定位是指旅游企业通过其旅游产品及其品牌，基于顾客需求，将企业独特的个性、文化和良好形象，塑造于消费者心目中，并占据一定位置。全球闻名的迪士尼，主要业务包括娱乐节目制作、主题公园、玩具、图书、电子游戏和传媒网络，在90多年的发展过程中，一直秉承着创新、品质、共享、故事、乐观、尊重的品牌核心理念，形成了具有迪士尼特色的全球品牌的娱乐公司。

2.3　竞争者定位

竞争者定位是指突出本企业旅游产品与竞争者同档旅游产品的不同特点，通过评估选择，确定对本企业最有利的竞争优势并加以开发。竞争者定位最重要的前提为差异化，竞争定位是确定企业相对于竞争者的市场位置，且定位并非一成不变，当环境改变时，品牌可能需要重新定位。例如：麦当劳代表"年轻、欢乐、干净、效率"，暗示其与其他快餐的不同，体现了品牌的健康形象。

2.4　消费者定位

消费者定位是指对旅游产品潜在的消费群体进行定位。对旅游者的定位也是多方面的，比如从年龄上，有儿童、青年、老年；从性别上，有男、女；从消费层次上，有高、中、低；从职业上，有教师、警察、医生、学生等。消费者定位是要依据旅游者的心理与购买动机，寻求其不同的需求并不断给予满足。

3. 旅游市场定位的形式

3.1 产品差异化

产品差异化是指旅游企业提供的产品与服务具有独特性，即具有与众不同的特色的一种发展战略。产品的差异化可以表现为产品设计、技术特性、品牌形象、促销及服务方式等具有独特性；也可以表现为创造良好的产品形象，即充分利用产品的定价、包装树立品牌，利用各种信息传播媒体、特色服务、销售渠道及促销手段，与竞争对手在营销组合方面形成差异。

3.2 服务差异化

服务差异化是指旅游企业为目标市场提供与竞争者有所不同的优质服务，在与其竞争中取得优势，从而赢得客户的发展战略。旅游者的需求在不断提高，挑选旅游产品的要求也越来越高，旅游产品的差异化越来越难。旅游企业不得不加大对服务方面的投入，使服务质量成为其重要的竞争手段。采取服务差异化市场定位形式的旅游企业越来越多，差异化的市场定位是取得竞争优势的一种有效方法。

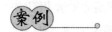

海昌控股有限公司是中国领先的主题公园和配套商用物业开发及运营商。海昌旅游的发展起步于大连，2002年建成中国首家以展示南北极动物为主的大连老虎滩极地海洋动物馆。凭借行业领先的极地海洋动物养护、繁育及展示等专业核心竞争优势，海昌将其业务模式复制到具有较高增长潜力的中国其他主要城市，先后在大连、青岛、成都、天津、烟台及武汉建立了六个以极地动物为特色的极地海洋主题公园，以及大连海昌发现王国主题公园、重庆海昌加勒比海水世界两个综合游乐主题公园。至2013年，海昌各主题公园服务游客逾千万人次，其极地海洋主题公园已跻身全球十大主题公园之列，成为中国最大的海洋主题公园开发运营商。

海昌运营的主题公园及周边商用物业为游客提供游乐、休闲、餐饮、购物、主题度假酒店等综合性一站式旅游休闲体验。企业运营的宗旨是"为游客提供与动物之间难忘的娱乐、互动及教育体验，加深游客对大自然的了解以及增进与大自然的和谐关系"。旗下八个主题公园在其所处市场均享有较高的品牌知名度，并屡获殊荣，包括由全国旅游景区质量评定委员会评定的两个"5A级"景区（最高）及五个"4A级"景区称号，国家海洋局极地考察办公室授予的六个"极地科普教育基地"称号，以及文化部授予的"国家文化产业示范基地"称号。

海昌旗下的六个极地海洋主题公园，凭借其庞大的动物种群、旅游产品的设计差异化、以互动体验为特色的动物展示景区运营能力等，在国内乃至国际旅游行业中建立了优势地位。目前企业拥有约30种500多只海洋、极地动物以及超过40 000条鱼及珊瑚、水母等；成功繁育出150多只极地海洋动物、大型鲨鱼，拥有全球数量最多的人工繁育的帝企鹅和北极熊，在中国首次繁育成功跳岩企鹅及伪虎鲸。

海昌是中国海洋和极地动物饲养、养护及医疗护理方面的领导者，拥有600人组成的专业动物护理团队，其中大部分人有多年的护理经验，企业积极参与国际国内研究活动，与知名科研机构合作，一直致力于海洋和极地动物养护、繁育等方面的研究。

除此之外，海昌控股还致力于提高公众对海洋和极地动物栖息地面临的环境危机的认识，例如：赞助中国北极及南极研究院进行的科学探索工作；2012年推出全国性的"企鹅的感动——2012零距南极"大型极地公益活动，引起了媒体的广泛关注，并荣获2012年中国公益节"年度最佳公益传播奖"和"年度公益项目奖"。

资料来源：圈点，http://wb.qdqss.cn/html/qdwb/20140320/qdwb74609.html。

问题：结合案例谈谈海昌控股的旅游定位与旅游服务。

3.3 人员差异化

人员差异化是指旅游企业聘用比竞争者更优秀的人员，培训更具市场营销能力的管理人员，以获得差异优势。人员差异化旨在为旅游者提供旅游服务时，能够通过各种设施、设备、方法、手段、途径等，满足其生理和心理的物质和精神需求，使旅游者在接受服务的过程中得到美好的旅游体验，并且乐于消费。

3.4 形象差异化

形象差异化是指旅游企业在产品的核心部分与竞争者产品类同的情况下，塑造不同的产品形象，以获取差异优势。旅游者挑选旅游产品具有极大的选择空间，而旅游企业要想让旅游者选择本企业的旅游产品，就必须塑造与其他旅游企业产品不同的产品形象，使"形象"能够脱颖而出，受到旅游者的青睐，成为一种有效的竞争手段。

4. 旅游市场定位的作用

旅游企业进行准确的市场定位，其作用主要体现在以下几个方面。

4.1 有利于企业实现竞争优势

所谓竞争优势，是指相较于竞争对手的可持续性优势，如优势资源、先进的运作模式、更适合市场需求的产品和服务等，通过上述某个领域或者是多个领域相互作用形成优于对手的核心竞争力。而旅游企业要建立竞争优势，最大限度地让旅游者满意，就必须明确企业与竞争对手的差异，在旅游者心目中所处的位置，从而进行准确的市场定位。

4.2 有利于企业营销组合的精确执行

准确的市场定位能够帮助企业解决好营销组合问题。旅游企业只有在选定目标市场的基础上，综合考虑环境、能力、竞争状况等企业自身可以控制的因素，加以分析，找到最佳组合和运用方式，才能精确实施企业营销组合策略，进而完成企业的任务。营销组合——产品、价格、渠道和促销——是执行定位战略的基本手段。确定目标市场是明确制定营销组合的形式，准确的定位战略是明确设计营销组合的内容。例如，某旅游企业定位为"优质产品和服务"，那么它必须提供优质的产品和服务，相应地制定相对较高的价格，选择高档的销售渠道以及高端的宣传方式，塑造高质量的形象。

4.3 避免旅游企业之间的恶性竞争

近年来旅游企业的数量不断增加，旅游市场竞争日益激烈。为了争夺市场份额，一些旅游企业把降价作为争夺客源的主要手段，甚至是唯一手段，以低价格吸引旅游者和打击竞争对手，竞争对手则以更低价格进行报复，致使旅游市场上的旅游产品价格越来越低，恶性竞争的现象非常普遍，甚至出现了"零团费""负团费"现象。在这种情况下，旅游企业不能突出自身优势，不能与竞争对手区别开来，在争夺同样的目标旅游者时，由于客源有限，进一步加剧了市场竞争，导致出现恶性竞争的局面。旅游企业只有进行准确的市场定位，在产品、服务、人员、形象等方面有明显的差异，企业间的竞争才不会反映在价格上，才能避免这种恶性竞争。

5. 旅游市场定位的原则

旅游市场定位就是要突出旅游产品的差异化。所选择的差异化特征是否有价值，能否成为旅游者选择购买的理由，是企业应该思考的问题。每个旅游企业要实现差异化都有可能增加成本，也会增加旅游者利益，如何选择自己和竞争对手的差异至关重要。旅游市场定位要符合以下原则。

5.1 根据具体的产品特点定位

根据具体的产品特点，确定它在市场上的位置。旅游企业应侧重介绍产品的特色或优于其他产品的性能，使之与竞争产品区别开来。在具体定位时，可以把构成产品内在特色的许多因素作为定位的依据，如产品质量、档次、价格等。迪士尼乐园可以宣称自己是世界上最大的主题游乐园，"大"也是一种产品特色定位，它暗示了一种利益，即从中可享受到最多的娱乐。

5.2 根据特定的用途定位

为旅游产品找到一种新形式、新用途，是为该产品创造新的市场定位的好方法。例如，在线旅游服务商如今在游客的旅途中发挥着越来越重要的作用，酒店、机票、餐饮都可以在这里预订。同程旅游网近年来与各地旅游局牵手，共同打造旅游新媒体合作模式，全面推广旅游品牌，使其成为智慧旅游的成功典范。途牛网定位于大众旅游市场，把大众的需求作为首要的服务目标，为消费者提供旅游度假产品预订服务，给客人满意的出游体验。

5.3 根据顾客得到的利益定位

旅游产品提供给顾客切实体验到的利益也可以作为定位的依据。产品本身的属性及由此衍生的利益、解决问题的方法以及重点需要的满足程度也能使顾客感受到它的定位。例如，辛巴达旅行秉承"满足客户需要、做到客户想要的、发现客户将要的"服务理念，为以家庭为单位出游的游客提供出境旅游专业定制服务，对用户的需求智能匹配行程方案，一站式解决出游问题。网站用户还可以根据个人情感、旅游主题、行程天数和出游预算自选适合自己的旅游产品。辛巴达旅行为每一位游客安排了一对一的旅游顾问，满足游客的多方面需求。度假享受、蜜月旅行、亲子购物等各式各样的主题，辛巴达旅行都能为用户定制最佳的出游方案。

5.4 根据旅游者类型定位

旅游企业可以将其产品指向某一类特定的旅游者，根据这些旅游者的需求塑造恰当的形象。旅游者是旅游产品的最终消费者，包括购买旅游产品的个人和家庭，根据不同标准可划分为不同类型，如观光旅游者、娱乐消遣旅游者、公务旅游者、个人及家庭事务型旅游者、医疗保健型旅游者、文化知识型旅游者、生态/探险型旅游者、宗教型旅游者等。旅游企业要针对某些特定旅游者进行宣传活动，在这些旅游者心目中形成企业产品的"专属性"印象，激发旅游者的购买欲望。

5.5 根据竞争者进行定位

旅游企业可以通过将自己同市场声望较高的某一同行企业进行比较，借助竞争者的知名度来实现自己的形象定位。其通常做法是通过推出比较性广告来说明本企业产品与竞争者产品在某个或某些性能特点方面的相同之处，从而引起消费者注意并在其心目中形成印象。这是根据竞争者的特色与市场位置，结合企业自身发展需要，将本企业的产品，或定位于与其相似的竞争产品的档次，或定位于与竞争产品直接有关的不同属性或利益。例如，汉堡王把自己定位为汉堡口味远胜于麦当劳。

事实上，多数旅游企业进行市场定位是多个原则同时使用。因为要体现旅游企业及其产品的形象，市场定位必须是多侧面、多维度的。

小结：如今人们购买旅游产品越来越注重个性化，任何旅游企业都有自己的长处和短处、优势和劣势，不能在市场上盲目出击；要确定本企业相对于竞争者的市场位置，准确分析自己的产品与竞争对手的产品在成本及质量上的优势，以优势打击竞争企业的劣势，增强旅游产品在市场上的竞争力。由于人的欲望是无止境的，需求是多样的，因此，任何旅游企业不可能满足旅游者的全部需要，而只能满足其一部分。旅游企业必须充分认识自身的优势和劣势，确定一个恰当的市场定位。

小组活动：请结合案例，以小组为单位，选定以下任意两种在线旅游服务商，分析、概括其市场定位，并讨论其市场定位策略，结合个人理解谈谈对策与建议；请小组同学进行PPT展示，组织学生聆听、讨论与评析。

辛巴达旅行网

辛巴达旅行网是广州腾游旅游信息咨询有限公司运营的出境自由行电子交易平台。公司创立于2010年，由境外投资公司领投，下设研发部、运营部、市场招商部、人事部、行政部、质检部、客服部。

辛巴达旅行网被业界熟知缘于它为白领人士精心设计的特色境外定制游服务。如今，这项特色的定制游服务已扩展至世界各地。因为专注所以专业，辛巴达的定制游服务质量在业界已是无可挑剔。

公司创始人及核心团队拥有丰富的互联网及境外旅游业务的工作经验。辛巴达旅行网是中国第一家提供境外旅游企业进驻网站商城直接为旅游者提供交易的互联网在线旅游服务提供商，开创了C2B2C旅游电子商务平台的先河，颠覆了以往传统旅游业的店面销售和电子商务票务经营模式，面向全国让游客在挑选产品的时候有了更广泛的选择空间，而且可以得到更实惠的价格。游客也可以在辛巴达旅行网上填写想去的旅游目的地和出行要求及计划，提交给辛巴达商城，辛巴达商城的当地商家及旅游策划师为出行者量身定做个人独享的旅游行程，实现线上线下双向结合。

途牛旅游网

途牛旅游网于2006年10月创立于南京，以"让旅游更简单"为使命，为消费者提供由北京、天津、上海、广州、深圳、南京等64个城市出发的旅游产品预订服务，产品全面，价格透明,全年365天24小时接受电话预订,并提供丰富的后续服务和保障。

途牛旅游网提供8万余种旅游产品供消费者选择,涵盖跟团、自助、自驾、游轮、酒店、签证、景区门票以及公司旅游等,已成功服务累计超过400万人次。

携程旅游网

携程旅游网是一个在线票务服务公司,创立于1999年,总部设在上海。携程旅游网拥有国内外60余万家会员酒店可供预订,是中国领先的酒店预订服务中心。其秉持"以客户为中心"的原则,以团队间紧密的合作机制,以一丝不苟的敬业精神、真实诚信的合作理念,打造"多赢"伙伴式合作体系,从而共同创造最大价值。

去哪儿旅行网

去哪儿旅行网的强大机场攻略告知您机场大巴、出租车等信息,同时提供机场天气查询,帮您做足出行准备。去哪儿旅行网提供各大交通枢纽到酒店的导航信息查询,常用乘机人管理,常用联系人管理,其定位功能支持身边景点查询,支持全国12 000个目的地查询。去哪儿旅行网耗流量少,运行流畅,功能丰富,多种新功能不断发布,强大的软件更新、维护、服务团队和数据库实时更新,保证游客所查信息的准确性。

资料来源:百度百科。

第二节　旅游市场定位的方法步骤

1. 旅游市场定位的方法

旅游市场定位的常用方法有以下几种。

1.1　初次定位

初次定位是指初入旅游市场的旅游企业,其新产品投入旅游市场,或旅游产品进入新市场时,为满足某一特定目标旅游者的需要,必须从零开始,运用所有的市场营销组合,使其产品特色确实符合所选择的目标消费群体的需求。但是,旅游企业在初次进入目标市场时,往往竞争对手的产品已经上市或已经形成了一定的市场格局,这时,旅游企业应认真研究同一旅游产品竞争对手在目标市场上的位置,从而确定本企业旅游产品的有利位置。就旅游产品而言,可供旅游企业选用的初次定位策略有以下几种。

1.1.1　根据产品属性定位

旅游产品是为满足游客观光、游览、休闲、度假等需要而设计的一系列有形产品和无形服务的组合,与旅游者的吃、住、行、游、购、娱等要素有着紧密联系。这种定位突出品牌的形象优势,更直观。

1.1.2　根据产品能给游客带来的利益定位

这里所说的给游客带来的利益是指竞争者没有或不能提供的,以此作为旅游产品的定位。例如快餐以快捷定位。

1.1.3　根据旅游者定位

根据旅游者定位,即把旅游产品或产品品牌与特定目标旅游者联系起来。这种定位策略更注重品牌的社会价值、情感价值和条件价值。

1.1.4 根据竞争者定位

根据竞争者定位，即通过与竞争者产品或品牌的对比给本企业的产品或品牌定位。

1.1.5 根据产品种类定位

采取这种定位策略通常注重产品的独特性和唯一性。

1.1.6 根据质量和价格的对应关系定位

旅游企业可以根据自己的竞争优势选择适当的价格与质量的对应关系给产品定位。

1.1.7 首位定位

首位就是名列第一。首位定位关键是识别本企业产品哪个有价值的属性已处于首位。例如，美国的七喜汽水，在软饮料行业中其规模、实力上都不能称得上第一，但却以不含咖啡因的"非可乐型饮料第一"定位。

1.2 避强定位

这种方法是旅游企业为避免与强有力的竞争对手发生直接竞争，而将自己的产品定位于另一市场区域内，使产品的某些特征或属性与强势竞争对手有明显区别。这是一种避开强有力的竞争对手进行市场定位的模式。当旅游企业意识到自己无力与强大的竞争者直接抗衡时，应选择远离竞争者，根据自身的实际状况及相对优势，凸显出企业自身独具一格的特色，去服务市场上尚未被竞争者发掘的需求。避强定位的优点是能够迅速地在市场上站稳脚跟，并在旅游者心目中树立特定的形象。这种做法风险相对较小，成功率也比较高，是多数旅游企业选择的市场定位方法。

1.3 迎头定位

迎头定位又称竞争性定位，是旅游企业采取的一种以强对强的市场定位方法。旅游企业选择靠近市场现有强势企业产品或与其重合的市场位置，采用与强势企业大体相同的营销策略，与其争夺同一个目标市场。例如，城际快速列车与航空客运展开的针锋相对的竞争，以其快速、舒适、便利、价格合理的优势去争夺同一个目标市场。旅游企业选择迎头定位应具备能设计出比竞争者质量更好或成本更低的旅游产品的能力，所选择的目标市场容量要足够容纳两个或两个以上的竞争者，并且要拥有比竞争者更多的资源和能力。迎头定位存在一定风险，但好处在于能够激励企业不断进步。

1.4 重新定位

定位是在潜在消费者的心目中实现差异化，从而获得认知优势。重新定位就是调整潜在消费者心目中的认知。这些认知可以是关于本企业的，也可以是关于竞争对手的。重新定位的关键在于为自己建立起正面定位。

旅游企业进行重新定位就是通过改变产品特色等手段，改变目标旅游者对产品的认识，塑造新的形象。当竞争者推出的产品侵占了本企业产品市场，或者旅游者的偏好发生了变化，不再选择本企业产品，而是选择竞争对手的产品时，重新定位就成了旅游企业摆脱经营困境、提高竞争力的一种手段。当然，重新定位并不一定是陷入困境时才采用的一种手段，也可能是发现了新的产品市场。

2. 旅游市场定位的步骤

旅游市场定位的关键是旅游企业设法在自家产品上找出比竞争者更具有吸引力的特性，

根据竞争者现有旅游产品在细分市场上所处的地位和旅游者对产品某些特性的偏爱程度，确定本企业产品的市场定位。旅游市场定位包括三个步骤：识别企业的竞争优势，选择合适的竞争优势，有效地向市场表明企业的市场定位。

2.1 识别企业的竞争优势

旅游者一般都会选择那些能给自己带来最大价值的产品。赢得和留住旅游者的关键在于，能够比竞争对手更好地理解旅游者的需要，并向他们提供更多的价值。美国学者波特指出："竞争优势来自企业能为顾客创造的价值，而这个价值大于企业本身创造这个价值时所花费的成本。"与一般产品不同，旅游产品具有功能上的愉悦性、空间上的不可转移性、时间上的不可储存性、所有权的不可转让性等特性，旅游企业可以采取产品差异、服务差异、人员差异、形象差异等差异化竞争赢得竞争优势。

旅游企业要想确定其竞争优势，就要具体了解竞争对手的产品定位、目标市场上旅游者的需要和欲望的满足程度、存在的尚未满足的需要和欲望，针对竞争对手的市场定位和目标市场上旅游者尚未满足的需要和欲望，找出与竞争对手的差异，确定可采取的行动，并由此确定自己的竞争优势。

2.2 选择合适的竞争优势

并不是所有的差异都能成为竞争优势，旅游企业要分辨出能够成为竞争优势的差异到底有哪些。大多数旅游者对旅游企业之间的细微差异并不感兴趣，旅游企业也不用费尽心思去寻求每一处不同。一般来说，旅游企业要选取最能体现自身风格、最适合目标市场上旅游者需要的特性进行宣传，要确定差异数量和需要突出的差异。一种差异能成为竞争优势需符合以下原则。

一是重要性。被选择的差异能提供给足够数量的旅游者以极大的利益，这种差异能够成为旅游者"非买不可"的最重要理由。

二是区别性。被选择的差异是其他旅游企业不能提供的，或者是以不同方式提供的，能够带给旅游者不同的体验。

三是独特性。提供的这种差异产品在服务、环境、资源等方面是很难被竞争对手模仿的。

四是沟通性。这种差异要容易被旅游者理解和接受，并且是显而易见的。旅游企业能够通过一定的方式将差异向旅游者进行有效的传递，并能够与其交流。

五是赢利性。旅游企业向目标旅游者提供的这种差异产品是有利可图的。

六是成本性。旅游者能够接受因这种差异而增加的成本费用。

另外，旅游企业还要避免市场定位错误。

一是定位过低。一些旅游企业发现旅游者对自身产品和服务只有一个模糊的概念，并不知道它的特殊之处，即没有真正定好位。

二是定位过分。一些旅游企业传递给旅游者的公司形象太局限，使企业难以进一步拓展。

三是定位模糊。旅游企业对定位有着过多的说明或者时常改变产品定位都有可能给旅游者一个混乱的企业形象。

2.3 传播和传递市场定位

一旦选择好市场定位，旅游企业必须把它准确无误地传递给目标旅游者，使其独特的竞争优势在旅游者心目中留下深刻印象。旅游企业只有锁定目标旅游者进行传播，才能让产品信息直达目标受众，使他们了解、熟悉、认同其市场定位，并在他们心目中树立良好的定位形象。酒香也怕巷子深，适当的宣传推广必不可少。旅游产品要想在市场上具有良好的表现，不仅要有过硬的服务和产品质量，还需要适当的传播。此外，旅游企业还要不断强化其市场形象并保持与目标旅游者的沟通，以巩固自己的市场地位。如果目标旅游者对企业的市场定位理解出现偏差，或者由于旅游企业宣传上的失误而造成目标旅游者的误会，企业要及时纠正。

小结： 市场定位在营销中占有举足轻重的地位，往往是产品营销的第一步。可以说，没有市场定位，就没有营销。首先，企业必须确定为哪一部分人服务，即确定具体的服务对象。如果企业的服务对象选择不当，那么企业的产品策略、定价策略、分销策略、促销策略等制定得再科学，也难以取得营销的成功。其次，企业必须明确满足人们的何种需要，即确定企业的目标市场。如果一个企业对自己的经营领域定位过窄或过宽，不仅会对企业的经营发展造成负面影响，也会给人们的认识造成混乱。最后，任何企业都有自己的长处和短处，准确的市场定位有助于旅游企业扬长避短、发挥优势，从而在竞争中取胜。如果没有明确的定位，不能识别优势与劣势，在市场上盲目出击，就可能导致营销失败。

小组活动： 请结合案例，以小组为单位，根据案例分析概括美国西南航空公司市场定位的有关情况；结合个人理解谈谈其市场定位策略，并提出对策建议；请小组同学进行 PPT 展示，组织学生聆听、讨论与评析。

美国西南航空公司市场定位案例分析

西南航空是美国的一家廉价航空公司，成立于 1971 年 6 月 18 日，总部设在美国得克萨斯州。美国西南航空是廉价航空公司经营模式的鼻祖，曾是美国第二大航空公司。

西南航空的枢纽机场是达拉斯爱田机场，重点机场有休斯敦霍比机场、纳什维尔国际机场、拉斯维加斯麦卡伦国际机场、芝加哥中途机场、凤凰城天港国际机场、巴尔的摩华盛顿国际机场、奥克兰国际机场、洛杉矶国际机场、奥兰多国际机场、圣迭戈国际机场、盐湖城国际机场、萨克拉门托国际机场、圣荷西国际机场和坦帕国际机场。

美国西南航空以低成本战略赢得市场，为旅客提供他们所希望的服务需求：低票价、可靠、安全、高频度和顺便的航班，舒适的客舱，旅行经历，一流的旅客项目，顺畅的候机楼登机流程，以及友善的客户服务。

歌手在飞机上表演

机舱这个密闭的空间通常让人感觉到单调。这会是一个举办音乐会的好场所吗？华纳音乐纳什维尔（Warner Music Nashville，WMN）跟西南航空两家公司决定试一试。它们宣布进行合作，WMN 的歌手将参加西南航空的机舱音乐项目 Live at 35（35 的意思是 35 000 英尺①的飞行高度），为乘客进行音乐表演。

从纳什维尔飞往费城的航班上，歌手 Devin Dawson 演唱了自己的成名曲和尚未发布的

---

① 1 英尺 = 0.305 米。

新歌，还赠送纪念品和唱片给乘客。实际上他不是专为表演而乘坐这次航班，而是正好要去费城参加 Fillmore 音乐节。

"通过和华纳音乐纳什维尔的合作，我们很激动地继续向乘客提供音乐体验，为 WMN 的艺术家和'粉丝'提供友好可靠的乘客服务，我们的托运服务，包括吉他托运将继续免费。"西南航空的副总裁和首席传播官 Linda Rutherford 说。西南航空不会透露哪趟航班上有音乐表演。

西南航空可能是基于这样的判断：和一些乡村音乐歌手前往同一个目的地的乘客中可能有一部分是音乐"粉丝"，"中奖"能看到机舱演出的乘客很有可能拍视频上传到社交网络，这可以视作西南航空的一次营销；对华纳来说，也能提高 WMN 旗下歌手的知名度。

在 2011 年前后，西南航空就开始做类似的尝试，也做过一些奇奇怪怪的尝试，比如，应乘客写信要求，就在机舱内为一对新人举办了一次婚礼。但是，这次是它第一次和音乐品牌合作。

西南航空是世界上最大的廉价航空公司，成立早期它避开了和竞争对手的正面冲突，开辟了美国国内中型城市之间直飞的低价市场。它的商业模式对之后的航空公司，比如亚航等都产生了较大的影响。到 2016 年，西南航空已经连续 44 年赢利。除了战略上的成功，西南航空公司还以幽默著称，从机长到空乘都会在机舱内讲笑话，这可能也是他们受到欢迎的原因之一。不管是机上的"脱口秀"还是"音乐表演"，都算是一种增加服务附加值的方法吧。

听西南航空乘务员讲笑话

1. "离开自己爱人的方法可能有 50 种，但是离开这架波音 737 的方法只有 5 种。"

2. （飞机刚刚滑行至航站楼处，安全带指示灯还未熄灭，人们就开始起身拿自己的行李，就在这时）"女士们先生们，我们需要大家帮助清理厕所，如果您想帮忙请起立。"马上，所有人都坐下了。

3. "我们知道您出行有多种选择，非常感谢您穷得只能坐我们的飞机！"

4. "请允许我提醒您，厕所禁止吸烟并安装有烟雾检测器，如果你禁用了检测器，航空管理局将对您罚款 1 000 美元。当然，如果你今天一定要消费 1 000 美元，你应该去坐西北航空。"

5. （当飞机遇到了一些气流）"请不要惊慌，乘客们，刚才那些声音只是你们的行李被弹出飞机产生的。"

6. "请牢记，一定要先给自己戴氧气面罩，然后再去帮助自己的孩子和那些孩子气的大人们。""如果你有不止一个孩子，那么先帮自己最喜欢的那个。"

7. "我们马上要调暗灯光，这主要是为了让我们的空姐们看上去更漂亮。"

8. "本机有两个吸烟区域，它们各位于两机翼的前端。一旦我们到达指定巡航高度，需要的乘客可以通过附近的紧急出口进入该区域，区域里还有配送电影《飘》。"

9. "戴氧气面罩的时候，请先把自己的戴好，再帮助旁边需要帮助的人。如果你旁边坐的是你的前任，这种情况下就算了。"

10. "如果你的换乘航班是西南航空，那么请在候机大厅的大屏幕上寻找相应信息。如果你的换乘航班不是西南航空，我们真的不是很关心接下来的事情。"

11. 一次乘坐西南航空，起飞时间延迟了一个小时。后来准备起飞时，机长因延误向乘客们道歉："等会儿起飞后，我们会把这架飞机想象成是刚偷来的。"

资料来源：民航资源网，http://data.carnoc.com/corp/airline/wn.html；http://news.carnoc.com/list/423/423807.html；http://jandan.net/2014/12/20/southwest-flight.html。

插入视频：《段子手空姐》。

第三节 CIS 战略在旅游营销中的应用

企业形象识别设计是现代工业设计和现代企业管理运营相结合的产物。以 IBM 公司为代表的美国企业在 20 世纪 50 年代便开始把企业形象作为新的而又具体的经营要素。为了研究企业形象塑造的具体方法，确立了一个新的研究领域，出现了企业设计（Corporate Design）、企业形象（Corporate look）、特殊设计（Specific Design）、设计策略（Design Policy）等不同的名词，后来统一称之为企业识别，简称 CI（Corporate Identity），而由这个领域规划出来的设计系统，被称为企业识别系统（Corporate Identity System，CIS）。

1. CIS 的定义

CIS 是运用整体传达系统将企业经营理念与精神文化传达给周边的关系者，并使其对企业产生一致的认同感与价值观，从而达到树立企业良好形象和促销产品目的的设计系统。CIS 理论把企业形象作为一个整体进行建设和发展，也叫企业形象识别系统。

2. CIS 的构成

CIS 原是指能够把企业的经营活动成功地导入一个新的形象境界的识别系统，它包括理念识别（MI）、行为识别（BI）和视觉识别（VI）三个子系统。

2.1 MI（Mind Identity）

MI 是企业精神、企业信条、企业目标、经营理念、企业标语与座右铭的体现，是企业文化的浓缩，是企业奋斗宗旨的概括，是员工精神目标的确定，犹如一个人的思想与灵魂。企业理念是指企业在长期生产经营过程中所形成的企业员工共同认可和遵守的价值准则和文化观念，以及由企业价值准则和文化观念决定的企业经营方向、经营思想和经营战略目标。

2.2 BI（Behaviour Identitvl）

BI 是在 MI 的基础上产生的与之相适应的员工行为方式、企业内部各项管理规章制度、企业对外的公关宣传等，如市场调研、公关促销活动、社会公益性与文化性活动等，是企业经营理念外在的动态表现，犹如人的言谈举止与行为。企业行为识别是企业理念的行为表现，包括在企业理念指导下的企业员工对内和对外的各种行为，以及企业的各种生产经营行为。

2.3 VI（Vision Identity）

VI 是指企业基本的设计要素，如企业名称、企业标识、标准字、标准色、象征图案、宣传口语、市场行销报告书等，还包括企业内部的应用系统，如办公用品、生产设备、建筑环境、产品包装、广告媒体、交通工具、制服、旗帜、招牌、标识牌、橱窗、陈列展示等，是企业经营理念外在的静态表现，如穿在人身上的标准化服饰。企业视觉识别是企业理念的视觉化，通过企业形象广告、标识、商标、品牌、产品包装、企业内部环境布置和厂容厂貌等媒介及方式向大众表现、传达企业理念，在CIS中最具有传播力和感染力，最容易被社会公众所接受，具有主导的地位。

3. CIS战略在旅游营销中的应用

3.1 旅游CIS定义

所谓旅游CIS，即旅游企业形象识别系统。它是将旅游企业经营理念与精神文化，整体传达给企业内部员工与社会公众，并使其对企业产生一致的认同感与价值观，从而达到树立企业良好形象和促销产品目的的设计系统。

3.2 旅游CIS的意义

旅游产品有其特殊性，游客看不到具体的有形商品，旅游企业需要依赖传播旅游信息影响消费者，达到促销的目的。旅游企业实施的CIS战略，可以更有效地进行信息传播，取得更好的促销效果。

3.2.1 对内完善管理机制，对外塑造企业形象

旅游企业的形象定位需要借助CIS战略设计出一整套个性的理念识别、行为识别和视觉识别系统，对内可以塑造独特的文化，增强企业凝聚力，对外可以塑造独特的形象，与竞争者相区别。

3.2.2 提升企业知名度，吸引潜在消费者

旅游企业之间的产品差异很小，旅游者的选择主要取决于品牌的影响力。CIS战略能够帮助旅游企业强化旅游产品和服务的市场竞争力，是一种形象差别化的营销方式，通过独特的理念、行为和视觉识别能够提升旅游企业形象与知名度，强化旅游企业在旅游者心目中的印象，增强营销的效果。

3.2.3 吸引优秀人才，促进企业发展

一个旅游企业的形象对吸引人才的影响是显而易见的，企业要生存、要发展，必须吸引一批优秀人才。CIS战略帮助旅游企业塑造一个良好的企业形象，吸引更多的社会优秀人才加入，让员工对企业更有安全感和信赖感。

CIS战略对旅游企业竞争力的提升和未来发展有促进作用，旅游企业通过形象的定位、主题口号的提出、视觉形象的设计与推广等基本形象战略可以极大地促进企业的发展。品牌个性的塑造并不是简单的图形设计，而且体现在独特的经营之道中。企业采取CIS战略，要发挥自身的创造精神，凸显出自身个性化的企业形象。

3.3 旅游CIS战略的基本原则

3.3.1 坚持战略性的原则

CIS战略一般是对企业进行整体性、长期性的规划和设计，策划方案一旦完成，将成为企业在较长时间内的营销指南。也就是说，企业整个营销工作必须依此方案进行，要从整体性出发，注意全局的目标、效益和效果；要从长期性出发，立足当前。它不是近期规划，而是企业未来几十年甚至更长时间的具体发展步骤和实施战略。

3.3.2 坚持民族性的原则

CIS 战略是从企业发展方向、经营方向上设计与规划自我。CIS 战略的创意、策划、设计工作只有立足于民族的文化传统、消费心理、审美习惯、艺术品位等，才有可能为公众所认同并获得成功。企业形象的塑造与传播应该弘扬灿烂的中华民族文化，吸取其精华，塑造具有中华民族特色的企业形象。

3.3.3 坚持差异性的原则

CIS 战略是企业为塑造完美的整体形象在行业中实施差别化的战略。

旅游企业形象在设计时必须突出行业特点，只有别具一格，才能与竞争者有不同的形象特征，有利于识别认同，才能有效地获得社会公众的认同，在竞争激烈的目标市场上独树一帜。

3.3.4 坚持整体性的原则

从 CIS 战略的三个方面来看，它们不是相互脱节的，而必须协调统一。BI、VI 为 MI 服务，达到外美内秀。整体性原则的运用能使旅游者对特定的旅游企业形象有一个统一完整的认识，不会因为企业形象识别要素的不统一而产生识别上的障碍，增强了旅游企业形象的传播力。

3.3.5 坚持有效性的原则

有效性是指旅游企业经策划与设计的 CIS 战略能有效地推行运用。CIS 战略的目的是解决问题，而不是装扮、美化企业，要能够操作和便于操作。CIS 战略要具有效性，能够有效地发挥树立良好企业形象的作用，策划设计要根据企业自身的情况，不能盲目地规划和设计，要明确企业自身的形象战略，确立准确的形象定位。CIS 战略的实施是否有效，取决于旅游企业的主管是否有良好的经营意识，是否对 CIS 战略有一定的了解，是否能够认可对 CIS 战略的投入。旅游企业的发展规划要从实际出发，在进行 CIS 设计时，选择具有策划设计实力的机构或个人对 CIS 战略的实施十分关键。

如家酒店集团的 CIS 设计中的三个子系统分析

一个企业的快速发展离不开企业识别系统。如家酒店在全国市场的快速拓展就是跟其企业形象识别系统的建设有密切的关系。下面从理念识别（MI）系统、行为识别（BI）系统、视觉识别（VI）系统对如家酒店集团的 CIS 进行分析。

1. 理念识别（MI）系统

MI 是 CIS 运作的核心和灵魂。它一般包括组织目标、组织精神、组织文化、企业理念等。

如家的目标：成为大众住宿业的卓越领导者！

如家的理念：把我们快乐的微笑、亲切的问候、热情的服务、真心的关爱献给每一位宾客和同事。

如家酒店服务理念：

便捷——便捷的交通，使您入住如家从此差旅无忧。

温馨——亲切的问候和照顾，让您仿佛置身温馨的家庭氛围。

舒适——我们在意每一个细节，专业服务为您带来舒适的住宿感受。

超值——贴心的价格，高品质的服务，选择如家，超值就是这么简单。

使命——为宾客营造干净温馨的"家"；为员工提供和谐向上的环境；为伙伴搭建互利共赢的平台；为股东创造持续稳定的回报；为社会承担企业公民的责任。

从企业核心理念到宣传语——"不同的酒店，一样的家"，处处都有着宾至如归的"家"文化的影响。而且从如家酒店的理念识别系统中可以看出，它不仅将这种文化体现在对待宾客方面，还兼顾企业内部员工、股东、合作伙伴以及对社会的责任。可见，如家酒店集团几乎把所有方面都考虑到了，充分体现了其独特的精神和企业文化，有利于树立企业良好的社会形象，扩大其知名度与美誉度。

如家酒店不同于一般的星级酒店，考虑到入住的宾客一般是经常出差的商务型顾客和路途劳累的旅游者，他们需要的是家一样的温暖，一种便捷的体验，所以如家酒店力求达到便捷温馨。这就是如家酒店的企业理念。

2. 行为识别（BI）系统

BI是指将企业理念付诸行动的一切行为方式，以完善企业理念为核心，包括对外传播和对内渗透两方面。

在对内渗透方面，如家酒店集团内部建立了一套完整而详细的管理制度，约束并规范组织和员工的行为。对于服务行业来说，产品的提供本身是一项比较难以约束的事。对此，如家酒店管理团队提出"像制造业一样生产服务"，主要就是强调服务质量的标准化。标准化需要对每个过程、每道工序，完全能够进行控制和测量。服务的过程中，服务人员每次与宾客接触，说的每一句话，宾客每个不同的要求，服务人员都会遇到不同的情况，达到这些要求是很困难的一件事情。但困难并不是不可克服。

如家力求服务的标准化，力求把服务像制造产品一样分解成一个个环节。如家能够保证按照恒定的质量标准永远重复下去，这才是最为成功之处。如家拥有遍及全国100多个城市的600多家连锁酒店，为旅游企业提供全国范围的商旅住宿资源的选择、整合与优化，并为大客户提供价格折扣，还可累积住宿积分，获得更多优惠，如优先预订、延时退房、预订保留等。

在对外在传播方面，如家致力于各种社会公益活动、公共关系营销等。比如迎接上海世博会，推出多项绿色环保活动；赞助东方卫视全程参与"加油！好男儿！"活动；举行员工运动会、技能比拼大赛等活动；制定反舞弊政策；制定商业行为和道德规范等。如家一直以来都在通过各种行为准则的制定及实践、持续的媒体活动策划，打造充满活力、管理高效、热心公益、注重人文关怀的自身形象，使品牌在大众中的知名度、美誉度和特色度不断提升，树立了良好的动态形象。

3. 视觉识别（VI）系统

VI是企业理念视觉化、具体化的传达形式，是企业精神与行为的外在化视觉形象设计，如标识形象、标准字体、标准色彩和中心广告词等，它使企业理念更加凝练、简洁，使公众一目了然，并产生认同感。

如家的 LOGO 由红黄蓝三色构成，颜色鲜艳，对比强烈，识别度高。小房子样式的设计，HOME INN 的标识，"I"做成弯月的样子，"如家"两字嵌在房门中，整体 LOGO 巧妙而简洁，给人温馨的家的感觉。

店面的设计也主要是黄蓝两色，这样鲜艳的色调在城市中很少看到，故而识别度很高，仅这一点就为其特色度加分不少。很多新闻报道直接用"黄房子"来代替如家，其高识别度可见一斑。

酒店内部的设施亦高度标准化，棕黄色的地板、粉红色的床单、白色的窗纱、蓝色的窗帘，都意在区别于其他酒店，营造家庭般的感觉。

总体而言，如家的 VI 设计与其理念完好地契合，充分体现了"不同的城市，一样的家"。在如家的 CIS 设计中，自始至终贯穿着宾至如归的"家"文化，MI、BI、VI 三者相互融合，打造出全方位立体的企业形象。

资料来源：创意猫网，http://www.chuangyimao.com/detail/9152.html。

问题：结合案例谈谈如家在 CIS 运用中的成功经验。

3.4 旅游 CIS 战略的实施过程

3.4.1 企业实态调查阶段

把握公司的现况、外界认知和设计现况，从中确认企业给人的形象认知的状况。

3.4.2 形象概念确立阶段

依据 CIS 设计规划的原则，以调查结果为基础，分析企业现况、外界认知、市场环境等各种设计系统问题，拟定公司的定位与应有形象的基本概念。

3.4.3 设计作业展开阶段

将企业的基本形象概念转变成具体可见的信息符号，经过精致作业与测试调查，确定完整并符合企业特征的识别系统。

3.4.4 完成与导入阶段

重点在于排定导入实施项目的优先顺序、策划企业的广告活动及筹备 CI 执行小组和管理系统。将设计规划完成的识别系统制成标准化、规格化的手册或文件。

3.4.5 监督与评估阶段

CIS 设计规划仅是前置性的规划，要落实建立企业形象，必须时常监督评估，以确保符合原设定的企业形象概念，如发现原有设计规划有缺陷，应提出检讨与修正。

小结：CIS 是英文 Corporate Identity System 的缩写，直译为企业识别系统，意译为企业形象设计，有些文献也称 CI。CIS 是指企业有意识、有计划地将自己企业的各种特征向社会公众主动地展示与传播，使公众在市场环境中对某一个特定的企业有一个标准化、差别化的印象和认识，以便更好地识别并留下良好的印象。CIS 一般分为三个方面，即企业的理念识别——Mind Identity（MI），行为识别——Behavior Identity（BI）和视觉识别——Visual Identity（VI）。

小组实训：以小组为单位开展名为"旅游 CIS 战略的应用"的实训活动。首先，学生分组，进行团队组建；其次，各组为自己的模拟旅游企业进行 CIS 设计开发，设计 CIS 策划方案；最后，考核策划书，从策划书的格式、方案创意、可行性、完整性等方面进行考核，并考核个人在实训过程中的表现。

旅游企业 CIS 策划方案框架包括：标题（×××公司 CIS 策划方案）、公司简介（简单概括）、CIS 策划背景（如新公司成立、新产品上市等）、CIS 策划目标、具体策划、理念识别、行为识别、视觉识别［企业标识、企业的标准字体、标准色彩（不超过三种颜色）、企业象征图案、企业提出的标语口号（文字简洁、朗朗上口）、企业吉祥物、专用字体、应用要素、办公用品、企业外部建筑环境设计、企业内部建筑环境设计、交通工具（运用标准字和标准色来统一各种交通工具外观的设计效果）、服饰（经理制服、管理人员制服、员工制服、礼仪制服、文化衬衫、领带、工作帽、胸卡等）、广告媒体（主要有电视广告、报纸广告、杂志广告、路牌广告、招贴广告等）、产品包装、赠送礼品、陈列展示和印刷出版物等］、具体流程、参与人员（具体分工）、实施费用等。

任务三小结：旅游市场定位是立足于旅游者的需求，并把旅游企业自身的优势与旅游者的需求创造性地有机结合，确定旅游产品在目标旅游者心中的独特位置，与其进行充分沟通，使其认同、产生共鸣并选择购买。市场定位是由美国营销学家艾·里斯和杰克·特劳特在 1972 年提出的，其含义是指企业根据竞争者现有产品在市场上所处的位置，针对顾客对该类产品某些特征或属性的重视程度，为本企业产品塑造与众不同的、给人印象鲜明的形象，并将这种形象生动地传递给顾客，从而使该产品在市场上确定适当的位置。传统的观念认为，市场定位就是为每一个细分市场生产不同的产品，实行产品差异化。事实上，市场定位与产品差异化尽管关系密切，却有着本质的区别。市场定位不仅强调产品差异，更重要的是要通过产品差异建立独特的市场形象，赢得顾客的认同。以桔子酒店为例，针对同档次的饭店多数都是以几乎相同的价格面向同一目标顾客群体，提供几乎相似的产品和服务，桔子酒店将高科技融入酒店的设计和服务中，追求简约，追求时尚，让酒店成为一件艺术品，致力于提供真正能满足顾客内心需求的服务。

拓展阅读

提升旅游品质　巨石山景区打造旅游 + 康养体系

"绿水青山，就是金山银山"的口号提出之后，全国各地都非常重视环境建设，将运动健身、休闲旅游与自然山水巧妙融合，强调人与自然的和谐以及对生态环境、旅游资源的保护。而康养旅游已经成为我国从省到市到县再到风景区等各级政府及管理部门的重要布局方向。国家旅游局也通过打造中国康养旅游示范基地，来逐步规范康养旅游的发展。好的环境已然成为当下刚需。走进巨石山生态旅游区，在山水之间能够感受到静谧清幽，为未来的康养旅游增添了诸多发展空间。巨石山素以奇峰、秀水、神石、幽洞、白玉兰"五绝"闻名于世，景区山环水绕，生态资源丰富，竹林似海，松风如涛，枫叶胜火，更有满山遍野的野生白玉兰。走进巨石山森林公园，就是走进了原始世界，仿佛看到梦想中静谧清幽的一泓碧水，辗转于崎岖盘桓的林间小径，留恋着云雾缭绕的雄奇山峦，在一派苍茫的田园中撒欢，在湖畔雨林的虫音中挣脱空间的束缚，去享受释放、随性、自由、逍遥。

森林康养是以森林资源开发为主要内容，融入旅游、休闲、医疗、度假、娱乐、运动、养生、养老等健康服务新理念的一个多元组合，是产业共融、业态相生的商业综合体，是健康产业的一种连锁经营新模式。未来巨石山森林康养旅游发展之路，需要努力搭建旅游与文化共生共享的平台，不断提升生态森林旅游的生态文化含量、生态文化品位、生态文化个性，走出一条以森林生态文化旅游为品牌，以生态旅游区大格局思维为引领，以森林康养旅游活动为载体，以康养文化项目为支撑，以森林研学旅游为动力，以森林开发特色旅游为主题的森林康养旅游发展道路。

要通过综合调研巨石山生态文化旅游区，研判整个区域自然资源与人文资源，依托现有资源开发森林康养旅游产品体系，再适当引入对当地资源无依赖的技术手段与方法等，形成完善的产品组合。同时，开发过程中要从旅游"食、住、行、游、购、娱"六要素出发，再结合"商、学、养、修、情、齐"全新要素，全方位与康养旅游产品融合。

1. 明确的市场定位：吸引目标市场，占据稳定客源

巨石山森林康养旅游产品应该遵循旅游发展规律和旅游市场的需求，分层次和成体系科学地打造，康养旅游产品应分为高、中、低端。这些产品按一定的比例配置，满足多层次的康养旅游市场需求，最终把巨石山打造成为中国特色森林康养旅游目的地。

2. 鲜明的开发主题：突出项目特色，形成品牌形象

巨石山无论是作为综合性康养旅游目的地还是作为一个项目，除了要有明确的市场定位，还必须在定位的基础上结合区域康养旅游资源优势确立鲜明的特色主题，比如是主打温泉疗养、医疗康复，还是主打文化养生、运动养生、中医药养生、饮食性养生等。

主题设计得好坏直接关系到旅游开发的效果。巨石山森林康养旅游主题设计必须突出所开发项目的特色，区别于目标市场的惯常环境。旅游业发展到今天已经不能简单迎合市场需求，而应该制造潮流、引导潮流。在开发过程中也应将定位与主题结合在一起，通过一定的媒体渠道，形成公关效应，吸引目标市场群体。

3. 休闲产业融合：打造巨石山森林康养旅游产业集群

巨石山森林康养旅游可构建一系列"康养+"模式，形成康养旅游多点开花的局面，为健康与旅游融合发展提供坚实的基础。基于动态资源观和产业联动融合观，推进康养旅游与其他现代休闲业和新型业态的全面融合，发展密切相关的休闲度假、康体疗养、养生养老、旅游社区等健康产业经济。构建一个森林康养旅游产业集群，推进和完善森林康养旅游产业链与产业集群，实现巨石山区域旅游业向休闲度假旅游的发展转型。

4. 区域康养发展：突破景区景点旅游单体发展模式

康养旅游强调的是达到全面舒畅身心的目的，因此，巨石山森林康养旅游应该突破以往景区景点旅游单体发展的模式，通过构建全体验旅游产品、全链条旅游产业、全覆盖旅游公共服务、全媒体营销网络的"四全"体系，并充分挖掘巨石山景区项目与菜子湖湿地公园、森林公园间的过渡地带资源的康养价值，按照全域旅游发展理念，构建巨石山区域，将其打造成为一个产品丰富、产业完善、服务健全、营销多维的"森林康养旅游共同体"。

巨石山森林康养旅游应全力依托生态文化底蕴发展旅游，借助森林康养旅游东风，传承魅力文化，打造独具特色的巨石山森林康养旅游发展道路，并以生态文化旅游核心项目建设夯实生态文化传承载体，增强森林康养旅游综合竞争力和生命力；大力推进特色旅游目的地建设，努力打造集文化旅游、休闲体验、创意慢旅、生态旅游、森林康养、休闲度假于一体的复合型生态旅游文化度假产业综合体。

未来发展,以"慢"为本,以"文"为魂,以"特"为主,以"田园风光"为背景,以"民俗特色"为核心,以"优化旅游环境"为目标,积极探索"用传统文化做当代价值"的现实途径,以"创新发展理念"为引领,以"旅游品牌塑造"为突破口,以"旅游热情服务"为形象,以"魅力文化"为守望,以"时代脉动"为坐标,着力打造慢生态、慢生活、慢旅游、慢交通的四大系统格局,助推巨石山森林康养旅游发展。

在当下市场需求推动、优良资源支撑,以及国家政策引导下,巨石山森林康养旅游发展前景大好,巨石山生态旅游区围绕森林康养的相关产业发展,也将迎来一片新蓝海。通过综合调研分析不难看出,森林康养本身不仅仅是一种产业,更是一种健康生活的方式与理念,需要与多种业态融合,并以多种形式与载体呈现出来。所以,森林康养旅游也正是健康养生与不同旅游业态融合发展的结果和体现。巨石山生态旅游区的未来,需要以"康养+旅游+N"的模式不断创造出更加丰富的新型业态,助推康养产业的全面与持续发展。

资料来源:新浪旅游,http://travel.sina.com.cn/domestic/news/2018-01-08/detail-ifyqincv3390240.shtml。

问题:分析巨石山生态旅游区"康养+旅游+N"模式的定位策略。

模块三总结与复习:

1. 旅游市场细分的含义和意义。
2. 旅游市场细分的原则与方法。
3. 掌握旅游目标市场的选择依据与方法。
4. 掌握旅游市场定位的基本步骤和基本策略。

实训活动:以小组为单位开展 STP〔(Segmentation)市场细分、Targeting(目标市场选择)和 Positioning(市场定位)〕营销策划实训活动,主要目标是掌握市场细分、目标市场选择和市场定位的基本概念,熟练掌握市场定位策划的程序。学生为模拟的旅行社进行市场范围圈定,并评价选择目标市场,同时为其进行市场定位。最后,选择某小组学生进行 PPT 展示,并组织讨论与评析。

模块四

旅游营销战略制定

■ 导读

随着市场需求的个性化趋势越来越明显,传统 4P 策略已滞后于旅游营销功能及理念的演变,因此美国著名市场学家菲利浦·科特勒于 1984 年提出的"大市场营销"理论对旅游企业市场营销的指导意义得以逐渐体现。旅游企业高层经营者在这种现代市场营销观念的指导下,在准确把握环境变化趋势的基础上,为实现企业的营销发展目标,而对企业在一定时期内市场营销发展进行总体设想和谋划。旅游营销战略是旅游企业战略管理的重要组成部分,它不同于旅游企业的日常业务管理的战术性决策,而是为旅游企业的日常业务管理指明方向,为日常业务内容做出总体框架性规定。正确有效的战略指导有助于战术性决策的实施和取得良好效果。本模块从旅游产品、旅游价格策略、营销渠道策划及促销策划等方面来说明如何进行旅游市场营销战略制定。

■ 知识目标

理解并掌握旅游产品的概念和构成;掌握旅游产品生命周期理论;掌握旅游产品组合策略;掌握旅游产品品牌策略;熟悉旅游新产品开发策略。

■ 技能目标

能够运用相应理论,通过分析旅游产品所处的生命周期阶段及其特点,制定相应的产品组合策略,打造企业特色旅游品牌,并适当进行新产品的开发。

任务一 旅游产品

知识点:旅游产品概念及内容;旅游产品构成;旅游产品的特点;旅游产品生命周期理

论;影响旅游产品生命周期的主要因素;旅游产品生命周期及营销策略;旅游产品组合概念及作用;影响旅游产品组合策略的因素;旅游产品组合的指标;旅游产品组合策略;旅游产品组合优化;旅游品牌的概念及类型;旅游品牌功能;旅游品牌特征;旅游品牌策略;旅游新产品开发内容;旅游新产品开发原则;旅游新产品开发策略;旅游新产品开发程序。

技能点:运用产品生命周期理论,初步制定旅游企业产品组合策略并适当优化;能够打造旅游企业品牌,形成企业品牌战略;能够根据旅游产品销售情况,适时开发旅游新产品。

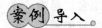

携程:网上产品"烧热"暑期旅游

2004年入夏以来,随着气温的节节攀升,旅游市场重新升温,暑期旅游渐入佳境。这个夏天市民对旅游产品的个性化需求增强,随意性大、个性化的旅游产品得到出游者的大力推崇。

以自由行产品见长的携程旅游网在其"网上度假超市"推出了系列暑期度假产品,市场反响强烈,数据显示,每天均有数百人次预订度假产品,同比上年翻了一倍之多。据悉,此次携程推出了以举家出行的家庭旅行、两人为伴的情侣行及亲子游等为主的特色度假产品。

随着市民生活水平的日益提高,暑期出游的人数也越来越多,从出游的群体看,往年一般以师生为出游主体,2004年则出现了很多利用带薪假期出游的白领群体。对于旅游者来说,无论是在校师生,还是企业白领,每个人在出游时都有自己的个性化需求,包括对酒店、交通、游览景点、游览时间等的不同需求,以往那种几十号人的组团旅游事实上很难满足现代旅游者的个性化需求,市场需要更多可以随意组合搭配的自由行产品。

携程负责人说,此次携程网上推出的暑期度假产品设计新颖、组合随意,既有适合家庭、情侣出游的自助线路产品,也有适合夏天出游的上海、北京等地周边的亲水避暑线路产品;随着香港购物节的来临,携程也推出了专为购物人群设计的诸多香港自由行产品。

暑期市场对旅游业的作用和意义已越来越被旅游企业所重视,面对暑期旅游这块大蛋糕,国内旅游企业只有从旅游者的角度出发,设计开发更多适合暑期旅游者的产品,才有可能吸引更多的出行人士,才能保证在竞争中占得先机。

资料来源:世界大学城,http://www.worlduc.com/blog2012.aspx?bid=17506756。

问题:结合案例分析携程旅游网所采取的旅游产品策略。

第一节 认识旅游产品

在旅游企业市场营销策略中,产品策略是支柱与基础,是旅游企业经营活动的主要因素。现代旅游企业之所以能够生存和发展,主要是由于它们能够提供适销对路、满足旅游者需求的产品。旅游产品策略的正确与否直接影响旅游企业经营的全局。

1. 旅游产品的概念及内容

旅游产品作为旅游企业的经营对象,遍及旅游产业和产业以外的其他行业。旅游景点、旅游商品和娱乐设施满足旅游者游、购、娱的需求，甚至通信、保险、医疗等都可作为一种旅游产品供应旅游市场。可见，旅游产品是旅游业者通过市场提供的，能满足游客一次旅游活动所需要的全部产品和服务的总和，它主要由旅游吸引物、各种产品和服务组成。在一般情况下，旅游产品的概念不包括旅游商品，旅游商品往往是指旅游过程中普通的有形产品，游客能够在旅游过程中通过购买活动带走，它们和旅游产品不同，具有一般商品的共同属性，其经销要适应消费者的购买动机和购买心理。

旅游产品是一次旅游活动中由游客可以体验到的有形产品和无形服务的组合，是由一系列单项产品和服务组成的复合性产品，而各单项产品和服务之间是不可分割的有机整体，它们带给游客的是多要素结合的综合性效用。旅游产品有其独特的时间顺序性和空间定点性，前者指旅游产品的消费是一个循序渐进的过程，后者指游客一定要亲临旅游目的地进行旅游消费，亲身体验感受。旅游产品的生产和消费完全依附游客的旅游活动：旅游活动开始，旅游产品的生产和消费随之开始；旅游活动结束，旅游产品的生产和消费也随之结束。我们可以从三个方面来把握旅游产品的概念。

1.1 旅游产品的整体性

旅游产品是一个多层次的整体概念，是由多种产品和服务组成的综合体，可以把一条旅游线路视为一套旅游产品，除了向旅游者提供各类旅游吸引物以外，还包括整个旅游过程所提供的交通、住宿、餐饮等保证旅游活动顺利进行的各种服务。例如，飞机上的一个座位，旅馆里的一间客房，饭馆的一顿饭，景点内的一次讲解，都是整体旅游产品中的单项产品或服务，亦称单项旅游产品。一般通过旅行社把这些单项旅游产品组合起来，游客也可根据自己的需求购买单项旅游产品，自行组合成整体产品。

1.2 旅游产品的体验性

从游客的角度来看，旅游产品是旅游者花费一定的时间、费用和精力所获得的一段旅游过程的体验。这段体验过程是从游客离开常住地开始到旅游结束，游客对所接触的事物、事件和所接受的各种服务的综合感受。游客角度的旅游产品，不仅仅是其在旅游过程中所购买的床位、交通工具的座位，或是一个旅游景点的参观游览、一次接送和导游服务等，而是旅游者在所有这些方面的总体和综合性的生理和心理的感受。这说明构成旅游产品的诸多单项产品和服务，在质量上应当是同一的，如果厚此薄彼，就会引起产品组合畸形，从而有损于整个产品的形象和价值。

1.3 旅游产品的服务性

从旅游经营者角度来看，旅游产品是旅游经营者凭借一定的旅游资源和旅游设施，向旅游者提供的能满足其在旅游活动中所需要的各种产品和服务。旅游产品主要表现为活劳动的消耗，即旅游服务的提供。旅游服务是旅游行业的员工凭借旅游资源、旅游设施以及其他必要的劳动资料，在旅游活动过程中，为旅游者提供的各式各样的劳务。旅游产品与其他产品的不同，就在于服务的使用价值不是以物的形式来体现其效用，而是通过人的活动、通过提供劳务发挥其效用。旅游产品是以服务形式表现的无形产品。

2. 旅游产品的构成

旅游产品是多种要素组合起来的一种特殊产品，既有产品的一般结构，又有与一般产品不同的要素。

2.1 一般结构

完整的产品是由核心产品、形式产品和延伸产品组成的一个整体。旅游产品就是由众多因素组成的多层次的整体产品。

2.1.1 核心产品

核心产品是基本功能符合消费者追求的基本利益的产品。人们购买产品不是因为产品本身，而是产品能够满足某种需要。因此，核心产品是产品的核心，也是旅游企业营销的根本出发点。旅游产品中真正能满足旅游者需要的是旅游景区，而不是旅游设施和服务，所以旅游产品的核心是经过开发的旅游资源，即旅游景区或旅游事项。

2.1.2 形式产品

形式产品主要是旅游资源的形象、知名度、品牌、特色等。旅游产品的形象、品牌、特色和知名度是产品依托旅游资源及旅游设施产生的外在价值，是激发旅游者旅游动机、引导和强化旅游消费行为的具体形式。不同的旅游产品，由于其旅游资源和旅游设施等方面不同，会导致品位、形象、特色和声誉不同，进而产生产品差异。

2.1.3 延伸产品

延伸产品是旅游者购买产品时所得到的附带服务或利益。旅游地的交通、餐饮、住宿等旅游设施及服务和旅游产品都是为了使旅游者买到满意的核心产品，更好地满足其旅游需要而围绕旅游景区开发和提供的，是旅游产品的延伸产品。

2.2 要素结构

2.2.1 旅游景区

目的地决定着是否能吸引旅游者的注意，唤起旅游者的兴趣，最后产生购买行为。目的地由很多因素构成，包括自然景观，如风景、气候、自然资源、地理特征等；人造景观，如公园、广场、各种建筑等；文化景观，如历史建筑、博物馆、艺术展等；社会景观，如居民的生活方式和习惯、民俗风情等。

2.2.2 旅游配套设施

旅游配套设施是目的地所拥有的与旅游相关的一切因素。正是这些因素使游客可以在目的地停留，这些设施包括：住宿设施，如饭店、度假村等；餐饮设施，如餐馆、快餐店、酒吧和咖啡屋等；购物设施，如购物中心、商场、工艺品商店等；娱乐健身设施，如高尔夫球场、游泳馆等。

2.2.3 旅游购物品

旅游购物品是旅游者在异地购买并在途中使用、消费或带回使用、赠送或收藏的物品，具有实用性、纪念性、礼品性和收藏价值。旅游者在途中购买的商品，除少数作为生活必需品消耗外，大多被旅游者带回家，留作纪念。旅游购物品是旅游收入的重要来源，在旅游产品的设计中不可或缺。

2.2.4 旅游目的地可进入性

旅游目的地可进入性是指影响游客到达目的地的便捷性、安全性和费用等一些因素，例如交通基础设施、公路、铁路运输的基本状况、公共交通的运营规模、速度等。

3. 旅游产品的特点

旅游产品是由若干有形产品和无形服务综合而成的特殊产品，与一般的有形产品和无形服务相比较具有以下明显特征。

3.1 综合性

旅游产品本身是由多种旅游资源、旅游设施以及旅游服务构成的混合物，既包括人工的物品和服务，也包括各种自然地理景观等旅游资源；既有有形产品，又有无形服务；既有物质产品，也包含社会文化的精神产品。旅游产品的综合性是由旅游活动的性质与要求决定的——旅游活动本身是一种社会、经济、文化活动综合而成的生理和心理的体验活动。旅游者的需求是多方面的，旅游业者经营旅游产品的目的是获取利润，因而旅游企业就要想方设法吸引更多的游客，旅游产品包含的内容必然十分广泛。

此外，旅游产品构成的复杂性决定了生产或提供旅游产品的部门与行业的综合性。旅游产品的供给者既包括旅游业中的部门与企业，还涉及旅游业以外的部门与企业；旅游产品既涉及本地区的旅游产品供给者和管理者，也包括其他地区的旅游产品供给者和管理者。旅游产品是一种跨地区、跨行业的综合性产品。

3.2 无形性

从整体来看，旅游产品并不是一件具体的实物，而是游客的一段旅游经历，或者说是一次生理和心理的体验活动。旅游消费并不以游客占有旅游产品为目的，游客购买的是一种无形产品。旅游产品构成中有一部分是具体的有形产品，但服务性的产品供应，如导游、接待服务等，在旅游产品构成中占有很大比重，旅游线路、日程、节目的设计编排，更属于构成旅游产品的不可缺少的软件部分。因此，旅游产品的无形性首先表现在旅游产品的主体内容是旅游服务，一般见不到旅游产品的形体，在旅游者心目中只有一个通过媒体宣传和相关渠道介绍所得到的印象。其次，旅游产品的无形性还表现在旅游产品的价值和使用价值不是凝结在具体的实物上，而是凝结在无形的服务中。只有当旅游者在旅游活动中享受到交通、住宿、餐饮和游览娱乐的服务时，才认识到旅游产品使用价值的大小；也只有当旅游者消费这些服务时，旅游产品的价值才真正得以实现。旅游产品的这一特性表明，在大体相同的旅游基础设施条件下，旅游产品的生产及供应可以具有很大差异，因此旅游产品的深层开发和对市场需求的满足较多地依赖"软开发"，即无形产品的开发，也就是提高旅游服务的质量和水平。

3.3 不可转移性

旅游产品的不可转移性，一是指旅游产品的核心部分在地理空间上不可移动，比如作为旅游产品核心中的景点，其核心效用必须由游客亲自到旅游目的地进行感受和体验；二是旅游产品无法从生产者手中转移到游客手中，因此，游客既不能把旅游产品带走，又不能像购买有形产品一样取得旅游产品的所有权。

3.4 不可储存性

旅游产品的不可储存性是指旅游产品的生产、交换和消费往往与游客的旅游过程同时发生，同步进行。旅游产品不存在一个独立于消费过程之外的生产过程，旅游产品的生产也不表现为产生具体的有形物品，而是通过旅游过程的服务直接满足旅游者的需求。因此，旅游资源、旅游设施与服务的结合才表现为旅游产品，游客购买旅游产品只是取得其消费权。旅游产品的生产必须和游客的旅游过程同步进行，即在旅游过程开始之时，旅游产品按阶段和游客数量同步进行生产。旅游产品生产的同步性注定了旅游营销活动更多的是一种同步性营销，即根据企业供给能力对游客的周期性需求进行削峰填谷，使之与旅游企业的接待能力相适应，尽可能同步。

3.5 波动性

受到多种因素影响，旅游产品的需求会出现时间上的大起大落，这种波动性是由旅游产品的"同步性"和"不可储存性"所共同决定的。造成波动的主要原因有以下几点：一是旅游产品的特点和质量受季节因素的制约，构成了同一旅游景点在不同时期的不同状况；二是游客的出行时间受其闲暇时间的制约；三是旅游消费受经济周期的影响，与人们的经济收入密切相关；四是旅游产品本身构成的错综复杂性，当旅游产品的某个构成要素受阻，也会对旅游产品的整体需求发生影响。

3.6 依附性

旅游产品的原料或资源投入有很大部分属于公共物品，旅游产品对公共物品具有较强的依存性。没有良好的基础设施和相关条件，旅游产品的生产和供给会受到影响。首先，构成旅游产品的自然和文化景观是自然存在或历史遗留的，不能由旅游企业取得所有权。它们是典型的公共物品，任何旅游者都可以自由观赏，任何旅游经营者都可以将其作为自己旅游产品的一部分。其次，旅游产品构成中的基础设施也是公共物品，这些基础设施服务社会大众，在开发旅游产品的过程中，只是部分或暂时使用，其他行业和部门同样有使用的权利。

3.7 外向性

旅游产品的消费是建立在旅游目的地所在地区对外开放的基础上的，如果把旅游产品视为商品，它就是专门用于对外销售的商品。旅游产品的外向性可以说是旅游产品与生俱来的特点，这种特点使得旅游产品存在两大优势，一是换汇成本低，二是不存在贸易壁垒。旅游产品的外向性同时也决定了一国的旅游产品是国际旅游市场中的旅游产品的一部分，它必须与国际旅游市场中其他产品相配合，并参与到国际旅游市场的竞争当中，才能真正在国际市场中实现旅游产品的价值。

小结：本节内容是对旅游产品基本概念和理论的阐述。学生应该形成对旅游产品的初步认知，掌握旅游产品的概念和内容，熟悉旅游产品的一般构成，并且能够理解旅游产品自身的特点。

小组讨论：通过小组讨论形式，分析旅游市场上常见的旅游产品属于旅游产品构成中的哪部分。

第二节 旅游产品生命周期

哈佛大学教授雷蒙德·弗农于1966年首次提出产品生命周期理论。产品生命周期理论认为，与人的生命周期要经历出生、成长、成熟、死亡等阶段一样，产品也会经历一个生命周期过程。该理论提出后被广泛用于产品开发营销领域，后亦被运用于旅游产品的研究。

1. 旅游产品生命周期理论

旅游产品生命周期理论是旅游学中的一个重要理论，它对于旅游企业或有关部门有效利用旅游资源、开发特色旅游产品、制定营销策略具有重要意义。

旅游产品生命周期（life cycle of tourism product），是指某种旅游产品从投放市场，经过成长期、成熟期到最后被淘汰的整个市场过程。一条旅游线路、一个旅游活动项目、一个旅游景点、一个旅游地大多遵循从无到有、由弱至强，然后衰退、消失的时间过程。旅游产品生命周期，在理论上可分为导入期、成长期、成熟期和衰退期四个阶段，如图4-1-1所示。

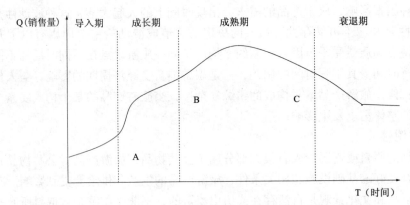

图4-1-1 旅游产品生命周期图

2. 影响旅游产品生命周期的主要因素

旅游产品是一种综合性产品，其生命周期容易受到主客观条件及宏观、微观等各种因素的影响而出现各种情况。

2.1 旅游产品的吸引力

旅游产品的吸引力是决定旅游产品生死存亡的关键因素，它主要体现在旅游产品的旅游吸引物的两大功能上：一是旅游吸引物的吸引功能，它决定了旅游产品对旅游者吸引力的大小；二是旅游吸引物的效益功能，它决定了当地旅游业的发展状况。一般来说，旅游吸引物越具特色就越不可替代，吸引前往的游客就越多，重复旅游的价值就越高，以其为核心构成的旅游产品生命周期就越长，如果该旅游目的地的接待能力弱，那么生命周期就更长。因此，旅游吸引物的吸引力不但强烈地影响着旅游产品的生命周期，而且也直接影响着旅游者的需求和旅游业的发展。从供需角度看，吸引力因素实际是供给因素，决定于旅游产品生产者和经营者。

2.2 旅游目的地的自然与社会环境

旅游产品总处于旅游目的地的特定环境中，因此，旅游目的地的自然环境和社会环境也会对其产生影响。例如，目的地的居民对游客的态度、目的地的自然环境、居住环境的治安和卫生状况、交通是否便捷等都会影响旅游产品的生命周期。就这一意义来说，旅游目的地政府必须树立大旅游的观念，用系统工程的方法来统一规划当地的旅游产品，不仅要重视旅游景区的基础设施和社会环境建设，更要重视当地的精神文明建设，这样才可能使本地区旅游业可持续地高速发展。

2.3 旅游消费者的需求

需求因素作为旅游消费者或潜在消费者的内在动机，是决定旅游产品产生、发展和消亡的最重要的因素之一。旅游消费者的需求受社会经济发展程度、消费者观念的变化、人均收入的增减、新景点的出现、旅游地服务质量等因素的影响，引起客源市场的变化，进而影响着旅游产品生命周期的演变。比如，随着社会的发展，人们的价值观也在发生变化，越来越多的人将旅游作为其生活中不可缺少的内容，在这种大环境下不少旅游目的地迅速发展起来。

2.4 旅游企业的经营环境

旅游企业的经营环境包括内部组织条件、外部经营环境和外部社会环境。这些环境因素对旅游产品生命周期的作用，使得旅游企业对外部社会环境的适应能力，与外部经营环境的协作，自身的组织结构、企业文化和资源获得，共同构成多元环境因子而不断渗入旅游产品之中，成为决定旅游产品生命周期的重要因素，其中企业实施正确的经营策略和方针的能力尤为重要。在旅游业市场竞争日趋激烈的今天，改变经营观念、加大促销与宣传力度、实施正确的产品组合策略和市场细分战略，才可能保持可扩展的客源市场，才能延长旅游产品的生命周期。

3. 旅游产品生命周期及营销策略

3.1 导入期

导入期是指一种全新的旅游产品刚刚进入市场，其所对应的景点、基础设施等还不够完备，各种服务质量还有待提高的阶段。这是旅游产品进入市场的初始阶段，旅游产品的生产设计还有待进一步完善，吃、住、行、游、购、娱六个基本环节有待进一步协调沟通。

在导入期内，旅游新产品正式向公众介绍、投放市场，具体表现为新的旅游景点的开发、新的旅游饭店和旅游娱乐设施的建成、新的旅游线路的开通、新的旅游项目或旅游服务的推出等。对于处于导入期的旅游产品，经营者采取的营销策略应以尽量缩短导入期的持续时间为主要目标，其工作重点应该放在对该产品的介绍和宣传上，目的在于让旅游消费者了解并熟悉它，进而信赖并购买这种产品。导入期的产品主要有以下几种营销策略。

3.1.1 产品策略

旅游企业应根据旅游产品试销的结果进行改进，力求产品尽快定型；同时要注重质量的稳定，质量是旅游产品扩大知名度的基础。

3.1.2 促销策略

由于旅游产品刚进入市场，尚未被旅游者认知和熟悉，因此需要综合运用广告、人员推销、销售促进等各种促销手段，宣传产品的特点及能给旅游者带来的利益，使顾客（包括旅游中间商）尽快认识产品，从而迅速打开销路。

3.1.3 价格策略

根据市场的类型与特点，旅游产品有高价和低价两种定价策略可以选择。很多旅游经营者对新投入的产品采取高价策略，以弥补较高的生产成本和推销费用，并为以后的竞争留有降价的空间；而采取低价策略的旅游经营者认为，低价有助于迅速占领市场，而且能减少潜在竞争者的数量。

3.1.4 销售渠道策略

对于导入期的旅游产品适于采用全方位销售渠道策略，因为旅游经营者难以判断何种销售渠道为最佳选择。全方位销售有利于迅速扩大市场面，使产品较快地进入成长期，并在此过程中探索较理想的销售渠道。

3.2 成长期

成长期的营销目标是保持旅游产品的销售增长率，提高旅游产品的市场占有率。成长期的旅游产品在生产设计和相应的配套设施上均得到了完善，在市场上已具有广泛的认知，服务人员的服务水平也有了普遍提高，潜在的消费者和回头客增多，旅游产品的销量显著提高，而旅游企业用于广告宣传的费用也逐渐减少，这个时期的旅游产品大多可以赢利。成长期主要的营销策略有以下几种。

3.2.1 产品策略

以提高旅游产品质量、完善功能为核心，在提高旅游目的地配套服务、接待能力的同时，开始创立名牌产品，以基本产品为主体继续增加新的产品类型。

3.2.2 价格策略

把价格恢复到正常水平，并配合旅游需求的季节波动，进行适当的价格浮动，根据不同目标市场和地区游客的经济承受能力实行产品差别定价，推动产品更广泛的市场渗透，提高企业的市场占有率。

3.2.3 销售渠道策略

旅游产品销售量的提高和市场的扩大要求企业建立起更加密集、广泛、高效的销售网络，需要企业对前期销售网络进行筛选，并把产品推进到新的分销渠道销售。

3.2.4 促销策略

导入期的促销重点是提高产品知晓度，成长期要把促销的重点转移到品牌的忠诚宣传上，旅游产品的广告目标则是用前期游客的旅游体验经验来增强对后期游客接受旅游产品的说服力。

3.3 成熟期

旅游产品到了成长后期，游客和销售量的增长势头必然放慢，于是进入了旅游产品的成熟期。成熟期又可以划分为增长成熟期、停止成熟期和下降成熟期三个阶段。在整个旅游产品生命周期中，成熟期的时间最长，企业大多数时间面临的是制定成熟期的市场营销策略。在成熟期旅游产品市场开始增长缓慢并逐步饱和，因而市场竞争异常激烈。旅游企业应该根据成熟期的市场特点来制定旅游产品的营销目标和策略。旅游产品成熟期的营销策略可从市场开发策略、产品改革、市场营销策略的调整和促销方式的调整等四个方面来进行。

3.3.1 市场开发策略

市场开发策略可从两点入手：一是发掘现有旅游市场的潜在游客。旅游企业可首先分析旅游产品的现有市场覆盖情况，再研究各细分市场的销售潜力，寻找出空白的区域性细分市场，以及覆盖密度小的细分市场，再针对细分市场游客的特点，制定出相应的营销策略。二是鼓励老游客重新购买旅游产品。给游客以更多的价值，让曾经旅游过的游客产生故地重游的欲望。

3.3.2 产品改革

一是继续提高旅游产品本身的质量；二是适当调整产品组合，增加旅游产品的项目，让游客从中得到新的价值；三是提高旅游产品服务的质量和内容。

3.3.3 市场营销策略的调整

这是企业通过改变旅游产品的价格、分销渠道和促销策略等来促进旅游产品的销售。

3.3.4 促销方式的调整

首先对广告进行调整,比如适当变动旅游产品广告的内容,或者改变所采用的广告媒体;其次是加强人员推销的力度,改进推销人员的推销方法及对推销人员的管理方式,强化推销人员的激励考核方式等;最后是适当增加营业推广措施,比如参加旅游产品展销会,实行旅游产品有奖销售等措施。

3.4 衰退期

旅游产品的衰退期一般是指产品的更新换代阶段。在这一阶段,旅游者丧失了对老产品的兴趣,随着新的旅游产品逐渐进入市场,老产品逐渐被代替。市场竞争突出地表现为价格竞争,价格被迫不断下跌,利润迅速减少,甚至出现亏损。由于衰退期游客数量急剧下降,游客数量有限,不能容纳更多的旅游企业,因此不少竞争实力弱的企业逐渐退出旅游市场。

旅游产品一旦进入衰退期,就意味着产品竞争者推出的旅游替代产品日趋成熟,已经能够完全替代。这一时期主要的战略目标应该是:稳住后期游客,并适当减少营销费用,进行市场收缩,同时积极开发新的旅游产品,以替代衰退期的旅游产品。衰退期的营销策略主要有四种。

3.4.1 主动出击

调整旅游产品的组合,给游客以新的感受和更多的价值,同时增加旅游产品的促销费用,以吸引更多的游客,促使旅游产品的销售再度增长,从而延长产品生命周期。

3.4.2 坚守策略

维持旅游产品原有的营销策略和费用,以不变应万变,静待竞争对手退出市场,这样竞争对手的顾客将转向购买本企业的旅游产品,从而使本企业旅游产品的销售量再度增加,市场占有率再度提高。这实际上是一种消极的防守。

3.4.3 收缩策略

有多种旅游产品组合的旅游企业,可以在分析各种旅游产品的收益和前景的基础上,收缩企业的旅游产品线、市场覆盖面、分销渠道,以减少费用支出,把资金和能力集中于效益好的旅游产品、目标市场和销售渠道。这样会使企业财务状况好转。

3.4.4 放弃策略

与其继续惨淡经营衰退期的旅游产品,不如以退为进,干脆全面放弃衰退期的旅游产品,把企业的资源和能力转移到其他产品上和其他领域中。

小结:本节对旅游产品的生命周期进行了系统阐述,学生应明确如何划分旅游产品所处的生命周期阶段,会分析影响旅游产品生命周期阶段变化的因素,能够针对不同生命周期阶段的旅游产品制定出相应的产品营销策略。

小组实训:以小组为单位,模拟旅行社,针对旅游产品所处的不同生命周期阶段制定产品营销策略。

第三节 旅游产品组合策略

随着游客的需求日益增加,旅游产业的业务不断拓展。为了满足广大游客多样化的需求,更好地促进旅游这一新兴产业的长足发展,人们将旅游产品的营销组合研究提上日程。有效的营销组合策略应该是企业充分做好市场调研工作,然后根据市场需求生产产品,制定合理的价格,采取有效的销售渠道,将产品销售出去,一来满足企业的赢利目的,二来满足消费者的需求。有效的营销组合将成为旅游产品顺利进入市场并且占据市场的推动力。

1. 旅游产品组合的概念和作用

1.1 旅游产品组合的概念

旅游市场营销学中的旅游产品组合是指旅游企业通过对不同规格、不同档次和不同类型的旅游产品进行科学的整合,使旅游产品的结构更为合理,更能适应市场需求,从而以最小的投入最大限度地占领旅游市场,实现旅游企业的最大经济效益。它由产品组合的长度、宽度、深度和关联度所决定。

1.2 旅游产品组合的作用

1.2.1 满足旅游者多样需求

任何一种旅游产品都是用来满足旅游者需求的。旅游企业用不同档次的旅游产品满足不同层次的旅游消费需求,用不同数量的旅游产品不同程度地满足旅游消费需求。旅游企业通过推出不同档次、不同数量的旅游产品组合,便可进入旅游市场,实现企业的经济效益。

1.2.2 树立旅游产品形象

在主导产品的基础上,各大旅行社都会配以一定数量、一定档次的副产品,通过不同的旅游产品组合树立产品的整体形象。例如,中国国际旅行社以经营国际旅游产品为主,中国旅行社的产品主要面向港、澳、台和华侨,中国青年旅行社以经营国际青年旅游为主。主导旅游产品的推出使企业的形象更加鲜明,有利于旅游企业的长远发展。

1.2.3 产生良好的经济效益

如果产品组合适应不了市场需求的变化,即便是高质量的新产品,也不能在短时间内进入市场,而需要花费大量的人力、物力、财力,开展更多的营销工作,其结果往往事倍功半。科学合理的旅游产品组合能适应旅游市场的发展,分散旅游企业投资风险,使旅游产品适销对路,取得较为理想的经济效益。

2. 旅游产品组合策略

2.1 影响旅游产品组合的因素

旅游产品组合在旅游市场营销中具有重要作用,因此旅游企业在组合开发旅游产品时,需考虑以下因素的制约和影响。

2.1.1 旅游市场的需求倾向

市场上不同消费者的需求不尽相同,不同时间和空间的消费者有不同的旅游需求。不论何种市场,其需求总是在时间和空间上不断变化的,旅游市场需求也不例外,在不同的时代和地区,旅游消费者的需求倾向各有特点。这些多样化的旅游需求是旅游企业组合开发旅游产品的重要依据,由于需求是变化的,因而产品的组合也应该是动态的。

2.1.2 旅游企业的目标市场

进行旅游产品的组合开发,就是要使经过组合后的旅游产品系列更具竞争力,更加适销对路,能以最快的速度占领目标市场。对目标市场的准确定位是旅游产品组合开发的先期工作,并对旅游产品的组合开发产生重要影响。

2.1.3 旅游企业的发展规划

从长远看,旅游产品的组合开发不能仅停留在对现有旅游市场的高度迎合上,而应符合旅游企业的发展战略,在既定的规划框架内促进企业发展,重在使旅游产品结构更加科学化和合理化。

2.1.4 竞争对手的现实状况

在进行旅游产品的组合开发时,旅游企业应对市场上的主要竞争企业有深入透彻的了解,借鉴成功的经验模式,全面比较双方的优势和劣势,扬长避短,组合开发出合理而科学的旅游产品。

此外,影响旅游产品组合开发的其他要素还有旅游企业的生产能力、旅游产品生产技术的变动、旅游基础设施状况、政府的态度与政策、其他旅游产品的市场销售情况等。

2.2 旅游产品组合策略的指标

旅游产品组合开发作为一项科学性的工作是有其特定指标的,这些指标主要体现在以下三个方面。

2.2.1 产品组合的广度

产品组合的广度是指旅游企业开发和经营的旅游线路的多少。旅游企业销售的旅游线路多则为宽产品线,反之,则为窄产品线。宽产品线的组合,由于产品丰富程度高、适应性强,可以从多方面满足旅游需求,拓宽市场面,提高经济效益,同时还可以使旅游企业的人、财、物得到有效利用,减少旅游市场变化产生的各种风险,增强旅游企业自身的调节功能和应变能力;窄产品线的组合,则可以使旅游企业集中优势力量,不断提高旅游产品的质量,有利于促进旅游企业专业化水平的提升,降低经营成本。

2.2.2 产品组合的深度

产品组合的深度是指某一条旅游线路中旅游活动项目的多少。旅游线路中包含的旅游活动项目多,则产品组合较深,反之,则产品组合较浅。一般情况下,较深的旅游产品组合,能在旅游市场细分的基础上扩大旅游市场,满足多种类型旅游者的消费需求,提高市场占有率;较浅的旅游产品组合,则便于旅游企业发挥自身特色和专长,以塑造品牌来吸引旅游消费者,增加销售量。

2.2.3 产品组合的关联度

产品组合的关联度是指旅游企业在进行各种旅游产品开发时,诸要素,如饭店、旅游交通、景区、娱乐、购物等方面的一致性。一致性程度高则产品关联度就大,反之,关联度就小。关联度大的产品组合可以使旅游企业与产品的市场地位得到提高,旅游产品的整体形象得以突出,从而有利于经营管理水平的提高。中小型旅游企业比较适合关联度大的产品组合;而那些综合实力强的大型旅游企业集团比较适合关联度小的产品组合,关联度小的产品组合具有一定的垄断性,采取这种组合尽管成本高,但足以保持其在该种产品领域的强势地位。

2.3 旅游产品组合策略

旅游产品组合策略并不是一成不变的,要根据游客的需求进行相应的调整。有效的组合策略有利于旅游产品缩短营销渠道、顺利进入市场。为了能够制定有效的产品组合策略，企业应该从目标市场、消费者需求等方面多渠道制定营销策略。

2.3.1 全面全线型组合策略

这种策略着眼于向所有旅游者提供他们所需要的一切产品和服务。该组合策略又可分为两种情况：一是非关联多系列全面型；二是关联性多系列全面型。一般来说，采用全线全面型组合策略的大多是大型或超大型企业，目标是推出尽可能多的产品捕捉市场机会，促进企业发展壮大。

2.3.2 市场专业型组合策略

市场专业型组合策略，即向某个专业市场或某些旅游者提供所需要的各种产品。采用此种组合策略的旅游企业面对同一市场，比较了解自己的顾客，便于发挥优势，提供令顾客满意的产品和服务。

2.3.3 有限产品线专业型组合策略

该策略就是旅游企业根据自己的专长，集中经营有限的甚至单一的产品线，以适应某种类型的市场需要。采用这种策略的企业，由于是根据自己的专长开展经营活动，重点突出，有助于企业成为该旅游产品线中的优势企业。

2.3.4 特殊专业型组合策略

这种产品组合策略就是旅游企业凭借自身拥有的特殊优势和条件，提供能满足旅游市场需要的某些特殊产品。采用此策略的企业，因其占有的独特优势常能摆脱激烈的竞争，但来自替代品的竞争还是存在的，切不可高枕无忧。

3. 旅游产品组合优化

当旅游企业发现产品出现如下情况时应对产品组合进行优化：旅游企业的生产能力长期过剩；旅游企业的大部分利润来自小部分产品；利润或销售量持续下降。

3.1 扩大产品组合

扩大产品组合包括扩展产品组合的宽度和增加产品组合的深度。前者是在原产品组合中增加一个或几个产品大类，扩大产品经营范围；后者是在原有产品大类中增加新的产品项目和子项品种。旅游企业现有产品的销售额和利润额在未来一段时间内有可能下降，此时就应考虑在现行产品组合中增加新的产品大类，或加强其中有发展潜力的产品大类。这一策略可使旅游企业充分地利用人、财、物资源，分散风险，增强竞争能力。

3.2 缩减产品组合

当市场不景气时，缩减产品组合反而可能使总利润上升。这是因为从旅游产品组合中剔除了那些获利很少甚至不获利的产品大类或产品项目，可使旅游企业集中力量发展获利多的产品大类或产品项目。

3.3 进行产品线延伸

产品线延伸指旅游企业全部或部分地改变原有旅游产品的市场定位，具体表现如下。

3.3.1 向下延伸

向下延伸是指旅游企业原来生产高档旅游产品，后来决定增加低档产品，目的在于利用高档产品的声誉吸引购买力水平较低的消费者购买企业的低档产品。向下延伸策略存在一定风险，有可能使名牌产品的形象受到损害，所以旅游企业的低档产品最好使用新的品牌名称；也有可能激怒生产低档产品的企业，导致其向高档产品市场发起反攻。

3.3.2 向上延伸

向上延伸是指旅游企业原来生产低档旅游产品，后来决定增加高档产品。这样有可能出现如下情况：生产高档产品的竞争者进入低档产品市场；旅游消费者不相信企业具有生产高档产品的能力；企业的销售代理商和经销商没有经营高档产品的能力。

3.3.3 双向延伸

双向延伸是指原定位于中档产品市场的旅游企业掌握了市场优势以后，决定同时向产品大类的上下两个方向延伸，一方面增加高档旅游产品，另一方面增加低档旅游产品。显而易见，产品线的延伸给旅游企业的市场营销提供了机会，使企业能够制定不同价格档次的旅游产品来吸引更多的旅游消费者，满足他们求异求变的心理并减少开发新产品的风险，但同时也可能给旅游企业带来产品品牌忠诚度降低等问题，所以把握延伸的程度至关重要。

小结：本节通过对旅游产品组合策略的讲解，使学生从宏观上认识产品组合。首先对旅游产品组合概念加以介绍，然后分析影响产品组合的因素，明确产品组合的指标，最后提出了旅游企业的产品组合策略。

小组实训：通过小组学习形式，模拟对旅行社推出的旅游产品进行组合，并评价营销效果。

第四节　旅游品牌策略

21世纪是品牌经济时代，如何在竞争激烈的旅游市场中获得旅游者的青睐，获得最佳效益，树立鲜明的品牌形象是关键。品牌是强化旅游产品差异的有力手段，是获得旅游产品竞争力的王牌。品牌策略是世界发达旅游目的地产品营销的一个重要策略，也是很多旅游目的地借助大型活动品牌来创建自己新品牌的成功经验。

1. 旅游品牌概述

1.1 旅游品牌概念及类型

美国市场营销学会对品牌的定义是："品牌是一种名称、术语、标记、符号或设计，或是它们的综合运用，其目的是借以辨认某个销售者或者某群销售者的产品和服务，并使之与竞争对手的产品和服务区别开来。"可见，品牌的定义十分宽泛，包括有形货物、无形服务、零售店、人、机构、地方，等等。

同样，旅游品牌是指用名称、术语，或者符号标记，或者其组合，来识别一个旅游经营者的旅游产品。通过对旅游产品品牌的认知，旅游者能清楚地区别同种旅游产品的供给人群，是旅游者认同感与旅游产品个性结合的产物。它以市场需求为导向，使消费者在游览过程中获得特定的情感体验，从而唤起消费者的认同和共鸣，最终获得竞争优势。从本质上看，旅游品牌是具有高质量、高市场占有率、高信誉、高经济效益的"四高"产品。

旅游品牌集中体现了一个地区旅游业发展水平和旅游产品的开发成果，不仅能够给旅游地带来巨大的社会、经济、文化效益，还有很大的带动性，有助于提升整体的旅游形象，拉动整个地区经济的发展。旅游品牌可以划分为以下几种类型。

1.1.1 公共品牌

公共品牌是指一个特定的旅游目的地的品牌，这种品牌并不为某一旅游企业所独占，而为该地区的旅游企业共享，因而它对区域内的企业具有共享性和非排他性，代表的是目的地旅游产业的公共利益。

1.1.2 企业品牌

企业品牌是单个企业塑造的品牌，旨在打造企业的形象，与旅游企业利益密切联系，是在旅游地品牌基础上的丰富与完善，是公共品牌的个性化。

1.1.3 产品品牌

产品品牌是旅游企业对其推出的单项旅游产品或旅游产品组合所使用的品牌。产品品牌和企业品牌产生的效用相似，但是对于综合性的旅游企业来说，除打造企业品牌之外还需要塑造产品品牌，这样更有利于提高企业的营销效率。

1.1.4 单项品牌

单项品牌是指企业只用于一项旅游产品的品牌，使之与企业推出的其他旅游产品有所区别。

1.1.5 综合品牌

综合品牌是指企业用于产品组合的品牌。

2. 旅游品牌功能

从营销学角度分析，旅游产品品牌具有下列功能。

2.1 打造个性化产品

众所周知，游客对旅游产品的需求具有个性化的特征。游客在旅游活动中享受到的交通、住宿、餐饮、游览及娱乐等服务，在一定程度上往往会和其心理预期存在一定的差距，这就要求旅游企业打造自己的品牌旅游产品，充分考虑游客的心理特征和行为方式，提高服务水平，以换取旅游游客的认可，树立自身的品牌形象。

2.2 细分旅游市场

旅游产品品牌还具备细分旅游市场的功能。游客可以认准品牌去购买旅游产品，旅游企业可免于把差异很大的游客混在一起经营。通过品牌细分旅游市场，可以让游客在出游过程中得到相应的旅游产品和对应的旅游服务。比如经济型酒店就属于大众化旅游产品，适合工薪家庭而非公务游客，希尔顿酒店等高端酒店品牌更适合高收入的商务人士，用两个品牌就将其区别开来，不同细分市场的游客认牌消费，各入其店，提升了游客对旅游产品品质的认可。

2.3 增加产品溢价

旅游产品具有无形性的特点，旅游产品品牌可以使游客感受不同的服务的差异。品牌旅游产品可以给予游客优质产品的享受和特殊的心理效用，品牌依据优质优价的原则制定较高价格，溢价销售后可获取高附加价值。由于品牌旅游产品能够满足游客高层次消费需求，游客对高品质旅游产品的需求价格弹性往往也比较小，因而这些游客对价格不敏感。

2.4 提高市场壁垒

品牌旅游产品强调的是产品的品质差异，因此具有相对细分市场供给的垄断优势。不同品牌的产品差异越大，消费者就越会对某些品牌形成一定的偏爱，从而使品牌旅游产品形成稳定的消费群体。这样，就会排斥非品牌产品供给者的进入，提高潜在竞争者进入市场的壁垒，形成品牌旅游产品的相对垄断优势。

2.5　提升游客的忠诚度

游客一旦认同某品牌，就会产生深深的信任感，形成认牌消费，成为企业的忠诚顾客。一些游客一旦住过某品牌酒店并感受良好，甚至可能成为该产品的终生顾客。

3. 旅游品牌的特征

3.1　独特性

旅游品牌以丰富的旅游资源为依托，以当地独特的文化为内涵，因此具有鲜明的地域特色，这也是吸引旅游者的根本原因。例如，代表上海的"东方明珠"，代表河南的嵩山少林寺，代表中国的万里长城，代表法国的埃菲尔铁塔。这些独特的旅游资源造成了旅游品牌的差异性，是旅游品牌具备竞争优势的前提。

3.2　文化性

文化是品牌的灵魂，具有深厚文化底蕴的旅游品牌才具有持久的吸引力。一个旅游品牌的魅力大小更多的是由其背后隐藏的文化决定的。人们常说，"韶山美，没有毛主席的故居美；月亮美，没有月宫里的故事美"。可见，旅游品牌只有深入挖掘其文化内涵，才能具有更持久的竞争力。

3.3　整体性

旅游品牌的整体性是由旅游产品的综合性决定的。它是一个由旅游企业品牌、旅游产品品牌、旅游目的地品牌、旅游服务品牌组成的动态的、复杂的系统。作为一个多方面有机联系的整体，旅游品牌必须是资源、环境、基础设施等有形资源，以及文化、价值观、品牌形象、服务等无形资源的整合与提炼。

3.4　市场导向性

旅游品牌在一定程度上代表着高知名度、高美誉度，代表着优质的服务、良好的形象，一般具有旅游导向功能，能够吸引旅游者前来旅游，或者吸引投资者进行旅游项目投资，带来消费效应与经济效应。

3.5　延展性

旅游品牌的延展性是指以旅游品牌知名度和影响力的扩大为突破口，带动相关产业的发展，从而推动整个地区经济的快速发展。例如，晋商大院和平遥古城的强劲发展势头就带动了晋中甚至整个山西旅游业的快速发展，进而提升了山西这一整体旅游品牌的影响力。

4. 旅游产品品牌策略

旅游品牌策略就是一种旅游品牌推介活动，是以旅游品牌为对象，在动态了解市场营销环境的基础上，发现消费者的需求，借助特定的旅游产品及服务创造品牌价值来提高市场占有率的营销过程。简单地说，旅游品牌战略就是一种营销手段，是将旅游品牌深刻印入旅游者心中，影响旅游者心理，形成竞争优势的过程。

4.1　品牌意识：整体观念

从整体产品观念来看，旅游产品应包括核心产品、形式产品和延伸产品。旅游产品更注重的是其形式产品和延伸产品部分,旅游消费者更注重的是旅游过程中的信用和服务。旅游服务贯穿整个旅游产品交易的全过程。因此,在实施旅游产品品牌策略时应充分注重旅游前、中、后期的整个过程。

4.2 品牌创建:标记策略

旅游产品的品牌要易读、易记、易听、易写,这就要求品牌的名字要简洁,有寓意,避免通俗化,要有鲜明的个性,能迅速、直观地反映旅游产品的规格和质量。例如,我国旅游品牌中,万里长城、紫禁城、秦始皇兵马俑、敦煌、布达拉宫被称为"中国五绝"。

4.3 品牌诊断:量化考核

品牌诊断是旅游企业开展品牌营销的基础工作。通过诊断,企业可以准确了解品牌建设工作的起点,确定科学的品牌个性特征及品牌发展目标。在诊断品牌现状时,借助于品牌价值指标,可从以下三方面着手:一是消费者情况,包括消费者对品牌的态度以及消费者对品牌的看法;二是品牌的内部管理情况,包括企业有无专职的品牌管理人员,企业如何管理品牌;三是品牌成长的外部环境,即品牌产品销售时面临的市场环境。

4.4 品牌定位:市场空缺

品牌定位就是在品牌诊断的基础上,针对消费者的心理采取行动,将品牌的功能、特征与消费者心理需要联系起来,使品牌进入消费者的视线,并引起消费者的注意和爱好。旅游企业面临的是一个庞大的市场,在这个市场中,消费者的需要、爱好、特征存在一定差异。企业进行品牌定位,关键要结合自己的长处,选准市场上的空当,树立一个独特、鲜明、新颖的特殊形象。

4.5 品牌延伸:多元沟通

旅游企业要占领市场,必须以高品质的服务质量为前提。在市场竞争日趋激烈的今天,"酒香不怕巷子深"的观念已经与时代脱节。因此,旅游企业要善于通过对外传播和对内沟通,全方位、多渠道、多角度、多层次地进行品牌宣传,系统开发品牌信息载体,大力宣传品牌信息,以扩散旅游企业品牌形象。在传播品牌信息时,除了目前常用的电视、报纸、杂志、广播、网络等大众传播媒体外,还应重视开发各类"自控"媒体。

山东十大文化旅游目的地品牌产品公布

"O2O泰山会盟"(以下简称会盟)为广大旅游企业运用互联网思维谋发展提供了一个广阔的平台。会盟重点推出山东十大文化旅游目的地产品,进一步整合山东文化旅游资源,将博大精深的齐鲁文化与风光秀丽的自然资源完美结合,倾力打造"好客山东"品牌下的又一个"金字招牌"。

东方圣地

品牌定位:以曲阜和邹城为主体,形成以儒学朝圣、修学体验为主要内容的国学研修文化旅游目的地。产品推荐:习儒拜圣研学之旅。

平安泰山

品牌定位:以大泰山旅游圈和大汶河流域为主体,形成"国泰民安"祈福文化旅游目的地。产品推荐:"平安泰山,休闲泰安"三日游。

天下泉城

品牌定位:以济南市区为主体,形成泉文化体验休闲旅游目的地。产品推荐:"古城泉韵"两日游。

水浒故里

品牌定位:以梁山、郓城、阳谷、东平等为主体,形成"忠、义、侠、武"为内涵的水浒文化旅游目的地。产品推荐:东平水浒影视城+水泊梁山+水浒好汉城三日游。

亲情沂蒙

品牌定位:以临沂为主体,形成红色文化体验、绿色生态休闲的文化旅游目的地。产品推荐:1."亲情沂蒙"两日游经典线路;2."亲情沂蒙"三日游经典线路。

仙境海岸

品牌定位:以青岛、烟台、威海、日照为主体,形成独具道家养生特色的国际温带海滨休闲度假文化旅游目的地。产品推荐:"仙境海岸"青烟威日五日游。

齐国故都

品牌定位:以淄博为主体,形成展示和体验"人本齐风"开放包容的文化旅游目的地。产品推荐:穿越齐国故都、品味琉风陶韵之旅。

儒风运河

品牌定位:以京杭大运河山东段为主体,形成"诚信、仁义、包容"为内涵的儒风运河文化旅游目的地。产品推荐:"儒风运河"聊城光岳楼、山陕会馆、东昌湖、夏津黄河故道森林公园、武城老船闸两日游。

黄河入海

品牌定位:以黄河山东段沿岸各市为主体,形成黄河文化、生态文化、兵学文化、民俗文化旅游目的地。产品推荐:1. 健康休闲游产品;2. 低碳环保游产品。

华夏龙城

品牌定位:以诸城为主体,形成国际著名的恐龙文化体验和地质奇观展示文化旅游目的地。产品推荐:"放飞梦想"潍坊精华三日游。

资料来源:大众网,http://tour.dzwww.com/lvnews/201504/t20150420_12248864_1.htm。

问题:山东旅游目的地的品牌定位对当地旅游发展会产生哪些影响?

插入视频:《好客山东》

小结:通过本节的学习,使学生理解确立旅游品牌对于旅游企业的重要性和意义。通过理解旅游品牌的概念,熟悉旅游品牌的特征,了解旅游品牌特点,最终掌握如何制定旅游企业的品牌战略。

小组讨论:以小组为单位,组织学生搜集网站上的相关信息资料,整理旅游市场中常见的旅游地区或旅行社推出的优秀旅游品牌产品。

第五节 新产品开发策略

旅游业是一个食、住、行、游、购、娱各环节相连的行业,提高旅游产品的开发程度,意味着所有相关行业产品开发水平和其他行业产品整合水平也随之提高。我国旅游企业的从业者应该把新开发能力当作企业核心竞争力来提升。

1. 旅游新产品开发内容

旅游企业应该拥有成熟期的旅游产品、成长期的旅游产品，还有正在开发的旅游产品，以保持自身的未来可持续。旅游企业应该未雨绸缪，及时分析市场环境，预测旅游产品所处的生命周期阶段，前瞻性地适时进行旅游新产品开发。旅游新产品的开发，主要包括两个方面的内容，即对旅游地的开发和旅游线路的开发。

1.1 旅游地开发

旅游地是旅游产品的地域载体，是游客的目的地。旅游地开发是在旅游经济发展战略指导下，根据旅游市场需求和旅游产品特点，对区域内旅游资源进行规划，建造旅游吸引物，建设旅游基础设施，完善旅游服务，落实区域旅游发展战略的具体措施等。旅游地开发通常可分为以下五种形式。

1.1.1 自然景观为主的开发

此类开发以保持自然风貌的原状为主，主要进行道路、食宿、娱乐等配套设施建设，包括环境绿化、景观保护等。如一个地区的特殊地貌、生物群落、生态特征都是可供开发的旅游资源。自然景观不必一定具备良好的生态环境，只要具有特点也可以成为成功的旅游景点。自然景观式景点的开发必须以严格保持自然景观原有面貌为前提，控制人造景点的建设量和建设密度，自然景观内的基础设施和人造景点应与自然环境协调一致。

1.1.2 人文景观为主的开发

此类开发是对残缺的文化历史古迹进行恢复和整理，一般需要较大的投资和较高的技术。对于具有重要历史文化价值的古迹、遗址、园林、建筑等，运用现代建设手段，进行维护、修缮、复原、重建等工作，使其恢复原貌后，自然就具备了旅游功能，成为旅游吸引物。人文景观的开发一定要以史料为依据，以遗址为基础，切忌凭空杜撰。

1.1.3 原有资源和基础上的创新开发

此类开发是旅游企业利用原有资源和开发基础的优势，进一步扩大和新添旅游活动内容和项目，以达到丰富特色、提高吸引力的目的。比如在湖滨自然景观中，增添一些诸如飞行伞、划艇、滑水等水上运动项目，不仅未破坏原有景观，还可以和原有的湖光山色相映成趣，成为新的风景点。

1.1.4 非商品性旅游资源开发

非商品性旅游资源是指地方性的民风、民俗、文化艺术等，它们是旅游资源但不是旅游商品，本身并不是为旅游而产生，也不仅仅为旅游服务。这类旅游资源的开发涉及的部门和人员较多，需要进行广泛的横向合作，与有关部门共同挖掘、整理、改造、加工和组织经营，在此基础上开发成各种旅游产品。需要注意的是，这些地区一旦成为旅游目的地，会有大量游客进入，可能会改变原地居民的生活方式和习俗，对当地的文化生态造成较大的污染。

1.1.5 用现代科学技术进行旅游开发

这类开发是通过运用现代科学技术所取得的一系列成就，经过精心构思和设计，再创造出颇具特色的旅游活动项目，如迪士尼乐园、"未来世界"等就是成功的例子。现代科技以其新颖、奇幻的特点，融娱乐、游艺、刺激于一体，大大开拓和丰富了旅游活动的内容与形式。

1.2 旅游线路开发

旅游线路是旅游产品的具体表现，也是对单个旅游产品进行的组合，是旅游地向外销售的具体形式。旅游线路开发就是把旅游资源、旅游吸引物、旅游设施和旅游服务按不同目标游客的需求特点进行特定组合。在旅游线路的组合中，单项旅游产品只是其中的一个产品类型，开发者并不对单项旅游产品进行实质性的改动，而是考虑不同游客的需求特点、支付能力进行相应的搭配而已。我们可以从不同角度对旅游线路开发进行分类。

（1）按旅游线路的性质，可以分为普通观光旅游线路和特种专项旅游线路，当然也可以是二者结合的混合旅游线路，比如在度假旅游中加入观光。

（2）按旅游线路的游览天数，可以分为一日游线路与多日游线路。

（3）按旅游线路中主要交通工具，可以分为航海旅游线路、航空旅游线路、内河大湖旅游线路、铁路旅游线路、汽车旅游线路、摩托车旅游线路、自驾车旅游线路、自行车旅游线路、徒步旅游线路，以及几种交通工具混合使用的综合型旅游线路等。

（4）按使用对象的不同性质，可分为包价团体旅游线路、自选散客旅游线路、家庭旅游线路等。

2. 旅游新产品开发的原则

在旅游新产品开发中，无论是对旅游地的开发，还是对旅游路线的组合，都要对市场需求、市场环境、投资风险、价格策略等诸多因素进行深入分析。通过对这些因素的分析和比较，可产生一系列旅游产品设计方案和规划项目，然后从中选择既符合市场旅游者的需要，又符合目的地特点，既能形成特殊的市场竞争力，企业又有能力运作的方案和进行开发的项目。旅游新产品开发必须遵循以下原则。

2.1 市场观念原则

旅游新产品的开发必须从资源导向转换到市场导向，以旅游市场需求作为出发点，牢固树立市场观念。树立市场观念，一是要根据社会经济发展及对外开放的实际状况，进行旅游市场定位，确定客源市场的主体和重点，明确旅游新产品开发的针对性，提高旅游经济效益；二是根据市场定位，调查和分析市场需求和供给，把握目标市场的需求特点、规模、档次、水平及变化规律和趋势，形成适销对路的旅游新产品；三是针对市场需求，对各类旅游产品进行筛选，进行加工或再创造，然后设计、开发和组合成具有竞争力的旅游新产品，并推向市场。总之，树立市场观念，以市场为导向，才能使旅游新产品开发有据有序，重点突出，确保旅游新产品的生命力经久不衰。

2.2 效益观念原则

旅游业作为一项经济产业，在其开发过程中必须始终把提高经济效益作为主要目标，同时还要讲求社会效益和环境效益，也就是要从整个开发的总体水平考虑，谋求综合效益的提高。

树立效益观念，一是要讲求经济效益。无论是旅游地的开发，还是某条旅游路线的组合，都必须先进行项目可行性研究，认真进行投资效益分析，不断提高旅游目的地和旅游线路投资开发的经济效益。二是要讲求社会效益。在旅游线路产品设计中，要考虑当地社会经济发展水平，考虑政治、文化及地方习惯等因素，考虑人民群众的心理承受能力，要能形成健康文明的旅游活动，能促进地方精神文明的建设。三是要讲求生态环境效益。按照旅游产品开发的规律和自然环境的可承载力，以开发促进环境保护，以环境保护提高开发的综合效益，从而形成"保护—开发—保护"的良性循环，创造出和谐的生存环境。

2.3 产品形象原则

旅游产品是一种特殊商品。它是以旅游资源为基础，对构成旅游活动的食、住、行、游、购、娱等各种要素进行有机组合，并按照客源市场需求和一定的旅游线路而设计组合的产品。

树立产品形象观念，一是要以市场为导向，根据客源市场的需求特点及变化，进行旅游产品的设计；二是要以旅游资源为基础，把旅游产品的各个要素有机结合起来，进行旅游产品的设计和开发，特别是要注意在旅游产品设计中注入文化因素，增强旅游产品的吸引力；三是要树立旅游产品的形象，提升旅游产品的品位、质量及规模，突出旅游产品的特色，努力开发具有影响力的拳头产品和名牌产品；四是要随时跟踪分析和预测旅游产品的生命周期，根据不同时期旅游市场的变化和旅游需求，及时开发和设计适销对路的旅游新产品，不断改造和完善原有旅游产品，从而保持旅游业的持续发展。

3. 旅游新产品开发策略

旅游新产品开发最直接的表现形式就是景区的开发建设。一个旅游地要进行旅游新产品开发，必须凭借其旅游资源的优势，或保护环境，或筑亭垒石，使之成为一个艺术化的统一游赏空间，让原有风光增辉添色，符合美学欣赏和旅游功能的需要。根据人工开发的强度及参与性质，旅游新产品开发的策略可分为以下几种。

3.1 资源保护型开发

这类开发指对于罕见的自然景观或人文景观，旅游企业进行完整的、绝对的保护或维护性开发。有些景观因特殊的位置不允许直接靠近开发，而只能作为观赏点，其开发效用只能在周围景区开发中得以体现，对这类旅游地开发的要求就是绝对地保护或维持原样。

3.2 资源修饰型开发

这类开发指对一些旅游地通过人工手段，适当加以修饰和点缀，起到"画龙点睛"的作用，使风景更加突出。如在山水风景的某些地段修筑亭台；在人文古迹中配以环境绿化等。

3.3 资源强化型开发

这类开发指在旅游资源的基础上，采取人工强化手段，烘托原有景观景物，以创造一个新的风景环境与景观空间。如在一些自然或人文景点上搞园林造景，修建各种陈列馆和博物馆，以及各种集萃园和仿古园等。

3.4 资源再造型开发

这类开发是利用旅游资源的环境条件或基础设施条件，打造一些人造景点和景观形象。如在一些交通方便、客流量大的地区兴建民俗文化村、微缩景区公园，或在人工湖泊上修建亭台楼阁等。

4. 旅游新产品的开发程序

旅游新产品开发是一个从收集新产品的各种构思开始,到把这些新产品最终投入市场为止的有计划、有目的的系统过程。这个过程一般经历七个步骤。

4.1 构思产生

旅游企业要围绕本企业长期发展战略和市场定位,确定新产品开发的重点,确定旅游新产品的创意和构思。开发旅游新产品首先要有充分的创造性构思,才能从中发掘出最佳的可供开发的项目。旅游新产品构思的来源包括旅游者、旅游中间商、旅游营销人员等,也包括市场竞争对手、行业顾问、管理顾问、广告公司等。

依照传统市场营销观念,顾客的需求和欲望是寻找新产品构思的合乎逻辑的起点。旅游从业人员在旅游产品的生产和销售过程中,与顾客交往密切,最了解顾客的需要;经销或代理旅游企业产品的中间商掌握着顾客需求的第一手资料和大量供给方面的信息;企业竞争对手往往能给经营者很好的提示,所有这些方面都是旅游新产品构思的重要来源。旅游企业或相关组织能否收集到丰富的新产品构思,关键在于是否有鼓励以上各类人员及组织提出各种构思的奖励办法,以及内外部沟通的有效程度。

4.2 构思筛选

收集到的新产品构思并非都是可行的,要经过筛选尽快形成有吸引力的、切实可行的构思,以免造成时间和成本的浪费。对新产品构思的筛选过程包括:对资源的总体评价,评估设备设施状况、技术专长及生产和营销某种产品的能力;评估新产品构思是否符合组织的发展规划和目标;对财务进行可行性分析,分析是否有足够的资金发展新产品;分析市场性质及需求,判明产品能否满足市场需要;分析竞争状况和环境因素。筛选和审议工作一般要由营销人员、高层管理人员及专家进行,利用产品构思评价表,就产品构思在销售前景、竞争能力、开发能力、资源保证、生产能力、对现有产品的冲击等方面进行加权计算,评定构思的优劣,选出最佳产品构思。

4.3 概念测试

产品构思并不是一种具体产品,是经营者希望给市场的一个可能产品的设想,而产品概念则是用有意义的消费者术语表达和描述出来的构思。因此,一个构思可能形成几个产品概念。概念测试就是对形成的产品概念进行测试。这个步骤可以用文字、图片、模型或虚拟现实软件等形式提供给消费者,然后让消费者回答一系列问题(如调查问卷),使经营者从中了解消费者的购买意图,以便确定对目标市场吸引力最大的产品概念。

4.4 商业分析

所谓商业分析,就是测试一种产品概念的销售量、成本、利润额及收益率,预测开发和投入新产品的资金风险和机会成本,预测环境及竞争形势的变化对产品发展潜力的影响,预测市场规模,分析消费者购买行为。旅游企业对新产品开发的商业分析可采用两种方式,一种是由企业内部的营销人员和专家进行分析;另一种是利用企业外部的专家或研究机构进行商业分析。在这一阶段,旅游企业必须做出关于营销战略的初步决策,如目标市场定位、营销目标、主要的促销决策等,这比筛选工作更复杂,要求的精确度更高。

4.5 产品研发

在进行产品的设计与开发时,要考虑新产品的功能和质量两方面的决策。功能决策包括新产品的使用功能、外观功能及地位功能的决策;质量决策需要注重新产品的适用性及经济性。例如,建一座旅游饭店,要考虑其地理位置、交通条件、饭店的设计与建筑、设施设备的布局、职工的招募等多方面因素。旅游产品在研制开发过程中需要进行反复测试。旅游企业或其他相关组织可邀请国内外旅游专家、经销商和旅游记者以及少量游客进行试验性旅游,并请他们提出意见,以便修改新产品使其更加完善。

4.6 产品试销

试销是把开发出来的新产品投放到市场进行试验性营销,了解旅游者的反应,从而把新产品失败的风险降到最低。试销可将新产品投放到几个细分市场,以此确定重点目标市场。同时,旅游企业要根据搜集到的市场反馈信息,不断改进产品的内容和形式,以更好地适应市场的需要。此外,旅游产品有其自身的特殊性,旅游企业要事先做好充分的市场调研,根据市场需求去进行选址、设计、建造和布局,试营业后在服务项目、服务内容和方式、服务质量等"软件"上不断改进,才能确保新产品成功地全面投入市场及未来的顺利发展。

4.7 商品化

新产品通过试销取得成功后,就要全面投入市场,即进入产品生命周期的导入期阶段。在这一阶段,旅游经营者应注意投入新产品的时间、目标市场、销售渠道等方面,即何时、何地、用什么方法、投入什么市场的问题。旅游企业需要制订一个把新产品引入市场的实施计划,在营销组合要素中分配营销预算,同时正式确定新产品的各种规格和质量标准、新产品的价格构成、新产品的促销和销售渠道。旅游新产品投放到市场后,还要对其进行最终评价,通过搜集旅游者的反映,掌握市场动态,检查产品的使用效果,为进一步改进产品和市场营销策略提供依据。

小结:本节内容的学习可以帮助学生把握旅游新产品的营销策略。首先对旅游新产品的内容进行了相关介绍,指出推出旅游新产品应遵循的原则,其次分析了旅游企业的新产品战略,最后阐述了新产品产生的整个过程。

小组实训:以小组为单位,在遵循旅游新产品开发原则的基础上,制定新产品战略;尝试按照程序设计新产品,并加以评价。

任务一小结:本任务逐一对旅游产品的基本概念和营销策略进行了详细的介绍。作为旅游市场营销组合四大要素之一的旅游产品,不仅是旅游企业赖以生存和发展的基础,也是旅游企业开始其经济活动的出发点。制定合理、有效的旅游产品组合策略,直接决定着旅游产品品牌的建立和新产品的开发。本任务在介绍旅游产品概念、构成、特点及产品体系之后,介绍了产品生命周期,并明确了不同生命周期阶段的旅游产品应采取的营销策略。此外,介绍了旅游新产品的开发技巧和旅游产品品牌战略。

拓展阅读

基于体验经济的文化旅游产品组合开发研究——以无锡灵山小镇·拈花湾为例

近些年来,在体验经济时代背景下,体验化旅游产品的开发成为趋势。游客已不满足于以资源为导向、停留在表层开发、缺乏文化内涵的粗放型观光旅游方式,而是追求一种能深入参与、文化体验独一无二、注重情感需求满足的强吸引、深层次、高品位的复合型文化旅游产品。无锡灵山小镇·拈花湾作为华东旅游线上推出的文化旅游产品，自 2015 年 11 月开园以来，通过对中国传统禅文化的创新性解读和运用，展示了一个融合佛教理念和东方禅意景观的唐风宋韵小镇，打造了一个集休闲度假娱乐及身心调适于一体的"心灵 SPA 牧场"，开创了一个独具东方禅意文化内涵的世界禅意旅居度假目的地，填补了国内旅游行业特色禅意文化旅游体验的空白。文化旅游产品体验化开发步骤如下。

一、体验规划阶段：精准定位和深度黏合产品是关键

体验规划阶段是整个文化旅游产品方案论证和思路的形成阶段。这一阶段解决的核心问题是以怎样的方式打造一块文化旅游金字招牌，从巨大的文化系统中挖掘何种文化符号，符号间又该怎样组合才能具有整体的文化意义。拈花湾产品在定位和组合上很好地解决了这些问题。

（一）从旅游消费心理出发，内容定位精准。现代人工作节奏快、生活压力大，城市化进程带来城市规模的迅速扩张，造成城市对现代人的重重挤压。这种情形下，满足人们暂时逃离现实生活、感受一种新的生活环境、让心灵加油和放飞的旅游消费成为市场需求。拈花湾的"禅生活"，修的是生活禅，是将禅的精神、智慧和日常生活的一箪食、一杯饮、一拈花、一坐忘、一行走联系起来，让现代人在园区的禅意生活体验中开悟，从而解除生活中的各种困惑、烦恼和心理障碍，得到宁静自在。

（二）从旅游企业品牌建设出发，品牌定位精准。拈花湾主打的是禅意文化，禅是我国佛教文化的精髓，也是佛教传入中国后的本土化表现，其要义体现在典籍、思想、诗歌、书法、绘画、音乐、武术、中医、农耕、素食、茶道中，可谓博大精深。

（三）从地域文化命脉出发，文化基因定位精准。无锡地处江南，"南朝四百八十寺，多少楼台烟雨中"是对旧时江南佛教盛况的真实写照，佛教文化始终存在于吴地江南文化的基因里。拈花湾所在的马山半岛是佛文化、吴文化与湖岛风光完美结合的大善大美之地。当地一草一木禅味十足，适合打造一个东方禅意的度假小镇。

（四）从旅游市场发展趋势来看，业态定位精准。"小灵山"——灵山小镇·拈花湾的旅游业态是一座禅意文化休闲度假园区，是集观赏、养生、游玩、娱乐、度假、商旅会议等为一体的大型创意旅游综合体。其收益不是依赖"门票经济"，是从"门票经济"到"产业经济"。该业态定位标志着灵山文化旅游建设从观光型向深度体验型、休闲度假型跨越，从"国内知名文化旅游景区"向"国内一流、国际知名的创意文化旅游产业集成服务商"跨越，顺应了我国旅游市场"旅游 + 文化创意"的发展大势。它有别于"大灵山"——灵山胜境的佛教文化景区，灵山胜境景区为游客提供的是佛教文化景观，目前收入主体仍是门票。

二、体验导入阶段：迅速"吸粉"和提升知名度是根本

导入阶段是文化旅游产品上市并逐步形成影响的阶段。此时新产品销售渠道和体验服务还不够健全，产品性能不稳定，游客对新推出的产品不了解、信任度低，体验购买者少。对此，拈花湾则通过一系列宣传推广策略来增加产品曝光率和"吸粉"，以迅速渗透文化旅游市场。

（一）新媒体平台推广。通过在微博、微信公众号、BBS、SNS 社交网站等新媒体上发布讨论话题，吸引更多的网络受众参与其中。如通过中国灵山胜境、灵山小镇·拈花湾、无

锡马山在线、新浪江苏旅游、无锡市旅游局等开辟的新浪微博，图文并茂地实时推送和更新拈花湾的相关信息；借助无锡灵山胜境（灵山汇）、灵山小镇·拈花湾的微信公众号及时更新拈花湾旅游资讯，并且公众号设立专门在线客服，解答游客提出的问题；开放无锡灵山胜境官方"粉丝"社区，让游客在这个平台上分享游记和心得；在无锡当地最大的社交论坛——二泉论坛发布"灵山小镇·拈花湾"置顶帖。

（二）热点事件推广。文化旅游企业通过策划、组织和利用具有新闻价值、社会影响的事件，吸引媒体、社会团体和旅游消费者的兴趣与关注，以提高企业与产品的知名度、美誉度，并最终促成产品及服务销售。首先，借助世界佛教论坛高调亮相拈花湾，充分运用各种宣传媒体和当代传媒手段，迅速提升国内外对拈花湾的关注度。其次，借助大型公益活动，提升拈花湾的口碑。拈花湾联合中国灵山公益慈善促进会、灵山慈善基金会和无锡市志愿者总会一起策划"为爱行走，善行无锡"大型公益活动，来彰显拈花湾"善行天下"的社会公众形象。最后，借助与同程旅游"奔跑吧兄弟"合作，打造"真人秀综艺节目+中国专业休闲旅游预订平台+大型文化创意旅游综合园区"三大资源整合平台，吸引更多拈花湾的客户。

（三）名人效应推广。名人效应本身即为品牌效应，名人的出现可以引人注意和扩大影响，名人的影响力和示范作用可以刺激和带动大众消费。首先是文化名人的引导。拈花湾开园后迎来多位文化名人，如超人气"萌和尚"延参法师来实地考察，其乐观自信的性格和"传递快乐，健康生活"的形象，与拈花湾品牌形象不谋而合；中华茶道文化研究会会长、中华茶道南山流宗主马守仁及其弟子到拈花湾行禅、坐禅、茶禅，深度阐释了禅的妙义，深化了拈花湾产品的内涵；中国插花花艺协会常务理事、"2009时尚中国"十大花艺师刘若瓦到拈花湾带领"花粉"们体验禅意"三雅道"之花道。这些名人的到来为宣传拈花湾文化旅游产品起到了积极引导和造势作用。其次是旅游意见领袖的影响。意见领袖社交范围广，拥有较多的信息渠道，是首先或较多接触大众传媒信息的人群，对大众传播的接触频率高、接触量大。通过邀请各线上线下的旅游意见领袖，如旅游行业组织专家、旅游机构经营者、旅游地理杂志专栏作家、自媒体签约作者、旅行玩家等来体验拈花湾产品，在微博、微信上推送相关美文图片，刺激和引导消费者来拈花湾进行体验消费。

三、体验成长阶段：创新产品开发和延伸产业形态是王道

在文化旅游产品体验化开发成长期，由于市场竞争日益激烈，旅游企业在进一步提升产品品质的同时，应该积极拓宽市场，创新产品开发，改进产品性能，延伸产业形态。

（一）开展MICE会奖旅游活动。拈花湾目前拥有13家形态各异、风格不同的特色禅意客栈及由10个场馆构成的会议中心，在建的多家禅意村舍即将完成，多个禅意岛屿正在开发，具备承办会展节庆旅游活动的基本条件。其中，会议中心不仅是世界佛教论坛的配套设施，同时也是一个开放的、多元化的国际文化艺术交流中心。

（二）策划婚庆旅游套餐。依托无锡连续5年成功举办"婚博会"的良好市场环境和客源群，精心策划针对不同需求人群的拈花湾特色主题婚庆活动。如年轻人群的新婚游度假套餐，老年人群的金婚游、夕阳游度假套餐，已婚夫妇结婚纪念游套餐。结合拈花湾所在地的万顷太湖、千亩花海、生态湿地和禅意礼堂打造中式、西式、草坪、水上等各种婚礼仪式。

（三）创新演艺旅游产品。与旅游休闲配套的演艺产品是吸引游客的重要手段。演艺旅游产品可以延长游客的逗留时间和增加游客体验。目前，拈花湾推出的实景演出节目《禅行》口碑不错。鉴于目前旅游市场上演艺节目同质化现象严重，套路多、精品少、低俗化倾向，可以邀请国内外知名导演和优秀创编团队参与高品位、精制作、强体验、深内涵、大场面的禅意特色表演制作，同时，对《禅行》要常变常新，坚持作品创新原则，依据不同时段、不同旅游团队调整节目内容和形式。

（四）打造创意集市。拈花湾以创意开发为主题的禅意艺术园区和文化交流中心可以依托目前运营良好的多家文创产品小店和特色非遗体验工坊，进一步培育创意集市。虽然创意集市是一种舶来品，但是，如果跟当地的民俗、饮食、手工艺等非遗项目结合，就能打造成为一种具有本土特色的集市旅游项目，甚至成为青年工匠达人的创客平台。

资料来源：刘晴．基于体验经济的文化旅游产品组合开发研究——以无锡灵山小镇·拈花湾为例［J］．湖北文理学院学报，2017（11）．

问题：结合基本理论谈谈对拈花湾旅游产品的理解。

插入视频：《灵山拈花湾》。

任务二　旅游产品价格策略

知识点：旅游产品价格的含义、特点；旅游产品价格的影响因素；旅游产品的定价程序；旅游产品的定价方法；不同生命周期阶段定价策略；旅游差价。

技能点：能够按照旅游产品所处的生命周期阶段，按照旅游产品的定价程序制定合理价格。

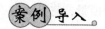

不一视同仁的定价法

意大利特兰托市郊的高速公路旁有一家阿吉帕汽车旅馆。起先，这家旅馆主要接待驾车路过的旅客和因公出差的人。后来，由于竞争激烈生意萧条，年终常常出现亏损，因此，这家旅馆不得不寻求新的招数来吸引客人。不一视同仁的价格政策是这家旅馆成功的新招数之一。这家旅馆为了吸引各种类型的客人，针对不同类型的客人的特点，制定了不同的价格。

散客。这类客人多是因公出差和驾车路过的，是该旅馆原来的主要市场。由于出差人的费用由企业报销，而不是由个人支付，因此这部分人不在乎价格的高低，对价格不很敏感；而驾车路过的客人一般在夜晚到达旅馆，急于住宿，也对价格的高低不大计较。针对这些特点，这家旅馆对这类客人收取全价，就餐费另算。

团体客人。这类客人主要是由旅行社组团带来住宿的。旅行社对各旅馆竞争的情况比较了解，对设施、价格、服务十分清楚，总是希望选择价格优惠、设施齐全、服务优良的旅馆，而旅行社组团的客人量比较大，可以增加旅馆的规模效益，因此，这家旅馆对团体客人采用了两种优惠价格：对住宿带三餐饭的全包价，旅馆给客人折扣13.8%；对住宿带早餐和晚餐的半包价，旅馆给客人折扣9.4%。同时，在以上两种优惠价格中凡21人以上的团体可提供一人食宿免费。

家庭客人。这类客人主要是驾车出游的家庭。这家旅馆对3人及以上的家庭提供优惠价,3人同住的客房,平均每人的房价只有单人价格的65%,不满12岁的小孩可以免费同父母同住。

长期租房客人。这类客人主要是包房一个月以上的租客,多为企业单位包租。这家旅馆根据客人租房的数量多少和时间长短给予不同的优惠,最低可达散客价的50%。这家旅馆采用的不一视同仁的价格政策,很受不同类型的客人欢迎,出租率大大提高。尽管平均房价有所降低,但这家旅馆还是在激烈的竞争中靠大量销售生存了下来,并增加了盈利。

资料来源:豆丁,http://www.docin.com/p-606538027.html。

问题:思考案例中所运用的旅游产品定价方法。

第一节　旅游产品价格概述

1. 旅游产品价格

1.1　旅游产品价格定义

价格策略是市场营销组合中一个十分关键的组成部分。价格往往是影响交易成败的关键因素,同时又是市场营销组合中最难以确定的因素。旅游产品价格作为旅游主管部门、旅游企业和旅游消费者之间最为敏感的因素之一,是旅游产品价值的集中体现。企业的产品定价是促进销售、获取利润的重要手段,好的产品价格策略还会给企业带来更好的发展,而定价上的失误可能导致经营上的失败,每一位经营者都应该懂得定价的最基本原理。

从狭义上说,旅游产品价格就是针对某一种旅游产品而收取的金钱数量。从广义上说,旅游产品价格是指消费者用来交换拥有或使用某种旅游产品的利益的全部价值量,它是由生产同类旅游产品的社会必要劳动时间决定的。

在市场经济中,一方面是旅游活动的商品化,旅游者食、住、行、游、购、娱等需求必须通过支付一定的货币量才能获得满足,另一方面,旅游经营者在向旅游者提供旅游产品时,必然要求得到相应的价值补偿,于是在旅游者与旅游经营者之间围绕着旅游产品的交换而产生了一定货币量的收支,这就是旅游价格。从旅游经营者的角度看,旅游价格又表现为向旅游者提供各种服务的收费标准。

1.2　旅游产品价格的特点

1.2.1　综合性与协调性

旅游产品用来满足旅游者食、住、行、游、购、娱等多方面需求,其价格必然是旅游活动中食、住、行、游、购、娱等各方面的综合表现,或者是这些单个要素价格的总体显示。由于旅游产品的供给方分属不同行业和部门,必须经过科学的协调,使之相互补充、有机搭配,因此旅游价格又具有协调性——协调各有关部门的产品综合地提供给旅游者。

1.2.2　垄断性与市场性

旅游产品的基础是旅游资源,而旅游产品的特色又是旅游资源开发建设的核心,这就决定了旅游价格具有一定的垄断性。这种垄断性表现在特定时间和特定空间范围内旅游产品的价格远高于其价值,高于凝结于其中的社会必要劳动时间。同时旅游产品又必须接受旅游者的检验,随着旅游者的需求程度及其满足旅游者需求条件的改变,旅游产品的垄断价格需要做相应的调整，从而使旅游价格具有市场性，即随着市场供求变化而变化。

1.2.3 高弹性与高附加值性

旅游者的需求会受到诸多不可预测因素的影响，他们的旅游动机也是千变万化。相反，旅游供给却相对稳定，于是这种供求之间的矛盾会造成同一旅游产品在不同的时间里价格差异较大，从而使旅游价格具有较高的弹性。从某种程度上讲，旅游活动就是旅游者获得一次独特心理感受的过程，在不同的旅游环境中，相同的旅游产品给旅游者的感受差异会很大。旅游产品的档次越高、服务越好，旅游者愿意支付的旅游价格也会越高，其中便蕴含了较高的附加值。

1.2.4 一次性与多次性

旅游产品中，餐厅的食品、旅游纪念品等商品，其使用权与所有权均出售，并且价格是一次性的；旅游景点、旅游交通和客房等均只出售使用权而不出售所有权，从而造成不同时间的价格有所不同，因而存在多次性价格。由此可见，旅游产品价格实质上是一次性与多次性相统一的价格。

1.3 旅游产品价格的形式

从游客和旅游企业两个不同的角度可将旅游产品分为整体旅游产品和单个旅游产品。游客在旅游过程中可根据自己的需要选择购买，这就形成了几种基本的旅游价格表现形式。

1.3.1 旅游包价

旅游包价是指旅游者从旅游经营商那里购买整体旅游产品而向其支付的价格，这种价格一般向社会统一公布。

1.3.2 旅游单价

旅游单价是旅游者零散购买一个整体旅游产品中的各项要素所支付的价格。如旅游者在途中自己购买车票、酒店住宿等支付的价格，都属于旅游单价。

1.3.3 旅游差价

旅游差价是同种旅游产品由于在时间、地点或其他方面的不同而导致的不同价格。因为旅游企业提供的旅游产品和消费者的需求往往会在时间、空间及其他诸多因素上存在差异，因此旅游企业往往利用旅游差价来调节旅游市场供求关系。

1.3.4 旅游优惠价

旅游优惠价是在旅游产品基本价格的基础上给予旅游者一定的折扣和优惠的价格。这种折扣和优惠往往针对旅游产品的大量购买者、经常购买者或在有特殊事件发生时使用。其目的是吸引旅游者购买旅游产品，保证旅游产品的业务量。

2. 影响旅游产品价格的因素

影响旅游产品价格的因素除了形成价格的成本因素，还有供求关系，以及企业和竞争者的营销策略。分析影响旅游产品价格的因素一般要考虑到以下方面。

2.1 产品成本

企业要维持简单再生产，价格必须高于成本。可以说，成本是制定旅游产品价格的下限，一旦价格低于成本，企业再生产将难以为继。但就短期来看，成本不一定是定价的下限，有时为服务于特定的营销手段，企业也会把价格降到成本之下。

2.2 目标游客需求

成本是旅游产品定价的下限，游客的需求就是旅游产品定价的上限。影响游客需求的因素主要有：一是游客的货币支付能力，游客的收入水平决定着游客对产品价格的承受能力；二是游客对旅游产品的认知价值，即游客所能觉察到的旅游产品可能给其带来生理和心理效用的总和，认知价值也是游客对旅游产品价格的认同程度；三是游客对旅游产品的需求强度，需求强度高的游客对旅游产品的价格就不敏感，价格高低对其购买影响不大，反之则对价格敏感。

2.3 企业市场定位

企业的长期发展战略，计划塑造的市场形象和产品定位，都要通过价格来体现。如果旅游企业要把旅游产品定位于豪华行列，就要通过与同行保持价格差距来展示产品质优。同时，也要竭力维持所定的价格，而不轻易变动。例如，五星级酒店全套客房的价格体系，就会参照酒店行业内同等档次的价格标准来制定，如果偏离同档次的价格水准，就得不到游客的认同。

作为定位豪华标准的旅游产品，其供给量也应该是有限的，主要针对一个为数不多的特殊目标群体，而该产品的高价格就自然对其他细分市场的游客构成了一种壁垒，这就保证了对目标游客的良好服务。

2.4 旅游营销组合要素

营销组合中的4P是一个有机整体，会对游客产生综合影响，价格仅仅是构成营销组合的四要素之一。一方面，旅游企业在制定价格时要充分考虑产品的质量，以及对销售渠道和促销的配合；另一方面又得考虑所定价格对产品、分销和促销策略的影响。

首先是旅游产品决策对定价的影响。例如，酒店不同档次的客房，应该形成相应的价格差，对具有高度象征意义的旅游产品的定价应符合规划中的产品形象及其象征意义。其次，分销渠道策略也影响到定价决策。在进行旅游产品价格决策时，应该考虑制定一个包括销售渠道毛利在内的价格体系，价格体系中既要使渠道商获得合理的佣金比例，以调动其积极性，又要使本企业获得适当的收益。再次，价格策略是辅助促销策略实现的措施。最后，价格也是促销策略中最具灵活性的因素。企业营销人员可以根据市场上瞬息万变的因素在很短时间内迅速调整价格，对市场和竞争对手的变化做出回应。

2.5 营销目标

旅游产品的价格制定往往配合营销目标的实现而进行。旅游企业会根据市场需求的变化和自身实际情况确定经营侧重点，并以此来制定阶段性的营销目标。例如，旅游企业为了把新产品推向市场，往往定价较低，以鼓励游客试用；若为了在一个新的客源地尽快建立起销售网络，就需要通过价格体系给中间商较高的佣金；如果以对付竞争者为主要目标，则需要根据竞争者的价格水平做出具体反应。

2.6 旅游产品特点

2.6.1 旅游产品的替代性

旅游产品之间存在着一定的替代性。一个企业的旅游产品能否被其他旅游产品替代及替代性的强弱，主要取决于构成旅游产品资源的垄断性的高低，比如旅游购物、娱乐、住宿、交通等产品的替代性就很强，甚至可以完全被替代。

2.6.2 旅游产品的价格弹性

价格弹性是指旅游产品的需求数量对产品价格的敏感程度。不同旅游产品的价格弹性不同，有些旅游产品的需求数量对价格敏感，而有些旅游产品即使价格变动也不会带来需求数量的变动。

2.6.3 旅游产品的需求波动

旅游产品需求周期受四季更替的影响，会引起价格的一定波动，如以自然景观为主的旅游产品。有些旅游产品则受到游客闲暇时间的制约，如城市附近的度假村。旅游企业对自己产品的定价须按照产品的市场波动周期进行相应的价格变动。

2.6.4 旅游产品的市场形象

部分游客缺少对旅游产品品质和档次的理性判断，往往通过价格来认识旅游产品的品质，因此，旅游产品价格的高低会影响旅游者的最后决策。如一些外国旅游者对中国传统文化、民族风情有极大的兴趣，认为是人类文化的精品、旅游资源的瑰宝，因而愿意接受较高的中国文化旅游产品价格，若价格偏低反而会使这些旅游者产生不信任感。

2.6.5 旅游产品的构成

在市场营销过程中，旅游企业为了实现旅游产品较高价格的销售，一般都要施之以较高水平的服务，使旅游产品的价格和相应的服务一致，赢得旅游者对其价格的理解和认可；同时，旅游企业还向旅游者提供一些额外免费的服务项目，使旅游者认为是购买了旅游产品后带来的额外利益，从而增强对购买较高价格的旅游产品的信心。

2.7 市场结构

经济学中一般把竞争格局分为完全竞争的市场、不完全竞争的市场、完全垄断的市场和寡头垄断的市场四种类型。企业旅游产品所在市场的结构对旅游产品的定价影响很大。

在完全竞争的市场中，各个旅游企业的同类产品同质化程度高，产品替代性很强，企业没有定价的主动权，只能被动地接受市场竞争中形成的平均价格。

在不完全竞争的市场中，企业可以有意识地通过制造产品差异来形成产品的特色，这种特色就形成了产品对消费者的特殊吸引力，也造成了产品的不可替代性。定价就可以根据游客对其产品"差异"的感知和认同程度，超出行业的平均水平。

在寡头垄断的市场上，市场份额被少数几家企业瓜分，市场的进入壁垒很高。由于每个企业都有较高的市场份额，市场内的几家寡头往往会形成价格同盟，因此市场中产品的价格不易改变。

在完全垄断的市场中，一个企业在一个地域内垄断了一种旅游产品的经营，完全控制了市场价格。这种情况在风景名胜区中较为明显，由于资源的独占性和政府对进入该区域的限制，特许经营风景名胜区的旅游企业所确定的产品价格基本上或很大程度上是垄断性价格。

2.8 宏观政策

旅游目的地为实现其经济发展，必然制定一系列的宏观经济政策，而旅游价格政策是政府宏观经济政策的重要组成部分。宏观经济政策指导价格政策，并对旅游价格产生不同程度的影响。各个国家和地区在不同的经济发展时期实行的价格政策和策略是不同的，这主要取决于一定时期内国民经济发展的总目标及其对旅游业的态度。旅游产品价格的制定必须考虑有关政策和法规。

我国政府对旅游产品价格的管理主要通过物价局和旅游局两大职能部门来进行。随着我国行政管理体制改革的日益深化及旅游行业管理组织的建立和完善，对旅游产品的价格，将由政府直接制定转由行业管理组织制定。

除以上八个主要因素外，其他因素，如汇率的变动、利息率的高低、企业的生产能力、财务能力等也会对旅游产品价格产生影响。

小结：本节内容可以让学生清晰认识旅游产品价格的概念和特点，了解能够影响产品价格制定的因素，掌握旅游产品价格的特点，初步把握旅游产品价格的基础知识。

小组讨论：以小组为单位学习和讨论交流，让学生结合实际总结现阶段旅游市场产品价格的特点。

第二节 旅游产品定价程序与方法

旅游业是一个需求波动较大的行业，在饭店、交通的成本结构中，变动成本比例高，旅游企业定价的灵活性大。在实际工作中，定价方法多种多样，企业为了实现预期目标，要从诸多定价方法中挑选适当的方法，制定出本企业旅游产品的价格。

1. 旅游产品定价程序

1.1 目标市场购买力分析

目标市场是旅游企业经过市场细分以后选择的作为服务对象的特定旅游者群体。作为企业开展旅游业务的收益来源，目标市场的收入水平、规模、消费倾向是企业定价的前提条件。因此，企业要在定价之初通过对目标市场的评估，预测目标市场的容量和潜能，以及目标游客的价格承受能力，以便采取主动、灵活的价格政策，引导和培育目标市场的成长。对目标市场购买力的评估，要了解目标游客的总收入、纯收入、可自由支配收入、可能用于旅游产品购买的收入，此外还要了解目标游客对旅游产品的偏好、对价格的敏感性、所接受的非价格竞争方式等。目标市场的购买力评估主要采用问卷调查、面对面交谈和专家意见法等方式。

1.2 目标市场定位

旅游产品的市场定位确定了企业的市场形象，而企业往往会通过旅游产品价格来向市场显示自己产品的市场定位。企业在特定阶段有不同的营销目标，有时要通过旅游产品的价格策略来实现。比如，企业在开发出旅游新产品后，会通过较低的价格来激励游客试用，如果定价过高，会抑制游客试用新产品的积极性。因此，旅游产品定价从一定程度上反映了企业的营销战略和策略意图。

1.3 测算产品成本

旅游产品价格变动的区间由目标游客的需求强度和产品成本共同决定。旅游企业应该精确测算旅游产品的成本，尤其是区别其中固定成本和变动成本对制定价格的意义。企业需要研究的是成本、价格和需求数量间的动态关系，尤其是单位固定成本与需求数量的关系，测算出最佳规模时的最低成本，并从中看出旅游产品成本发展的趋势，从而为确定最佳的产品价格提供可靠的依据。

1.4 选择定价目标

旅游企业确定定价目标关系到企业生存和发展的时间、空间，企业在做定价目标决策时必须考虑到自身的规模实力，考虑到市场拓展的有利因素和障碍，考虑到目标市场的转移、替换以及企业资源配置的可能和变化等，利用旅游市场中现在和今后可能变化的最高限价和理想价格比较，在诸多的定价目标中选择出符合自己实际的定价目标。

1.5 确定定价方法

旅游产品价格的确定要在全面准确的调查、预测基础上，运用科学的方法，才能保证价格水平与市场需求相吻合。由于旅游市场中竞争者的存在，以及旅游消费者的不同需求、价格因素的灵活性的影响，旅游企业在定价过程中还必须充分考虑竞争者和消费者的心理、市场的差异和需求差别，运用定价策略巧妙地进行定价，使定价工作与企业其他营销工作相配合，为企业的全面发展创造良好的环境和条件。

1.6 进行价格调整

通过定价方法计算出的旅游产品价格仅仅形成价格的基准，企业还应该综合考虑各种因素对基准价格进行适当的调整，以发挥价格在营销中的促销作用，这是价格策略艺术性的具体体现。旅游企业可以按季节、心理因素、地区差别和渠道地位对价格进行调整。

2. 旅游产品定价方法

2.1 成本导向定价法

成本导向定价法就是在平均总成本的基础上加上一定的期望利润，从而计算出旅游产品的价格。成本导向定价法又可分为以下几种。

2.1.1 总成本加成定价法

总成本是旅游企业在一定时期生产经营产品时的全部费用支出，按照不同费用在总成本中的变动情况，又可分为固定成本和变动成本。其计算公式如下：

$$单位产品价格 = \frac{(总成本 + 预期总利润)}{预期产品产量}$$

$$= \frac{(固定成本 + 单位变动成本 \times 产量) \times (1 + 预期成本利润率)}{预期产品产量}$$

$$= 单位产品成本 + 单位产品预期利润$$

2.1.2 变动成本加成定价法

这一方法又称为边际贡献定价法，是在定价时只计算变动成本，而不计算固定成本，在变动成本的基础上加上预期的边际贡献。所谓边际贡献，就是销售收入减去补偿固定成本后的收益，也就是补偿固定成本费用后企业的盈利。这种定价方法用公式表示为：

$$单位产品价格 = \frac{(变动总成本 + 预期边际贡献)}{预期产品产量}$$

$$= 单位产品变动成本 + 单位成本边际贡献$$

2.2 需求导向定价法

需求导向定价法是根据游客的需求因素来制定旅游产品价格的定价方法，即根据旅游者的需求强度、支付水平以及对旅游产品价值认知程度制定价格。一般而言，价格是供求双方力量均衡的结果，在供大于求的买方市场条件下，需求成为价格决定的主导因素。旅游者愿意支付的价格高低不仅取决于旅游产品本身有无效用和效用的大小，而且取决于旅游者对旅游产品的主观感受和评价。需求导向定价法反映了旅游需求，但由于这种定价方法与成本没有必然联系，因此，旅游企业要注意不同供求状况下利润的合理分配。常用的需求导向定价法主要有以下几种类型。

2.2.1 差别定价法

差别定价法是指在旅游产品成本相同或相近的情况下，根据旅游者对同一旅游产品的效用评价差别来制定差别价格。主要有：不同游客的差别定价，即同一旅游产品视游客的不同身份实行差异价格；不同地点的差别定价，如同样的餐饮在一般餐厅与在宾馆餐厅的价格不同，在餐厅用餐与送到客房用餐的价格不同；不同时间的差别定价，即利用不同时间段的差别定价调整产品的供求关系；同一旅游产品增加微小服务的差别定价，如客房增加叫醒服务后的价格要高些，每天送一束鲜花也会提高价格。

2.2.2 声望定价法

声望定价法是旅游市场中美誉度高的旅游企业有意识地拉大与同类旅游产品的差距，以此来强调本企业旅游产品和服务的高质量，提高旅游产品和旅游企业的档次与声望。同时，还有一部分旅游者把购买高价旅游产品作为自己身份地位的象征，如高级商务旅游与行政管理人员的旅游需求。

2.2.3 心理定价法

心理定价法是为了刺激和迎合旅游者购物的心理需求的定价方法，常见的心理定价法有：零头定价法，这是为刺激和迎合旅游者的求廉心理而采取保留恰当的价格尾数的定价方法；整数定价法，这是高档旅游产品常用的定价方法，它是为满足旅游者显示自己地位、声望、富有等心理需要而采取的定价方法。

2.3 竞争导向定价法

在激烈竞争的旅游市场中，定价除考虑成本和游客需求外，还需要考虑竞争因素。竞争导向定价法指在定价中主要考虑竞争对手的定价方法。竞争对手的价格策略会对企业旅游产品的销售产生很大影响，这就需要旅游企业定价时参照市场上竞争对手的价格。市场经济是竞争经济，旅游企业不可避免地要遇到各种竞争因素。以竞争导向定价，就是为了竞争或避免竞争的直接冲突，其着眼点在竞争对手的价格上，而不是本身价格与成本及需求的变化。

小结：本节内容旨在让学生了解产品价格制定的整个流程，进而掌握旅游产品定价的主要程序，并且能够灵活运用定价方法，依据不同的情况制定旅游产品的价格。

小组实训：以小组为单位，让学生通过小组任务完成价格制定的整个程序，并运用定价方法的公式计算出旅游产品价格。

第三节 旅游产品定价策略

旅游产品定价要以科学的理论和方法为指导。由于竞争和旅游消费者的需要，旅游企业还需要使用一定的定价策略。旅游定价策略是旅游企业在特定的经营环境中，为实现其定价目标所采取的定价方针和价格竞争方式。没有明晰的定价策略，定价方法的选择和调整就会僵化，旅游企业就很难准确地把握竞争时机，实现定价目标和经营目标。因此，研究和制定有效的旅游定价策略是实现旅游定价目标的重要环节。

1. 旅游产品不同生命周期阶段的定价策略

旅游产品在不同的生命周期阶段，具有不同的市场特征和产品特征，定价也应有不同的策略。
1.1 导入期的定价策略
1.1.1 低价占领策略
低价占领策略是旅游企业以相对低廉的价格,在较短的时间内让旅游者接受旅游新产品,以获得尽可能大的市场占有率的定价策略。这种定价策略有利于尽快打开销路,缩短推出期,争取旅游产品迅速成熟完善;同时,还能够阻止竞争者进入市场参与竞争。

1.1.2 高价定价策略
高价定价策略又称撇脂定价策略,是指把旅游新产品的价格定得很高,以便在短期内获取厚利的定价策略。这种定价策略如果成功,可以迅速收回投资,也为后期降价竞争创造了条件。但这种策略的风险较大,如果旅游消费者不接受高价,则会因销售量少而难以尽快收回投资。这种定价策略比较适合特色明显且其他旅游企业在短期内难以仿制或开发的旅游产品。

1.2 成长期的定价策略
旅游产品在成长期的销售量会迅速增加,单位产品成本明显下降,旅游消费增多,旅游企业利润逐渐提升,市场上同种旅游产品开始出现并有增多的趋势。成长阶段可选择的定价策略有以下两种。

1.2.1 稳定价格策略
稳定价格策略,即保持旅游产品价格相对稳定,把着力点放在旅游促销上,通过强有力的促销增多客源,完成更多的销量,从而实现利润最大化。

1.2.2 渗透定价策略
渗透定价策略是一种低价格策略,即在旅游新产品投入市场时,以较低的价格吸引旅游者,从而很快打开市场,迅速提高市场占有率。

1.3 成熟期的定价策略
在这一阶段,旅游需求从迅速增长转入缓慢增长,达到高峰后缓慢下降,旅游产品趋于成熟,旅游者对旅游产品及其价格有了比较充分的了解,旅游企业常常选择竞争定价策略,即用相对降价或绝对降价的方法来抵制竞争对手。采用绝对降价策略时,要注意把握好降价的条件、时机和降价幅度;采用相对降价策略时,要注意辅以旅游服务质量的提高。

1.4 衰退期的定价策略
1.4.1 驱逐价格策略
驱逐价格策略,即旅游企业以尽可能低的价格将竞争者挤出市场、争取更多旅游者的策略。此时的旅游价格甚至可以低到仅比变动成本略高的程度,也就是说,驱逐价格策略的低价以变动成本为最低界限。

1.4.2 维持价格策略
维持价格策略,即通过维持原来的价格,开拓新的旅游资源和旅游市场来维持销售量的策略。这样做既可使旅游产品在旅游者心目中原有的印象不至急剧变化,又可使企业继续保持一定的经济收益。

2. 旅游差价

所谓旅游差价,是指同种旅游产品由于不同地区、不同时间、不同质量、不同环节引起的一定幅度的价格变化或差额。旅游差价主要包括地区差价、季节差价、质量差价和批零差价四种类型。

2.1 地区差价

旅游地区差价是指旅游产品在不同地区形成的价格差额。各地旅游资源的丰富程度不同，旅游设施条件和旅游服务水平不一，由此形成的旅游吸引力也大不一样。有些地区具有丰富的旅游资源，能够吸引较多的旅游者，因而成为旅游热点地区；另一些旅游资源匮乏的地区，不能吸引旅游者，因而成为旅游冷点地区。旅游热点和冷点产生的旅游需求倾向引起旅游供求的地域矛盾，进而导致旅游地区差价的形成。

旅游地区差价可以调节不同地区的游客流量，缓解供求矛盾，通过高价可以控制过多的游客进入热点地区，利用低价可以吸引更多的旅游者前往冷点地区，促进或保证各地旅游业的均衡发展。

2.2 季节差价

旅游季节差价是指旅游产品在不同时间形成的价格差额。旅游供给与旅游需求在各个季节的不同变化是旅游季节差价产生的主要原因。通过实行旅游季节差价，可以有效地调节供求关系，促进旅游产品价值和使用价值的全面实现。实行旅游季节差价时要明确上限和下限，并根据各个地区的不同情况制定相应的差额或幅度。

旅游淡季，全国都有哪些景区大降价

11月来临，全国各地都进入了传统的旅游淡季，百余景区陆续开始实行淡季票价，故宫、布达拉宫、青海湖、黄山、莫高窟等多家知名5A级景区均在其中，其中有些景区的淡季票价相比旺季便宜50%。秋冬季节本就是旅游淡季，从11月1日到下一个法定节假日有整整60天。为了在这段时间拉人们出门，酒店、航空公司也纷纷使出浑身解数吸引顾客。

名山大川

黄山：黄山淡季优惠幅度较大，从12月起，门票价格由旺季的230元降至150元。云谷、太平、玉屏索道和西海大峡谷观光缆车均有15~20元的降价。

九华山：九华山淡季是11月15日至次年1月15日，门票直降50元，仅售140元。

九华山距离黄山140公里左右，车程约2小时，属于同一山系。李白诗中"天河挂绿水，秀出九芙蓉"说的就是九华山，也因此更名。自山麓至天台峰，九华山名刹古寺林立，文物古迹众多，是"中国佛教四大名山"之一。

泰山：12月至次年1月为泰山旅游淡季，门票由旺季的125元降为100元。

作为五岳之首，泰山一如其名，气势磅礴，雄伟沉稳。泰山被古人视为"直通帝座"的天堂，成为百姓崇拜、帝王告祭的神山，有"泰山安，四海皆安"的说法。宏大的山体留下了20余处古建筑群，2 200余处碑碣石刻。

华山：华山的淡季为12月1日至次年2月底，门票100元；旺季门票为180元。

自古华山一条路，五岳之一的华山自古以"奇险"闻名于世，也是《笑傲江湖》中风起云涌的华山派腹地。华山的著名景区多达210余处，有凌空架设的长空栈道、三面凌空的

"鹞子翻身"，以及在悬崖峭壁上凿出的千尺幢、百尺峡、老君犁沟等，其中华岳仙掌被列为关中八景之首。

峨眉山：峨眉山旺季门票为185元，12月15日至次年1月15日为淡季，门票110元，同时金顶索道、万年索道的往返票价也从旺季时的120元、110元统一降为50元。

提起"峨眉"二字，从小为武侠电视剧浸润的我们不免想起飘然若仙的峨眉派女教众，但实际上，峨眉派并非女派，它与少林、武当一并成为中土武功的三大宗，更有"天下武术出峨眉"之说。峨眉山作为普贤菩萨道场，千百年来香火绵延不衰，也是中国乃至世界影响深远的佛教圣地。峨眉金顶山高云低，景色壮丽，陡峭的舍身崖是欣赏日出、云海、佛光、圣灯四大奇景的绝佳之地。灵猴是峨眉山的精灵，嬉闹顽皮，憨态可掬，又极通人性，是峨眉山的一道不可错过的活景观。

青海湖：青海湖从10月16日起就进入了淡季。二郎剑景区门票旺季100元，淡季50元；鸟岛景区门票旺季100元，淡季60元；沙岛景区门票旺季70元，淡季35元；仙女湾景区门票旺季60元，淡季30元。降幅几乎都为50%。

青海湖冬季以蓝白灰为主色调的景象呈现出凛冽的美感，植物枯萎后留下的深深浅浅的黄色，又带来些许暖意，水鸟也依然可以觅得踪迹。

喀纳斯、禾木、白哈巴：喀纳斯景区淡季为每年的10月16日至次年4月30日，喀纳斯、禾木、白哈巴三景区联票价格仅90元，而在旺季，单喀纳斯景区门票就要185元。

大多数人会选择秋天去北疆，那是它一年中色彩最斑斓的季节。其实冬季也别有风情，有人用村上春树的书名《世界尽头与冷酷仙境》来形容冬季的喀纳斯，大雪几乎覆盖了地上的一切，傲然而立的树木用重墨勾画了群山的轮廓。如果不是飘散的山岚与炊烟，村子里闪烁的灯火，偶然经过的马群，你会以为这是一幅静止的风景画。

人文风情篇

北京故宫：每年11月1日至次年3月31日为淡季，门票为40元，旺季为60元。（不包括珍宝馆、钟表馆）

红墙、汉白玉、黄色琉璃瓦，恢宏的气势在这里向四面八方蔓延开来。碧瓦飞甍、雕梁画栋，光影流转中就像穿越到百年前的昔日清宫。

北京颐和园：颐和园门票旺季30元，淡季20元；联票旺季60元，淡季50元，联票包括门票和园中园门票（园中园包括文昌院、德和园、佛香阁和苏州街）。

绘满了花鸟虫鱼、人物风景的700米长廊，金碧辉煌的万寿山排云殿，碧波荡漾的昆明湖与十七孔桥……都是小学课文里关于颐和园的记忆。待到每年冬至前后，太阳照射角度低，夕阳会将颐和园的十七孔桥的每个桥洞照亮，这就是人人争相一睹的"金光穿洞"奇观。

布达拉宫：11月1日至次年4月30日为淡季，门票价格从旺季时的200元调整至100元。

当这座世界上海拔最高的雄伟建筑出现在眼前时，真的分不清到底该说它是寺庙、城堡还是官殿，抑或全是。它是西藏建筑艺术的珍贵财富，更是雪城高原上的独一无二的文化遗产。1 300多年的历史，传说中松赞干布和文成公主唯美的爱情故事，在布达拉宫可以满足你对西藏的全部幻想——无论是建筑、珍宝还是爱情，都值得细细品味。

承德避暑山庄：11月1日至次年3月31日为淡季，门票由旺季的145元降为90元。

承德避暑山庄是我国四大名园之一，是中国古典园林的艺术杰作，历经康熙、雍正、乾隆三代耗时89年建成，由美轮美奂的宫殿区、洲岛错落的湖泊区、草木葳蕤的平原区和群峰环绕的山峦区四大部分组成。乾隆帝和康熙帝每年几乎有半年的时间都在这里度过，电视剧《还珠格格》中漱芳斋的取景地正是这里。

敦煌莫高窟：11月1日至次年4月30日为淡季，淡季票价莫高窟100元、鸣沙山月牙泉60元、玉门关20元，较旺季优惠一半。

莫高窟可以说是最不受四时影响的旅游目的地之一，现存有壁画和雕塑的492个石窟历经北朝、隋唐、五代和宋、西夏和元代，展现了近千年来中国绘画、建筑、宗教等文化艺术的发展轨迹与精华。

苏州拙政园和留园：11月至次年3月和每年6月为淡季，拙政园门票由90元降至70元，留园门票由55元降至45元。

中国四大名园，仅苏州就占了两席，拙政园和留园是苏州园林的翘楚。精致的园子，快些一两个小时就能逛个遍，钻假山、逛回廊、赏盆景，都是有趣风雅的事情。园子讲究，苏州人对饮食也讲究，恪守"不时不食"，每个季节都有时令的好味道。

扬州瘦西湖：从11月起周末及节假日门票价格从150元降到60元，周一至周四门票价格从90元降到30元，一直持续至次年2月底。

"天下西湖，三十有六"，唯扬州的瘦西湖，以其清秀婉丽的风姿独异诸湖。较之杭州西湖，瘦西湖另有一种清瘦的神韵。不只美于烟花三月，连秋日也美得别有韵味。小金山内的银杏增添了几分秋韵，红到惊艳的彼岸花又多了一丝妩媚。漫步湖畔，万般诗情画意尽现其中。

资料来源：搜狐，http://www.sohu.com/a/202819521_769133。

问题：思考案例中所采用的旅游产品价格策略。

2.3 质量差价

旅游质量差价是指同类旅游产品由于质量不同而产生的价格差额。与一般商品相同，旅游产品的质量也存在着明显的差异。同一类旅游产品，在生产过程中的耗费是不同的，由此创造的价值和使用价值也不同，这种差别通过价格表现出来，就是旅游质量差价。

实行旅游质量差价必须贯彻质价相符的原则，做到按质论价、优质优价、低质低价。旅游企业必须根据一系列的量化指标确定旅游产品的等级标准。在此基础上，对旅游产品进行科学的质量划分，然后再制定相应的质量差价。

2.4 批零差价

旅游批零差价是指同种旅游产品批发价与零售价之间的差额。旅游批零价一般发生在旅游批发商和旅游零售商之间。在旅游产品的销售过程中，零售商或中间商要耗费一定的劳动和费用，为了获得相应的补偿，会把耗费加到购买价即批发价上，作为零售价，由此形成了批发价与零售价之间的差额，即批零差价。

3. 旅游优惠价

旅游优惠价是指旅游产品供给者在明码标价的基础上，给予旅游产品购买者一定折扣。

旅游优惠价格主要有以下三种类型。

3.1 同业优惠价

同业优惠价是指对同业者实行的价格优惠。旅游同业者为了合作顺利并保证各自的基本利益，相互之间会予以一定程度或比例的优惠，这种优惠既有自行规定的，也有互相商定的。例如，世界上许多饭店集团规定，本集团内的人员入住本集团的联号饭店可享受50%的折扣价。

3.2 销售优惠价

销售优惠价是指根据消费者的购买数量实行的优惠。当消费者购买的产品超过一定的数量后，旅游产品的生产者或经营者按购买数量给予一定比例的价格优惠，这种优惠可以是一次购买量达到要求后即刻给予，也可以是一定期限内的累计购买量达到要求后再付诸实行，其目的在于建立、巩固企业与消费者之间的买卖关系，从而扩大产品销售，增加企业利润。

3.3 老客户优惠

老客户优惠是指对经常购买本企业产品的顾客给予一定的价格优惠。为保证销售量，旅游企业会采取给老客户一定优惠的措施，维护这部分消费群体，争取稳定的客源。例如，有些酒店对一些大旅行社给予长期的优惠价格，而这些旅行社定期向这些饭店输送客源，做到互惠互利。

小结：这节内容对不同时期的旅游营销策略进行了分析，阐述了由于地区不同、时间不同、质量不同、环节不同引起的一定幅度的价格变化或差额，即旅游差价。要求学生理解旅游产品定价策略的意义，区分旅游差价，最终掌握旅游产品定价策略。

小组讨论：以小组教学形式，教师给出市场上某旅游企业、某旅游产品价格竞争资料，并对其价格策略进行分析。在充分讨论分析的基础上，学生给出自己所在小组的旅游产品价格策略。

任务二小结：旅游产品价格策略是旅游市场营销组合策略的重要组成部分。由于旅游产品价格相对其他因素来说，灵活性最大，旅游产品价格制定得是否合理及其策略运用得恰当与否，直接关系到旅游企业市场营销的科学性、合理性，进而影响到市场营销的成功，旅游产品定价策略在旅游市场营销中占有极为特殊的地位。

拓展阅读

旅游产品的定价问题一直是旅游经济学界和旅游市场营销学界讨论的热点。旅游产品是旅游目的地营销的核心产品，旅游产品的定价是否合理、策略使用是否恰当，直接决定着旅游目的地营销的成败。旅游产品与其他类型的产品相比，有很多不同的特点，单就生命周期而言，旅游产品突破了传统的产品生命周期类型，呈现出四种特殊的产品生命周期形式，即时尚型、传统型、周期型和专业型。基于这四种特殊的产品生命周期形式，可以打破常规的旅游产品定价策略模式，对旅游产品传统的定价方法进行全新视角的筛选和组合，产生出更有针对性的定价策略。

一、时尚型旅游产品生命周期的价格组合策略

（一）时尚型旅游产品生命周期的特点

时尚型旅游产品以一些追赶潮流的主题旅游和概念旅游居多，这种旅游产品生命周期的特点是导入期和成长期非常短，产品很快被消费者接受，销售额增长迅速，很快达到一个相当高的销量，但成熟期也比较短暂，产品很快就进入衰退期。

（二）时尚型旅游产品生命周期的价格组合策略分析

由于这种类型的产品成长成熟得很快，生命周期相对较短，所以一般在导入期和成长期都采用高价格、快速撇脂的心理定价，一方面高价位可以树立高品质的形象，容易吸引目标消费者；另一方面也可以使旅游企业在该旅游产品进入衰退期之前最大限度地获取利润。

二、传统型旅游产品生命周期的价格组合策略

（一）传统型旅游产品生命周期的特点

传统型旅游产品以传统的观光游为主，如名山大川、历史古迹等，其消费者的范围也非常广泛，几乎不受年龄、性别、地域等限制。这种产品最大的特点就是成熟期较长，衰退期不明显，甚至看不出衰退期。

（二）传统型旅游产品生命周期的价格组合策略分析

目前所见的传统型生命周期旅游产品，绝大多数处于漫长的成熟期，所以一般不考虑其他三个阶段的定价策略。在正常情况下，传统型生命周期旅游产品的价格只有在大的经济环境发生波动时才会产生较大的起伏，如通货膨胀、经济危机等。但是，"相对稳定"不等于没有定价策略。这类产品应该以声望定价和分级定价相结合为首选，因为传统的旅游产品的知名度和美誉度在消费者当中是早就被认可的，可以根据不同旅游产品社会声望的高低给其定价。由于传统型旅游产品的知名度、价格的透明度和被关注度都很高，一般不宜采用差别定价的策略和直接降价的方式，以免产生价格歧视的嫌疑。

三、周期型旅游产品生命周期的价格组合策略

（一）周期型旅游产品生命周期的特点

周期型旅游产品所面对的消费人群虽然广泛，但是一般都是受时间和季节等影响较大的产品，并且每种旅游产品几乎都有其特定的消费者群体。这种旅游产品生命周期的特点是销售高峰有规律地波浪式出现，在市场中明显地呈现出周期性的波动。

（二）周期型旅游产品生命周期的价格组合策略分析

在产品的导入期和成长期可以采用渗透定价和尾数定价相结合的方法，即用超低价位和精心设计的有特殊含义的价格尾数吸引消费者。

四、专业型旅游产品生命周期的价格组合策略

（一）专业型旅游产品生命周期的特点

专业型旅游产品的消费人群一般很有限，甚至是极少数的特殊人群，最典型的就是太空游，另外如登山、漂流、探险等极限项目也属于这种类型。此类旅游产品的导入期和成长期一般比较长，对于现代科学技术依赖性强，研发费用很高，所以也称为超前型旅游产品。

（二）专业型旅游产品生命周期的价格组合策略分析

专业型旅游产品一般技术含量都比较高，从产品的开发到产品的投放和消费过程都需要高额的成本，并且消费人群也非常特殊和有限，一般都会选择导入期定高价格的撇脂定价方

法，这种方法既可以保证高额成本的回收，又可以利用价格对消费者进行选择。专业型旅游产品的价格一旦确定，改变的可能性很小，除非成本降低，并且因为其消费群体少而集中，所以一般也不会采取大规模的价格折扣促销。

资料来源：陈婷婷. 基于特殊生命周期的旅游产品价格组合策略［J］. 合作经济与科技，2011（6）．

问题：思考不同生命周期如何实行产品价格组合策略。

任务三　旅游营销渠道策划

知识点：旅游营销渠道的概念；旅游营销渠道的类型；旅游营销渠道的特点；旅游营销渠道的作用；旅游中间商的类型、旅游中间商的功能；选择旅游中间商的原则；选择旅游营销渠道的影响因素；旅游中间商的选择决策；旅游营销渠道的管理。

技能点：学生能够区分旅游营销渠道的类型，选择合适的旅游中间商，制定合理的营销渠道策略。

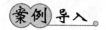

全球订房网设立北京分公司

2013 年，HRS（全球订房网）宣布成立北京分公司。HRS 首席执行官托比亚斯·莱格表示，"中国商旅市场潜力巨大，上年的增长幅度超过 20%。HRS 正加大投资中国市场的力度，拓展以北京为辐射核心的北方商旅市场。"同时，其在线智能酒店采购项目将在北方市场推出，帮助企业客户确定酒店采购成本节约的潜在区域，优化采购酒店的配置，控制商旅成本。

HRS 于 20 世纪 70 年代成立于德国科隆，用 32 种语言为全球的企业和私人旅游者提供在线订房服务及酒店解决方案，在全球拥有 3.5 万多家公司客户，签约代理的 25 万多家不同类型的酒店，覆盖全球 180 多个国家。

HRS 10 年前进入中国，大中华区总部设在上海。其北京分公司位于国贸 CBD 区域，由酒店部、客户服务和销售团队组成。HRS 大中华区商旅业务董事、总经理姜君认为："北京作为世界 500 强总部之都，众多跨国公司对商旅智能化管理有着巨大需求，且对于企业来说，差旅成本是企业第二大可控成本，如何用专业化的手段帮助企业节约成本颇受西门子、海尔等众多企业关注。"

世界旅游业理事会的数据显示，2010 年，在中国进行的商务旅行总开支为 620 亿美元，预计 2020 年这一数字将达到 2 770 亿美元。目前，中国是世界第二大商务旅行市场。未来中国企业商旅支出将持续增加，中国商旅经理在商旅政策制定和与供应商议价等方面正在逐步缩小与世界平均水平的差距。

推出在线智能酒店采购项目也是为了迎合商旅智能化的趋势。托比亚斯·莱格称，商旅客户的酒店在线预订在各国有不同的渗透率，目前中国有 20% 的商旅客户通过在线预订酒店，在欧美该预订率已经达到了 45% 左右。

另外，据介绍，HRS 全新的商务旅行者酒店预订网站近日上线，该网站采用最新的搜索和信息整合技术，增加了个性化的定制搜索功能，在一页内优化显示信息，方便差旅者更快地查找酒店。此外，该网站还根据差旅者的需求，新增了包括免费WiFi、客户评价和最优酒店等在内的酒店筛选条件。新网站还把酒店信息与多种办公软件和手机软件进行对接，使差旅者能够直接将酒店预订信息导入日程表和导航软件，更好地对行程进行安排。

资料来源：陈静. 中国旅游报［J］. 2013（7）.

问题：思考案例中的营销渠道类型及起到的作用。

第一节 旅游产品营销渠道概述

旅游产品是一种特殊的商品，它具有季节性、无形性、生产与消费的异地性等特点，因而生产与旅游消费需求之间不可避免地存在时间和空间上的差异。要解决这种差异并节约社会劳动，就需要营销渠道，即在生产者与消费者之间发挥桥梁作用的中间商。在旅游市场上，没有哪一个企业能够拥有全部或者足够的控制权。建立完善的营销渠道，能够为企业提供方便的销售网络，使企业快速发布有关旅游产品的信息，及时受理解决顾客的投诉，在旅游企业与旅游消费者之间搭起一座沟通的桥梁。

1. 旅游产品营销渠道的概念

旅游产品营销渠道（Marketing Channels in Tourism）又称旅游产品分销渠道，是指旅游产品从旅游生产企业向旅游消费者转移过程中所经过的一切取得使用权或协助使用权转移的中介组织和个人，也就是旅游产品使用权转移过程中所经过的各个环节连接起来而形成的通道。它具体包含以下几方面的内容：

从旅游产品营销渠道的结构来看，旅游产品营销渠道是指旅游产品从旅游企业到旅游消费者所经过的一切组织机构，只有通过这些机构的相互配合，产品才能从生产者转移到消费者手中。

从旅游产品营销渠道的功能来看，旅游产品营销渠道是指使旅游产品及其使用权从旅游企业转移到消费者手中的所有活动。

从旅游产品在营销渠道中的转移过程来看，旅游产品营销渠道是指旅游产品由旅游企业到消费者手中所经过的途径。

旅游产品营销渠道的起点是旅游产品生产者，终点是旅游消费者，中间环节包括各种代理商、批发商、零售商、其他中介组织和个人等。旅游中间商是指介于旅游企业和消费者之间，专门从事转售旅游产品且具有法人资格的经济组织或个人。旅游中间商有旅游经销商和旅游代理商之分。

旅游经销商是将旅游产品买进以后再卖出的中间商，其获利来自买进价和卖出价之间的差价，包括批发商和零售商两类。旅游批发商是指从事批发业务的旅行社或旅游公司，它们大批量地购买单项旅游产品，进行包装组合，再销售给零售商或消费者。旅游零售商是指直接向旅游消费者出售各种形式的终端旅游产品的中间商，它们同旅游消费者的联系最为密切。在旅游市场上，旅游经销商不一定只是批发商或零售商，在不同的营销渠道中，这两种角色经常互换。

旅游代理商是接受旅游企业的委托，在一定区域内代理销售其产品的中间商。主要业务包括：为旅游消费者提供咨询服务；代客预订或代办旅行票据和相关证件；向有关旅游企业反映旅客意见等。其收入来自被代理企业对其支付的佣金。

在现实生活中，大多数消费者在购买旅游产品时都具有明显的盲目性，旅游中间商拥有大量信息和知识，能为消费者购买旅游产品提供高度专业化的建议和帮助，对消费者购买行为的发生很多时候起着决定性的引导作用。此外，旅游中间商擅长组装各种类型的旅游产品，能为旅游生产企业减轻负担，促使旅游企业不断改进产品，满足市场需求，从而确保营销渠道的畅通。

2. 旅游产品营销渠道的类型

2.1 直接营销渠道和间接营销渠道

2.1.1 直接营销渠道

直接营销渠道是指旅游企业在市场营销活动中不通过任何一个旅游中间商，直接把旅游产品销售给消费者的营销渠道。如图4-3-1所示，这种营销渠道没有其他成分介入，是一个结构单一的营销通道。通过这种营销渠道，旅游企业可以直接和消费者交往，其优点是可以直接获得消费者的信息。直接营销渠道有助于提高旅游产品的质量，控制旅游产品的成熟过程和程度，在旅游产品直接销售量大和旅游消费者购买力较为稳定的情况下，旅游企业可以省去中间商的营销费用，以较小的成本获取较大的收益。

图4-3-1 直接营销渠道

2.1.2 间接营销渠道

间接营销渠道是旅游企业通过两个或两个以上的旅游中间商向旅游消费者推销旅游产品的营销渠道。间接营销渠道是目前主要的旅游产品营销渠道，渠道越长，旅游产品市场扩展的可能性就越大。间接营销渠道按中间环节的多少和使用平行渠道的情况分为以下三种：

一级营销渠道。这种营销渠道具有两个环节：旅游企业—旅游零售商为第一个环节，旅游零售商—旅游消费者为第二个环节。旅游企业通过这两个环节把旅游产品销售给顾客。这种营销渠道有利于降低产品成本，减少企业开支，提高经济效益，但也存在销售批量不大、地区狭窄或单一的缺陷。如图4-3-2所示。

图4-3-2 一级营销渠道

多级营销渠道。这种营销渠道具有三个环节：旅游企业—旅游批发商，旅游批发商—旅游零售商，旅游零售商—旅游消费者。由于大型旅游批发商的规模、手段、网点比零售商大得多，而且销售地区较广，因此采用这种营销渠道具有较为明显的优点。这种营销渠道在国际旅游中使用最为广泛。如图4-3-3所示。

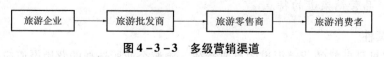

图4-3-3 多级营销渠道

多级多层营销渠道。这是比较繁杂的营销渠道，共有五个层次：旅游企业—旅游代理商—旅游批发商—旅游零售商—旅游消费者为第一个层次；旅游企业—旅游批发商—旅游零售商—旅游消费者为第二个层次；旅游企业—旅游批发商—旅游消费者为第三个层次；旅游企业—旅游零售商—旅游消费者为第四个层次；旅游企业—旅游消费者为第五个层次。采用这种营销渠道时要注意市场大小及结构的分析，选用一种或若干种营销渠道组合使用，同时也要注意调整、充实现有的营销渠道，根据自己的需要慎重地选用新的旅游中间商。如图4-3-4所示。

图4-3-4 多级多层营销渠道

2.2 长渠道和短渠道

旅游产品营销渠道的长度是指旅游产品从生产者销售开始到消费者购买为止整个过程所经过的中间机构的层次数。产品在营销渠道中经过的中间层次越多，营销渠道就越长；反之，营销渠道就越短。我们可根据介入营销渠道的中间层次的多少，将营销渠道划分为长渠道和短渠道。例如，旅游者在他常住地的旅行社购买了去异地的三日游产品，该产品是地方旅行社从旅行总社处购买的，而旅行总社又是从旅游企业的旅游代理商处购买的，即消费者购买的旅游产品经过了多层中间渠道，这就是长渠道；旅游消费者直接到旅行社购买该旅行社提供的某城市一日游产品，不经过任何中间环节，这样的营销渠道就是短渠道。

2.3 宽渠道和窄渠道

旅游产品营销渠道的宽度是指一个时期内销售网点的多少、网点分配的合理程度以及销售数量。宽渠道是指使用的同类中间商较多、旅游产品在市场上的销售面较广的营销渠道。通常所说的要多设销售网点，就是指加宽营销渠道。一般的大众性的旅游产品主要是通过宽渠道进行销售的，如近年来我国兴起的赴新加坡、马来西亚、泰国假日观光旅游等旅游产品。所谓窄渠道，就是使用的同类中间商较少、旅游产品在市场上的销售面较窄的营销渠道。窄渠道对旅游产品生产企业而言，比较容易控制，窄渠道一般只适用于专业性较强的或价格较高的旅游产品的销售。

2.4 单渠道和多渠道

根据旅游企业所采用渠道类型的多少，营销渠道可分为单渠道和多渠道。有些旅游企业所有产品全部由自己直接销售或交给批发商销售，渠道类型比较单一，这就是单渠道。有的旅游企业则根据不同层次或地区消费者的不同情况在本地区采用直接渠道，在外地采用间接渠道，或同时采用长渠道和短渠道，这就称为多渠道。有时把采用多渠道的营销系统又称为双重营销系统。一般情况下，如果旅游企业生产规模较小或经营能力较强，可采用单渠道，反之，则可采用多渠道。

3. 旅游产品营销渠道的特点

3.1 连续性

连续性明显是良好的营销渠道的首要特征。旅游企业所选择的营销渠道应能够保证旅游产品连续不断地从生产领域经过流通领域，进入消费领域。在此期间旅游经销商应尽可能避免脱节、阻塞和不必要的停滞现象，否则不仅中间商要承受损失，旅游企业也会失去良机甚至信誉。

3.2 辐射性

营销渠道的辐射性直接影响着企业产品的市场覆盖面和渗透程度。由于旅游企业的性质不同、规模不一、营销目标不同，即便同一种旅游产品，对市场的覆盖也存在差异。旅游企业选择中间商的多少，以及中间商的辐射和经营能力都影响企业产品的市场覆盖面和市场渗透力。旅游中间商多，旅游企业的市场机会就会明显增加。

3.3 整体性

营销渠道和企业的其他经营是一个有机的整体。企业的产品决策、价格决策、促销决策都与营销渠道决策密切相关，营销渠道的选择直接影响到市场上产品的最终价格、产品形式及促销方式等诸多销售环节。为达成共同的营销目标，必须将渠道策略与其他策略相配合，形成一个有机的整体。

4. 旅游产品营销渠道的作用

4.1 营销渠道是保证旅游企业再生产顺利进行的前提条件

旅游企业生产的产品不仅要符合社会需要，更要迎合旅游市场需求。如果营销渠道不畅，就无法保证生产出的优质旅游产品顺利到达旅游者手中，必然使旅游企业再生产过程受阻。通过营销渠道，旅游企业能够加速产品的销售，从而使其再生产过程得以顺利进行，实现企业的战略目标。

4.2 营销渠道是提高旅游经济效益的重要手段

营销渠道的数量、环节以及容量等会直接影响旅游产品的销售。合理选择营销渠道、加强渠道的管理以及适时开辟新的营销渠道，能够加快旅游产品的流通速度，加速资金周转，提高旅游企业的经济效益。

4.3 营销渠道能影响其他市场营销策略的实施效果

营销渠道策略与产品营销策略密切相关。随着营销渠道的确定，旅游企业的定价、促销等策略也就相对固定下来，例如旅游产品的广告宣传活动主要由旅游企业进行还是由中间商进行，旅游企业的价格策略与中间商的价格策略如何相互配合等。营销渠道的建立需要较长的时间和大量的资金，需要渠道成员间长期的合作和信任，所以，营销渠道一经建立，一般不轻易变更。

小结：通过本节学习，学生应该掌握旅游产品营销渠道的概念，熟悉营销渠道的类型，了解营销渠道的特点，明确营销渠道在旅游企业发展中的实际作用。

小组讨论：采取课题自由发言形式，组织学生讨论"旅游产品营销渠道对旅游市场营销策略的影响"。

第二节 旅游中间商

1. 旅游中间商类型

旅游中间商是指介于旅游生产者与旅游消费者之间，从事旅游产品市场营销的中介组织和个人。由于旅游中间商在旅游市场中的作用不同，旅游中间商的类型也就呈多样化形态。通常根据产品在营销渠道中流动时有无所有权的转移，可划分为旅游经销商和旅游代理商。

1.1 旅游经销商

旅游经销商是指将旅游产品买进以后再卖出的中间商，它的利润来源于旅游产品购进价与售出价之间的差额。旅游经销商与旅游产品的生产企业共同承担市场风险，其经营业绩的好坏直接影响到旅游生产企业经济效益的好坏。旅游经销商多种多样，最主要的有旅游批发商和旅游零售商两类。

1.1.1 旅游批发商

旅游批发商是从事批发业务的旅行社或旅游公司，是连接生产者与零售商或最终消费者的桥梁。旅游批发商通过大量地订购旅游交通、酒店、旅游景点等企业的单项产品，组合成多种时间、多种价格的包价旅游线路，然后批发给旅游零售商，最终出售给旅游消费者。

在少数情况下，旅游批发商也对旅游消费者进行直接销售。此时，旅游批发商要对旅游消费者的整体旅游活动负责，旅游消费者旅游所需的费用全部计入所报价格中，包括旅游消费者的食、住、行、游、娱等活动。

1.1.2 旅游零售商

旅游零售商是指直接面向广大旅游消费者从事旅游产品零售业务的旅游中间商，它与旅游消费者联系最为紧密。旅游零售商熟悉多种旅游产品的优劣和价格，了解和掌握旅游消费者的经济支付水平、生活消费需要和方式等情况，能帮助旅游消费者挑选适合其需求的旅游产品。同时，旅游零售商在市场营销活动中具有较强的沟通能力和应变能力，与旅游目的地的宾馆、餐馆、景点以及航空公司等旅游接待企业联系密切，能根据旅游市场及旅游消费者的需要变化相应地调整服务。旅游发达国家的超级市场、航空公司等往往也作为旅游零售商。

1.2 旅游代理商

旅游代理商是指那些只接受旅游产品生产者或供应者的委托，在一定区域内代理销售其产品的旅游中间商。旅游代理商的收入来自被代理企业所支付的佣金。旅游代理商的主要职能是在其所在地区代理旅游批发商或旅游企业向旅游消费者销售其产品。在实际工作中，旅游代理商直接面对广大的旅游消费者，以向旅游消费者提供服务为主，同时经营少量的旅游产品的批发业务，因而旅游代理商往往又是旅游零售商。

2. 旅游中间商的功能

2.1 市场调研

旅游消费者是旅游企业生产经营的关键所在。消费者数量的多少、层次的高低、购买力的大小直接影响旅游企业经济效益的好坏。旅游中间商可以利用自己直接面向旅游消费者这一有利条件，真实、客观、全面地调查、掌握旅游消费者的意见和需求，从而为旅游企业提供准确、及时的信息，帮助旅游企业对市场的变动做出及时的反应，使旅游产品能不断地适应旅游消费者的需求。

2.2 市场开拓

旅游市场需求的变化要求旅游企业必须不断进行市场开拓，才能在市场中生存和发展。

旅游中间商专门进行旅游产品的购销工作,对市场的变化有着较强的敏感性,善于寻找市场的空隙,寻求市场营销机会。旅游企业与旅游中间商良好的沟通协作,能将旅游产品的生产优势与市场开拓的营销优势结合在一起,使旅游生产企业与旅游中间商得以顺利发展。

2.3　促进销售

旅游企业要让旅游产品受到大量的旅游消费者欢迎,一定要促进市场中潜在的旅游需求转化为现实旅游需求。旅游中间商就是旅游促销的专家,它们拥有各自的目标群体,与社会各方以及市场中各部分有可能形成良好的公共关系。它们通过自身特有的宣传、广告、咨询服务和其他多种形式的促销活动,激发旅游消费者的购买欲望,促进市场需求的形成,进而加强旅游生产企业与旅游消费者之间的联系。

2.4　组合加工

完整的旅游活动中所需的食、住、行、游、购、娱等环节的各种旅游产品无法由一个旅游企业独立提供。旅游中间商运用自身与多家旅游企业的联系,具有对多种旅游产品组合加工的能力。旅游中间商将代售车票、机票,安全接送,代订宾馆、餐饮、观光游览门票,组织会议,提供导游等各种单项旅游产品组合起来,形成系列化的完整的旅游产品提供给旅游消费者。此外,这种组合还可按旅游消费者的不同要求形成不同的组合方式和价格形式。

3. 选择旅游中间商的原则

3.1　经济原则

追求经济效益是旅游企业一切营销决策的基本出发点,对旅游中间商的选择自然也应遵循这一原则。旅游企业应将旅游中间商所产生的收入增长同选择中间商所需要花费的成本做比较,以评价中间商选择的合理性。这种比较可以从静态效益和动态效益两个角度进行。静态效益的比较是在同一时间点对各种不同的旅游中间商选择方案可能产生的经济效益进行比较,从中选择经济效益好的方案;动态效益的比较是对各种不同的旅游中间商选择方案在实施过程中所引起的成本和收益的变化进行比较,以选择经济效益好的方案。

3.2　控制原则

旅游企业对旅游中间商的选择不仅要考虑经济效益,还应考虑旅游企业能否对其实行有效的控制。旅游企业对营销渠道的控制一般应考虑两个方面:一是旅游企业与中间商的利害冲突及其处理的难易程度;二是对同一渠道层次中间商关系协调的难易程度,如同一地区的中间商是否会发生冲突,发生冲突能否有效协调解决等。

3.3　适应原则

旅游中间商对旅游企业而言,属于不完全可控的因素,因而旅游企业在利用中间商时应讲究适应性。这一要求主要体现在三个方面:首先是地区的适应性,即在某一地区选择中间商;其次是时间的适应性,即根据旅游产品在市场上不同时期的销售情况选择中间商;最后是旅游中间商的适应性,即根据各个市场中旅游中间商的不同情况而采取相应的营销渠道策略。

总之,旅游企业对旅游中间商的选择应有适当的弹性,根据市场及环境的变化,对营销渠道进行适当的调整,以便更有效地实现旅游企业的营销目标。

小结:通过本节内容的学习,学生应该熟悉旅游市场中的旅游中间商类型,理解旅游中间商在旅游企业发展中起到的作用，掌握选择旅游中间商的几大原则。

小组讨论：采用课堂小组的形式，组织学生讨论"旅游企业选择旅游中间商的原则和基本标准"。

第三节　旅游产品营销渠道策略

旅游产品营销渠道策略要以旅游企业的经营要求为出发点，以营销目标为指导，要保证旅游产品及时到达目标市场，保持营销渠道较高的工作效率。因而，旅游企业要在对影响因素的系统分析、对市场的认真调研、对旅游企业的战略目标和营销因素组合策略的综合分析的基础上做出相应的旅游产品营销渠道的一系列决策。

1. 选择旅游产品营销渠道的影响因素

旅游企业在进行营销渠道类型决策时，会受到许多因素的影响和制约。一般情况下，影响不同类型的旅游产品营销渠道选择的因素主要有旅游产品、市场、企业自身和环境等。

1.1　旅游产品因素

旅游产品是旅游企业进行营销渠道类型决策时首先要考虑的因素，其影响和制约作用主要体现在旅游产品的性质、种类以及档次、等级等方面。一般来说，高档的旅游产品购买者较少，并且多为回头客，因而这类产品的营销往往采用直接营销渠道，如探险旅行社等旅游企业经营的特种旅游产品就是如此；而大众化的较低档次的旅游产品，由于市场面较广、消费者较多，采用间接营销渠道的优点就很突出，易于在较大的空间内吸引、争取广大的客源。

1.2　市场因素

旅游市场中的多种因素会对旅游营销渠道类型的选择产生不同程度的影响，其中最主要的因素有旅游消费者、旅游中间商和旅游竞争者。旅游消费者对营销渠道的影响表现为产品消费需求的大小、旅游者的消费习惯以及旅游产品的消费者分布。

旅游中间商的性质、功能及对各种产品的销售服务是旅游企业进行营销渠道选择的关键影响因素。旅游企业要想旅游产品以高质量服务为保障，就必须由具备高水平服务或设备的中间商进行销售。

竞争者的营销渠道对旅游企业营销渠道的选择也有极大的影响。旅游企业一方面可以借鉴竞争者的营销渠道，采用大致相同或相似的营销渠道，在同一营销渠道与竞争者的产品进行竞争；另一方面，也可以避开竞争者已使用的营销渠道，开辟新的营销渠道，以争取更大的获利空间。

1.3　企业自身因素

旅游产品营销渠道的选择还必须考虑旅游企业自身的多方面情况。

1.3.1　旅游产品组合的广度和深度对营销渠道的选择有很大影响

一般情况下，旅游产品组合面较广，旅游产品品种较多，更容易适应零售商和旅游者的需要，采用的营销渠道就更直接。

1.3.2　企业的规模、声誉、资金能力等对营销渠道的选择也存在一定影响

企业的规模越大，资金实力越雄厚，市场控制能力越强，愿与之合作的中间商越多，企

业选择营销渠道的灵活性就越大。

1.3.3 旅游企业市场营销活动的管理能力也会影响其营销渠道的选择

如果旅游企业管理营销业务的能力较强，就可自行组织营销系统；如果旅游企业管理业务的能力较弱，就只能依靠中间商来开展营销。

1.4 环境因素

一个国家的政治、经济、自然的特征与变化都会对旅游企业的营销渠道决策产生影响。

1.4.1 政治方面

旅游市场营销要受到国家法律、法规和政策的限制和约束，旅游企业只能在所允许的范围内选择营销渠道。例如，国家规定国内旅行社不能到海外招揽、组织客源，只有国际旅行社才有此权利。

1.4.2 经济方面

旅游市场的规模与世界或国家及地区的经济状况成正相关。在经济繁荣的情况下，旅游客源市场就会发展，反之，在经济不景气或经济危机时，旅游客源市场就会萎缩。

1.4.3 自然环境

自然环境对营销渠道的影响主要表现在地理条件方面。若旅游产品地处交通便利地区，开展直接营销的可能性就较大，而地处偏远地区的旅游产品只能采用较长的营销渠道。

2. 旅游产品营销渠道的选择决策

2.1 直接营销渠道或间接营销渠道的决策

直接营销渠道与间接营销渠道的选择实际上就是旅游企业在市场营销活动中是否使用旅游中间商的问题。在旅游市场营销中，旅游企业两种营销渠道可兼而有之，这是由旅游企业自身的特性所决定的。在实际工作中，旅游企业采用直接营销渠道还是间接营销渠道，最终以两项标准来判断，即售出本企业产品的数量或销售额，本企业为维护各种营销渠道所必须支付的营销费用。

营销渠道的选择还与旅游企业的实力和在市场上的地位有密切的关系。实力雄厚的旅游企业，往往自身可以建立强大的营销网络，对旅游中间商的依赖性相对小些，反之，实力较弱的旅游企业则对旅游中间商的依赖性就大一些。

2.2 营销渠道长度的决策

旅游企业营销渠道的长度取决于旅游产品从旅游生产企业至旅游消费者的过程中所经历的中间层次的多少。一般情况下，短渠道中间环节少，营销费用自然少，旅游产品的价格较低；同时，短渠道加快了旅游企业与旅游消费者之间的信息沟通速度，可避免过多的中间环节导致的信息失真、误传等情况的发生。在实际工作中，由于多种因素的影响和制约，旅游企业最终所选定的营销渠道长度不一定为最佳的理想状态，只能是在多种选择中确定较为合适的营销渠道长度。

2.3 营销渠道宽度的决策

营销渠道的宽度是指不同层次的营销渠道中利用同类旅游中间商数目的多少。旅游产品营销按营销渠道宽度的大小，主要分为广泛营销、选择性营销和独家营销三种类型。

2.3.1 广泛营销

广泛营销也称密集营销,是指在渠道层次中选择尽可能多的中间商,使之充分与旅游产品的营销市场相接触,以使本企业的产品取得最大的认知度,主要适用于旅游消费者集中的地方或者企业的主要目标市场。

2.3.2 选择性营销

选择性营销是指选择那些支付能力强、有推销经验以及服务上乘的旅游中间商在特定区域与层次推销本企业的产品,适用于价格较高的产品。旅游消费者购买高层次产品要经过慎重考虑与选择,因而要求中间商具有一定的专业知识、服务水平及较高声誉。

2.3.3 独家营销

独家营销是指在一定的市场区域内选用一家经验丰富、信誉卓著的中间商来销售旅游企业的产品,是最窄的渠道形式。旅游企业开拓新市场时,这种营销渠道可以加强与中间商的合作关系,提高中间商的积极性,从而有利于旅游市场的开拓和信誉的提高。

2.4 营销渠道联合的决策

随着旅游市场竞争越来越激烈,旅游企业依靠单一的营销力量和手段进行市场营销已显得越来越落后,因而出现了以营销渠道联合为主要特征的发展趋势。就其具体情况而言,大致有以下几种联合倾向。

2.4.1 纵向联合

旅游企业营销渠道的纵向联合是指将营销渠道中各个环节的成员联合在一起,采取共同目标下的协调行动,以提高旅游产品市场营销整体经济效益。这种纵向联合大致可分为两种形式:一种是契约型的产销联合,即旅游生产企业同其所选定的各个环节的中间商以契约的形式来确定各自在实现同一营销目标基础上的责权利关系和相互协调行动;另一种是紧密型的产销一体化,即旅游企业以延伸或兼并的方式建立起统一的旅游产品的产销联合体,使其具有生产、批发和零售的全部功能,以实现对旅游市场营销活动的全面控制。

营销渠道的纵向联合可在一定程度上缓解和避免渠道成员间由于追求各自利益而形成的相互冲突,以及由此对营销系统所造成的损害,还可以提高市场营销活动的效率,增强企业整体效益。

2.4.2 横向联合

营销渠道的横向联合是指由两个以上的旅游生产企业联合开发共同市场的营销渠道,可分为松散型联合和固定型联合两种形式。松散型联合是为了共同开发某一市场,而将有关旅游企业联合起来,共同策划和实施有助于实现这一市场机会的营销渠道;固定型联合则往往以建立同时为有关企业开展市场营销活动的销售公司为主要形式。营销渠道的横向联合能够更好地集中各有关旅游企业在市场营销方面的相对优势。

2.4.3 集团联合

旅游企业集团联合是一种比较高级的联合形式,是指以旅游企业集团的形式,结合旅游企业组织形式的总体改造来促使旅游企业营销渠道的发展。旅游企业集团由多个企业联合而成,往往能通过集团内的营销机构为集团内各生产企业承担市场营销业务。

集团联合的市场营销功能比较齐全,对市场营销活动能进行较为周密的系统策划,并能建立起健全高效的运行机制,从而促使旅游市场营销活动的整体效益得到大幅度提高。

3. 旅游产品营销渠道的管理

3.1 旅游中间商的选择

旅游企业在选择旅游中间商时要对中间商的销售能力、信誉、发展状况、历史背景、工作积极性、发展潜力等因素进行综合考虑。在进行选择时，应尽量将销售实力强大、信誉良好、工作热情高的中间商纳入企业的营销渠道，作为企业产品的批发商；对销售能力较弱、信誉较好、工作热情较高，不能大批量预订产品的中间商，可发展为旅游代理商或零售商；对信誉差、工作效率低的中间商尽量排除在渠道之外。

3.2 旅游中间商的合作与激励

加强与中间商的合作，充分调动其积极性，根据环境的变化灵活地解决与中间商的矛盾冲突，是营销渠道管理的重要任务。在营销渠道中，各成员分别代表不同的利益集团：旅游生产企业旨在使营销渠道中的其他成员注重自己的产品；旅游批发商追求高销售量和高利润；旅游零售商一般很希望能得到多种旅游产品；旅游消费者往往希望有多种旅游产品供选择，以便较为方便地挑选、确定自己愿意购买的产品。

为解决以上矛盾，增强中间商的合作意识，调动中间商的积极性、主动性，应充分重视对中间商的优惠与奖励政策，采取强有力的激励措施。首先，要维护中间商的尊严，尊重中间商的利益；其次，要帮助中间商增加收入；再次，激励中间商的形式要多样、方法要灵活，可以运用减收或免收预订金、组织奖励旅游、领队优惠等方式。

3.3 旅游中间商的评价

旅游企业要采取切实可行的办法，对营销渠道实行有效的管理，要定期对中间商的工作绩效进行检查与评价，以保证营销渠道的效能。评价标准包括：中间商历年的销量指标完成情况和水分大小；中间商为企业提供的利润额和费用结算情况；中间商为企业推销产品的积极性；中间商为企业的竞争对手工作的情况；中间商对本企业产品的宣传推广情况；中间商对客户的服务水平，满足客户需要的程度；与其他中间商的关系及配合程度；中间商的销售量占企业产品销售量的比重。

3.4 营销渠道的调整

旅游企业要使营销渠道保持良好运行，就必须依据对旅游中间商营销行为的分析，针对环境变化做出及时的调整。营销渠道调整的主要方式有以下几种。

3.4.1 增减营销渠道的旅游中间商

对效率低、推销不力、对营销渠道整体运作有严重影响的中间商，旅游企业可考虑予以剔除，另选合适的中间商加入渠道。旅游中间商的增减，一方面会影响企业的销售费用和销售收入，另一方面会影响其他中间商或竞争对手。所以，在增减旅游中间商时旅游企业应权衡比较，综合考虑各种影响，慎重行事。

3.4.2 增减营销渠道

随着市场的变化，旅游企业有时会发现自己的营销渠道过多，从提高营销效率的角度考虑，可以适当缩减一些渠道；如果发现现有营销渠道过少，不能使产品有效抵达目标市场，则应增加新的营销渠道。旅游企业应根据实际情况，动态调节，增减营销渠道，提高整体效率。

3.4.3 更改营销渠道

更改营销渠道意味着旅游企业要取消原来的营销渠道，建立新的营销渠道。旅游企业原有营销渠道产生无法解决的矛盾冲突会造成整个营销渠道的极大混乱以至功能的严重丧失，这就需要对营销渠道进行重新设计和组建。整个重建过程难度大，且会带来极大的风险，旅游企业必须进行认真细致的调查研究，充分考虑各种因素后，才可做出决策。

小结：通过本节内容的学习，学生要了解影响旅游产品营销渠道策略的因素，掌握旅游产品营销渠道的选择决策，并能够对其进行有效管理和调整。

小组实训：根据相关内容，教师给出特定旅行社的旅游产品，以小组为单位尝试进行旅游产品营销渠道的选择。

任务三小结：本任务从旅游产品营销渠道的类型、旅游中间商的选择，有关营销渠道的形式、管理、调整等的决策及策略应用方面探讨旅游产品营销渠道。在客源量大、客源结构复杂的条件下，旅游企业除发挥自身的营销优势外，还要运用旅游市场的中介组织力量，与之形成较为稳定的营销利益共同体，从而促使旅游产品在广阔的空间为更多旅游消费者所知晓、理解、认可和购买。

拓展阅读

随着我国旅游产品市场由卖方市场向买方市场转换，旅游者需求个性化趋势越来越明显，旅游企业与旅游者直接沟通已成为大势所趋。基于快速发展的计算机技术和网络技术的旅游网络营销为旅游企业越过中间环节与旅游者直接沟通提供了可能。旅游网络营销的实施对传统旅游市场营销的渠道策略影响深远。

一、旅游网络营销渠道的特点

互联网的出现使信息的交换和处理变得高效和便捷，与传统营销渠道相比，旅游网络营销渠道有许多更具竞争优势的特点。

（一）跨越时空

旅游者可以随时随地利用互联网购买旅游产品，网络渠道跨越了时空限制，可以实现每天24小时、每年365天覆盖全球市场，不管是直接渠道还是间接渠道都不受地域、国别、时间等的影响。不论旅游者身在何处，只要能上网，旅游营销者就能与之沟通。

（二）费用低廉

以网络为渠道开展营销可以减少传统营销中的店面、场地和人员费用，且24小时的在线模式增加了销售时间，可以为旅游企业带来更多的市场机会，增加营业额。不论是直接渠道还是间接渠道，网络渠道都相对简单，流通环节大大减少，降低了交易费用和销售成本，提高了营销活动的效率。

（三）销售周期短

网络营销渠道为旅游企业提供了更大范围的市场。由于流通环节较少，能直接向旅游者销售产品，价格低廉，能吸引旅游者迅速购买，缩短了销售周期，提高了旅游企业的竞争力。

（四）双向信息交互

传统营销渠道都是单向的，营销者无法将旅游者需求很好地整合到营销策略中，以致不能准确及时满足旅游者需求。互联网营销渠道既是旅游企业发布信息的渠道,又是旅游企业与旅游者交互的渠道。通过这个渠道企业可以了解更多的旅游者个性化需求信息,旅游者也可以获得帮助其进行正确旅游决策的大量信息。

二、旅游网络营销渠道策略

营销渠道的选择是整个营销组合策略的重要组成部分,主要包括直接还是间接、长还是短、宽还是窄的渠道选择。通过合理地选择旅游网络营销渠道,能加快旅游产品的销售,加速资金周转,提高旅游企业的经济效益。

旅游网络营销渠道策略中的直接营销渠道和传统的直接营销渠道一样,都是零级营销渠道,主要形式是旅游企业自己建立网站,利用网站直接面向旅游者开展网络直销;旅游网络营销渠道策略中的间接营销渠道要比传统的间接营销渠道简单,网络营销中只需要一个中间环节,即只存在一个电子中间商沟通买卖双方的信息,而不需要多个批发商和零售商,因而也就不存在多级营销渠道。这种中间商与传统的中间商不同,它是一个第三方,不直接参与交易,而是为买卖双方提供一个高效的信息沟通和交易的网上虚拟平台,利用电子中间商可以为旅游企业开拓产品市场,降低销售成本,扩大影响。

资料来源:论文网,http://www.xzbu.com/1/view-232893.htm。

问题:思考网络营销渠道在实际生活中的运用。

任务四　旅游促销策划

知识点:旅游促销和旅游促销组合的含义、作用、基本分类;旅游广告的含义、特点、作用、分类和旅游广告策划活动的基本内容;旅游营业推广的含义、特点、作用、分类和旅游营业推广策划活动的基本内容;旅游公共关系的含义、特点、作用、分类和旅游公共关系策划的基本内容;旅游人员推销的含义、特点、作用、分类和旅游人员推销策划活动的流程;旅游体验营销的含义、特点和旅游体验营销策划的模式、ASEB分析的基本内容。

技能点:结合旅游企业实际情况开展旅游企业促销活动。

案例导入

湖南卫视亲子秀节目《爸爸去哪儿》可谓大红大紫,一切与《爸爸去哪儿》有关的话题都成为网友讨论的热点。更有趣的是,拍摄节目的景点也异常火爆,一跃成为网友们向往的旅游胜地。

《爸爸去哪儿》第一季第一站北京灵水村,距北京市中心78公里,是具有文化底蕴的古村落之一,但却鲜为人知。村子海拔430米,四周群山环抱,古树参天,自然环境优美。被誉为"举人村"的千年古村灵水村,明清时期,村中考取功名的人层出不穷,民国时期有6名燕京大学学子,现代多人考入各类大学。灵水村的古民居、古寺庙、古树、古戏台都成为旅游观光的特色景观。人文历史为旅游事业增添深厚的文化底蕴。群山环抱中的村庄,前罩抓髻山,后靠莲花山,依山泉而建,水绕村而流,构成"天人合一"的自然格局。历史积淀赋予灵水村的儒雅气质,全写在斑驳的砖瓦上、寺庙的残柱间、老宅的天井里。

自《爸爸去哪儿》热播后,因为节目的高关注度,灵水村成为旅游热地。许多游客慕名而来，尤其周末来灵水村的游人数量激增。

资料来源：破折君，http://www.pzboy.com/funny/travel/where-dad/。

问题：为什么沉寂多年的灵水村一跃成为旅游者争相造访之地？

第一节　旅游促销

1. 促销与旅游促销

促销就是营销者向消费者传递有关本企业及产品的各种信息，说服或吸引消费者购买其产品的活动，目的是扩大销售量。促销是一项综合性的活动，是拓展市场促进销售的有效方法。

旅游促销是指旅游营销人员为了培育和强化企业形象，激发旅游者的购买欲望，影响旅游者购买行为，扩大旅游产品的销售而采取的一系列策划与活动。旅游促销也是一种沟通行为，通过一系列的沟通活动达到目标，是建立旅游企业与外部环境良好关系的重要手段之一。

我们经常能遇到这样的情形，很多旅游企业花费了大量的人力、物力、财力开展旅游促销活动，但结果却不尽如人意。旅游促销活动是双向交流的活动，是旅游企业与旅游者双向互动的过程，当旅游企业发出促销信息时，必须使目标受众能够正确理解该信息所要表达的含义进而采取行动。图4-4-1展示了完整的沟通模型，在模型中共包含九个要素，分别是发送者（Sender）、接收者（Receiver）、信息（Message）、媒体（Media）、编码（Encoding）、解码（Decoding）、响应（Response）和反馈（Feedback）、噪音（Noise）。

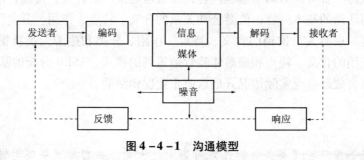

图4-4-1　沟通模型

发送者：将信息传递给顾客的个人或组织。例如，旅行社、饭店、旅游景区、推销人员等。

编码：发送者将自己需要传递的思想、信息寄于标识性的具体形式中，如一系列的词汇、图画、声音、行动，这一转换过程就是编码的过程。

信息：发送者想要传达的内容，并希望接收者可以理解的东西。

媒体：发送者选择的将信息传达给接收者的沟通渠道。如电视、广播、报纸、杂志是传统的大众媒体；赠品、展览会、销售人员的现场演示等都承载着各种重要信息；微信、微博是现代网络时代最常使用的媒体形式。

解码：接收者从发送者传递的符号中提取信息的过程，发送者希望接收者能够以他想要的方式来提取信息内容。

接收者：注意或听到发送者传递的信息的人。

响应：在接触信息后，接收者做出的反应。

反馈：接收者的反应返回到发送者。例如，在使用人员推销时，可以通过人与人之间的直接接触或电话提供反馈；使用大众媒体时则可使用市场调研来评定促销效果。

噪音：来自计划之外的干扰和曲解，它是导致接收者得到的信息与发送者传递的信息发生偏离的重要原因。

王岚作为旅游管理专业的一名大学教师，每年都会安排旅游出行活动，这一方面是为了放松疲惫的身心，另一方面也是为了通过旅游活动了解旅游市场新变化。临近寒假，王老师再次开始选择旅游目的地。翻阅旅游杂志时她被菲律宾长滩岛的碧海蓝天吸引住了。长滩岛位于菲律宾中部，整座岛长7公里，有一片长达4公里的白色沙滩，这片沙滩被誉为"世界上最细的沙滩"。雪白的沙滩、碧蓝的海水、和煦的阳光，这一切正是王老师所需要的。当王老师打开携程旅游手机APP准备订机票时，一条关于越南芽庄的旅游推送吸引了她：宜人的气候条件，丰富的人文旅游资源，诱人的东南亚美食，直通的航班，低廉的物价，安全的环境。王老师一时拿不定主意，随即她给在旅行社工作的学生打电话咨询。她的学生作为旅游营销人员力推正处于夏季的南半球最纯净的国度——新西兰，于是王老师推翻了之前的设想，在该社预订了澳大利亚—新西兰12日跟团游。

问题：请结合沟通模型讲述案例中的各个要素信息，并以王岚老师学生的身份表述旅游信息，进行促销。

由此可见，旅游信息的发送者为了得到旅游者的注意，要与来自外部竞争环境中诸多发送者的信息、产品和服务相竞争。要完成有效的沟通过程，旅游信息发送者必须明确信息的受众群体，并能响应他们的期望。同时，旅游信息发送者必须善于编码，并充分考虑目标人群如何解码，还要积极发展信息反馈的渠道，以便能够深入了解旅游目标群体对信息的反应，从而开展促销组合的设计。

2. 旅游促销的作用

2.1 明确定位，树立良好的产品形象

旅游产品定位是依托旅游促销活动进行的，通过旅游促销准确描述旅游产品形象，展现真实的旅游世界，树立良好的产品形象。对于相似度较高的旅游产品，旅游促销也能有所侧重，强化特色，创造差异，形成旅游者的偏好。

2.2 刺激旅游需求

需求属于心理学范畴，旅游需求是旅游者全部需求的总和，其中包括物质层面的需求，也包括精神层面的需求，弹性较大，具有很强的波动性；同时旅游是异地性行为，受到空间距离的影响，具有一定的朦胧性。旅游促销活动所呈现的清晰描述，具有明确旅游产品形象、唤起旅游者需求、消除旅游者心理负担的作用。

2.3 调节供需关系，稳定旅游销售

旅游者需求存在明显的季节性波动，旅游存在明显的淡旺季，那么分流调控就显得十分

重要。旅游促销能够在淡季积极引导旅游者消费，旺季适度调整旅游者消费，形成一年四季稳定的旅游销售业绩。

小结：这节对旅游促销活动的基本概念与作用进行了讲解分析，并对沟通模型进行了深入分析，要求学生掌握旅游促销的含义与作用，能准确表述旅游信息，正确传递旅游信息，实现旅游促销目标。

小组实训：以小组为单位，上网查询旅游景区信息，尝试将信息编码并表述，看谁的信息最能打动人心。

第二节　旅游促销组合

旅游促销组合是指旅游企业根据营销目标，将人员推销（Personal selling）、广告宣传（Advertising）、公共关系（Public relation）、营业推广（Sales promotion）等各种促销方式进行灵活选择、有机组合和综合运用，形成整体的促销方案。

旅游促销是旅游企业将旅游信息传递给旅游消费者而采取的一系列活动。旅游企业为了与旅游消费者进行有效的沟通，可以选派营销人员与旅游消费者进行面对面的沟通交流，也可以通过广告设计大面积地向旅游消费者展示旅游信息，抑或通过公共关系的方式在旅游消费者中树立良好的品牌形象。

1. 旅游促销的基本分类

1.1　人员推销

人员推销指推销人员与消费者直接交流、促成买卖交易的手段。旅游人员推销是指由旅游企业派出推销人员直接与目标群体接触，传递旅游产品信息，促成购买行为的活动。旅游人员推销是现代旅游企业最常用、最直接、最有效的一种促销手段。

1.2　广告

美国市场营销学会给广告的定义是："广告是广告的发起者以公开付费的方式，以非人员的形式，对产品、劳务或某项行动的意见和想法的介绍。"可以说，旅游广告是旅游企业采用付费的方式，使用适当的媒体，向目标群体传递旅游信息的促销手段。

1.3　公共关系

世界公共关系协会给公共关系的定义是："公共关系是一门艺术和社会科学。"我国公共关系专家、学者结合我国实际提出："公共关系就是一个企业或组织，为了取得内部及社会公众的信任与支持，为自身事业发展创造最佳的生活环境，在分析和处理自身面临的各种内部、外部关系时，采取的一系列政策与行动。"可以说，旅游公共关系意在向目标群体传递积极有效的信息，树立旅游企业良好形象，建立良好关系。

1.4　营业推广

美国市场营销学会对营业推广的定义是："人员推销、广告和公共关系宣传以外的，用以增进消费者购买和交易效益的那些促销活动，诸如陈列、展览会、展示会等不规则的、非周期性发生的销售努力。"可以说，旅游营业推广是一种在既定时间内，刺激鼓励目标群体购买旅游产品的一系列手段和措施。

2. 影响旅游促销组合的基本因素

旅游企业促销组合的选择与设计，要充分考虑旅游企业的基本情况、促销方式的基本特点和目标群体的特点，合理搭配使用各种促销方法，实现旅游企业目标。

2.1 旅游企业因素

2.1.1 旅游企业促销目标

旅游企业的促销目标不同，促销组合的选择和制定也应不同。换句话说，如果一家旅游企业立足长远，谋求良好的企业形象，力求打造品牌，获得长久的发展优势，那么在促销组合的选择中公共关系营销则必不可少。

2.1.2 旅游企业资源

人、财、物是构成旅游企业资源的主要因素，企业的资金情况、负债比率、人力资源状况及技术手段、企业文化等方面都对旅游促销组合的选择产生重要影响。例如一家地级市的小型旅行社是很难选择央视这样的广告平台进行广告促销的，而应着眼于营业推广一类的方式综合进行策划。

2.1.3 旅游产品情况

旅游产品是为满足旅游者的愉悦需要而在一定地域被生产或开发出来以供销售的物象或劳务。旅游企业会根据旅游产品的类型和旅游产品的生命周期状况进行旅游促销组合的选择，通常会根据自己的产品和服务特点有针对性地选择不同的促销手段，或选择大面积推广，或选择小范围推销；也会根据旅游产品所处的生命周期状况，或选择加大促销力度，或选择收缩市场。

2.1.4 旅游促销策略

在旅游企业经营中，"推式"策略是一种以旅游中间商为促销目标，以人员推销等方式，把旅游产品推进销售渠道，最终推向旅游市场的策略。"拉式"策略是以旅游者为主要促销对象，以广告方式为主，设法引起潜在旅游者对旅游产品产生兴趣和需求，进而刺激销售渠道，使旅游中间商受此影响，促进旅游产品供给。不同类型不同规模的企业，在"推""拉"式选择中各有侧重，例如实行"推式"策略的旅游企业，必须拥有强大的推销团队、较高的人员素质。

2.2 促销方式特点

2.2.1 费用

费用是影响旅游企业促销组合的重要因素，传播效率高、效果好的促销方式，往往费用也十分高昂；同时随着劳动力成本的上升，人员推销的费用急剧增加，如何合理地选择促销方案，节约旅游企业成本，已经成为重要的工作。

2.2.2 效率

四个促销方式的传播效率不尽相同，广告费用高昂，但传播效率最高，在短时间内即可达到家喻户晓的效果；公共关系耗时较长，需要旅游企业长期维护，才能达到预期的效果。

2.3 目标群体特点

旅游决策是在众多旅游信息中选择的过程，对于个体旅游者而言，主要有旅游需要识别、旅游信息收集、备选方案评估和形成旅游决策四个环节；群体旅游者的旅游决策过程包括个体旅游需要萌发、共同旅游动机确认、旅游信息收集、方案的评价、旅游决策形成五个环节。而处于不同环节的旅游者，心理特征不尽相同，因此要有针对性地进行促销组合的选择。同时受人口统计因素、地理因素、心理因素、生活方式等诸多因素的影响，目标群体对旅游促销组合的偏好有所差异，个体旅游者与群体旅游者也有不同的购买特征。例如对于已经进入方案评估阶段的群体旅游者而言，人员推销和营业推广的方式更为适宜。

作为全球第六座迪士尼乐园，上海迪士尼乐园自落成之初就备受关注。2015 年 1 月到 2016 年 6 月，媒体报道相关新闻数量随着开业日期临近同步增加。阿里旅行数据显示："5 月以来，迪士尼相关关键词累计搜索量达 8 900 万条，是上海地标东方明珠的 45 倍。上海迪士尼试运营一个月接待游客超过 50 万人次，是黄山月均游客量的 2 倍。"以上调查数据表明，上海迪士尼乐园开业后，迅速成为一个广受关注的社会焦点。

扩大平台使传播渠道多元化。上海迪士尼依托内容的主导优势，打出精彩纷呈的传播"组合拳"，将优质资源与多元渠道高度整合，实现不同媒体的价值联动，综合提升传播聚合力。无论是电视、电影、直播、综艺、移动广告、主题巡演、两微一端，各类媒体资源经过整合运用，顺应了新媒体时代的传播规律，实现了精准投放、整合传播。实际操作中，除了品牌在各类影视、视频、院线、日常消费的植入外，上海迪士尼还通过"秒拍""一直播"等新兴互联网媒体形态，将景区亮点与短视频的"现场感"自然融合。

价值认同使故事表达多元化。上海迪士尼乐园策划团队对中国社会具有敏锐的洞察力。它把传统文化的人伦"五常"作为价值切入点，以多视角、多线索、多题材的故事表达提高传播影响力。2016 年 6 月 15 日，上海迪士尼开园盛典联合东方卫视等媒体现场直播，五组家庭以亲身体验传递上海迪士尼的游玩感受。在形式上，通过"真人秀"现场体验、明星客串演艺、人物口述三种表达方式，使故事叙述层层深入。上海迪士尼乐园的第一部电视广告片呈现了同样的温情画面，它将"客源"高朋满座的商业诉求隐含于"无论你是谁都能实现梦想"的口号中，将中国人伦观念与实现梦想的共同价值诉诸人心，与消费者的既有认知保持一致，实现品牌落地的说服策略。

品牌嫁接使产业链条多元化。从 2013 年开始，上海迪士尼乐园就陆续与中国本土的领导企业展开合作：与工商银行共同发售的"迪士尼红包贺岁金"在上海一经亮相就受到追捧；与海尔家电联合开发的"海尔迪士尼冰箱"推出定制化家电，通过模块定制、众创定制、专属定制三种方式，消费者能够将自己的创意"孵化"成实物；与阿里巴巴联合开发"阿里迪士尼视界电视盒"，被称为"史上最漂亮电视盒子"，成为迪士尼影视进入万千家庭的接入口；与上海申通地铁集团有限公司联合发行的"乐游上海"迪士尼地铁卡将乘客转化为游客。通过品牌嫁接，上海迪士尼乐园不断丰富自己的产业链条，从金融、交通、消费、餐饮等方面融入消费者生活，以品牌阵地建立起与用户的情感黏性。

沉浸体验使创意手法多元化。作为一种游乐体验，上海迪士尼乐园通过多元化的创意手法，将科技与艺术融合，通过感官刺激使游客达到极致体验。坐着海盗船随着巨浪漂入洞内，就能感受到虚实结合的奇幻景观。通过触觉、味觉、视觉等不同程度的感官刺激，游客在极端条件下减弱了对周围环境的真实认知，感受到令人振奋的交互体验，以此获得强烈的心理满足。

设置热点使营销活动事件化。2016年9月2日下午5点41分，女子3米板跳水冠军吴敏霞在微博上晒出迪士尼游玩照片。9月2日当天，也是上海奥运健儿凯旋表彰大会举行之日，吴敏霞获得上海市颁发的"上海市体育事业白玉兰终身杰出成就奖"。9月3日上午10点整，上海迪士尼度假区以"欢迎奥运健儿回家"的口号，发布吴敏霞、钟天使和许昕三位奥运冠军游览迪士尼的图片，图片展现了迪士尼的各个著名景点。"上海迪士尼度假区"在"吴敏霞获奖"达到舆论高峰时进行宣传，借助人气高涨及舆论优势，迅速将这一议题通过事件化报道呈现在微博舆论场。

资料来源：张雨涵，严功军. 上海迪士尼乐园传播策略分析 [J]. 新闻界，2014（24）.

问题：案例中旅游企业运用了哪些促销手段？

插入视频：上海迪士尼宣传片。

小结：本节对旅游促销组合的基本概念、基本种类及影响促销组合的基本因素进行了分析讲解，要求学生能够掌握促销组合的概念和种类，并对影响因素有所领悟。

小组讨论：以小组为单位，讨论在当前的旅游市场中，所熟悉的旅游企业采用了上述哪种促销方式。

第三节　旅游广告

1. 旅游广告

旅游广告是一种旅游促销手段，是指旅游企业通过各种媒体传播，推广相关旅游信息、旅游产品和旅游服务的活动。旅游广告促销能够帮助旅游企业扩大知名度，促进旅游产品销售，提升旅游企业声誉，让旅游企业获得更多的经济效益。旅游广告从本质上说是一种信息传播的方式和技巧，其目的是促进旅游产品销售。

从广告活动参与者的角度看，广告主要包括广告主、广告公司、广告媒体、广告信息、广告思想和技巧、广告受众、广告费用及广告效果几个要素。从大众传播理论的角度看，广告信息在传播过程中构成要素主要包括广告信源、广告信息、广告媒体、广告信宿等。

旅游广告具有一般商业广告的各种特点，例如计划性、目的性、有偿性、时效性、说服性等；同时由于旅游产品在生产、销售、推广中的特点，又使得旅游广告具有区别于一般商业广告的其他特点：旅游产品的高卷入性要求广告传播的高互动性；旅游产品的综合性决定广告信息的高度立体化；旅游产品产销的时空统一性决定广告表现形式的多元化；旅游消费的性质决定广告信息鲜明的个性化；旅游体验的异地性决定广告诉求丰富的多面性。

2. 旅游广告的类别

按照不同的划分标准，旅游广告可分为不同的类别。

2.1　按传播媒体划分

2.1.1　报刊广告

报刊广告是以报刊为媒体进行旅游促销的广告。这种广告传播速度快、影响广，且可以长期保存。例如《旅行家》就是一本定位高端用户市场的旅游类杂志,很多旅游企业、旅游目的地都会借助这个媒体进行旅游促销活动。

2.1.2 电影电视广告

电影电视广告是以电影电视为媒体进行旅游促销的广告。这种广告声形并茂,能给观众留下深刻的印象,是相对费用比较高的广告形式。例如贵州省旅游广告"走遍神州大地,醉美多彩贵州"就是在央视播放的广告,广告中充分展现了贵州的民族民俗魅力和无可替代的自然风光。

插入视频:多彩贵州宣传片。

2.1.3 广播广告

广播广告是以广播电台为媒体进行旅游促销的广告。这种广告传播迅速,不受地区、交通和气候的限制。例如青岛极地海洋世界就曾在山东人民广播电台"897给力自助游"中进行广告宣传,产生了极好的反响,达到了旅游企业促销的目的。

2.1.4 户外广告

户外广告是以户外的路牌、交通牌、灯箱等为媒体进行旅游促销的广告。这种广告明朗夺目,容易引人注意。例如辽宁大梨树景区就曾在沈阳市各公交车站进行采摘节的户外广告促销,收到了沈阳无人不知大梨树采摘节的效果。

2.1.5 网络广告

网络广告是以网络为媒体进行旅游促销的广告。这种广告形式多样、信息量极大,受众面极广。例如日本旅游局就直接在携程网上进行日本旅游宣传,包括旅游城市介绍、旅游酒店推荐、全日空旅游交通推荐等,这种以旅游网站为平台直接宣传的方式收效显著。

2.1.6 包装广告

包装广告是以产品外包装为媒体进行旅游宣传的广告。这种广告形式制作成本相对低廉,目标精准。例如甘肃省就曾在一款旅游导航仪的外包装上配图进行旅游促销。

2.2 按广告表现形式划分

2.2.1 静态广告

静态广告是以文字或图画为主,抑或图文并茂进行表现的广告。例如《旅游纵览》杂志的封面就是静态广告形式。

2.2.2 动态广告

动态广告是通过声音、动态效果表达信息的广告。例如海南航空公司就曾在上海外滩通过动态广告形式进行上海直飞西雅图的航线促销。

2.3 按旅游企业类别划分

2.3.1 旅行社广告

旅行社广告是以旅行社为主体企业的广告。例如康辉旅行社的广告语:"旅游选康辉,神州尽朝晖。"

2.3.2 酒店广告

酒店广告是以酒店为主体企业的广告。例如天津鲤鱼门酒店的广告语:"繁星点缀的江畔,火树银花鲤鱼门。"

2.3.3 旅游城市广告

旅游城市广告是以旅游城市为主体的广告。

2.3.4 景区广告

景区广告是以旅游景区为主体的广告。例如辽宁本溪水洞景区的广告语："泛舟览胜绝无有，人间福地—洞天。"

2.3.5 旅游节庆广告

旅游节庆广告是对旅游节庆活动所做的广告。例如安楚高速路路牌上就有写着"体验彝风盛景，天天火把狂欢"的旅游宣传广告。

2.3.6 会展广告

会展广告是借助会展平台所做的旅游广告。例如在全国糖酒交易会、湖南省农博会期间利用会展平台对湖南湘潭特色旅游资源所做的广告。

2.4 按旅游企业实施广告的目的划分

2.4.1 宣传性广告

宣传性广告是为了让更多的旅游者了解、认知一个新的旅游企业、旅游产品或服务所做的广告。在航空公司开辟新航线的时候，都会进行宣传性广告的投放，以扩大影响；旅游目的地节庆活动即将开始的时候，也会进行广告宣传。例如2018年哈尔滨冰雪节的主题是"冰雪百花园，奇幻大世界"，曾在各类视频网站平台进行广告宣传。

插入视频：哈尔滨冰雪大世界宣传片。

2.4.2 劝说性广告

劝说性广告是以引发旅游者对旅游企业产品和服务的喜好为目标，从而强化旅游者对品牌的忠诚度的广告。例如，华美达酒店在1992年曾发动了一场广告运动，矛头直指假日旅馆集团——"走出假日旅馆，走进华美达"，显示出一种咄咄逼人的架势，暗示华美达可以提供比假日旅馆更多的服务与价值。

2.4.3 提醒性广告

提醒性广告是提醒销售地点、提醒某项产品或服务的存在、提醒消费者关注本公司独特的设施或服务的广告。例如桂林白沙湾峡谷漂流景区就做过这样一个广告："白沙湾峡谷漂流位于桂林市阳朔县白沙镇，距桂林市57公里，距阳朔县城仅12公里，是距离阳朔最近的漂流景区，处于广西生态旅游示范村凉水井村，是集生态漂流、田园风光、峡谷探险为一体的旅游项目。白沙湾峡谷漂流起点为白沙湾水电站，终点为千金潭，漂流全程2.5公里，落差70~80米，漂流时间为70分钟。在这里您可以放松紧张的心情，尽情享受漂流带来的激情与乐趣。"

猫途鹰（TripAdvisor）曾制作过一个视频《世界与你想象中不同》，主题就是旅行。视频中讲道：

25岁之前，我是一个从不旅行的人

那年我7岁，我爸当了记者

每年有好几个月都在全世界到处跑

每次他一走，我妈就开始哭
"你长大了，
千万别像你爸爸那样，就知道到处野"
我爸每次回家都跟我讲世界有多美
那时候我只有一个想法
"我才不像你，我哪儿也不去"
毕业后，我留在家乡工作
单位离我家只有600米
我不爱旅行，也不需要旅行
我妈觉得这样很好
我爸？我爸当时已经跟她离婚7年了
25岁那年，单位的一次活动在国外举办
而目的地就是我爸当年跟我提及最多的地方
站在那里，我才发现
爸爸没有骗我
那一刻，我突然想
我是不是该去他当年说的那些地方看看
走的地方越多，我越能理解当年俺那个爱旅行的他
很遗憾，当年的我没能和他一起站在这些风景中
没能亲口跟他说一声——
"爸爸，这里真美"
有时候，不懂他选择的人生
是因为没有见过他所见的风景
起程，去旅行，去看看不同的世界
资料来源：搜狐，http://www.sohu.com/a/146322014_815813。
问题：案例中猫途鹰采用了哪类旅游广告？

3. 旅游广告的作用

3.1 传播旅游信息，强化旅游企业形象

旅游广告的本质就是旅游信息的传播，借助多种媒体手段传播旅游企业信息，为旅游企业与旅游者搭建桥梁，帮助旅游者明确清晰地认知旅游企业形象，推动旅游事业的发展。

3.2 开拓旅游市场，提高销售业绩

旅游广告搭建了旅游企业与旅游者沟通的桥梁，借助旅游广告旅游企业扩大了知名度，有利于旅游市场开拓，促进旅游产品的销售。

3.3 沟通交流，传播文化

旅游广告是一种文化展示，更是一种艺术表达，通过旅游广告传递信息，增进交流，传播文化，增进了解，从而达到增加旅游产品消费的目的。

4. 旅游广告的表现形式

4.1 证明式表现

证明式表现是以有力的证据来让消费者确信产品质量的真实性、可靠性。在这种形式的广告中，名人、权威形象、满意的客户，或者对于产品/服务的"担保"，都会被加以利用。表现形式有两种：一种是感性证明，也就是借用一定的事物，从理性的角度、感性的表达来证明产品的功效；一种是纯理性论证，借助科学鉴定结论和专家学者的评价或消费者的现身说法，当然更有效的是实际表演或操作，也叫真实实验法，就是当众做实验或者借助电视现场直播。

4.2 联想式表现

联想式表现是以类推、联想或象征来向受众传达利益。

4.3 生活片段表现

生活片段表现是通过描述日常生活的短剧，表现一个或几个人在日常生活环境中使用该产品的情景。

4.4 科学证据表现

科学证据表现是通过提出调查结果和科学证据，来证明本产品优于某个或某些品牌。

4.5 情感式表现

情感式表现是创造一种类似于美丽、爱情或静谧的情感或形象，借助心理暗示的力量实现广告诉求。

4.6 夸张式表现

夸张式表现是通过精心修饰或夸张的场景来表现广告内容，往往能一下子吸引消费者的注意力。

4.7 比较式表现

比较式表现是通过与竞争对手的比较而表现本企业产品的利益与价值。

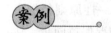

各国政要也为本国的旅游业付出了巨大努力。2012年4月18日《人民日报》广告版刊登了泰国总理英拉致中国人民的信，信中说："我要向热情欢迎泰国代表团的中国政府和人民表示由衷的谢意。泰国人民和我期待并欢迎你们访问泰国，以报答你们的盛情。"借访华之机，泰国总理英拉通过《人民日报》向中国人民发出邀请，欢迎到泰国旅游投资。英拉在信中还说："如今，泰国与中国的关系比以往任何时候都更深更广。由于我们两国有着许多共同的价值观和特殊的亲和力，我相信在未来几年间，会有更多的机遇促进两国间互利合作伙伴关系进一步发展，并加强两国间的友谊，进而促进两国乃至整个地区未来的繁荣。"

2012年6月，以色列总理内塔尼亚胡参与了国际性旅游节目《皇家旅行》的录制工作，并亲自引领节目录制人员登上马察达山山巅，参观耶路撒冷古城，游历港口城市埃拉特，又体验了特拉维夫的夜生活。为满足节目录制需要，在耶路撒冷安排了一场青少年足球友谊对抗赛，由犹太选手对阵阿拉伯选手。内塔尼亚胡亲自上场参赛，还凭借不错的脚法射门攻入一球。但他毕竟年逾六旬，身体不如年轻队友，竟不慎在赛场上滑倒。此后，内塔尼亚胡忍痛坚持到比赛结束。后经医院检查确诊，他在滑倒时拉伤了左腿韧带。

以色列人对总理"轻伤不下火线"的精神颇为赞赏。内塔尼亚胡随后发表视频讲话称，这点小伤不影响工作，还兴致勃勃地介绍了比赛过程。他表示："明日我将重回办公室，为以色列人民继续进行其他'比赛'。"总理办公室称，未来数周，内塔尼亚胡恐怕要打着石膏来上班。

资料来源：搜狐旅游，http：//travel. sohu. com/20131227/n392467826_3. shtml。

问题：谈谈各国政要为旅游业发展做出了哪些贡献。

5. 旅游广告策划

5.1 旅游广告策划的基本原则

广告策划是一种科学活动，有客观规律性和必需的流程，进行广告策划必须遵循以下原则。

5.1.1 统一性原则

统一性原则是要求在进行旅游广告策划时，从整体协调的角度来考虑问题，从广告活动的整体与部分之间相互依赖、相互制约的统一关系中，来揭示广告活动的特征和运动规律，以实现广告活动的最优效果。广告策划的统一性原则要求广告活动的各个方面在内在本质上要步调一致；广告活动的各个方面要服从统一的营销目标和广告目标，服从统一的产品形象和企业形象。没有广告策划的统一性原则，就做不到对广告活动各个方面的全面规划、统筹兼顾，广告策划也就失去了存在的意义。

5.1.2 调适性原则

调适性原则是要求广告策划必须具有灵活性，具有可调适的余地。客观事物与市场环境、产品情况并不是一成不变的，广告策划也不可能一下子做到面面俱到，是要处于不断调整之中。只强调广告策划的统一性原则，忽视调适性原则，广告策划必然呈现僵化的状态，必然出现广告与实际情况不一致的现象。广告策划的统一性原则也要求广告策划活动要处于不断的调整之中，以保证广告策划活动既在整体上保持统一，又在统一性原则的约束下，具有一定的弹性。这样，策划活动才能与复杂多变的市场环境和现实情况保持同步，达到最佳适应状态。

5.1.3 有效性原则

有效性原则是要求策划的结果必须使广告活动产生良好的经济效益和社会效益，也就是在合理支配广告费用的前提下，取得良好的广告效果。广告费用是企业的生产成本支出，广告策划就是要使企业产出大于投入。广告既要追求宏观效益，又要追求微观效益；既要追求长远效益，也要追求眼前效益；既要追求经济效益，也要追求社会效益。广告策划既要以消费者为统筹广告活动的中心，也要考虑到企业的实力和承受能力，万万不能搞理想主义而脱离企业的实际情况。

5.1.4 操作性原则

广告活动的依据和准绳就是广告策划，要想使广告活动按照固有的客观规律运行，广告策划就要具有严格的科学性。广告策划的科学性主要体现在广告策划的可操作性上，广告策划的流程、广告策划的内容有着严格的规定，每一步骤每一环节都是可操作的。

5.1.5 针对性原则

广告策划的流程是相对固定的，但不同的商品、不同的企业，其广告策划的具体内容和广告策略是有所不同的。同一企业的同一种产品，在产品处于不同的发展时期，也要采用不同的广告策略。只要市场情况不同、竞争情况不同、消费者情况不同、产品情况不同、广告目标不同，那么广告策划的侧重点和广告策略也就应该有所不同。

5.2 旅游广告策划的内容

旅游广告策划是根据旅游企业的促销目标，在市场调查的基础上，通过系统的分析，利用现有资源和条件，科学合理地设计方案，并加以评估、实施，以期用较低的广告费用取得较好的促销效果的过程。旅游广告策划包括分析广告机会、确定广告目标、形成广告内容、选择广告媒体以及确定广告预算等内容。

5.2.1 分析广告机会

分析广告机会是在市场调查的基础上，对消费者情况、竞争者情况、市场需求发展趋势、环境发展动态等方面进行系统的分析，了解主要的目标消费者群体是谁，在什么时机做广告最合适等问题，即确定目标顾客，做好定位，寻找广告最佳切入时机，为有效的广告促销活动奠定基础。

5.2.2 确定广告目标

确定广告目标就要根据旅游企业促销的总体目的，从实际出发，深入领会广告促销要解决的问题，以具体指导广告促销活动的施行。广告促销的具体目标包括宣传性目标、提醒性目标、劝说性目标，所有的广告策划工作都应以此为基础推进。

5.2.3 形成广告内容

形成广告内容是指在广告中需要表现的产品信息、企业信息、服务信息等方面的具体内容，而内容表现量则应根据广告目标、媒体的信息可容量来确定。这里的产品信息主要包括产品名称、技术指标、销售地点、销售价格、销售方式以及国家规定必须说明的情况等；企业信息主要包括企业名称、发展历史、企业声誉、生产经营能力以及联系方式等；服务信息主要包括产品保证、技术咨询、结款方式、零配件供应、保修网点分布以及其他服务信息。

5.2.4 选择广告媒体

选择广告媒体就是选择广告发布的信息平台。媒体的选择应充分考虑广告内容的承载力、覆盖面、送达率、展露频率、影响价值、费用等方面。以户外媒体为例，其优点是：比较灵活、展露重复性强、成本低、竞争少；缺点是：不能选择传播对象、传播面窄、信息容量小、动态化受到限制。表4-4-1为几种主要的媒体形式比较。

表4-4-1 主要媒体形式比较

媒体类型	优　点	缺　点
报纸	周期短 成本低 覆盖面广 可以用作优惠券	寿命短 覆盖面有浪费 淹没于其他广告当中 印刷质量差

续表

媒体类型	优 点	缺 点
杂志	印刷质量好 寿命较长 受众有针对性 信息含量大	周期长 费用高 弹性小
网络	成本相对低 受众数量大 信息影响力大 覆盖面大且有一定选择性	信息消失快 淹没于其他内容当中 可信度受质疑
电视	受众数量大 信息影响力大 相对成本低 高可信度	绝对成本高 制作成本高 信息消失快 选择性低
直邮	选择性高 覆盖面浪费小 容易评估效果 信息含量大 周期短	形象差 单位成本高
户外	单位成本低 重复率高 能接近目标市场	覆盖面有浪费 有立法或制度限制 周期长 缺乏弹性

5.3 旅游广告创意

广告是一门艺术，也是一项创造性的思维活动，它通过独特的技术手法或巧妙的广告创作脚本，创造性地传达品牌的销售信息，突出产品特性和品牌内涵，促进产品销售。

在当今信息时代，广告借助各类媒体传播，形式多种多样，令人眼花缭乱，想要迅速吸引人们的眼球，在广告创意中就必须提升视觉的张力，拓展广告创意的视野与表现手法，以产生强烈的视觉冲击感，给观众留下深刻的印象。

很多电视观众不喜欢看广告，讨厌在节目中插播广告，这主要是广告作品的新奇性较差，观众在视觉上已经麻木，产生了视觉疲劳。有创意的广告作品应该不流于平庸，充满新奇性，打破常规，引人入胜。

最好的广告创意是能够打动人心、直击消费者内心的，能让人感动、发人深思、使人顿悟。广告创意不能停留在表面，而要更加深入地挖掘内在世界，引发观众强烈的心理共鸣。

一个好的广告创意表现方法包括三个方面：清晰、简练和结构得当。简单的本质是精炼化。广告创意的简单，除了从思想上提炼，还可以从形式上提纯。简单明了绝不等于无须构思的粗制滥造，构思精巧也绝不意味着高深莫测。平中见奇，意料之外、情理之中往往是广告人在创意时渴求的目标。

模块四　旅游营销战略制定

在这个卖萌无下限的时代，是讲述一个空姐拾金不昧的故事更好，还是让一只叫"夏洛克"的比格犬侦探卖萌效果更好？在荷兰皇家航空的广告中，空姐拾到乘客遗失的物品后，身着荷兰皇家航空制服、聪明可爱的小狗循着气味，迅速在机场找到尚未离开的失主将失物奉还。人们惊喜之余开心地抱住小狗拍照，画面萌得一脸血。荷兰皇家航空官方 YouTube 账号上的视频自 2014 年 9 月上传以来已有 1 700 多万次点击。制作短片的广告公司 DDB & Tribal 表示，当初是在听到航空公司的失物归还小组如何以座位编号、电话号码和社交媒体来追查到物主的描述之后，想出了这个小狗归还失物的创意点子。

荷兰皇家航空的小狗找失主的广告证明，广告教父大卫·奥格威当年提出的"3B"原则依然奏效。所谓"3B"，就是美女（Beauty）、动物（Beast）、婴儿（Baby），以此为表现手段的广告符合人类关注生命的天性，最容易赢得消费者的注意和喜欢。很多人误以为荷兰皇家航空真有这项服务，其实它只是一次成功的视频营销。

资料来源：民航资源网，http://news.carnoc.com/list/303/303884.html。

问题：你是如何理解案例中的广告创意的？

插入视频：荷兰皇家航空公司派可爱的小狗归还乘客遗失物品的广告。

5.4　旅游广告效果的评估

旅游企业应对旅游广告效果进行持续的评估，以便对广告实施进行有效的控制。评估工作主要包括以下四个方面。

5.4.1　旅游目标消费者的效果

旅游目标消费者是旅游企业发布广告的主要对象。旅游目标消费者的效果评估主要包括两方面：一方面是旅游企业是否能够将旅游广告信息有效地传递给旅游目标消费者，另一方面是旅游目标消费者接收到旅游广告信息后是否前往。因此，在旅游广告播出前，应邀请客户代表对已经做好的广告进行评价，了解他们是否喜欢这则广告，广告信息及信息传递方式存在哪些问题。广告播出之后可再邀请一些客户代表，向他们了解是否了解到有这样一则广告，是否能回忆起广告内容等。

5.4.2　旅游企业的销售效果

销售效果的评估是对广告效果评估的最直接的方法，也就是评估由于广告的使用，旅游目的地增加了多少销售额，同比增长了多少比率。但在实际操作中这种评估却十分困难，因为销售额的增加并不单单取决于广告，是综合因素共同作用的结果，例如经济发展、人们收入水平的提高，甚至是竞争对手的败北都会对这一数据造成影响。

5.4.3　广告经营企业的效果

旅游广告效果的好坏，不仅仅关乎旅游企业的经营与发展，也与广告经营企业息息相关。一则优秀的广告作品，充满艺术性与创意性的广告作品，能够提升广告经营企业的行业地位，扩大其行业知名度，增加企业收入。

5.4.4　社会公众的效果
广告产生的另一个重大效果就是社会公众的效果。看到广告的人可能永远都不会是这个广告所宣传的产品的购买者，但是他们有权利表明自己对这个广告的态度——喜欢或者厌恶，而这种评价具有极强的传播力，会对广告的传播工作产生重大影响。

小结：本节对旅游广告的含义、特点、作用、分类和旅游广告策划活动进行了详细的讲解，要求学生能够深入领会旅游广告的基本知识点，并能够结合旅游企业情况开展相关的旅游广告创意和实施工作。

小组实训：请为辽宁本溪的桓仁满族自治县做广告策划，包括广告的内容与传播媒体。

第四节 旅游营业推广

1. 旅游营业推广

旅游营业推广是指旅游企业在某一个特定时间与空间为刺激和鼓励交易双方，促使旅游者尽快购买或大量购买旅游产品而采取的一系列促销措施和手段，是构成旅游促销组合的一个重要方面。旅游营业推广不仅仅是针对旅游目标消费者进行的促销活动，还包括分销网络与销售队伍。

1.1 个人购买者

所有旅游营业推广的目的都是要在短期内争取旅游消费者进行额外的购买。换句话说，某些消费者并没有出行计划，由于旅游营业推广活动而发生了出游活动，所以旅游企业实际出售的是额外容量。因此旅游企业有理由相信，如果没有营业推广，有些旅游消费就不会发生，有了营业推广在一定时期内旅游消费显著提升，或者说旅游企业提升了市场份额。

1.2 分销网络

如果旅游企业选择通过中间商进行营业推广活动，那么中间商的参与程度、积极性高低都会影响结果。因此，有效的营业推广活动必须确保中间商的支持和帮助，必须激励中间商的积极参与，激励他们为产品提供更多的展示空间或提供其他形式的支持。

1.3 销售队伍

旅游营业推广的推进和进行有赖于组织内部营销队伍的配合和协调，支持、激励营销团队，充分调动他们的积极性和营销热情，才能更好地实现目标。在实际实施中，常常采用奖励额外销售量、奖励额外努力的方式来调动团队的积极性。

1.4 旅游营业推广活动的特征

1.4.1 非常规性

旅游营业推广不同于旅游广告、人员推销等方式，它是一种非常规性手段，是一种短期的、临时性的促销方式。因此，旅游营业推广往往要求短时间内看到成效。

1.4.2 灵活多样性

旅游营业推广的方式繁多、手段多样，旅游企业可以根据自身的条件和特点，同时结合促销目标相应进行，灵活地加以选择和运用。

1.4.3 短期高效

旅游营业推广是一种短期高效的促销方法，一般来说只要营业推广的方式选择得当，使用恰到好处，那么促销效果往往在短期内就会显现。在这方面旅游营业推广完全不同于旅游广告见效周期较长的特点，非常适合短期目标的实现。

2. 旅游营业推广的作用

旅游营业推广针对不同的对象完成不同的营销目标，在营销中具有很大的作用，主要表现在以下几方面。

2.1 旅游营业推广可以缩短新产品进入市场的过程

产品生命周期理论告诉我们，要使导入期的产品打开市场局面需要花费大量的人力、物力、财力，而通过一些必要的促销措施可以在短期内迅速地为新产品打开销路，例如，常用免费试用、买一送一的方法来引起消费者对新产品的兴趣，让消费者发现新产品的存在，利用原有的顾客网络来扩大新产品的市场，激发消费者对新产品的购买热情。

2.2 旅游营业推广可以有效地抵御和击败竞争者的促销活动

当竞争者大规模地发起促销活动时，如不及时地采取合理的促销手段，就会造成现有市场份额的流失；而营业推广是在市场竞争中抵御和反击竞争者的有效武器，并且能够在短时间内见效。例如，产品优惠券可以增加短时间内消费的次数，形成消费者的消费偏好，有利于稳定和扩大自己的顾客群，抵御竞争者的侵蚀。

2.3 旅游营业推广可以有效地影响中间商

旅游企业在销售产品和服务中务必和中间商保持良好关系，获得中间商的信任和支持。例如，航空公司给机票代理人的折扣远远大于普通旅客，会给中间商提供更多的优惠条件和销售返点。

旅游营业推广在旅游促销活动中十分重要，在目标消费者未做出最后的购买决策时，及时准确的营业推广往往可以产生出人意料的效果。但在实际的经营活动中，部分旅游企业过分夸大营业推广的作用，甚至以营业推广至上，没有形成合理有效的促销组合策略；部分企业不计成本地大肆使用营业推广，造成了旅游业的乱象。因此旅游企业务必理性看待营业推广的作用，结合本企业实际，科学合理地制定旅游促销组合方案。

3. 旅游营业推广的主要方法

对于营业推广的方法，旅游营业推广策划人员应该考虑旅游市场的情况、营业推广的目标、竞争状况以及每一种方法的成本与效果来进行综合选择。

3.1 价格折扣

价格折扣是为鼓励消费者和中间商而采取的促销方法，对能够批量购买、提前付款、淡季购买的消费者和中间商予以一定比例的价格优惠。具体办法有：数量折扣、现金折扣、季节性折扣等。运用价格折扣的旅游企业其目的往往是吸引旅游者，培养消费者的偏好与忠诚，建立长期稳定的合作关系。例如，沈阳康辉旅行社在2017年"双十二"推出秒杀活动——梦幻普吉给你惊喜，升级沙滩别墅，一整日自由活动时间，3 999元/人，第二人半价。在旅游淡季推出这样的打折促销活动，能够有效缓解淡季带来的销量下滑，平衡收支。但价格折扣也很容易演变为价格战，导致恶性竞争，扰乱市场，最终损害消费者权益。

3.2 赠券

赠券是向消费者提供的可以免费消费或优惠消费的印刷凭证。赠券上会明确标注折价金额或折扣率，一般也会标注使用方法与注意事项。它是刺激消费者增加消费的工具，也是鼓励消费者尽早购买新产品、迅速增加销量、吸引重复购买、介绍产品特色的有效工具。例如，携程网向用户定期赠送"优惠卡券"，其中一种"旅游·邮轮"券最高减 1 000 元，注明："优惠券适用于国内旅游和出境旅游的团队游、半自助、邮轮（不含邮轮单船票），不适用于零售商产品、签证、欧铁、用车、顶级游、门票、飞机+酒店自选套餐、自由行、景点+酒店套餐及不参与优惠券活动的特例产品。"

赠券推广也有其缺点，它尤其强调价格优惠，但未必能够培养消费者对产品的忠诚。

3.3 赠送礼品或服务

赠送礼品或服务是一种以较低的价格或者免费提供产品及额外服务的方式刺激人们购买。例如，旅游产品上市初期价格不打折，但却提供附赠旅游服务，如三亚亚龙湾瑞吉度假酒店就给住店的"家庭"提供管家式服务，每日给孩子们提供免费的水果，并为女士额外提供高端洗护用品，但是房价却没有折扣。

3.4 产品展销

产品展销是旅游企业开展营业推广的一个重要方式。无论是国内还是国际的产品展销会都是直接接触旅游商和广大消费者的好机会，可以将各种促销手段集于展销厅或展销台，其往往是美术、摄影、书法、图表、出版物、音像、手工艺品等的综合体现。例如，2014年国庆节期间，成都宽窄巷子就发起"相约秋色里"主题摄影展，这是以四川美景为内容的大型主题摄影展，为四川旅游进行促销展示。

3.5 小册子

小册子是向旅游者提供有关本企业及产品的详尽情况的印刷品。饭店业常使用这种推广形式，很多度假酒店都会在客人入住时发放小册子，详细地介绍本酒店的设备设施和服务项目及特色，使客人熟悉居住环境与服务设施，并引导客人积极消费。有时，旅游企业也会为中间商印制小册子，鼓励它们销售旅游企业产品。

3.6 销售竞赛

销售竞赛是针对旅游企业员工和旅游企业中间商而开展的促进活动。一般由旅游企业发起，通过有奖问答或设立销售额奖等形式，激发企业员工和中间商的兴趣和积极性。开展销售竞赛能有效地形成企业内部销售人员之间的竞争，促使他们为扩大销量而不断完善销售方式，不断建立、改善与维持和顾客的良好关系，成绩优异、贡献突出的企业员工可以获得现金、奖品、旅游、休假、晋升等奖励；这种方式也可以鼓舞中间商的士气，增强中间商的销售动力，中奖的中间商可以获得奖品、奖金或者免费旅行等。

3.7 培训活动

培训活动是指由旅游供应商举办的培训活动，其主要目的在于向旅游中间商通报相关信息、传授新的知识，提高中间商的业务能力，以协助供应商更好地完成销售任务。目前这类培训活动主要有招待会、研讨会、答谢会等形式。现在也有一些旅游供应商会针对中间商举行了解旅程的活动，即让中间商在轻松的氛围中亲身体验旅游产品，如参观目的地、入住酒店、乘机乘船体验航空公司或游轮公司的服务，从而可以提高其对旅游产品和服务的认知度，进而成为旅游供应商强大的销售力量。例如，沈阳七星海世界主题乐园在开业初期，邀请沈阳各大旅行社参观、游览、体验，熟悉景区环境与设施功能，为后续的推广、促销工作奠定基础。

模块四　旅游营销战略制定

网上曾疯传过一段题为"不满意游客消费低，云南一导游大发雷霆、大骂游客，道德、良心在哪里"的视频，引发了公众对"零负团费"的关注。近年来，云南旅游规模日渐扩大，旅游人数逐年攀升，2014年全省累计接待海内外旅游者超过2.8亿人次。有业内人士指出，目前云南的旅游市场处于无序竞争的状态，产品同质化严重，品牌不突出，这导致价格成为游客在选择旅游产品时唯一的衡量指标。"同样的线路，同样的内容，游客没法区分各家旅行社的差异，只能看价格做出选择。"

以成本价约1 600元的"昆明—大理—丽江"线路为例，如果是一个来自北京的旅游团队，云南地接社不但不收团费，还会倒给组团社2 000元。据介绍，"零负团费"的运作模式有一套"标准"的操作流程。游客报团时，旅行社会按照游客的来源地、职业、年龄给出不同的价格，被认为购买力最强的客人，给的报价最低。云南某资深导游透露："经过精准测算，按照区域购买力，全国旅游市场都有准确的排名。内蒙古人最能花钱，其次是天津、北京游客。"

据一位不愿透露姓名的业内人士说，2014年5月1日《云南省旅游条例》实施，在最初的几个月里，一些旅行社推出了不进店消费、无自费项目的品质游，但由于旅游市场激烈的低价竞争，这类纯玩团叫好不叫座。"零负团费"虽招来不少诟病，但它在市场中依旧顽固地扎根生长。业内人士普遍清楚，目前市场上高达90%的团都在低于成本运作，但最后赚得并不少。不少旅行社甚至热衷于做"零负团费"，因为购物店给了朦胧的利润空间。

恶性竞争中，导游的生存空间被挤压殆尽，只能以购物作为救命稻草，搞赌博式带团。"零负团费"矛盾的冲突点通常就爆发在"合同只说要进店，并没规定一定要买"上。这样的合同实际上侵害了消费者的选择权，且具有误导性，强迫游客接受不想要的商品和服务，无疑给旅游市场埋下了隐患。

资料来源：网易新闻，http://news.163.com/16/0517/06/BN8EMSSL00014AEE.html。

问题：案例中云南各旅行社采取了怎样的促销方式？你觉得云南旅游的症结在哪里？

4. 旅游营业推广策划的基本内容

4.1　确定旅游营业推广目标

确定旅游营业推广目标就是要回答"向谁推广"和"推广什么"两个问题，这种目标应该非常具体、有针对性，细致到能够明确本次营业推广活动到底要完成什么样的指标。因此，旅游营业推广的具体目标一定要根据目标市场类型的变化而变化，针对不同类型的目标市场，拟定不同的旅游营业推广目标。以旅游网站为例，针对旅游消费者，目标可以确定为鼓励老顾客经常查看旅游信息，购买旅游产品，积极开发新用户注册网站，并尝试使用网站平台订购旅游产品；针对旅游中间商，目标可以确定为形成长期稳定的合作关系，持续地经营本企业的旅游产品和服务，并优先经营和促销本企业旅游产品和服务；针对旅游推销人员，目标可以确定为鼓励推销人员大力推销旅游新产品和服务，刺激非季节性销售和寻找更多的潜在旅游者等。

4.2 选择旅游营业推广方法

旅游营业推广方法是多种多样的,每种方法都有各自的特点和适用范围。在实际操作时,要结合不同的推广对象(比如消费者、中间商或销售人员等)、不同的推广目标,采用不同的推广方法。

4.3 制定旅游营业推广方案

根据确定的营业推广目标,合理选择营业推广方法,然后制定具体的营业推广方案。营业推广方案的制定要综合考虑以下几个方面。

第一,旅游企业制定具体的营业推广方案时,首先要决定刺激的力度,即准备拿出多少费用来进行刺激。营业推广作为对消费者的刺激手段,刺激强度越高,消费者的反应就越大,要取得促销的成功,一定程度的刺激强度是必需的;其次,营业推广的确可以促进销售,但同时也加大了成本费用,旅游组织必须权衡促销成本与经营效益的得失。

第二,旅游企业要确定推广对象是目标市场的每个人,还是其中某一部分群体,在推广对象、推广范围的选择上要结合成本预算,也要控制范围的大小,这会直接影响推广的效果。

第三,应选择营业推广媒体,即旅游企业必须明确通过什么渠道向推广对象传递信息。各种不同的途径费用不同,效果各有好坏,信息传达范围也不尽相同,这需要旅游企业权衡利弊,结合费用与成本,选择最有效的推广渠道。

第四,应该选择营业推广时机。是在消费者购买决策的哪个阶段实施推广?是做长期推广还是短期推广?推广期过短,可能根本无法实现消费者重复购买,许多潜在旅游者也还没有购买;而推广期过长,费用会大幅提高,给旅游消费者造成长期低价的印象,使消费者产生再等等、不急于一时的心理。

4.4 旅游营业推广方案的实施

旅游营业推广方案的实施必须按计划进行,并对随时出现的问题加以解决,做出相应的调整。

4.5 旅游营业推广效果评估

为了控制、调整和总结旅游营业推广的实施效果,有必要对营业推广的整个过程和结果进行评估,检验推广促销是否达到预期目标。对营业推广效果的评估,实际是核算促销花费是否合算。在实际工作中,常采用三种效果评估的方法:其一是对推广前、推广中和推广后的销售额进行比较。利用这种方法时,必须注意营业推广结束后一段时间内的市场变化情况。其二是顾客调查法。进行顾客动态调查、顾客构成调查、顾客意见调查;分析顾客数量、消费量,新老顾客比例、年龄层次比例,顾客的动机、建议等顾客的购买行为。其三是实验法。旅游企业在开展营业推广期间,可尝试选择一个部门、一种产品,运用一定的措施,了解顾客的不同反应,从而测定推广的实际效果。

小结:本节对旅游营业推广的含义、特点、作用、分类和旅游推广策划活动进行了详细的讲解,要求学生能够深入领会旅游营业推广的基本知识点,并能结合旅游企业情况开展相关的旅游营业推广策划和实施工作。

小组实训:请为处于淡季(10底至12月中旬)经营的东方航空公司做一个营业推广策划方案,包括营业推广的形式与实施方法。

第五节　旅游公共关系

1. 旅游公共关系的含义

旅游公共关系是以信息沟通为手段，以树立、维护、改善旅游企业或旅游产品形象为目的，促进旅游企业与公众良好关系的旅游促销手段。旅游公共关系是一种内求团结、外求和谐发展的经营管理艺术。

旅游公共关系作为旅游促销的重要工具，在处理旅游组织和社会公众关系方面起到了重要的作用，有助于树立良好的旅游组织形象。它一般具有以下几方面的特征。

1.1　旅游公共关系的核心是塑造良好的旅游组织形象

塑造良好的旅游组织形象就是在社会公众中树立旅游企业良好的声誉、正面积极的形象，以得到社会公众信任和支持，在双方互利中实现共同生存与发展。

旅游公共关系是作为主体的旅游组织和作为客体的社会公众之间的关系，由公关主体、公关客体、公关媒介三大要素构成。旅游公关主体是整个公关活动的发动者、组织者、控制者、实施者与得益者，一般是各类旅游组织，包括旅游企业、旅游景区、旅游目的地等。旅游公关主体具有主导性，决定着公共关系的成败。旅游公关客体是社会公众，他们可能是旅游者、旅游潜在消费者，也可能是其他人员。在公共关系活动中旅游公关客体处于受影响、被作用的地位，但公众最有话语权，旅游组织的发展离不开社会公众的信任与支持，旅游公关最重要的作用就是通过公关活动，营造良好环境，获得社会公众普遍认可。旅游公关媒介就是运用传播媒介和沟通手段，在旅游组织和社会公众之间建立有效的双向联系和交流，促进彼此的理解、共识与合作。

1.2　旅游公共关系的目标是旅游组织与社会整体利益的统一

旅游企业在从事经营活动中必须承担社会责任，从全社会的利益出发，参与社会生活方式的设计，保持社会生态环境的完善，在整个社会的稳定发展中谋求自身的利益和发展。

旅游公共关系是一项长期的促销活动。旅游公关不同于营业推广，需要旅游组织坚持不懈地努力，才能塑造一个良好的旅游组织形象；要在不断变化的市场环境中，时刻关注社会环境的变化，积极调整公共关系策略，与社会的整体利益相符合，实现旅游组织长期稳定的发展。

2. 旅游公共关系的作用

2.1　形象管理

旅游公关是一项管理工作，其作用就是对旅游组织实施形象管理，制订旅游组织的形象管理计划，策划实施各种活动内容，实现旅游组织形象的全方位管理，从而树立旅游组织的良好形象。

2.2　宣传推广

旅游公关是旅游促销活动的手段之一，其目的就是宣传旅游组织、旅游企业，制造舆论、强化舆论和引导舆论走向，宣传和推广旅游组织相关信息，提高旅游组织声誉，树立旅游组织形象，使其形成与外部环境的良好关系。

2.3　协调沟通

为实现旅游组织与社会公众的良好关系，必须架设沟通的桥梁，必须加强沟通，做好信息的交流，形成协调友好的关系。

2.4 处理危机

处理危机是旅游公关最重要的职能之一。在现今的信息时代，信息传递的速度十分迅速，媒体增强了社会舆论的监督能力，旅游企业的活动处于透明的环境中，社会公众时刻都在监督着旅游企业的行为。旅游企业的经营活动涉及方方面面，问题处理与危机应对是每个旅游企业必须学习的一课，解决问题、处理危机是旅游企业必须面对的工作，为此，公共关系就成为企业应对危机、解决突发事件的重要手段。

3. 旅游公共关系的形式

3.1 庆典和节事活动

庆典和节事活动是指旅游企业依托重大节日、纪念日、庆典、重大事件而开展的旅游促销活动。庆典和节事公关以提高旅游企业的知名度、树立良好企业形象为目的，常邀请新闻媒体参加并做报道，利用媒体作用、新闻效应形成广泛的影响，加深社会公众对旅游企业的印象。这类公关活动主要在旅游景点开业、旅游目的地节庆活动中广泛使用。大家熟知的青岛啤酒节、宁夏枸杞节、哈尔滨冰雪嘉年华都是这类庆典和节事活动，也是各媒体争相报道的焦点。例如，西双版纳泼水节是傣族最隆重的节日，傣语称此节日为"比迈"，意即"新年"，作为一年一度的传统节日，一般持续3~7天，是云南少数民族中影响面最大、参加人数最多的节日。傣族泼水节是中外游客感受傣族文化的一个窗口，为西双版纳打造旅游品牌注入了更强的动力，现今已成为云南旅游的一大亮点。

插入视频：西双版纳傣历新年泼水节宣传片。

庆典和节事活动一般包括媒体的选择、嘉宾的选择、现场流程设计、会场布置、接待工作、工作人员与设备安排、馈赠礼品、配套节目、座谈或聚餐等。现场流程一般包括签到、接待、主持人宣布庆典开始、升国旗奏国歌、介绍莅临嘉宾、剪彩、配套节目演出、参观或座谈、赠送纪念品等几个环节。

3.2 新闻发布会

新闻发布会是组织直接向新闻界与社会发布有关组织信息、解释重大事件而举办的活动。旅游新闻发布会主要是针对一件已经发生或者正在进行中的重大旅游事件进行公告或公布的会议，很多时候新闻发布会只有一次，有时也会在一个时期进行多次。新闻发布会一般都是吸引相关的媒体到场进行提问或者报道，属于正式的新闻发布渠道，所以要保证新闻内容的准确性，以避免媒体和大众对发布会信息的错误理解。旅游新闻发布会一般针对对旅游企业意义重大、媒体感兴趣的事件举行，形式正规、层次高。因此，新闻发布会在举行以前，组织方必须对新闻发布会的组织与流程做出明确的策划与安排。新闻发布会一般都以新闻发言人书面表达或者听众、记者提问的形式进行，新闻发布会发布的信息传播速度快、传播面广，依托各类媒体能够迅速扩散到社会上。

3.3 社会公益性活动

社会公益性活动是旅游企业为支持社会公益事业，扩大社会影响，赢得社会舆论赞誉，并得到媒体广泛报道，提高企业信誉，树立旅游企业良好社会形象而举行的活动。

由天津市文明办、天津市旅游局主办，北方网前沿客户端、天津文明网承办的2016"文明旅游景区公益行"活动在天津龙达国际生态旅游度假区正式启动。天津市文明办、天津市旅游局、北方网新媒体集团的相关领导出席了启动仪式，全市部分景区代表、各大旅行社代表和文明旅游志愿者参加了本次活动。

本次"文明旅游景区公益行"活动将公益与景区结合起来，志愿者队伍深入景区，广泛宣传并用实际行动感染游客，引导更多市民参与到倡导文明旅游的公益活动中来，将"国家形象""天津形象"具体化为"我的形象"，传播文明旅游理念，为天津文明旅游代言。此次主题活动延伸出了文明旅游公约签署、文明旅游拍客摄影大赛、文明旅游志愿者宣传、文明旅游示范团等多个系列活动。

活动现场，天津龙达国际生态旅游度假区、古文化街旅游区、杨柳青博物馆（石家大院）、天津方特欢乐世界、天津海昌极地海洋公园、天津动物园、天津滨海航母主题公园、中华曲苑八家单位以其在文明旅游工作方面的优秀表现获得了"文明旅游宣传示范点"的称号。"文明旅游景区公益行"活动除了在天津各大景区中进行，还走进天津各区县，进一步充实活动内容，让文明旅游不仅深入人心，更能落到实处。

资料来源：胶东旅游网，http://www.jiaodong.net/travel/。

问题：这次公益活动的主题是什么？受益的旅游企业有哪些？

3.4 危机公关

危机公关是立足于组织利益、形象、发展与未来，针对旅游企业在经营过程中发生的危机性、突发性、灾难性事件而采取措施、实施活动的公关方法。公关危机常常不以人的意志为转移，会造成非常严重的影响，甚至会使旅游企业长期的公关努力付诸东流；因此，旅游企业必须在日常工作中积极预防，将危机发生的可能性降到最低。诸如旅游目的地遭遇自然灾害、航班延误、交通事故、游客食物中毒、游客遭遇不测等都属于这类问题。这类事件影响深远，具有突发性、危害性、普遍性的特点，如不积极解决会给旅游企业带来巨大损害，对企业形象造成严重的影响。

在公共关系的危机处理中，旅游企业必须态度积极主动、坦率真诚，争取心理上的主动，赢得时间，消除游客顾虑；必须能够在危机中承担责任，对自身的责任不推诿扯皮，努力积极沟通，积极做好解释工作，积极采取措施，减少影响；必须将事件真相公开，不弄虚作假、瞒上欺下，做出应有的交代，承担应有的责任，减少矛盾，挽回影响。一般来说，危机公关包括以下程序。

3.4.1 成立危机事件处理小组

危机事件处理小组是解决危机事件的机构，要选择合适人选负责此项工作，制定详细方案，拟定工作程序。

3.4.2 全面调查事实真相

针对事件了解相关信息，进行调查取证，获得真相。

3.4.3 及时公布事件情况

在了解事件真相的基础上，制定解决事件的方针、政策，并向社会公众公布事件情况、解决方案，获得理解。

3.4.4 积极应对新闻媒体

坦率真诚地面对媒体，积极配合新闻媒体的调查和采访，做出及时的答复；旅游企业也要掌握舆论的主导权，控制事件发展的走向。

3.4.5 化解矛盾获取支持

积极解决问题，承担责任，争取获得游客谅解和舆论支持。

3.4.6 公布处理结果

将最终处理结果公之于众，借助新闻媒体展现企业实力与诚信，挽回企业声誉。

美国当地时间2017年4月9日晚，美国联合航空（United Airlines，简称美联航）从芝加哥飞往路易斯维尔的 UA3411 航班满员待飞，但是因为有4名机组人员需要乘机，航空公司随机抽选了4名已登机的乘客，要求他们转乘后续航班，为机组人员让位。4名乘客中有3人"相对平静"地接受了安排，而一位69岁的男性华裔乘客表示自己是医生，第二天一早有病人需要做手术而拒绝下飞机。芝加哥机场的3名航空安保人员进入机舱，强行将这名乘客拖出了机舱。在广泛流传的相关视频上，该乘客面部表情痛苦，口鼻部位血流不止。事件被媒体报道后，美联航的股价下跌4.5%，约13亿美元（88亿人民币）市值蒸发。

UA3411 航班上发生的暴力逐客事件持续发酵，美国联合航空公司处于风暴的中心。这起偶发事件引出了一系列的疑问，美联航危机处理机制出了什么问题？对美联航首席执行官奥斯卡·穆尼奥斯来说，UA3411 航班事件的传播之广和影响之大，显然超出了他的判断。连续三天四次发声，穆尼奥斯和他的团队全力抑制事态进一步恶化，力图削弱其对美联航的声誉和经营造成的破坏性冲击。

事发后，美联航首先在其推特的官方账号上发表了穆尼奥斯的声明，声明为美联航选择对涉事乘客"另行提供服务"的做法道歉，然而美国舆论和社交网络对这一轻描淡写的声明并不买账，称是故意忽视了强行拖拽乘客的情节。具有讽刺意味的是，在一份内部声明中，穆尼奥斯一边表示"尊重顾客和他人是我们的核心价值"，一边仍对涉及的机组人员表示支持，说美联航员工只是"按照既定程序应对类似状况"。美联航后来又发表了另外两份声明。第二份声明仍对涉事安保人员和员工表示支持。直至第三份声明穆尼奥斯才第一次对遭受暴力驱逐的乘客道歉。声明说，"在这次飞行中发生的可怕事件引起了许多回应：愤慨，愤怒，失望。我理解这些情绪，并致以深切的歉意。像你们一样，我对这次飞行发生的事情感到不安，我对被拖拽的乘客及其他机上的乘客表示深切的歉意。没有人应该这样被虐待"。他在美国广播公司（ABC）《早安美国》节目中表示："美联航的航班上再也不能，也不会发生这种事。这是我的前提，这是我的承诺。"穆尼奥斯说，在机上进行执法必须经过非常慎重的考虑，"我们不会再让执法人员把他们带离飞机。驱离一个预订并已经支付机票费用且已经就座的乘客，我们不能这么做"。数以千计的网民联名呼吁穆尼奥斯引咎辞职。

资料来源：腾讯财经，http://finance.qq.com/a/20170412/007539.htm。
环球网，http://world.huanqiu.com/hot/2017-04/10473599.html。

问题：美联航在短时间内经历了几次危机？危机公关的效果如何？问题出现在哪里？

4. 旅游公关策划的基本内容

1952 年，公关巨作《有效公共关系》出版发行，其作者斯科特·卡特利普和森特提出两大理论要点：一是双向对称的公共关系模式，二是公共关系的四步工作法。四步工作法是公共关系实施的程序与基本内容，分别是：调查研究、公共关系策划、公共关系实施、公共关系效果评估。结合四步工作法的内容，我们将旅游公共策划理解为以下工作内容。

4.1 调查研究

调查研究是旅游公关活动的基础，是正确开展公关活动的前提。调查研究工作能够真实客观地了解旅游组织目前状态，从实际出发，分析目前的环境和面临的问题。调查研究工作主要包括以下几个方面：

（1）社会环境：包括政策环境、法律环境、文化环境、经济环境。

（2）旅游企业：包括地理位置、旅游特色、历史沿革、未来发展、外在形象、实力形象、产品构成、人力资源。

（3）社会公众：包括游客评价、旅游需求、传播效果、公众意见。

4.2 设定目标

设定目标是指在了解旅游企业实际情况后，要设定一个明确的公关目标，依据目标开展后续工作。例如，结合目前情况，旅游企业是进行宣传扩大影响，还是解决危机？如果是进行宣传扩大影响，那在成本控制方面是不计成本地扩大影响形成效应，还是经济节约地缓慢推进？如果是解决危机，那么旅游企业是单纯地要度过危机，还是借助危机扩大宣传、化危机为机遇？这是旅游公关必须明确的问题。

4.3 形成方案

形成方案是指依据旅游企业的公关目标，形成实际的实施方案，也就是旅游公关活动到底如何开展。后续工作应围绕方案而展开。

旅游企业公关方案是旅游企业为取得预期成果而必须采取的行动指南，指导着具体工作的实施过程。方案必须与旅游企业公关目标保持一致，并富于创新性与可行性，以组织实际情况为依托，具备可操作性。如果是旅游节事活动的方案就是要明确举办多大规模的活动，邀请哪些嘉宾，编排多少节目，赠送嘉宾哪些礼品；如果是新闻发布会的方案就是要明确邀请哪些媒体，谁来提问，对问题如何作答；如果是公益活动的方案，就是要明确参与哪类公益活动，是发起还是参与，投入多少资金；如果是危机公关的方案就是要明确怎样解决当前的困境，谁来解释事件真相，哪些媒体来报道事件，要做出哪些赔偿。

4.4 实施方案

实施方案是指根据方案的部署和要求，组织人员实施，使公关活动顺利有效地进行。这是对具体方案的落实。在这个阶段需要严格地选聘人才，力争不出纰漏，依计划行事。但在实际公关活动中，常常会出现突发状况，这就要求灵活应对，随环境变化而做出调整，以达到预期目标。

5. 旅游公关效果评估

旅游公关效果评估是根据旅游企业目标对公共关系方案实施的效果进行对照检查，评价判断优劣。对公关效果的评估是整个公关活动的最后环节，能够显现公关活动的现状、差距和不足，明确未来的努力方向，对公关活动具有重要价值。由于公关活动是一种长期的社会交往、沟通信息的活动，是一项间接的促销活动，因而其效果的衡量相当困难。一般来说，评估的方法有以下几种。

5.1 公众意见法

公众意见法是旅游企业采取一定的手段对目标公众展开调查，从公众的态度、反映来判断公关活动的成效。例如，通过网络弹窗等方式来调查了解公众对某景区节庆活动的了解程度、看法，公关活动前后态度的转变，目标公众有多少人从中受益等。

5.2 新闻统计法

新闻统计法是通过统计旅游企业的公关活动在各种媒体中的传播次数来评价公关活动效果。新闻统计法包括统计新闻媒体报道的数量、篇幅长短、报道的时数、媒体总量和媒体的层次级别、影响范围、报道方法等。例如在哪类电视台播出，在什么节目中播出，播出的时间长短，等等。

5.3 专家评估法

专家评估法是邀请相关专家对开展的公关活动进行效果评估，可以采取召开座谈会、进行非正式私人交谈、邀请同行专家评议等方式。这类评估比较客观，有利于对公关活动效果进行较为准确的评估。

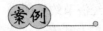

青岛国际啤酒节始创于1991年，在每年8月的第二个周末开幕，为期16天。如今，啤酒节已经成为彰显青岛城市个性优势与魅力的盛大节日，以啤酒为媒介，展现了青岛啤酒公司和城市旅游形象。

青岛国际啤酒节由开幕式、啤酒品饮、文艺晚会、艺术巡游、文体娱乐、饮酒大赛、旅游休闲、经贸展览、闭幕式晚会等活动组成。节日期间，青岛的大街小巷装点一新，举城狂欢；占地近500亩①、拥有世界先进大型娱乐设施的国际啤酒城内更是酒香四溢、激情荡漾。节日每年都吸引了超过20个世界知名啤酒厂商参加，也引来近300万海内外旅游者。

2017年的啤酒节继续以"青岛，与世界干杯"为主题，在保留黄岛、崂山、李沧世博园、平度四个会场的同时，增设即墨古城、胶州会场，并在市南区、市北区、李沧区、城阳区、莱西市举办啤酒节主题活动。

黄岛会场举办开幕式、闭幕式活动及"全民海选啤酒酒王"大赛，并为市民奉上音乐专场演出、互动表演等文娱活动，营造出"青岛啤酒节醉美西海岸"的浓厚氛围。

崂山会场突出精细化、市场化、国际化和常态化，设置高雅时尚、生态休闲的啤酒花园，搭建规模宏大、装饰美观的啤酒棚房。

李沧世博园会场以"啤酒世博，五洲畅享"为主题，在啤酒畅饮区设置啤酒大棚6座，在地池周边设置嘉年华娱乐区，组织开启仪式、啤酒畅饮、文化演艺等9项主要活动，着力

---

① 1亩=666.667平方米。

丰富产品、提升人气、锻造品牌，营造更加热烈的"市民节""狂欢节"氛围，引领夏日青岛北部城区的欢动氛围。

即墨古城会场设置啤酒吧经营区、啤酒畅饮区、特色小吃街、古风商业街、顾客游乐区等，举办开幕式、闭幕式、艺术巡游、百年老照片展等活动，打造出一场独具古城气质的国际啤酒盛会，丰富啤酒节的节庆文化内涵。

胶州会场设置品酒区、美食区、舞台演艺区、亲子嘉年华娱乐区、车展区、灯光节等，同步举办"少海大沽河生态旅游节""洋河慢生活体验节""胶北桃乡采摘节"等活动，提高市民参与度。

平度会场设在城东圣水浮金公园和城西天桥智慧农业园两个场地。圣水浮金公园设置千人狂欢现场、平度特色美食风味区、平度名优特产区等板块；天桥智慧农业园设置啤酒历史文化区、"食在平度"名优展区、啤酒主题大棚和快乐采摘体验区等板块。平度会场还统筹大泽山和茶山自然风景区、天柱山历史文化风景区、三合山红色旅游区等特色资源，在节日期间开展一系列丰富多彩的文化展演、农特产品采摘和革命教育活动。

其他各区市主题活动包括市南、市北、李沧、城阳、莱西等区市结合啤酒节开展的19项主题活动，活动内容涵盖啤酒节嘉年华、水上啤酒节、登州路开街仪式、酿酒大赛、葡萄采摘、庙会等，时间自6月份持续至11月份。

资料来源：大众网·青岛，http://qingdao.dzwww.com/xinwen/qingdaonews/201707/t20170727_16080669.htm。

问题：2017年青岛啤酒节是如何将啤酒盛宴和旅游活动结合一体的？

插入视频：青岛啤酒节宣传片。

小结：本节对旅游公共关系的含义、特点、作用、分类和旅游公共策划活动做了详细讲解，要求学生能够深入领会旅游公共关系的基本知识点，并能够结合旅游企业情况开展相关的旅游公关策划和实施工作。

小组实训：请结合上述美国联合航空公司的公关危机，为其做合理的公关策划。

第六节 旅游人员推销

1. 旅游人员推销的含义

在人们的日常生活中都有这样的体验：当我们进店购物时，很快就有服务人员上前进行产品介绍，针对产品进行说明、演示，这种直接与顾客接触的促销方式就是人员推销。旅游人员推销是指由旅游企业的推销人员直接与顾客接触，向目标顾客推销旅游产品，促成购买行为的活动。人员推销、广告、营业推广、公共关系被称为现代四大促销方式，是现代经济生活中最常见、最有效的四种促销方式。同其他三种促销方式比较，人员推销具有以下主要特点。

1.1 推销的直接性

人员推销是面对面地洽谈业务，是直接接触目标顾客的促销方式。旅游人员推销不仅要通过语言交流进行沟通，还要通过肢体、行为等多方面进行沟通、展示，是多方面的直接沟通方式，传递信息准确，针对性更强，能够解决目标顾客的实际问题。

1.2 较强的针对性

旅游企业在开展人员推销前，都会对客户信息进行了解，对业务进行熟悉，做好万全准备；当与目标顾客交流时，往往能够抓住目标顾客需求，有针对性地进行讲解，可以获得更好的促销效果，获得更高的经济效益。

1.3 较快地促成交易

较快地促成交易是指达成交易的速度相对较快。以旅游广告促销为例，当目标顾客通过电视接收到广告信息后，必然经过认识、思考、比较，甚至与他人分享寻求认同再购买的过程，从一个目标顾客变为真正的旅游者这个过程耗时较长；而人员推销则是推销人员当面与目标顾客洽谈，如果氛围融洽，双方达成购买意向，就可当场成交，大大缩短了时间。

1.4 推销的灵活性

旅游人员推销是一种灵活性极强的促销方式，从时间上来说，它可以随时开始、随时结束；从地点来说，它可以在客户要求的任何地点进行；从洽谈过程来说，它可以根据客户需求、客户态度随时调整策略和方法，以达到客户要求，完成交易。

1.5 具有公共关系的特点

旅游推销人员进行推销的过程实际也是旅游企业进行公关活动的过程。推销人员通过自己对旅游产品的介绍，通过口头语言的表达、礼貌的肢体语言和真诚的服务给客户留下深刻的印象，有助于树立旅游企业良好的形象，有助于旅游企业与外界保持良好关系，有助于建立长期稳定的客户关系。另外，在旅游人员推销的过程中，能够解决顾客的疑问，能够纠正顾客对旅游企业的认知偏差，改善关系，开拓新市场。

2. 旅游人员推销的主要形式

旅游人员推销主要有两种形式：外部推销和旅游营业场所推销。

2.1 外部推销

外部推销是发生在旅游营业场所之外，由推销人员与目标顾客进行的面对面的直接交流。外部推销由于离开旅游营业场所，所以要耗费一定的差旅费用，这是一种成本较高的人员推销形式。会议推销就是旅游企业利用各种会议，如旅游交易大会、旅游博览会等介绍宣传本企业旅游产品的一种外部推销方式。借助会议进行推销，目标群体集中、接触面广，推销效果极好，因而成交量极大。旅游企业的外部推销主要是面向大型机构，例如旅行社通过外部推销人员和航空公司商谈包机旅游合作意向，旅游酒店通过外部推销人员和旅行社洽谈合作，进行客房销售等。

2.2 旅游营业场所推销

旅游营业场所推销指旅游企业为提高销售额在营业场所进行的推销活动。营业场所推销包括两种类型：一种是旅游企业的推销人员在营业场所进行推销，洽谈业务，接待来访者和咨询者。例如，旅行社的门店就是旅游产品最主要的营业推销点，有出行计划的客人来到旅行社门店咨询旅游线路、旅游产品，门店推销人员进行产品介绍和推荐，最终在此达成交易并签订旅游合同。另一种是旅游企业各个部门的员工，在提供服务的过程中同时推销产品。例如首都航空公司对空中乘务人员都有相应的营销任务，空乘人员在空中服务的同时，销售空余的头等舱座位。

另外，营业场所推销可以在营业场所面对面地洽谈交流，也可以通过电话的方式沟通介绍。例如各家航空公司、民航票务公司开设的电话订票就是这种形式。电话推销在某种程度上可以替代面对面的营业场所推销，是节约成本的好方法；电话推销也是确认预期顾客和评定预期顾客的一种有效途径，常被用来收集信息、安排约见、跟踪承诺信息。营业场所推销还可以通过网络平台使用聊天工具进行沟通洽谈，例如，携程旅行网的各类旅游产品主要是在网络平台上交易，对于标注不明确的旅游产品，顾客都是通过网络聊天工具进行沟通、咨询，而在交易碰到难以解决的问题时，则通过电话联系客服协助解决，这是现代营业场所推销最常见的方式。

3. 旅游人员推销的基本步骤

旅游人员推销是一个人际交往的过程，让顾客信任是成功营销的一个关键因素，因此在推销过程中，有很多推销方法和技巧，旅游人员的素质也起到关键性作用。总体来看，在推销的过程中一般包括以下几个步骤。

3.1 寻找顾客

推销工作的第一步是寻找顾客。旅游推销人员必须利用各种渠道和方法为所推销的旅游产品寻找购买者，包括现有的和潜在的购买者。寻找顾客是一个识别与确认的过程，识别是指推销人员搜索顾客的过程，确认则是指筛选有希望成为购买者的重要潜在顾客。推销人员为了能快速有效地识别并锁定潜在顾客，可以利用一些特殊的方法。

3.1.1 关注顾客购买信号

亲自来到旅游营业场咨询旅游产品信息并认真聆听推销人员讲解的顾客是正在计划购买旅游产品的人，这是最明确的目标顾客。

3.1.2 电话调查

通过电话等调查方式，了解潜在购买者的需求，筛选出有价值的顾客，以便进行推销。

3.1.3 老顾客推荐

通过原有客户关系来拓展客户群，寻找目标顾客，这种方式要注意对老顾客给予一定的酬谢。

3.1.4 大数据

当今时代已进入大数据时代，大数据的战略意义不在于掌握庞大的数据信息，而在于对这些数据进行专业化处理，使数据增值，给各行业提供有价值的信息。对于通过大数据获取的有价值客户可有针对性地进行信息推送。

3.1.5 现成的名录

有很多现成的名录可以直接使用，比如电话簿，商业会所、当地俱乐部和其他组织机构的名单目录。

3.2 接触前的准备

首先，旅游推销人员应当明确目的，是简单约见，还是单纯推介旅游产品，或是需要达成成交意向。其次，无论是营业场所推销还是外部推销，都需要推销人员在事前做好计划、做好功课。旅游推销人员需要准备旅游产品信息、竞争对手产品信息和顾客信息三个方面的内容。最后，推销人员应制定全面的推销策略，例如，什么时间与顾客接触，选择怎样的方式与顾客接触，洽谈中主要做哪些内容的阐述，哪些是重点，哪些一带而过，是否需要准备其他辅助性材料，诸如景点照片、设施简介、价目表等旅游产品介绍材料，如何表达信息，如何解决可能出现的异议，要达到怎样的推销效果，等等。

3.3 接触目标顾客

旅游推销人员接触顾客的过程长则十几分钟，短则只有几分钟。在这短暂的时间里，推销人员要灵活运用各种技巧，引起目标顾客对旅游产品的注意，引发和维持他们的兴趣，达到说服顾客购买的最终目的。

在接触目标顾客的过程中，旅游推销人员必须秉持尊重对方的基本原则，做一名真诚、有素质、懂业务的推销人员。首先，在接触中必须进行有效的提问，从顾客的回答中了解更多的情况，也要通过提问控制沟通的进程和节奏，积极引导洽谈的方向。其次，要善于倾听。有效倾听是有效提问的重要辅助手段，也是了解客户需求、爱好的重要方式。良好的旅游推销人员必须是良好的倾听者，倾听是推销人员积极获取顾客意见的方式。倾听的关键是理解，从倾听中理解顾客需求，设法满足顾客需求。良好的倾听要鼓励顾客多表达，只有顾客表达才能了解顾客内心。沟通时也要做好记录，记录一方面能够显示对顾客的尊重，另一方面能够积累材料。沟通中还要表达对顾客的理解，让客户获得认同感，增进顾客的信任感。

3.4 旅游产品展示

这是人员推销的中心环节，推销人员需要利用各种面谈方法和技巧，通过对旅游产品的介绍和展示，建立和发展双方的业务关系，促使顾客产生购买欲望。接触目标顾客和旅游产品展示之间没有明显的界线，两者本质区别在于谈话的主题不同，前者多侧重于创造良好的推销气氛和建立双方沟通的感情，后者则集中推销旅游产品。

由于旅游产品具有无形性特征，推销人员进行展示时会受到诸多局限，因此需要充分利用辅助材料，如图册、幻灯片、视频等。在介绍和展示的过程中，推销人员要以简洁的语言清晰地描述产品，陈述产品特色，讲解产品可能给顾客带来的利益。在展示的过程中顾客会提出各种各样的问题，消除异议也是这一阶段的工作内容，一个有经验的推销人员应当具有应对客户异议的心理素质和解决能力。

3.5 完成交易

顾客的异议得到解决就意味着销售进入实质性阶段，旅游推销人员应该随时关注顾客的购买信号，包括口头语言信号和肢体语言信号。随时准备对顾客的"旅游合同细则""付款方式"等问题做出解答。实践经验告诉我们，一个优秀的推销员要有正确的成交态度，要密切关注顾客的成交信号，会消除成交障碍，更要灵活应对，把握机会促成交易。

3.6 后续跟进

后续跟进一方面是针对本次交易做好后续工作，认真执行先前的承诺与保证，如对产品价格和服务质量等的承诺与保证，并对顾客购买后的感受进行跟踪，发现可能产生的各种问题，表达旅游推销人员的关注与用心；另一方面是旅游推销人员对客户保持持续关注的态度，这是维护顾客关系的必要手段。旅游推销人员应着眼于旅游企业的长远利益，做好顾客服务工作，与顾客保持良好的关系，使顾客增强对企业的信任感，促使他们重复购买，并利用顾客的间接宣传和辐射作用，争取更多的新顾客。

模块四 旅游营销战略制定

乘客李女士乘坐春秋航空公司的 9C8870 航班从哈尔滨到上海，飞机起飞后，李女士正要休息，可是广播里推销迪士尼授权的产品和钛链、手表、按摩垫等产品的广告响个不停，推销持续了将近 1 小时之后，空姐推着车在飞机上继续叫卖。这让李女士非常反感，于是进行了投诉。

春秋航空营销总监张先生表示，机上销售的商品卖得很好。据他介绍，春秋航空对售品的选择是比较严格的，不能是"山寨"商品。在品质合格、性价比较高的前提下，除迪士尼等品牌商品之外，还引进了不少性能好，但暂时无名的"潜力股"商品，如带有 USB 接口的迷你音箱等。两者的销售比例大概是各占一半，都比较畅销，业绩喜人。他举例说，从上海到郑州的一个航班，2 个小时的航程下来，销售额便达到了 7 000 元之多。他介绍说，春秋空中商城的许多商品在地面的商店里都是难得见到的，即便有，机上商品在价格上也具有相当强的竞争力。以奔腾剃须刀为例，一位老伯曾经在机上买过一款 200 元的套装，他还特地去家电卖场做过比较，卖场里特价 199 元，但少了电吹风等总价超过 200 元的 3 件小礼品。

同时，空中商城的价格区间也很有针对性，从 2 元的饮料到 350 元的特色手表，绝大部分商品价格在 400 元以内，超出 1 000 元的只有一两种。该营销总监分析说，乘坐飞机的乘客虽有一定购买力，但也是很理性的消费者，否则不会选择廉价航空。此外，每一条航线上的乘客需求都会有差异，所以我们也在不断地总结经验，发掘一些规律，根据情况时时更新商品。他同时表示，飞机上销售特许商品，其实是春秋航空的一项特色业务，并已得到工商部门的批准。因为机上全封闭的环境十分特殊，能做的事情非常有限，大部分人需要一些事情来打发无聊的时间；加上注意力比别的时间更加集中，所以很容易，也很适合进行商品推销。很多乘客本身也有购物赠送亲友的需求，所以我们将长期坚持这种模式。而且这也是借鉴欧美低成本航空公司的普遍做法，亚洲的亚航、欧洲的瑞安等廉价航空都采取了类似的销售模式，机上销售等辅助性收入已占到瑞安总收入的 17% 左右。随着消费观念和习惯的变化，以及地面销售渠道成本的增加，可以说，地面销售成本有多高，机上销售发展潜力就有多大。

乘客的投诉很明显地表达出部分乘客对春秋航空这种"服务"的排斥和反感。网上甚至有网友喊出"低成本＝低水准、低质量"的口号。发展非航业务是否必须以降低服务质量为代价，如何来平衡销售赢利和为乘客服务之间的矛盾，成为春秋航空绕不开的一道坎。对此，春秋航空营销总监张先生并未表现出太多的忧虑和担心："我们很注意去把握这个度，虽然对销售业务设定了指标，但对销售时间并没有硬性规定一定要达到 30 分钟或者更多之类的。"他补充说，极早和极晚的航班，空乘都不会进行销售演示、叫卖等。通常而言，空乘会先给每一位乘客发一份商品单，让乘客自行挑选。有需要的乘客按一下座位铃，便会有空乘上前为他详细说明并登记所需的商品。另外，我们一直在寻求销售与服务之间的平衡。一般来说，航程在一个半小时以内的航班，空乘的讲解和演示不能超过 30 分钟；航程在 3 小时左右的航班，销售活动也以 1 小时为限。同时，春秋航空董事长王先生也坦言，与欧洲、东南亚等廉价航空公司既推廉价机票又做机上销售相比，春秋航空的差距还很大，关键是具体做法需要改进。

资料来源：论文网，http://www.xzbu.com/2/view-457345.htm。

问题：如何看待航空公司在承运过程中的人员推销行为？

插入视频：春秋航空宣传片。

4. 旅游推销人员的管理

旅游推销人员的管理归根到底是人力资源的管理和控制。选聘优秀的旅游推销人员、做好相关的培训工作、实施考评，这是人力资源管理的重要内容。同时，为了使人员推销工作能够顺利开展，对推销人员应制定合理的薪酬体系，激发推销人员的积极性和工作热情。

4.1 旅游推销人员的选拔

人员推销是旅游企业的门面，是旅游企业形象的展现，更是旅游企业创收的重要途径。因此，旅游企业在选拔推销人员时要制定严格的标准。一般来说，需要通过笔试和面试两个环节来选拔和录用，要综合考核通识性知识、旅游专业知识、营销知识、沟通技巧、礼仪等多方面知识和能力。

4.2 旅游推销人员的培训

旅游企业在完成了推销人员的选拔后，还要在推销人员正式上岗前进行一系列培训，提高其专业技能、推销技巧及团队合作能力。旅游企业的培训工作并不是一次性的，而是持续开展的活动，即上岗之后每隔一段时间就要进行短期培训，持续提高推销人员技能，保证推销工作的顺利开展。

4.3 旅游推销人员的考核

推销人员工作流动性较大，独立活动性较强，因此建立科学的推销人员考核制度，有利于激励他们发挥工作积极性，搞好推销工作。推销人员的考核一般以销售量为最重要的指标，但同时也应综合考虑在客户增量、市场开拓、费用支出等多方面的情况，对推销人员进行客观、综合的考评。

乔·吉拉德被誉为"世界最伟大的销售员"，是迄今唯一荣登汽车名人堂的销售员，连续12年被《吉尼斯世界纪录大全》评为世界零售第一，连续12年平均每天销售6辆车，这一纪录至今无人能破。

乔·吉拉德创造了5项吉尼斯世界汽车零售纪录：

平均每天销售6辆车；

最多一天销售18辆车；

一个月最多销售174辆车；

一年最多销售1425辆车；

在12年的销售生涯中总共销售了13 000辆车。

那么，乔·吉拉德的成功秘诀是什么呢？

1. 250定律：不得罪一位顾客。在每位顾客的背后，都有大约250个人，这是与他关系比较亲近的人：同事、邻居、亲戚、朋友。如果一个销售员在年初的一个星期里见到50个人,其中只要有2位顾客对他的态度感到不愉快,到了年底,由于连锁影响就可能有5 000个人不愿意和这个销售员打交道,这就是乔·吉拉德的250定律。由此,乔·吉拉德得出结论:在任何情况下,都不要得罪哪怕是一位顾客。

2. 名片满天飞:向每一个人推销。每个销售员都使用名片,但乔的做法与众不同:他到处递送名片,在餐馆就餐付账时,他要把名片夹在账单中;在运动场上,他把名片大把大把地抛向空中。乔认为,每一个销售员都应设法让更多的人知道他是干什么的,销售的是什么商品。这样,当他们需要他的商品时,就会想到他。

3. 建立顾客档案:更多地了解顾客。乔·吉拉德说:"不论你推销的是什么东西,最有效的办法就是让顾客相信——真心相信——你喜欢他,关心他。如果顾客对你抱有好感,你成交的希望就增加了。要使顾客相信你喜欢他、关心他,那你就必须了解顾客,搜集顾客的各种资料。"乔·吉拉德中肯地指出:"如果你想要把东西卖给某人,你就应该尽自己的力量去搜集他与你生意有关的情报……不论你推销的是什么东西。如果你每天肯花一点时间来了解自己的顾客,做好准备,铺平道路,那么,你就不愁没有自己的顾客。"

4. 猎犬计划:让顾客帮助你寻找顾客。乔·吉拉德认为,干销售这一行,需要别人的帮助。乔·吉拉德的很多生意都是"猎犬"帮助的结果。他的一句名言就是:"买过我汽车的顾客都会帮我推销。"在生意成交之后,乔·吉拉德总是把一叠名片和猎犬计划的说明书交给顾客。说明书告诉顾客,如果他介绍别人来买车,成交之后,每辆车他会得到25美元的酬劳。乔·吉拉德的原则是:宁可错付50个人,也不要漏掉一个该付的人。猎犬计划使乔·吉拉德的收益很大。1976年,猎犬计划为他带来了150笔生意,是总交易额的三分之一,他付出了3 750美元的"猎犬"费用,收获了75 000美元的佣金。

5. 推销产品的味道:让产品吸引顾客。乔·吉拉德认为,人们买车都喜欢自己来尝试、接触、操作,人们都有好奇心。不论你推销的是什么,都要想方设法展示你的商品,而且要记住,让顾客亲自参与,如果你能吸引住他们的感官,那么你就能掌握住他们的感情了。每一种产品都有自己的味道,乔·吉拉德特别善于推销产品的味道。与"请勿触摸"的做法不同,他在和顾客接触时总是想方设法让顾客先"闻一闻"新车的味道。他让顾客坐进驾驶室,握住方向盘,自己触摸操作一番。

6. 诚实:推销的最佳策略。诚实,是推销的最佳策略,而且是唯一的策略,但绝对的诚实却是愚蠢的。推销允许谎言,这就是推销中的"善意谎言"原则,乔·吉拉德对此认识深刻。他善于把握诚实与奉承的关系。尽管顾客知道他所说的不尽是真话,但他们还是喜欢听人"拍马屁",少许几句赞美可以使气氛变得更愉快、没有敌意,推销也就更容易成功。

7. 每月一卡:真正的推销始于售后。乔·吉拉德有一句名言:"我相信推销活动真正的开始在成交之后,而不是之前。"推销是一个连续的过程,成交既是本次推销活动的结束,又是下次推销活动的开始。销售员在成交之后继续关心顾客,将会既赢得老顾客,又能吸引新顾客,使生意越做越大,客户越来越多。

8. 学会自信。自信可以说是英雄人物诞生的孵化器,一个个略带征服性的自信造就了一批批传奇式人物。然而,自信不仅仅造就英雄,也成为平常人人生的必需,缺乏自信的人生,必是不完整的人生。"因为我的心灵有一种信念在支撑着我,那就是成功,我要成功,所以,我的人生之路一直走得很好。这一切的结果取决于我自己坚定的信心,坚韧不拔的意志。朋友们，请记住：一定要充满自信，因为人生需要自信，自信让人成功。"乔·吉拉德说。

资料来源：百度百科，https://baike.baidu.com/item/%E4%B9%94%C2%B7%E5%90%89%E6%8B%89%E5%BE%B7?fromtitle=%E4%B9%94%E5%90%89%E6%8B%89%E5%BE%B7&fromid=10962091。

问题：谈谈乔·吉拉德的成功经验对你有什么启示。

小结：本节对旅游人员推销的含义、特点、分类和旅游人员推销活动的开展步骤进行了详细的讲解，要求学生能够深入领会旅游人员推销的基本知识点，并能够结合旅游企业的情况开展相关的推销工作。

小组实训：请结合上述知识点，以沈阳怪坡滑雪票为例，开展人员推销活动。

第七节 旅游体验营销

1. 旅游体验营销

体验经济被称为继农业经济、工业经济和服务经济阶段之后的第四大经济生活发展阶段，工业、农业、计算机、互联网、旅游、商业、餐饮、娱乐各个行业都在上演着体验或体验经济。

旅游体验营销是一种伴随着体验经济而出现的一种新的营销方式，是指旅游企业根据旅游者情感需求的特点，结合旅游产品的属性，策划有特定氛围的营销活动，让游客参与其中，获得愉悦的感受，满足其情感需求，从而扩大旅游产品销售的一种新型营销方式。旅游的本质就是追求愉悦的体验，是一次逃逸、一次缓解或者生活的补偿；也是一次追求，一次自我实现。因此，旅游营销活动实际就是在出售体验活动，出售体验经历。旅游所具有的典型的"体验性"特征决定了在旅游活动中开展体验式营销会比其他营销方式收到更好的效益；利用企业优势，针对不同的旅游者，设计差异化的体验旅游产品，是旅游业发展的方向。旅游体验营销具有以下几方面的特点。

1.1 以旅游者为中心开展营销活动

体验营销是围绕旅游者需求而展开的营销设计活动，所有的营销活动是符合旅游者的特点和需求的。以现今各旅行社的海南旅游产品为例，包含了自由行、半自由行、纯玩旅行团、高端豪华游、品质团、经济团等等，这些区别来自旅游者需求的差异性，来自旅游者对于旅游活动的特殊要求。另外，旅游体验营销是以旅游者为中心开展沟通和交流。以三亚瑞吉度假酒店为例，该酒店设置专门的管家服务，建立和客人的交流纽带，倾听客人的需求，传递信息，并能及时弥补不足，持续改进服务，更新升级产品，使客人获得物质和精神上的双重满足。

1.2 以体验为卖点吸引游客

旅游体验来自旅游消费过程中的感受、经历，旅游体验营销是以提升游客体验为卖点的营销方式。因此，要加深游客的体验，要使游客记忆深刻，旅游企业的营销活动就要在提高游客的旅游体验程度上下功夫。以贵州黔东南苗寨为例，该景区在入门处即有苗族文化展演，表演者都是寨子里的苗族村民，民族歌舞、民族乐器、苗寨特有的"高山流水"，在尚未进寨之前游客已经开始参与，深深地吸引着游客，形成了强烈的民俗体验；而进寨后一派苗家生活的场景，真实而亲切，让人感受深刻，难以忘怀。

1.3 旅游场景设计主题化

旅游体验发生在旅游世界中，是旅游者在接连经历了不同的旅游情境之后所获得的主观情感。我们可以将旅游活动理解为一个个场景的组合，而每一个场景的设计是围绕一个体验主题展开的。就如同戏剧演出一样，旅游活动的一个个场景是旅游营销人员精心设计和安排的。例如大连圣亚极地海洋世界的动物表演——"海豚湾之恋"，就是围绕海洋世界的主题，按照剧本的形式编演出来，每日在固定的时间为游客展示的。该表演描述的是在宁静迷人的海豚湾里，美丽的人鱼公主、英俊的王子和一群可爱的白鲸、聪明的海豚的故事。

插入视频：《圣亚极地海洋世界——"海豚湾之恋"》。

1.4 旅游产品设计体验化

体验营销必须创造游客体验，为游客留下值得回忆的事件和感动的瞬间。因此，在旅游企业设计、制作和销售产品时必须以游客体验为导向，企业的任何一项产品、产品的生产过程或售前、售中、售后的各项活动都应该给游客留下深刻的印象。也就是说，旅游企业在宣传介绍产品时就应给游客以美好的遐想空间，从而使其渴望、盼望亲身体验；在旅游活动开展时，应围绕体验设计活动，强化体验，让游客满意、愉悦；而在旅游活动之后应让游客久久难以忘怀，留下深刻美好的印象。例如，香格里拉酒店在广告中以"狼群"展现"至善诚情，源自天性"，让人很容易理解为源自天性的善良与诚意是酒店的待客服务之道，给人遐想；而在实际服务中，舒适和贴心的酒店服务使游客得到了高层次的体验与感受，易形成强烈的品牌忠诚。

插入视频：香格里拉酒店宣传片。

2. 旅游体验营销的模式

在体验经济时代，个性化需求和感性化消费得到前所未有的重视，旅游企业应在深刻把握旅游者需求的基础上，制定相应的体验营销策略，并通过多种途径向旅游者提供体验。

2.1 确定体验主题

体验营销是从一个主题出发并且所有产品都围绕这个主题展开，因此，旅游体验营销首先应该设定明确的主题。明确主题的作用就是营造氛围，明确方向，聚集旅游者注意力。

体验主题的设计应从旅游企业的特色中发掘，根据旅游市场需求，着眼于旅游企业独特的资源与文化特色来确定。体验主题的设计应能够将旅游企业的产品以及每个要素和细节有机地结合在一起，企业的所有营销手段都必须支持体验主题，后续所有产品的开发应与主题匹配，形成完整一致的旅游体验。体验主题的设计应符合旅游者求新求异的特点，必须新颖、独特、鲜明，能够激发旅游者的欲望。例如，大连圣亚极地海洋世界以海洋为主题，围绕海洋世界设计场馆设施，形成集海洋极地环境模拟、海洋动物展示表演、购物、娱乐、休闲于一体的旅游项目，围绕海洋这个主题，细微到每一个旅游纪念品的设计都与海洋世界交相辉映；同时结合现代科技，打造神秘刺激的"深海体验区"和绚丽奇幻的"天幕影院区"，给游客营造了无比魔幻、刺激的深海体验。

2.2 整合多种感官刺激

贝恩特·施密特认为，体验营销是站在消费者的感官（Sense）、情感（Feel）、思考

(Think)、行动（Act）、关联（Relate）五个方面设计营销的思考方式。对于旅游业而言，感官营销通过人的"五感"创造直觉体验的感受；情感营销以营造情景和氛围来建立情感纽带；思考营销通过设计问题来引发游客的思考和开发智力；行动营销通过身体体验影响游客的生活行为；关联营销连接个体与社会群体，满足游客的自我改进和社会认同的渴望。

2.2.1 感官营销的实施

感官营销经由视觉、听觉、触觉、味觉与嗅觉传达信息，力图通过给游客留下深刻的感官体验，确立旅游企业的独特形象。视觉营销是以满足人们的审美体验为重点，经由视觉刺激，提供给游客以美的愉悦、美的享受。视觉营销利用美的元素迎合消费者的审美情趣，满足游客审美诉求。例如，桂林山水的美丽景色给旅游者形成视觉上的享受，布达拉宫给人们带来艺术的美感，这是产品本身存在客观美的价值；而上海迪士尼乐园的视觉体验是完美与协调统一，宛若梦幻世界，这是视觉营销设计达到整体环境与景观的搭配一致，是整体统一和美感的协调一致。听觉营销设计就是通过有效的手段来降低游客的噪声，呈现自然之音，如鸟鸣声、海浪声、林涛声。例如，在佛教名山参观时，若能听到虔诚清净的诵经声，就能一洗俗世尘劳，让人心旷神怡。在景区设计中，味觉和嗅觉体验同样重要，山间的甘泉，林间的鸟语花香，这一切让游客忘记尘世的烦恼。

2.2.2 情感营销的实施

情感营销是激发游客内在的感情和情绪，让人感动，让人兴奋，让人快乐。例如，海南航空秉承"东方待客之道"，倡导"以客为尊"的服务理念，在实际承运服务中，致力于为旅客提供全方位无缝隙的航空服务，珍惜每一次相逢的缘分，关注每一个细节，让服务细致入微，超越旅客的期待，给旅客留下美好的记忆。这种始终围绕情感进行的体验营销，使旅客对航空公司提供的服务深受感动，牢牢地抓住了消费者的心。

插入视频：海南航空宣传片。

2.2.3 思考营销的实施

思考营销以启发人们的智力为目的，通过在产品的营销中加入一些有创意、知识性的因素，引起消费者的兴趣和参与，使其在消费过程中获得认识和解决问题的体验，满足消费者的求知需求。例如，四川九寨沟景区以泉、瀑、河、滩、108个海子构成一个五彩斑斓的人间天堂，而很多游客都对九寨沟海子的色彩提出了疑问，于是在九寨沟的景区内就设立专门的牌子答疑解惑，满足游客的认知需求。

插入视频：九寨沟宣传片。

2.2.4 行动营销的实施

行动营销是通过增加游客的行动体验，使其体会新的生活观念，或是满足他们对某种生活状态的渴望，目标是影响旅游者的生活态度和方式。例如福建"禅文化"酒店，客房内的布置非常简单，一张床、一个蒲团、一壶茶、一只香炉，还有墙上一幅"禅"字，再吃上一顿素斋，客人在简单的食宿中便能感受佛家的清净，体察内心的无为。目前这种旅游体验营销方式十分流行，在国外许多旅游目的地都在采用这种方法提升旅游者体验，如在泰国旅游中，很多游客都会参加泰餐制作学习的课程，加深对泰国文化的理解，试图通过这样的方式更加深入旅游目的地，获得更深层次的旅游体验。

行动营销要增加游客的参与活动，就要设计出更多的游客参与项目。因此参与性是行动营销最重要的特点。另外，行动营销在设计中要尽量保持独特性，体现不同的地方特色，给游客前所未有的参与经历，甚至协助游客完成不能完成的任务，战胜自我，实现价值，形成强烈的自豪感。例如泰国海岛游推出的海底漫步、深海浮潜等活动，就是一种参与性的活动，让多数参与者体验到另外一种截然不同的世界，同时景区也获得了极高的经济效益。

2.2.5 关联营销的实施

关联营销包含感官、感觉、思考和行动营销等层面的体验，是一种联动性极强的全面混合式体验模式，是体验营销的高级模式，能带给消费者最全面的混合体验。感官营销引起兴趣，达到知晓后的认知程度；情感营销建立情感纽带，进而理解；思考营销可以使顾客深入分析，形成持久的认知，然后生成态度；行动营销促使行为动机产生，最后完成购买行为；关联营销提供超越个人的体验，有助于建立品牌忠诚。

观光型森林体验——德国巴伐利亚国家森林公园："让自然保持自然"

巴伐利亚国家森林公园（Bavarian National Forest Park）位于多瑙河、伯尔默森林和奥地利交界之间，于1970年成为德国第一个国家公园，面积达243平方公里。它与东面接壤的舒马瓦国家公园、波希米亚森林一起，构成了中欧最大的连片森林保护区。公园里的中等山脉风景区森林覆盖率高达95%。在这里可远眺巴伐利亚－波希米亚边界山脉一望无垠的壮丽森林全景。此外，公园内还有沼泽地、清澈的山涧以及唯一的一个冰川湖泊——拉赫尔湖等自然景观。

固本求源，不忘自然资源核心价值。"让自然保持自然"是巴伐利亚国家森林公园的哲学，而实际情况也确实如此。欧洲再鲜有其他公园像这里一样，能够让如此规模巨大的自然生态按照自然界永恒和固有的规律发展。在这里，对自然景观的保护永远是第一位的，游客任何时间到访都能领略到最原始的巴伐利亚森林风光。

观光延伸，搭建与自然沟通的桥梁。公园中的巨型树塔开启了森林特色体验的新概念。高达44米的巨型树塔，围绕着3棵巨型杉树而建，斜坡蜿蜒向上，总长超过500米。在顶端的观景平台，游客可以观赏到森林的绮丽风光和辽阔壮美的山峰。在树塔的底部，还有一条与之相连接，长约1300米的空中栈道，它在树腰和树冠间穿过，走在上面的游客能近距离地观赏栖息在森林中的各种鸟类，体验穿行其间的如探险般的刺激感。

资料来源：中环国投生态旅游规划院，http：//www.sohu.com/a/113099361_461506。

问题：案例中有哪些感官体验形式？

2.3 加强体验效果的阶段性检验

每名游客的体验各有不同，那么游客的真实体验与旅游企业设计的体验是否一致，这关系到体验设计的成败，是旅游企业必须了解的情况。因此，旅游企业必须在体验营销设计实施一段时间后，进行效果的检验。体验效果的检验，一方面要了解游客是否存在负面体验的问题，如果有，那么旅游企业应该对体验活动的设计进行调整改进；另一方面要了解游客是否获得了高于原设计体验价值的问题，如果有，那么企业应该再思考，如何借鉴游客经验进行创新。

2.4 开展内部营销

在体验营销的过程中,旅游企业先要进行内部营销。内部营销就是以企业内部员工为营销对象的营销活动,是一种将员工视为游客的管理哲学。内部营销使企业各个层次的员工都理解和亲身体验自己的工作,并在工作中获得满足感,从而积极主动地以服务为导向进行工作。

旅游企业是一种旅游者与企业员工高度接触的企业,服务质量的高低在很大程度上取决于员工的表现,快乐的员工才能创造出快乐,并去经营快乐,也才能传递快乐。员工服务过程其实是快乐的传递和渲染过程,只有员工积极快乐主动地为游客提供服务,才能感染游客,将积极的情绪传递给游客,进而提升游客的忠诚度和重游度。快乐的服务过程中,一方面员工可以把企业的情感、价值、理念传递给游客,另一方面游客又可以把满意、情谊、感受反馈给员工;这种相互沟通的行为,可以使服务升华,不断达到新的高度。旅游业实践表明,留住优秀的员工就可以留住优秀的游客。内部营销一方面能够提高员工满意度,另一面也能提高游客满意度,所以内部营销是一项双赢的工作。

2.5 开发旅游纪念品

旅游纪念品是旅游业创收的重要组成部分,是旅游者完整旅游体验不可或缺的一部分,是旅游地的特色展示,承载着旅游地的文化内涵,具有极强的艺术价值。旅游企业要充分利用旅游纪念品创造体验,让旅游者即使离开仍然回味无穷,留下美好记忆。旅游纪念品的设计与开发应与体验设计的主题保持一致,形成内外的协调一致。例如上海迪士尼乐园 M 大街购物廊,设计有经典复古的店铺,购物长廊内以迪士尼朋友的壁画进行装饰,提供的各种各样的商品,包括开园纪念品、徽章、服装及礼服、迪士尼玩具、家居装饰品、饰品和手表、艺术品和其他收藏品等,都成为结束游览后游客记忆的印证。

地域特色型森林体验——尼泊尔奇旺国家公园:"丛林之心"

奇旺国家公园(Royal Chitwan Park)位于距尼泊尔首都加德满都 120 公里处特莱平原中部的雷普提谷地。公园成立于 1962 年,面积约 932 平方公里,是尼泊尔最大的野生动物园、亚洲最大的森林公园之一,1973 年被确定为尼泊尔的第一个国家公园,也是尼泊尔两处世界自然遗产之一。与美国黄石国家公园相比,曾是尼泊尔王室和殖民主义者狩猎场的奇旺国家公园显得有点寒酸,既不传奇,也不壮丽,但这个最初为保护濒临绝种的亚洲独角犀牛而成立的公园,不仅守护着塔鲁族(Tharu Tribe)人的原始生活,还能让游客一睹孟加拉虎、亚洲大象、豹、鳄鱼、熊、恒河豚等珍稀野生动物,其王牌旅游项目都紧紧围绕对当地文化特色的体验而设置。

骑象穿丛林——最刺激的体验。坐在高高的大象背上,走过草地树林,穿过小溪流水,时刻寻觅动物踪迹,很有点探秘的感觉。游人们需要登上几个高台,迈步到象背上的木架中,每头大象上可坐四个人,每人守着一个角落坐好。大象会带着游客进入原始森林,几十米高的大树郁郁葱葱,大象行走其间游刃有余。运气好的时候,沿途甚至还能撞见犀牛、猴群和麋鹿。骑在大象背上观赏野生动物,能清楚地看到动物出没的情形,比如看到丛林中鸟群飞起,或有小动物开始奔跑,表示有猛兽出没。走过河流时,大象会用鼻子用力喷水,后面的大象也开始响应……每个场景都显得那么动人,带给游客一种独特的感受。

荡舟纳拉亚尼河——最惊险的体验。公园纵横的水道与沼泽中,栖息着鳄鱼和各种鸟类。清晨来到纳拉亚尼河,公园提供游人乘坐的独木舟,有专人负责操桨。这种独木舟长约10米,是由一整根木棉树中间挖空做成的,远看又窄又小,其实能容纳15人左右。整个乘船游览的过程都极为安静,因为异常的动静有可能惊动鳄鱼。静心屏气反而让人有种莫名的兴奋,总觉得会发生点什么事。缥缈的晨雾中,四周无比寂静,只听见撑船的竹篙划过水面的声音,沿途的河岸上一排排不规则的小洞是鸟儿的巢穴,半露出水边的大洞是鳄鱼的巢穴。如果在不远处的水面看到探出半个身子的鳄鱼正在缓缓向岸上爬去,游客们会兴奋地按下相机快门。

领略塔鲁族文化——最具风情的体验。参观塔鲁族村庄,体验当地土著人的生活,是到奇旺国家公园旅游的必玩项目。晚餐安排欣赏塔鲁族民族歌舞(Tharu Stick Dance)表演,可与热情的塔鲁族青年一起欢快共舞。此舞蹈源于持木棍攻击敌人或吓阻猛兽,后演变成传统舞蹈,高亢激昂的节奏韵律极具地方文化特色。

资料来源:中环国投生态旅游规划院,http://www.sohu.com/a/113099361_461506。

问题:结合案例谈谈你对旅游体验营销模式的理解。

3. ASEB 分析

ASEB 分析是一种新型的以消费者需求为导向的管理手段,专门针对由体验型消费引发的问题而设计,是对传统的 SWOT 分析方法的改进。ASEB 分析法,又叫 ASEB 矩阵分析法、ASEB 栅格分析法,是将曼宁—哈斯—德赖弗—布朗需求层次(见表 4-4-2)分析与 SWOT 分析以矩阵的形式结合起来,形成的一种新的管理方法,它有利于管理者有效地掌握消费者行为。

表 4-4-2 曼宁—哈斯—德赖弗—布朗的需求层次

曼宁—哈斯—德赖弗—布朗的需求层次	举 例
第一层次:活动	别墅体验式居住
第二层次:环境	
A. 自然环境	自然风景,人造景观,美丽的花园
B. 社会环境	自然和谐,邻里之间怡然相处
C. 管理环境	私密性好,井然有序,安静安全
第三层次:体验	室内居住,户外散步,会所内活动,邻里交谈,上下班接送孩子
第四层次:收益(心理满足)	了解社区基本概况,感受社区文化氛围,发现自身潜在居住需求

需求层次分析界定了四个层面的需求,分别是:对某种特定活动(Activity)的需求,消费者在特定环境(Setting)中对某种活动的需求,从这些活动中获得的体验(Experience)

需求,体验后对最终收益(Benefit)的需求。这样,不同层面的有形或无形需求就形成了一个等级层次结构(见表4-4-3)。

表4-4-3 ASEB分析矩阵

项 目	活动(Activity)	环境(Setting)	体验(Experience)	收益(Benefit)
优势(Strengths)	SA	SS	SE	SB
劣势(Weaknesses)	WA	WS	WE	WB
机遇(Opportunities)	OA	OS	OE	OB
威胁(Threats)	TA	TS	TE	TB

第一层次的需求——活动(A):主要是指对某些特殊活动的实际性需求,如荒野徒步旅行或参观博物馆。

第二层次的需求——环境(S):一方面指游客活动发生的各种不同环境,包括自然环境、社会环境和管理环境;另一方面也包括游客对这些环境的满足与期望。

第三层次的需求——体验(E):人们在某种特定的环境中进行休闲活动时所获得的心理满足。活动与环境共同决定游客的体验程度。

第四层次的需求——收益(B):是指某种对休闲活动所获得的最终价值判断。收益来源于体验,又区别于体验。

将ASEB分析首次引入旅游类研究,是以英格兰西米德兰兹郡布莱克区博物馆(社会和工业历史博物馆)为例,演示了该分析法在以游客体验为基础的旅游产品开发中的应用,由此引发了对基于游客的博物馆旅游产品开发的探讨。见表4-4-4。

表4-4-4 英格兰西米德兰兹郡布莱克区博物馆ASEB分析

项 目	活动(Activity)	环境(Setting)	体验(Experience)	收益(Benefit)
优势(Strengths)	1. 产品的多重属性 2. 独特卖点 3. 能吸引游客重游 4. 良好的口碑	1. 自然环境赏心悦目,优美、安静、整洁 2. 社会环境令人满意,再现过去,产生怀旧情结 3. 参观者与演示者互动,激发游客的兴趣,采用多种解说方式	1. 寓教于乐,提供娱乐与教育的双重体验 2. 洞悉自我经历以外的生活 3. 勾起怀旧情愫 4. 启示今日生活,引发思考	1. 对比过去和现在,引发反思 2. 良好的户外出游方式 3. 增长知识,留下美好的回忆 4. 形成新的价值观念
劣势(Weaknesses)	1. 游客人数下降 2. 市场需求细化,馆内活动应改进和多样化 3. 游客的参观动机与博物馆工作人员所设想的有差异	1. 博物馆规模不够宏大 2. 展品不够精细 3. 管理环境需进一步改进,不仅仅是演示者	1. 体验的类型和生动性不足 2. 馆中某些场景现实仍存在,受到现实中真实产品的竞争压力 3. 展品年代模糊,时间序列不明显,游客体验混淆	受益人群局限于有类似经验的游客

续表

项 目	活动（Activity）	环境（Setting）	体验（Experience）	收益（Benefit）
机遇 (Opportunities)	1. 广阔的客源市场 2. 可鼓励学校组织学生参观 3. 可与当地一些景点联合	1. 可营造真实生动的村庄式博物馆 2. 可强化新颖互动的展示，如当地特色、工业特色 3. 存在被关注的历史性问题，如展品的年代 4. 可采用多样化的传播媒体	1. 拥有体验性很强的产品 2. 可采取多种方式增强体验 3. 可因地制宜使用多种解说系统，如角色扮演、音像展示、说明牌、互动性展示	可设法让各种类型的游客从中受益，并向潜在的游客宣传
威胁 (Threats)	1. 游客数量下降和饱和的市场 2. 经济衰退 3. 部分游客不愿意重游	1. 存在类似的景点 2. 基础设施有限	1. 年轻游客体验获得困难 2. 制造体验的设施昂贵 3. 过多的科技含量会降低体验的真实性	年轻游客没有旧时的生活经验，很难获得足够的心理满足，因此收益不多

ASEB 分析有助于在了解游客期望和动机的基础上，为旅游和休闲研究提供一个更为有效、更加以消费者为导向的分析方法，它将重点集中在游客的体验和收益上，关注游客的实际需求与期望。从概念上说，ASEB 分析法是一个矩阵，是一种分析工具。在分析过程中要将需求层次与传统的 SWOT 分析中的不同要素相互对应结合起来，按顺序从 SA（对活动的优势评估）到 TB（对收益的威胁评估）对行列交叉所组成的 16 个单元逐次进行研究。从消费者的角度对活动、环境、体验和收益与优势、劣势、机遇与威胁的四个方面进行分析与评估。由此评估游客对体验的满意度，并试图为不同游客提供他们所期望的不同体验。

小结：本节对旅游体验营销的含义、特点、模式进行了详细的讲解，并介绍学习了一种专门针对由体验型消费引发的问题而设计营销管理矩阵，要求学生能够深入领会旅游体验营销的基本知识点，并将体验营销的精髓贯穿于旅游市场营销活动设计之中。

小组实训：请结合旅游体验营销的基本模式，为沈阳故宫博物院进行体验营销设计。

任务四小结：任务四对旅游促销的主要方法进行了深入的讲解，包括旅游广告、旅游营业推广、旅游公共关系、旅游人员推销和旅游体验营销，要求学生能够从含义、特点、作用、策划的基本内容等方面对各类促销方法进行理解运用，并能结合旅游企业实际情况开展旅游产品促销活动。

拓展阅读

基于 ASEB 分析的沈阳故宫体验式旅游研究

改革开放以来，我国旅游业蓬勃发展，实现了由旅游资源大国向旅游经济大国的转变。2016 年，国内旅游人数达 44.4 亿人次，同比增长 11%；国内旅游总收入 3.9 万亿元，同比增长14%。我国旅游业迎来大发展的时代。从沈阳旅游实际情况来看，旅行社团队游抵沈游览线路必含沈阳故宫；根据国内知名旅游网站列出的沈阳旅游"不可错过"景区，沈阳故宫排列首位。

沈阳故宫又称盛京皇宫，是中国仅存的两大宫殿建筑群之一，距今有近400年历史，是具有极高历史价值、艺术价值和科学研究价值的人文旅游资源。2004年7月1日，第28届世界遗产委员会批准沈阳故宫作为明清皇宫文化遗产扩展项目列入《世界文化遗产名录》，2015年"十一"期间，沈阳故宫日接待游客达到27 212人次的历史最高水平。但伴随着发展，沈阳故宫自身的局限性也逐步显现出来。2017年"五一"期间，沈阳市某大型企业的合作单位组织人员在沈游览，游览人员对沈阳故宫大为赞叹，但同时也表示，游客的参与性很差，周围的皇城并没有很好地利用，十分遗憾。随着旅游业的发展，旅游者对旅游活动的追求已经不再停留在观赏、游览、"到此一游"的表层，更渴望参与与体验，渴望得到体验的乐趣，寻求更深层次的愉悦和收获。

本文采用半结构访谈的方式搜集资料，以ASEB栅格分析法作为工具对访谈资料进行分析。ASEB栅格分析法是在安德鲁斯教授提出的传统的SWOT分析法基础上建立的，是以消费者需求为导向的市场分析法，针对体验型消费而引发的问题，综合考虑活动（Activity）、环境（Setting）、体验（Experience）、收益（Benefit），即对某种特定"活动"的需求，消费者在特定"环境"中对某种活动的需求，从这些活动中获得的"体验"需求，体验结束后最终满足的"收益"需求；再结合SWOT分析法，建立从消费者出发对活动、环境、体验、利益在优势（Strength）、劣势（Weakness）、机会（Opportunity）、威胁（Threat）四个方面的矩阵分析（见表4-4-5），即通过旅游企业和旅游者双向综合分析而形成对旅游者体验的评价与结论。

表4-4-5 ASEB栅格分析法

项目	活动（Activity）	环境（Setting）	体验（Experience）	收益（Benefit）
优势（Strengths）	SA	SS	SE	SB
劣势（Weaknesses）	WA	WS	WE	WB
机会（Opportunities）	OA	OS	OE	OB
威胁（Threats）	TA	TS	TE	TB

本研究始于2017年5月，结束于2017年9月中旬，共随机访谈游客700余人，其中能够积极参与并完成反馈的共计102人。研究者试图以轻松自然的方式进行调研，并尝试引导游客以自在、本真的方式作答，挖掘游客深层的感受，描述游客独特的经历与体验，用他们特有的语言表达内心真实想法。在此之后，对访谈内容进行归纳和总结，利用ASEB栅格分析法获得解释和理解，见表4-4-6。

表4-4-6 调研内容分析

项目	活动（A）	环境（S）	体验（E）	收益（B）
优势(S)	独特性，真实性；艺术欣赏，历史教育，科学研究；无法复刻的艺术价值；建筑美学	氛围浓郁，交通便利，位置优越	纵深历史长河，如同时光机游览；伟大的艺术瑰宝，内心战栗；传统与现代的交融	重温历史，增长知识；美好回忆；爱国情怀；校对清史剧作的偏差
劣势(W)	观赏活动单一，参与性较差；模拟视频观赏开放时间极短暂；讲解小册子难寻	皇城商铺经营无法融为一体；基础设施建设一般	生动性差；文化水平导致体验水平一般	受文化水平、国籍等影响仅仅停留于观赏，而非"理解"
机会(O)	沈阳的振兴发展，旅游业的新契机；与各地的交流合作	盛京皇城保护建设；全国文明城市创建；无线局域网建设	清史剧频频亮相荧幕；媒体宣传；氛围的营造	手机扫码获取免费景点讲解；专业讲解人员
威胁(T)	规模小，去过北京故宫的人很可能不愿前往；市场可能出现饱和，后续发展不足	古迹的保护修缮工作是长期的任务	文物年久褪色，导致体验受阻；文物的保护问题	书籍、媒体、新信息渠道获取利益

旅游体验发生在旅游世界当中，或者说，发生在一个拥有独特意义的具体时空框架当中。在这个世界当中，每一次场景的变更，都是一个新的旅游情境的推出。因此，对于旅游者来说，旅游体验仿佛是观看和参与一次次的戏剧演出，就像是发生在一个个具体的舞台空间、经历着一幕幕舞台场景的表演过程。那么，我们就可以把体验式的旅游理解为一场别开生面的舞台剧，有主题有剧本，有场地有布景，有演员有道具；当大幕拉开，所有演员上场融入角色，彼此互动，竞相融合，最终这一场大戏的目的，就是让游客拥有难忘的经历、精神的愉悦，甚至是唤醒内心最本真的自我。

1. 提炼满族文化主题，营造浓郁的文化氛围

主题是体验设计的核心内容，所有的设计都要围绕主题展开，所有的活动、设施都要符合主题的要求。主题的选择要符合旅游景区的实际情况，要体现地方的鲜明特色，更要追求独特性和个性化；同时主题的选择也要符合大众的审美，符合旅游者猎奇、高层次体验的需求。沈阳故宫始建于后金天命十年，即公元1625年，为清朝初期的皇宫，满族风韵十足；以十王亭为例，建筑格局来自少数民族的帐殿，亭子就是帐篷的化身，帐篷是可以流动迁移的，而亭子是固定的，显示了满族文化发展变迁的过程。因此沈阳故宫的体验式设计一定是围绕满族文化而展开，将满族文化作为整体设计的内核，要将最能表现满族文化特征的要素融入设计，同时要结合一个时期大众的审美体验，营造符合大众要求的、符合民众求知探求心理的旅游设计。这个主题涉及旅游六大要素的设计，需要方方面面的支撑，小到一张门票的设计，大到旅游景区游览、旅游产品的展示，甚至文物的修缮和保护。

目前大多数游客在沈阳故宫游览的流程依进门提示而行，购票后自大清门进去，向右观十王亭大政殿，然后回到凤凰楼清宁宫，再游览文渊阁一侧，最后经文化创意产品中心后结束游览；景区内部景观多以展示清早期建筑风格、清早期宫廷生活文物为主。部分游客在访谈中表示，进门后"比较蒙，还没准备好就已经开始参观了"，这是由于景区参观的前戏没有设计铺垫好，没有做到引人入胜。国内很多旅游景区在游客体验氛围的营造方面颇有心

得，例如，贵州某旅游景区在景区门前广场就搭建舞台，进行民族服饰展示、民族乐器表演，欢迎八方来客，游客很快就融入气氛之中，对后续的旅游活动充满期待。沈阳故宫可以结合自身主题特色，围绕清朝宫廷选妃、嫁娶、祭祀、庆典等重要皇家盛典进行表演，也可以对清朝服饰进行展示，对满族食品进行推广、品尝，表演场地就设在景区门前广场，营造满族文化氛围，使游客未入，情感先行，提前感受，做好景区参观活动的铺垫。而在出口处景区外部皇城街道上，可围绕满族传统体育运动"桦皮篓"设计活动，吸引游客参与，增加游览活动的参与性；还可以开展以满族服饰、满族花轿体验为主的租赁、售卖活动，给游客的旅游活动画上完美的句号。

从目前实际情况看，沈阳故宫验票采用插卡回收门票的方式，这种方式最大的特点就是环保，这也是国内很多景区采用的验票方式，但在访谈中很多游客表示不能接受这种方式，因为"这是一个饱含人文情怀的旅游景区，如此这般便没有念想"。对于绝大多数旅游者来说，游览之后门票将成为唯一的纪念品，这也就是游客所说再无"念想"的原因。在门票的设计上，很多旅游景区采用了邮票的设计方式，游览之后能够在当地邮寄，留下传统的邮政痕迹，这也是现今很多年轻人追逐的文化潮流；还有的旅游景区采用更加艺术化的设计，门票俨然成为实打实的旅游纪念品、旅游艺术品，成为传递文化的媒介，在这方面沈阳故宫可以多加借鉴，从细微处着手，关注游客最细节的体验。

2. 改善文物修缮带来的体验迟滞现象

文物古迹的修缮和保护是以文物古迹为主体的旅游景区的重点工作，没有保护就没有未来，在这个问题上沈阳故宫也不例外。沈阳故宫景区面积较小，又由于最近正在修缮，直接导致游客体验感下降，但这始终是无法回避的问题。那么在这个时期，采取适当的设计，弥补游客的损失，用影音、视频等方式代替无法观赏的遗憾，以图片、文字的描述从另一个视角去呈现往日的情境，则是解决这一问题的有效途径。

3. 完善基础设施建设

沈阳故宫是我国第一批国家重点文物保护单位，是沈阳的老牌旅游景区，更是沈阳旅游的招牌，但在内部基础设施建设方面却不尽如人意。沈阳故宫接待的游客有一些来自国外，在访谈中一位俄罗斯游客就明确表示"Не понимаю"（不太明白）；这里的确存在国际文化差异的问题，但景区内的基础设施建设做得也不够到位，如指示牌等仍在使用单一的中文。针对沈阳地区游客的基本情况，必要的英文、韩文、俄文标识一定要有，必要的英语、韩语、俄语讲解也应该具备。

此外，沈阳故宫景区内部分亭台楼阁的展览，例如东七间楼的"清前历史陈列"展览，旨在让游客体验历史长河中的文化变迁，但视觉感官并不能达到应有的效果，单纯的文字介绍也无法深刻展现历史的痕迹。定时的讲解和视频演播是提升体验的重要途径，如果能够再配以数字化媒体进行3D演示，呈现一个个历史片段，就会带来更震撼更真实的感受，大大提升游客的体验。

4. 赋予旅游产品更多文化体验价值

景区内部的销售摊位为方便游客而设，主要经营饮料、零食，并没有体现满族饮食的特点，满族传统美食萨其马、驴打滚都未曾寻见。从目前国内旅游的实际情况看，本地民族特色饮食是文化古迹、古村落一类旅游景区赢利的重要组成部分。国内游客品尝当地美食的热度始终不减，外国旅游者对中国饮食文化的探究也从未停歇，结合游客的需求和满族的饮食特色，设计几款"满族文化伴手礼"一定能够打动人心，伴以讲解人员的适当讲解，一定能够赋予驴打滚、萨其马、核桃酥一类满族传统美食更多的文化价值和内涵，游客也能获得身心的双重体验。

景区的出口处设有文化创意产品中心，其中绝大多数旅游纪念品被包装以满族文化的外衣，以其中一个小抱枕为例，图案设计以清宫为背景，画有宫女的形象，但从实际销售情况来看，销量并不喜人。也许游客的话最能解释原因，"我家里有抱枕，这个没什么特别"。在旅游产品的创意设计方面沈阳故宫仍停留在表面，围绕满族文化内核而进行的产品设计并未展开。真正的创意产品设计要综合考虑民族文化的精髓，对于沈阳故宫来说，在清代社会中最常见的，与清代生活密切相关的产品才是真正具有满族特色的产品。例如流行于满族民间较具特色的传统体育活动主要有射箭、布库、桦皮篓、拉地弓、采珍珠、狩猎、铜锣球、踢石球、蹴球、踢毽、玩嘎啦哈、绳飞（跳百索）、放风筝等，围绕这样的核心设计旅游产品，展开创意与实践，才能营造更完整的游客体验。

5. 改善皇城区域内商业环境，谋求一体化建设

从目前实际情况来看，自怀远门到沈阳故宫的皇城区域都为仿古建筑，但沿路商铺却鲜有游客驻足消费，这主要和商铺经营的产品有很大关系。目前沿街商铺经营以服装、医药、墨宝等为主，以经营旅游商品为主的商铺仅一两家，在此很难感受满族文化的魅力。从国内文化古村落等一类旅游景区开发情况看，村落主干街道都是最繁华之所在，经营也多以本地特色食品、特色手工艺品、民族服饰等为主，这也是旅游创收的重要途径，为当地旅游业发展做出了巨大的贡献。沈阳故宫周边应结合这一思路，自怀远门始进行整体规划与调整，打造具有真实体验价值的满族文化街区；同时可以结合同在一地的张氏帅府，形成富于文化和年代变迁感的整体规划，将清代历史与民国历史的变迁融为一体，形成大型的旅游商业街区。以故宫正门前的商铺为例，应着力打造包括经营满族特色饮食、文玩字画、满族传统手工艺品、民族服饰等在内的商铺群，突出自身文化的独特性，让游客获得完整的旅游体验。

资料来源：董倩. 基于 ASEB 分析的沈阳故宫体验式旅游研究 [J]. 太原城市职业技术学院学报，2017（12）.

问题：结合调研结果，谈谈你对沈阳故宫体验式旅游营销设计的建议。

插入视频：沈阳故宫博物院宣传片。

模块四总结与复习：

1. 旅游产品的概念、旅游产品的类型和构成。
2. 旅游产品生命周期的内容。
3. 旅游产品组合策略。
4. 旅游新产品开发的程序。
5. 旅游产品价格的含义。
6. 旅游产品的定价程序、方法与定价策略。
7. 旅游产品营销渠道的概念。
8. 旅游中间商的类型。

9. 旅游产品营销渠道策略。
10. 旅游促销的含义。
11. 旅游促销组合。
12. 旅游广告、旅游营业推广、旅游人员推销、旅游公关的含义、作用、种类、内容。
13. 旅游体验营销的含义及特点。
14. 旅游体验营销策划的模式和 ASEB 分析的基本内容。

实训活动：以沈阳地接旅行社为例，进行旅游营销战略制定，设计旅游产品、定价，选择合理的营销渠道，进行旅游促销组合设计。

模块五

旅游营销战略实务

导读

进入21世纪，中国旅游业迎来了前所未有的发展机遇，中国正努力实现从旅游大国向旅游强国转变。但不可否认的是，伴随机遇而来的还有巨大的挑战，中国旅游市场正在世界贸易组织的框架下上演一场没有硝烟的、激烈的国际商战。在这场激烈的商战中，如何赢得市场地位，如何赢得经济利益，是每个旅游企业必须面对的课题。作为企业管理理论之一的市场营销学，已经得到了近百年的市场实践证明，能够帮助旅游企业认识市场、理解市场，向市场提供优质的旅游产品。旅游企业将旅游市场的开发、投入和收益作为战略进行营销策划，对实现旅游企业的长远发展和长远目标具有重要意义。本模块系统地阐述了旅游市场营销战略的基本理论和研究方法，介绍了开展旅游营销实务的具体内容和方法，有利于学生掌握旅游营销战略的具体实务操作。

知识目标

学习掌握旅游景区策划的概念、内容、原则与流程，旅行社营销策划，旅行社营销的概念、特点，旅行社产品销售渠道、营销手段及相关策划程序；掌握旅游饭店产品及其在不同生命周期阶段的特点及营销策略，了解饭店的定价方法，掌握饭店产品的分销渠道，熟悉饭店产品的促销策略；学习掌握旅游交通营销策划的概念、程序和方法，旅游交通营销策划的体系构建，了解自驾游及发展的趋势与问题。

技能目标

掌握旅游景区营销理论，能够开展景区营销策划实务操作；掌握旅行社营销与策划的相关理论，能够开展相关的案例研究，培养旅行社产品的营销策划能力；掌握旅游饭店市场开发程序，能够对旅游饭店进行市场定位分析，对旅游饭店进行市场营销策划；掌握旅游交通营销策划体系的构建，能够设计旅游交通项目价格营销策略。

任务一　旅游景区营销策划

知识点：掌握旅游景区的定义、分类等基本概念，了解旅游景区与旅游业之间的关系；掌握旅游景区产品的定义、内容、特征和构成，了解旅游景区产品需求与供给和生命周期；掌握旅游景区策划的基本概念、方法、原则和流程。

技能点：掌握旅游景区营销理论，能够开展景区营销策划实务操作。

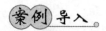

"全世界最好的工作"让 30 亿人知道了大堡礁周围的小岛

2009 年 1 月，澳大利亚大堡礁的小岛突然成为全球各大媒体争相报道的对象，因为那里有"全世界最好的工作"。

这一极为成功的营销策划案例的背后推手是 SapientNitro（以下简称 Sapient）公司。

一、不可能完成的任务

Sapient 公司是澳大利亚昆士兰州旅游局长期合作伙伴，每年都承担许多昆士兰旅游推广项目。2008 年年初，公司接到推广大堡礁岛屿旅游项目时有点为难。

布拉纳说："大堡礁虽然早在 1981 年就被列入《世界自然遗产名录》，但它周边的岛屿并不出名，打算去海岛度假的游客，他们首先想到的不外乎夏威夷、加勒比海、马尔代夫和爱琴海诸岛。"

另一个问题是预算，因为昆士兰州旅游局只给 Sapient 公司 100 万澳元的预算。用这么点资金，通过营销手段让大堡礁周围岛屿获得全世界认知，这几乎是不可能的事情。

二、做一回当地人

Sapient 需要一个能迅速吸引人们注意和打动消费者内心的全新策略方案。布拉纳的团队从消费者心理入手。

全世界的消费者都希望从产品中获得更多的价值,旅游者也是。"坐飞机,然后慵懒地躺着",这种度假方式正在消失。

人们想要得到真正的体验,回去之后能与朋友们分享的体验。他们不仅想要看见风景,更想参与,他们想完全把自己沉浸其中。这种对深度体验的要求,是现代旅游者内心最真实的诉求。

"而成为一个当地居民,是体验文化的最好方式。"布拉纳强调。有了这个想法,布拉纳团队总结出一句话的营销策略:"感受大堡礁,生活在这里。"

团队经过进一步讨论,又引入"工作"这个概念。

"我们意识到,绝大多数人都要工作,而一个人的工作与他的生活是否幸福密切相关。因此,在一个美满的人生里,我们都想要一份我们热爱的工作,一份能让人乐意从床上跳起来的工作。这是现代生活中最广泛和普遍的梦想之一。"布拉纳说。

2009年年初,正值金融风暴席卷全球,企业大量裁员,失业率居高不下,人心惶惶。所以,谁能够拥有一份稳定、高薪的工作,绝对是一件令人羡慕的事情。

基于以上两点考虑,布拉纳团队的想法有了一次飞跃:让人们想象,能生活在大堡礁——不仅仅是旅游,而是拥有一份每小时1 400澳元超高待遇的工作,而且工作环境又惬意,工作内容又轻松。

布拉纳说:"所有这一切都看起来美妙得令人难以置信,而且绝对没有欺骗。大堡礁岛屿看护员是一个受昆士兰州旅游局雇用的完全实实在在的工作岗位。这份工作的任务是生活在大堡礁附近的岛屿上,清理泳池,喂鱼和收发邮件;然后和世界分享他的经历。世界上的任何一个人都可以申请这份工作。"

"这该有多么大的吸引力啊!谁能不为这份工作心动呢?"

三、请你们帮我讲故事

这些想法成熟后，布拉纳团队开始为世人讲述这样一个美丽的故事：在北半球一片阴沉和寒冷的时候，这里的热带岛屿阳光明媚，有一份惬意的工作正等着你。是的，这是"全世界最好的工作"。

招聘的流程很漫长，还有很多环节，这是布拉纳团队特意设计的，因为这样世界各大媒体就会有充分的时间持续报道。广告投放也非常简单，他们仅在澳大利亚旅游主要客源国，如美国、欧盟国家、新西兰、新加坡、马来西亚、印度、中国、日本和韩国等，发放一些分类职位广告、职位列表和小型的横幅，引导人们登录网站。另外，布拉纳的团队还利用网络的交互性，比如Youtube、Twitter等社交网站，使活动影响力不断延伸。

四、最成功的旅游营销战略

经过一年的运作，"全世界最好的工作"的受众达到30亿人，几乎占了全球总人口的一半；收到来自202个国家和地区近3.5万份申请视频。全球每个国家和地区都至少有一人发了申请；招聘网站的点击量超过800万次，平均停留时间是8.25分钟；谷歌搜索词条"世界上最好的工作+岛"，可搜到4万多条新闻链接和23万多个博客页面。据国际知名公共关系公司泰勒·赫林统计，这次营销活动在全球公共关系案例史上排名第八。

从美国有线新闻网（CNN）的报道到英国广播公司（BBC）的纪录片，再到美国《时代》杂志的文章，全球媒体报道带来的广告价值约为2.07亿澳元（约合13.8亿元人民币）。

招聘活动结束的当天，昆士兰州州长安娜·布莱由衷地赞叹道："'全世界最好的工作'不仅是一段令人赞叹的旅程，也是史上最成功的旅游营销策略！"

发现每座城市最重要的本质对营销非常重要，因为这能帮助外界把它与本地区其他城市区别开来。

通过对城市本质的了解形成想法，再把这个想法与灵感、城市方方面面的信息、教育内容融合在一起，通过电视、广播、网络、印刷品对外传播。如今，大众传媒在营销中扮演着主要角色，通过它传播出来的信息在人们做决定时起着重要的作用。

需要强调的是，不管营销方案如何出彩，它的核心必须和营销对象的本质一致。这样，当游客来到这里时，通过营销方案给他们带来的期待会得到证实，他们离开时也会满意。

资料来源：搜狐网，http://www.sohu.com/a/144133969_776213。

问题：旅游营销对一个项目、一个城市的重要性体现在哪些方面？

插入视频：《大堡礁》。

第一节 旅游景区营销策划概述

旅游景区是旅游业的核心要素，是旅游产品的主体成分，是旅游产业链的中心环节，是旅游消费的吸引中心，是旅游产业的辐射中心。

1. 旅游景区的定义

旅游景区（tourist attraction），又叫景点、旅游景点，是指具有吸引游客前往游览的明确的区域场所，是能够满足游客游览观光、消遣娱乐、康体健身、求知等旅游需求，具备相应的旅游服务设施并提供相应旅游服务的独立管理区。旅游景区主要围绕着山、江河、湖海、寺庙、博物馆、公园等而建。

旅游景区应有统一的经营管理机构和明确的地域范围，包括风景区、文博院馆、寺庙观堂、旅游度假区、自然保护区、主题公园、森林公园、地质公园、游乐园、动物园、植物园及工业、农业、经贸、科教、军事、体育、文化艺术、学习等各类旅游景区。

2. 旅游景区的分类

旅游业是很多城市或地区的支柱性产业，在国计民生中具有不可忽视的作用。我国有很多典型的旅游城市，例如三亚、丽江、焦作、黄山、敦煌，等等。这些都是以旅游为核心、全面带动整体经济发展的城市，旅游业全面带动整个地区的生产、消费及各行业的共同发展，形成了以旅游为龙头的旅游经济产业链。旅游景区的分类有以下几种。

2.1　文化古迹类

文化古迹类旅游景区主要指古代就已经存在，却未因时间原因消失，至今仍然存在的典型遗迹，以具有一定的文化价值或历史价值的文物古迹为主的景区。文化古迹类景区是人们学习历史、了解历史以及教育当代人的良好场所，如北京故宫、长城、天坛、颐和园、云冈石窟、沈阳故宫、莫高窟、秦始皇陵、周口店北京猿人遗迹、承德避暑山庄、曲阜孔庙、平遥古城、丽江古城、龙门石窟、南阳武侯祠、五台山、殷墟、大足石刻、苏州园林、福建土楼、凤凰古城等世界文化遗产。

插入视频：曲阜城市宣传片、北京故宫宣传片。

2.2　风景名胜类

风景名胜类旅游景区是指具有独特的风光、景物以及古迹，同时也包括有独特的人文习俗的景区。风景名胜是人们休闲、学习、放松心情的好去处，如北岳恒山、桐柏山、云台山、鸡公山、青城山、峨眉山、崂山、棋盘山、荔波樟江风景名胜景区、花萼山国家自然保护区等。

插入视频：北岳恒山宣传片。

2.3　自然风光类

自然风光类景区是以当地独特、优美的自然环境为主，当地旅游部门精心开发而成的景区，适合休闲、养生等，比如著名的自然风光景区桂林、九寨沟、漓江、大同土林、张家界等。

插入视频：漓江宣传片。

2.4　红色旅游类

红色旅游是把红色人文景观和绿色自然景观结合起来，把革命传统教育与促进旅游产业发展结合起来的一种新型的主题旅游形式。其打造的红色旅游线路和经典景区，如万源战史陈列馆、鱼泉山风景区等既可以观光赏景，也可以了解革命历史，增长革命斗争知识，学习革命斗争精神，培育新的时代精神，并使之成为一种文化。

3. 旅游景区与旅游业

旅游业的发展和旅游景区之间是相辅相成、互为依托、相互促进、共同发展的关系。

3.1 旅游景点与旅游目的地

一般来说，旅游景区是独立的单位、专门的场所，是一个以特色为主、划分明确、面积不大的区域。而旅游目的地在面积上要大得多，包括数个景区和旅游者所需要的各项服务设施。受欢迎的景区可以发展成为旅游目的地。如果把旅游目的地比喻成珍珠的话，旅游景区则是最初的那粒沙子。世界上大多数著名的、成功的旅游目的地都是从单一景区发展起来的。

根据营销学对产品生命周期的分析，旅游目的地最终都会进入生命周期的第四个阶段，即衰落期。因此，有必要对旅游目的地进行重新策划，而策划往往从某个景区着手。

旅游景区从经济、环境、社会文化三个方面对旅游目的地产生影响，并且这三个方面的影响是相互联系的。

旅游景区对旅游目的地的影响可以分为积极和消极两个方面。积极影响包括增加旅游目的地的就业机会；通过乘数效应带动当地相关产业的发展；提高旅游目的地的知名度；保护当地的自然和文化资源；增加当地政府的财政收入等。消极影响包括破坏资源，这主要是由于旅游景区在经营的过程中只注重经济效益而疏于对资源的保护，从而造成资源受损；投资的机会成本增加，所谓机会成本（Opportunity Cost）是由于选择而被错过的商品和服务的价格；此外还有随着旅游景区游客的增多，该地区物价上涨、产业结构失衡等。

3.2 旅游景区与旅游产业

旅游景区本身的不可移动性，决定了旅游者为了实现旅游消费必须离开自己的常住地前往景区，而交通运输为其实现空间上的移动提供了物质条件。旅游景区的发展也必然要求并促进酒店、交通业的发展，以增强旅游景区的可进入性。旅游景区对于旅行社尤为重要，是旅行社产品的主要组成部分，而旅行社将各个旅游景区通过创造性思维连接在一起形成旅游线路，并销售给旅游者，又促进了旅游景区的发展。

综上所述，旅游景区的策划依赖其他各相关行业，同时会对其他行业乃至旅游目的地产生多种影响。因此旅游景区的策划应该从旅游目的地的整体出发，运用系统方法进行营销活动与相关策划。旅游景区是旅游产业发展的依托，是旅游产品的载体，旅游景区策划得成功与否关系到整个旅游目的地，甚至是整个旅游产业的发展。

小结：要求学生掌握旅游景区的定义、分类等基本概念，了解旅游景区与旅游业之间的关系。

小组讨论：选择某一省，对该省内的旅游景区进行分类。

第二节 旅游景区产品

1. 旅游景区产品的定义

旅游景区产品是指旅游景区为满足游客观光、游览、休闲、度假等需要而设计并提供的一系列有形产品和无形服务的组合。

2. 旅游景区产品的内容

旅游景区产品由旅游景区吸引物、旅游景区活动项目、旅游景区管理与服务三要素组成。

2.1 景区吸引物

景区吸引物是景区的标志,是景区产品中最突出、最具有特色的部分,是景区赖以生存的依靠对象,是景区经营招揽游客的法宝。景区吸引物可能是观赏物,如优美的自然风光、微缩景观等;也可能是需要游客亲身参与使用的设施,如游乐园中的各种游乐项目。

2.2 景区活动项目

景区活动项目,即结合景区特色举办的常规或即时的大、中、小型盛事和游乐项目。这些活动项目供游客欣赏或参与,能够使游客的旅游经历更具有趣味性,有助于明确旅游服务的主题、提升景区的吸引力。景区活动项目也是促销活动的一项重要内容。

2.3 景区的管理与服务

景区的管理与服务是景区产品的核心内容,决定着景区的生命力。景区的服务既包括各种服务设施的完善程度,也包括服务质量的高低。

3. 旅游景区产品的特征

与一般产品不同,旅游景区产品具有如下特性。

3.1 功能上的愉悦性

景区产品的使用价值在于旅游者购买并消费这一产品之后,能够通过感官愉悦获得心理的美感享受,达到舒缓紧张、陶冶性情的目的。

3.2 空间上的不可转移性

景区产品固定在景区内,不能通过运输手段将其转移到游客所在地销售,因此,景区产品吸引力的大小就成为景区经营成败的关键。景区交通的方便程度、可进入性的高低会对景区产品的吸引力产生影响,规范的路标、恰当的指示牌和宣传品都是景区产品营销的重要工具。

3.3 时间上的不可储存性

同其他的旅游产品一样,景区产品不能被储存起来供未来销售。如果景区产品没有在相应的时间内销售出去,其在这一时间内的价值就会消失,而且损失的价值永远也得不到补偿。利用价格差异来平衡景区产品的淡旺季需求,是景区经营者常用的应对这一特性的方法。

3.4 所有权的不可转让性

景区产品在销售过程中,转让的仅是固定时间内的使用权。旅游者在购买景区产品时,不仅不能将产品的基本部分带走,还要承诺在使用期间保持产品的完好无损。

3.5 一定范围内的消费非竞争性

非竞争性是指在一部分人消费某一物品时,不会影响到另一部分人的消费利益,不会减少整个消费群体的消费利益。景区产品消费的非竞争性是有限度的,这个限度就是景区的承载力。在景区承载力的范围之内,旅游者可以获得满意的旅游经历。一旦旅游者的数量超出景区承载力的极限,就会出现拥挤现象,不仅会使每个游客的消费效用降低,同时也会给景区的生态环境造成压力。

3.6 员工直接参与产品的生产和销售，是产品的一部分

由于员工直接与顾客接触，他们的态度和行为会直接影响到游客是否喜欢该产品。因此，员工是景区管理的关键，是景区产品营销的重要组成部分。

4. 旅游景区产品的构成

人们普遍认为旅游景区产品的实质是一种感受，这种感受从计划访问景区时开始直到游览结束为止，而游览全过程的任何构成要素都将影响该游客总体游览经历的愉悦程度。对游客的经历感受产生影响的因素有以下几点。

4.1 硬件设施

硬件设施是景区产品的载体，如主题公园中的游乐设施、商店、餐饮设施和休息场所等。

4.2 软件服务

软件服务主要包括员工的仪表仪容，服务态度、技巧、能力和程序等。

4.3 游客的期望值

期望值是指一个人对某目标能够实现的概率估计。游客合理的期望值可以提高游览的愉悦程度，而过分的期望值则会影响游客对整个游览的整体感受。如果顾客对该游览的期望值很高，游览中稍有不能令其满意的地方，就会破坏其对游览经历的总体感受。

4.4 不可抗力

不可抗力包括天气、各种突发事故等双方都不可能预见的事件。

5. 旅游景区产品的需求与供给

通过对旅游景区产品的构成分析，我们可以从需求和供给两个角度加以诠释：首先，从需求角度来看，大多数学者赞成将景区产品看作一种经历（体验）；其次，从供给角度来看，景区产品是指景区提供的、专门为满足旅游者观光、游览、度假等多种休闲娱乐需求而设计并被现有的和潜在的旅游者所认同的东西；最后，为了更好地研究旅游景区产品在需求与供给上的关系，我们引入营销学理论，将其分为五个层次进行分析，如图 5 – 1 – 1 所示。

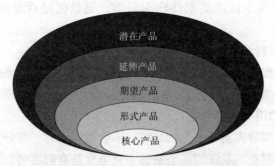

图 5 – 1 – 1　旅游景区产品的五个层次

模块五 旅游营销战略实务

案例

菲利普·科特勒（Philip Kotler）1931年生于美国，经济学教授，现代营销理论集大成者，被誉为"现代营销学之父"，任美国西北大学凯洛格管理学院终身教授，是美国管理科学联合市场营销学会主席、美国市场营销协会理事、营销科学学会托管人、杨克罗维奇咨询委员会成员、哥白尼咨询委员会成员、中国GMC制造商联盟国际营销专家顾问。菲利普·科特勒拥有芝加哥大学经济学硕士和麻省理工学院经济学博士及苏黎世大学等其他8所大学的荣誉博士学位；同时也是美国和其他国家一些大企业在营销战略和计划、营销组织、整合营销方面的顾问。这些企业包括：IBM、通用电气（General Electric）、AT&T、默克（Merck）、霍尼韦尔（Honeywell）、美洲银行（Bank of America）、北欧航空（SAS Airline）、米其林（Michelin）、环球市场集团（GMC）等。此外，他还曾担任美国营销协会董事长和项目主席以及彼得·德鲁克基金会顾问，是将近20部著作的作者，为《哈佛商业评论》《加州管理杂志》《管理科学》等撰写过100多篇论文。

菲利普·科特勒多次获得美国国家级勋章和奖项，包括"保尔·D·康弗斯奖""斯图尔特·亨特森·布赖特奖""杰出的营销学教育工作者奖""营销卓越贡献奖""查尔斯·库利奇奖"。他是美国营销协会（AMA）第一届"营销教育者奖"获得者，也是唯一获得过三次《营销杂志》年度最佳论文奖——"阿尔法·卡帕·普西奖"（Alpha Kappa Psi Award）的作者。

1995年，菲利普·科特勒获得国际销售和营销管理者组织颁发的"营销教育者奖"。

菲利普·科特勒晚年的事业重点是在中国，他每年来华六七次，为平安保险、TCL、创维、云南药业集团、中国网通等公司做咨询。菲利普·科特勒非常重视对中国市场的研究。

20世纪90年代以来，菲利普·科特勒等学者倾向于使用五个层次来表述产品整体概念，认为五个层次的表述方式能够更深刻、更准确地表达产品整体概念的含义。产品整体概念要求营销人员在规划市场供应物时，要考虑到能提供顾客价值的五个层次。

资料来源：百度百科，https：//baike. baidu. com/item/% E8% 8F% B2% E5% 88% A9% E6% 99% AE% C2% B7% E7% A7% 91% E7% 89% B9% E5% 8B% 92/3170383。

问题：查找资料，了解科特勒对旅游营销理论做出的突出贡献。

5.1 核心产品

核心产品是指游客在购买该项产品时真正想得到的利益，即愉悦的感受，而愉悦的感受则可以来自景区的气氛和各种项目带给游客的刺激。

5.2 形式产品

形式产品是指核心产品的实现形式，即旅游景区产品能够给游客带来利益的实现形式，如景观、游乐项目、服务及设施等。

5.3 期望产品

期望产品是指游客购买旅游景区产品时通常希望得到的与产品密切相关的一整套属性和

条件。如清楚的路标、干净的卫生间、安全的保护措施、便利的交通设施等。

5.4 延伸产品

延伸产品是指游客购买形式产品和期望产品时附带获得的各种利益的总和。

5.5 潜在产品

潜在产品是指现有的旅游景区产品所包括的延伸产品在内的，可能发展成为未来最终产品的潜在状态的产品。潜在产品指出了现有产品可能的演变趋势和前景。

6. 旅游景区产品的生命周期

这一概念是引入营销学中产品生命周期理论而提出来的。所谓旅游景区产品的生命周期，是指一个产品从开发投放市场到被淘汰退出市场的整个过程，一条旅游线路、一个旅游活动项目、一个旅游景区、一个旅游地开发大多遵循从无到有、从弱到强，然后衰退、消失这个过程。旅游景区产品的生命周期通常是以销售额和利润的变化状态来衡量。

旅游景区产品的生命周期可以划分为导入期、成长期、成熟期、衰退期四个阶段，处于不同阶段的产品在市场需求、竞争、成本和利润等方面有着明显不同的特点，这决定了产品供给者在营销过程中需要设计不同的营销策略。如果把产品从进入市场到退出市场的整个历程按销售额和时间绘制成图，更能看出旅游景区产品的生命周期动态全貌。

6.1 导入期

导入期是指产品刚开发出来投放市场，销售缓慢增加的阶段。新产品的导入期表现为新的旅游景区、旅游项目、旅游服务首次向市场推出。由于产品刚刚投放市场，还未被广大消费者所认知，因此，在市场上知晓度很低。在导入期，由于产品刚刚面世，产品本身还有待完善，消费也有一定的风险，更谈不上被消费者了解和接受。旅游开发企业通过修建旅游设施、改善交通条件、加强宣传促销，使一部分求新和好奇的游客开始出现，而更多游客往往持观望态度，因此导入期的新产品需求量很小，销售量增长缓慢而无规律。由于前期投资大、市场开发费用高，产品的单位成本较高，因而价格较高，这也是造成新产品销量增长缓慢的重要原因。企业为了使旅游者了解和认识产品，需要做大量的广告和促销工作，产品的营销费用较大。在这个阶段，旅游者的购买很多是尝试性的，重复购买尚未出现，旅行社等中间商也通常采取试销态度。由于新产品的销量小、利润低，其至亏损，成功与否前景莫测，竞争对手往往还持观望态度，市场还未出现竞争。

6.2 成长期

旅游景区产品在导入期游客试探性消费后一旦感觉良好，游客会稳定增加，产品就会进入成长期。在成长期，产品克服了前期暴露的缺点并逐步完善，产品中的旅游景区开发初具规模，旅游设施、旅游服务逐步配套，产品基本定型并形成一定的特色，开发阶段的宣传促销开始见效，在旅游市场上知名度逐步提高，游客对产品更加熟悉，越来越多的游客进行购买体验，同时重复购买也开始出现。与此同时，产品开发的投资逐步减少，尽管对产品促销的总费用还在继续增加，但分摊到单个游客上的促销费用迅速下降。由于产品需求的大幅度增加和成本大幅度下降，该产品的利润迅速上升，由导入期的亏损转为出现净利润额。在成长期，产品表现出良好的市场前景，在利润和市场前景的吸引下，竞争对手开始开发类似的替代产品推向市场，市场上出现竞争。

6.3 成熟期

旅游景区产品到了成长期后期,游客和销售量的增长势头必然放慢,于是进入了产品的成熟期。成熟期又可以划分为增长成熟期、停止成熟期和下降成熟期三个阶段。在增长成熟期,产品的销售量继续增加,但增长幅度逐步变小,呈趋于停止的平稳状态;在停止成熟期,销量尽管有所波动,但总的趋势是停滞不前;而在下降成熟期,销量下降成为一种明显的趋势,大多属于重复购买的市场。在成熟期,产品的市场需求量已达饱和状态,销量达到最高点;产品单位成本降到最低水平;由于销量和成本共同作用的结果,利润达到最高点,并开始下降。竞争者开发了很多同类的旅游景区产品,扩大了旅游者对产品的选择范围,市场竞争十分激烈,更为严重的是,出现了更好的替代性产品,前期游客已开始转移到新的替代性产品的消费市场中去。

6.4 衰退期

旅游景区产品的衰退期一般是指产品的更新换代阶段。在这一阶段,新产品已进入市场,正在逐渐代替老产品。旅游者或丧失了对老产品的兴趣,或由对新产品的兴趣所取代。原来的产品中,除少数名牌产品外,市场销售量日益下降。市场竞争突出地表现为价格竞争,价格被迫不断下跌,利润迅速减少,甚至出现亏损。由于衰退期的游客数量急剧下降,游客数量有限,不能容纳更多的旅游企业生存,因此,不少竞争实力弱的对手因财务问题,或者有了更好的产品而逐渐退出衰退期的市场。

根据以上对旅游景区产品生命周期的规律性分析,得出以下几点结论:一是任何产品都有一个有限的生命周期,大部分产品都经过一个类似 S 形的周期;二是生命周期各阶段的时间长短因产品不同而异;三是产品在不同生命周期阶段中,利润高低差异很大;四是旅游企业对处于不同生命周期阶段的产品,应采取不同的营销组合策略;五是针对市场需求应及时进行产品的更新换代。

应该指出的是,旅游产品的生命周期指的是一般发展规律,不能用来对每个产品进行生命周期分析,不同的产品其生命周期是不同的,其生命周期所经历的阶段也可能不同。例如一些独特的自然景观、历史文化景观,由于其资源的特殊性和深厚的文化内涵,以及本身的不可复制性,其产品生命周期可能遥遥无期;而有些人造景观由于可以大量复制,一旦竞争产品大量出现,其生命周期必然变短,例如很多缩微景观;还有一些旅游产品、服务项目由于种种原因甚至未进入成长期就夭折了。

小结:本节要求学生掌握旅游景区产品的定义、内容、特征和构成,掌握旅游景区产品的需求与供给,了解旅游景区产品的生命周期。

小组讨论:选择一处著名景区,试分析此景区的生命周期及对策。

第三节　旅游景区营销策划原理

1. 旅游景区策划的概念

旅游景区策划是指在对旅游景区资源做充分调查研究的基础上,合理地规划景区产品的设计、运营和管理,实现景区资源与市场融合,从整体上把握景区未来发展的创造性思维活动。

2. 旅游景区策划的内容

一般来说，旅游景区策划包括以下内容。

2.1 市场调查及价值诊断

2.1.1 景区资源内部研究

景区资源内部研究是指通过实地调查、文献资料查找等方式，了解清楚景区的发展历史、现状和所在区域的发展战略和目标，整理出景区资源结构、形象资产等。

2.1.2 景区外部环境研究

景区外部环境研究是指对外部环境进行全面分析。外部环境包括政策、合作伙伴、行业发展态势与前景、现有及潜在竞争对手等。

2.1.3 消费者专项研究

消费者专项研究是指评估景区的消费市场及消费水平，包括景区公众认知现状、主力消费者界定、消费者对景区的心理期望等。

2.2 品牌战略

2.2.1 价值定位

价值定位是根据研究结果判断景区的主要市场和社会功能，明确景区的价值定位，提出景区品牌的核心价值。

2.2.2 体验管理

体验管理是以各类景观或活动满足旅游者体验需要，如景区环境规划、主题活动、人造节日、视觉图形设计等。

2.2.3 视觉符号系统

视觉符号系统是指与景区品牌形象设计高度相关的识别符号，如LOGO、广告系统、环境指示系统等。

2.3 资源整合

建立景区营销结构，配合景观设计，寻找可利用的市场机会；围绕景区核心价值，适度调整增加新的价值体验，争取最大的社会效益与经济效益；组建新服务体系；利用价值整合配套景观建设、控制旅游消费节奏；有针对性地制定可操作的规划。

2.4 传播整合系统规划

把景区的新价值、新形象导入传播计划中，如内部品牌形象培训、外部媒体传播、新形象主题推广活动等；把品牌整合到营销成本规划中，设立公关赠品系统，进行品牌促销或品牌附加值建设等；同时，设立品牌传播系统实施顾问，协助景区品牌管理与维护。

3. 旅游景区策划的基本方法

根据旅游景区策划所要达到的目的不同，景区策划的方法大致归纳为以下几种。

3.1 系统策划法

系统策划法，即在综合研究旅游产业系统运行规律的基础上，深入了解旅游产业系统的特点和性质，进行景区策划实际方案的制定。这种方法的特点是在实施的过程中，对策划方案实施的结果不断进行反馈，从而可以对策划方案不断进行完善。

3.2 炒作策划法

炒作策划法是通过人员或媒体尽最大可能地对景区进行宣传，吸引更多的旅游者，达到项目策划的目的。该策划方法适用于景区开发初期，或景区开始老化、推出新产品的时期，主要是通过大量的宣传来吸引旅游者，实现景区经营利润的最大化。

3.3 资源策划法

资源策划法是以现有资源为基础，以保护现有资源为核心，吸引旅游者前来旅游以获得收益的策划方法。而获得收益最终也是为了资源的保护。该类策划方法适合世界自然和文化遗产景区的策划。

4. 旅游景区策划的基本原则

景区作为旅游产品的一个组成部分，在进行策划时，除了应根据景区本身的特点，遵循旅游产品策划的基本原则，还必须遵循以下两个原则。

4.1 可进入性原则

所谓的可进入性，指的是景区可到达的程度，即"进得去、散得开、出得来"。由于景区产品的不可移动性，并且由于一般的景区接待的游客都是一日游的，因此，必须充分考虑交通的便利程度及内部设施的接待能力。

4.2 系统性原则

景区的发展对旅游目的地会产生各种积极和消极的影响，既依赖其他行业的发展，又会对其他行业的发展产生影响。因此，在进行旅游策划时，必须运用系统性思维，从旅游目的地的整体出发，从整个大旅游产业的角度出发。同时，要做到景区内部的协调一致，做到合理分区、动静结合。

5. 旅游景区策划的流程

旅游景区本身就是一个系统，同时它又与其他相关行业构成一个旅游系统，而景区也是构成旅游目的地系统的一个部分。因此，在实践中应采用系统策划法。

系统策划法是将景区策划看作一个系统工程，其流程具体包括确定目标、可行性研究、策划方案的制定、策划方案的评估与选优、策划方案的实施、方案实施的反馈与监控。下面对各个步骤进行详细的阐述。

5.1 确定目标

旅游景区策划首先要确定目标，这样可以引导整个过程的顺利发展。不同的景区策划虽然目标不同，但从本质上看都是通过策划来实现旅游景区综合收益的最大化。而将综合目标进行分解，可以得到三个大的分目标，而每个分目标又包含一系列小目标。

5.1.1 经济目标

经济目标包括扩大市场占有率，增加经营利润，完成经营指标等。

5.1.2 社会目标

社会目标包括增加当地民众的就业，提高所在旅游目的地的形象，保护当地的文化，提高当地人员素质等。

5.1.3 环境目标

环境目标包括保持生态平衡，美化生活环境等。

尽管不同的景区策划对以上目标的侧重点各不相同，但都要做到三者兼顾，才能使景区的发展得到各方面的支持，实现景区的可持续发展。

5.2 可行性研究

5.2.1 可行性研究的目标

可行性研究的总体目标是尽可能准确地检验所提出的策划目标实现的各种潜在可能性，以便做出是否实施策划的决定。不同的景区策划目标不尽相同，但基本上可以包括在以下各项中。

(1) 经济可行性预测，即投入和产出分析、筹融资能力分析等。

(2) 政策可行性预测，即景区策划能否得到当地政府和民众的支持。

(3) 技术可行性预测，这里的技术指实施策划所需要的一切具体条件，包括人力、设备等。

(4) 市场可行性预测，确定市场规模。

(5) 营销可行性预测，收集各种有利于营销的信息。

需要指出的是，可行性分析尽管从理论上来说是一个系统过程，但是在实际操作过程中往往是在一定的限制下进行的，如景区地址已经确定或者可供使用的资金已经确定。

5.2.2 可行性研究的步骤

在这里可以借鉴约翰·斯沃布鲁克的观点，将景区策划可行性研究步骤简要地表示如下：初步的设想、粗略的成本估算、市场可行性研究、修订设想、确定位置及地点、修订成本估算、游客访问量预测、财务评估、确定资金来源、详尽的分阶段计划。

5.2.3 可行性研究的实施者

一般有两种选择：景区经营单位组织自己的人员进行可行性研究；外请咨询公司来做。两者各自的优劣势如表5-1-1所示。

表5-1-1 内外部人员实施可行性分析的优劣势

项 目	优 势	劣 势
单位内部人员	对景区熟悉 成本较低	主观 耗时 进展慢 思维僵化
外部咨询公司	客观 专业化 速度快	对景区不熟悉 费用高 并不真正关心

5.2.4 可行性研究的内容

景区策划的可行性研究大体包括以下内容。

(1) 市场调研。市场调研主要是解决3个"W"和1个"H"，即："Who"，客源市场是谁；"Where"，客源市场所在的位置；"When"，游客来访的时间量的多少；"How man-

y",游客量的多少。明确上述内容,则可以确定采取相应的策划策略。

(2) 景区选址的标准。不同的景区地址选择标准不同,一般来讲,人造景区的选择应该优先考虑市场的位置,即尽可能地与目标市场接近,如深圳华侨城的成功基本上取决于其处于生活富足的珠江三角洲,并和香港毗邻,每年吸引大量游客前来参观游玩。而以自然资源为基础的景区在确定位置时,则不得不以资源为导向。不同的国家因为国情不同对景区位置的选择标准也不一样。墨西哥旅游景区选址的标准是:新的旅游中心必须设在有客源潜力的地区,并能创造新的就业机会;这些地区必须位于那些收入较低并能在不久的将来开发别的生产活动的重要乡村中心附近;新的景区必须能促进区域的新农业、工业及手工业活动的发展。斐济旅游景区选址的标准是:有杰出的旅游资源足以吸引并满足海外及当地游客的各种需要;具有自然的真实性,足以代表斐济的特征;具有考古、历史、生态的特殊性、代表性和重要性;具有开发的可行性;在居住设施与人口中心之间有方便的交通;有助于保护与恢复传统活动、风俗及工艺;能促进文化交流和国家间的理解。

插入视频:深圳华侨城宣传片。

一般认为选择景区开发地的标准包括:

a. 具有旅游吸引物。如海滩、湖泊、滑雪场、考古和历史遗址等。

b. 具有与景区类型相适应的小气候条件。

c. 自然环境有吸引力。

d. 有足够的可利用的土地。

e. 与游客进出境口岸有良好的交通联系。

f. 供水、供电、排水、排污、通信等基础设施具有开发可行性。

g. 有足够的土地用于修造缓冲带,同时没有过度的空气、水和噪声污染。

h. 居民对旅游业发展持积极支持态度。

i. 有适当的劳动力供给。

英国北诺丁汉郡的中央公园为人们提供了一个景区选址所应考虑的因素的好例子。本特利(Bentley) 2009 年对该景区进行了调查研究,认为其地点的选择是基于与市场相关的因素,如表 5-1-2 所示。

表 5-1-2 地点与市场相关因素的关系

位 置	舍伍德森林
靠近潜在的市场的程度	800 万人口,2 小时驱车范围
可进入性	容易
辅助性设施	附近有村镇
竞争对手	无
其他可开发的旅游资源	舍伍德森林自身
自然条件:	
场所的美学特征	风景秀丽、多种动植物群
水源、土地所能承受的娱乐开发能力	中央公园改善了自然环境

续表

位 置	舍伍德森林
其他标准：	
人力资源的可用性	从旅馆和餐厅招来的有能力的管理者
土地的可用性和成本	在伦敦附近地区
土地的供应量	692栋别墅占地440英亩
政府的财政支持	英格兰旅游委员会和地方政府投资3 400万英镑

（3）经济可行性。经济可行性分析实质就是资金投入与收益产出分析。景区策划必须是产出大于投入。具体步骤如下：

首先，预测景区策划的收入。景区策划的收入包括：景区所在地政府的投资，赞助商的投资，策划活动给景区带来的高出策划前的收入。其次，预测景区策划的支出。支出主要包括：各种出售货物的成本、市场营销支出、借贷利息等。此外，需要注意的是，景区策划本身有很大的时滞性，因此要将资金的时间和价值考虑在内。

5.3 策划方案的制定

在确定景区策划可行之后，应着手策划方案的制定。在制定策划方案时，应考虑以下几个因素的影响：景区所在地政府与企业的角色分工；生态可持续发展的水平；景区的类型与规模；景区的人力资源配置；土地规划情况。

5.4 策划方案的评估与选优

在制定景区策划方案时可能会出现多个方案，因此，必须对其进行评估选优，通常采取的是矩阵评估法。

矩阵评估法就是选择对景区的评估变量，并给各个变量按照其重要程度赋予一定的权重，评估者对各个方案给予不同的评分，然后对各方案的评分汇总，分值越高，说明选择的可能性就越大，如表5-1-3所示。

表5-1-3 矩阵评估法

评估变量	权 重	方 案		
		A	B	C
维持生态	4/12	2	5	2
增加就业	2/12	5	4	3
增加政府收入	2/12	4	3	4
带动关联产业	1/12	0	1	6
改善当地形象	3/12	6	2	1

方案一：$A = 2 \times 1/3 + 5 \times 1/6 + 4 \times 1/6 + 6 \times 1/4 = 11/3$

方案二：$B = 5 \times 1/3 + 4 \times 1/6 + 3 \times 1/6 + 1 \times 1/12 + 2 \times 1/4 = 41/12$

方案三：$C = 2 \times 1/3 + 3 \times 1/6 + 4 \times 1/6 + 6 \times 1/12 + 1 \times 1/4 = 31/12$

其中，A 的数值最大，因此 A 是最优方案。

5.5　策划方案的实施

旅游景区策划与景区规划的区别在于，规划的实质是对景区的物质形态进行设计，而策划则是对景区的形象进行谋划和宣传。因此，规划是策划方案中的一部分，在策划方案的实施过程中，规划就是各种实际的开发工作，如图纸的设计、工程建设、景点的经营、人员的调配等，这里我们只对景区策划中的营销做重点介绍。

在研究旅游景区营销战略时，我们引进营销理论中的"4P"理论。

5.5.1　产品（Product）

这里的景区产品是专门从营销角度来谈的，尽管与前面对景区产品的研究角度不同，但内容一致。在营销组合中，景区产品包括以下内容。

（1）专门设计的特点和包装。例如，对于游乐园指的就是各种游乐设施、保护性服务设备、商店餐饮设施等。

（2）服务。包括员工的数量、仪表、能力、态度、服务的技能等。

（3）形象和声誉。

（4）品牌效应。

（5）定位。仍以深圳的华侨城为例。全国各地有大量的主题公园，但是真正拥有长久生命力的不多，华侨城主题公园一直获得全国乃至东南亚各国旅游者的喜爱，其原因之一就在于，华侨城三大主题公园的定位不同："锦绣中华"将目标锁定中老年群体，"世界之窗"的娱乐项目和各种表演吸引的是中青年，而"欢乐谷"凭借其卓越的游乐设施吸引了大量的儿童和青少年。

（6）提供的利益。博物馆和艺术馆提供的是学习的机会，而游乐园提供的是刺激。

（7）质量。我国曾经有过修建主题公园热，但大部分很快就销声匿迹了。主要原因是这些主题公园或者粗制滥造，或者简单模仿，无论从创意还是从景区的设置都毫无质量可言。

（8）安全保障和后勤服务。首先，游客必须是在有安全保障的前提下才能玩得开心；其次，后勤服务也非常重要，如华侨城内有各种休憩场所和多种风味的餐厅。

5.5.2　价格（Price）

价格是一个非常重要的问题，涉及多方面。

（1）价格：指标准的门票价格和使用费，通常为成人单价，门票有通票和各景区的票两种。

（2）折扣：打折的目的是在淡季吸引更多的游客，或吸引某个特定群体。如老年折扣、家庭折扣、团体折扣。

（3）优惠：出于让社会受惠的目的而降低价格或提供额外的服务。如北京颐和园的景区通票，可以让游客游览"苏州街""佛香阁"这样的收费景点，可以减少游客的支出。

5.5.3　促销（Promotion）

随着市场竞争的加剧，目前商家采用的促销手段越来越多，但是适用于景区的促销手段却并不多。下面列举几种。

（1）宣传册。由于景区产品的不可移动性，游客在消费景区产品之前对景区的了解非常关键，因此，景区的宣传册是游客了解景区的一种途径。宣传册的外观设计、内容、印刷规格及发放方式对景区促销的结果都很重要，因此要遵循以下原则。

  a. 针对不同的目标市场应有不同的宣传册，如普通游客和团体游客就应有所不同。
  b. 宣传册的大小应便于游客携带。
  c. 外观设计应注重"眼球效应"。
  d. 内容应该包括游客所需要的基本信息，即具有实用性。
  e. 印刷的数量要合适，太多浪费，太少不够用。
  f. 发放方式要恰当，避免浪费。
  g. 宣传信息应随着景区内容的变化而变化，保持信息的更新。

（2）广告。不同的媒体各有优势和劣势，广告媒体的选择应该根据受众的特点、景区经营者的经济承受能力等多方面的因素而定。如表5-1-4所示。

表5-1-4 适用于景区的不同广告媒体的优势和劣势

媒体种类	优 势	劣 势
报纸	能提供视觉效果 易保存 可重复查阅 广告成本适中	形象单一 受发行量限制
海报	能提供视觉效果 位置选择灵活 形式多样	形象性差 宣传面有限
杂志	能提供视觉效果 能保存、可重复查阅	形象固定 发行频率低
电视	能提供视觉效果 能提供活动图像 给人印象深刻 覆盖面大	广告费用高 制作成本高 无法保存
广播	制作和播出成本低	无视觉效果 无法保存 受众面小
年鉴	能提供视觉效果	读者范围有限 形象固定 信息滞后
专题节目	影响面广 影响力大	制作成本高

（3）新闻报道。与付费广告不同，新闻报道是免费的，但需要景区为媒体提供值得报道的新闻信息。新闻报道是一种潜在的免费的并且极具影响力、权威性的促销方法，对于景区来说意义重大。缺点是无法重复播出或刊载。

（4）赞助。可以通过赞助某些活动、人或组织来提高景区的公众形象。使用这种方法的关键是选择对目标市场有吸引力的对象进行赞助。

（5）直接销售。直接销售是通过直接向顾客邮寄资料的方式与顾客沟通而达到促销的目的，景区不常使用直接销售的方法，但是可以对团体顾客采用该方法。采用直接销售的方法关键是建立顾客数据库，而建立数据库则需要大量的时间和费用。

（6）人员推销。景区可以派人参加展览会和交易会，在对景区进行展示的同时，与潜在顾客进行交谈，推销产品。

5.5.4 地点（Place）

地点指的是景区的分销渠道，即如何向顾客提供购买产品的机会。由于景区产品的不可转移性及不可预购性，景区的销售渠道与一般的商品不同，主要有以下两种销售渠道。

（1）景区门票的销售代理机构。在国外该类机构比较普遍，一般一个机构往往代理很多景区的门票销售业务，游客可以通过电话、传真、信函或亲自到代理机构办理预订。而国内主要是通过旅行社申购各种景区产品，专门的景区门票销售代理机构很少。

（2）旅游信息中心。这也是国外常设的一种机构，顾客如果从此处购买门票的话，有时可以得到优惠。国内景区门票多是通过旅行社的包价旅游进行销售，散客大多是到达景区后直接买票进入。

5.6 方案实施的反馈与监控

方案在投入实施以后，需要进行监控，以减少损失，实现最初的策划目标。这个阶段具体包括：投入统计，即对资金的使用情况进行统计；产出统计，即对景区的客流量、收益情况进行统计；对前两者进行比较，计算与计划的偏差；分析偏差，找出原因。

总之，旅游景区策划是一个系统的循环往复的过程，既要遵循一定的程序，更要有创造性思维，能够大胆创新、出奇制胜。

小结：要求学生掌握旅游景区策划的概念、内容、基本方法和基本原则，熟悉旅游景区策划的流程。

小组讨论：选择一处著名景区，按照系统策划法对此处景区进行可行性分析。

任务一小结：通过本任务学习，学生掌握旅游景区、旅游景区产品、旅游景区策划等基本概念，了解旅游景区与旅游业之间的关系，能够针对某一旅游景区做出需求与供给分析，设计、制作出旅游景区策划方案。

拓展阅读

郑州黄河风景名胜区家文化节之"五一"民族大联欢

经过多年的营销宣传推广，"老家河南"的旅游品牌已经深入人心，河南也已经成为海内外华人寻根问祖的第一站。而位于中华民族发源地核心部位的郑州黄河风景名胜区，不仅有炎黄二帝巨塑、哺育像，而且能够零距离体验黄河的宽阔、壮美。因此，郑州黄河风景名胜区最适合作为"老家河南"中的"家文化"的承载地。

2017年4月29日，"五一"假期第一天，郑州黄河风景名胜区炎黄广场上人头攒动，传来阵阵欢声笑语。这是游客在参加"民族大联欢"活动。

"五一"国际劳动节就是让劳动人民休息的节日。中国是拥有56个民族的大家庭,为展现我国少数民族的风俗风貌,郑州黄河风景名胜区在节日举行了"民族大联欢"活动。活动设置了摇锅、传袋、投壶、抛绣球多种游客能够广泛参与的比赛游戏,展现汉族、黎族、畲族等民族的群众劳动之余的健身娱乐活动。现场还有多种民族服饰供游客穿戴拍照。新奇有趣的活动比赛和多种形式的奖品吸引众多游人争相参与,火爆的活动现场成为"五一"节日旅游的一大亮点。

活动现场,各项游戏引发了游客极高的参与兴致。"投壶"最受小朋友喜爱,小朋友们绷着小嘴聚精会神,瞄准壶口,"嗖"的一声把箭投到壶里。"传袋"游戏来源于古时婚俗,新娘进门,夫家以布袋铺地,让新娘踩着布袋进门;新娘走过的布袋,又迅速传到前面铺在地上,因此叫"传袋";"袋"与"代"谐音,取传宗接代、代代相传的意思。游戏每组2人,将布袋铺在地上,双脚不能同时落地,到终点后,另一人接到布袋折返,先回到起点的一组获胜。

"采蘑菇的小姑娘,背着一个大竹筐……"这首歌大家都熟悉,可你别以为背竹筐的都是小姑娘,叔叔们也一样可以背;你也别以为背竹筐都是采蘑菇,其实还可以装绣球。"1个,2个,3个……"这边抛来那边接,一边是女游客抛绣球,一边是男游客背竹筐接球。他们背着竹筐侧着身,紧盯着绣球飞来的方向,灵活地前后左右移动,把一个个绣球"收入囊中"。"抛绣球"需要两人配合默契,有时球投得太远,接球手只能"望球兴叹";有时投的力度、高度不够,接球手头贴地都接不到球;有时候球没有进竹筐,直接砸在了接球的游客头上……种种"搞笑"的场景,让观众乐不可支。

"摇锅"最受游客欢迎,参与者需要站在锅里,运用身体重心的变化和四肢、腰腹的力量,协调配合,使锅按不同的方向移动,是一项集健身、竞技、娱乐、观赏于一体,简单易学、形式多样的群众劳动之余的娱乐方式。游戏者2人或3人一组,特别是穿上少数民族服饰进行摇锅比赛更增添了活动的乐趣。

此次"五一"民族大联欢活动为期3天,是郑州黄河风景名胜区即将举行的家文化节的序曲。5月份郑州黄河风景名胜区丰富多彩、游客喜闻乐见、参与性更高的家文化节将全面展开。

资料来源:郑州市政务服务网,http://public.zhengzhou.gov.cn/02JA/421071.jhtml。

问题:郑州黄河风景名胜区家文化节之"五一"民族大联欢成功的原因有哪些?

任务二 旅行社营销策划

知识点:旅行社营销的概念、特点及对营销活动的影响;旅行社产品销售渠道的概念、类型;旅行社营销的手段、策划程序。

技能点:运用旅行社营销与策划的相关理论开展相关的案例研究,培养旅行社产品的营销策划能力,能够熟练地进行旅游线路策划。

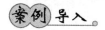

携程:旅游门店开业——传统门店向"未来门店"升级

在发布行业第一个跟团游新钻级标准和臻品游品牌之后,携程旅游门店又正式开业亮相了。我国最大的在线旅行社把门店开到社区居民的家门口。在互联网冲击和消费升级两大压力下,传统门店时代或将成为过去式,"未来门店"即将来临。

一、携程旅游门店开门迎客

2017年6月24日,携程旅游举行门店启动发布会,宣布北京地区第一批近30家线下门店正式开门迎客。此外,成都、武汉等地的携程旅游门店也试运营接待游客。截至目前,携程旅游整合旅游百事通、去哪儿度假,全国门店总数突破6 500家,覆盖全国20多个省市,成为我国最大的旅行社集团。

作为中国第一、全球第二的在线旅游企业,携程旅游布局线下市场,使各地旅游者特别是不熟悉网络的人群,除了在线和手机端预订,还可以在当地选择携程旅游、去哪儿度假或者旅游百事通的门店,咨询和报名参加国内游、出境游。

携程旅游CEO孙先生表示,在旅游度假业务上,携程旅游创新实施线上线下融合的旅游新零售模式,2018年计划在全国各地新增1 000家线下加盟店,以专业的旅游顾问提供一对一服务。

二、旅游新零售模式下的新门店

蓝白两色为主基调,整体装修风格时尚明快,看上去不像是旅行社,更像是一间小小的咖啡书屋——这就是携程旅游门店给人带来的第一印象。携程旅游门店主要针对预订国内外跟团游、自由行度假产品,以及个性化定制旅游的用户。市民在门店也能预订到线上全球2万多家旅行社的超过70万个度假产品,远远超过传统门店,还可以同步获得线上发布的最新促销价格和新产品信息。门店客户还可以享受到六重旅游保障、新钻级标准等携程旅游独家的服务保障。

携程旅游渠道事业部北京区总经理王先生表示:携程旅游门店将向游客展示出新形象、新产品、新服务,满足消费者对"未来旅游"的幻想。当游客有出游需求时,不仅能在携程旅游门店了解到线上才能预订到的海量出游线路,还能享受一对一服务的踏实和安全感,不管是要去网红旅游目的地还是高端定制出行,都能轻松搞定。

一门店负责人表示,线下门店能为游客提供一个全方位闭环式服务,比如签订出境游合同、整理审核签证材料、线下付款等。而在价格方面也无须担心,同属于携程旅游体系,线下门店的价格参照线上网站,有些促销活动甚至是线下门店专享。门店将提供大量市场首发的新产品,如刚发布的携程臻品游、精品跟团游,已能在线下门店咨询购买。

三、传统门店进化升级,"未来门店"的四大特征

携程旅游渠道事业部总经理、旅游百事通CEO张先生表示,现在单打独斗、粗放散漫的门店时代很快就要过去。线下门店在互联网冲击和消费升级两大压力下,也将在业态上发生变化。以携程旅游为代表的"未来门店"即将来临。中国有2万多家旅行社、数十万个门店,旅行社门店的加盟模式花样繁多,给到消费者的东西也五花八门。

目前大部分旅行社的门店情况不容乐观,说明这种模式并没有很好满足市场需求。传统门店如何进化升级?"未来门店"的特征和趋势是什么?张先生认为,第一,品牌美誉度要高。未来品牌对门店业务的重要性远远超过现在。现在全国旅游市场上旅行社的行业集中度还很低,各种品牌的门店也鱼龙混杂,消费者也就不太重视。这也是携程旅游这样的全球品牌进入的机会。第二,产品差异化。强大的产品库对一家企业或者一个门店而言是重中之重。"未来门店"所能提供给消费者的产品会拉开距离,产品同质化现象会进一步改善。第三,服务保障将会是门店的标配。消费者越来越看重旅行社的服务,"未来门店"一定是在服务保障方面能够满足客人需求,也高于竞争对手的门店。第四,技术应用渗透门店业务环节。此前很多门店还停留在20年前,跟日新月异的中国互联网潮流脱节。在线旅游公司的技术创新将为门店消费者提供全新的体验。

张先生表示,携程旅游之所以进军线下打造"未来门店",一是品牌知名度很高,出境游、国内游业务的市场份额位居在线行业首位;二是拥有业内最大的度假产品库,而且有自己的跟团游、自由行、定制游等产品和供应链体系,在服务保障上也可以更好地掌控;三是在技术创新上也一直走在全国的最前列。

"所以,这种线上线下融合的'未来门店'新模式,有强大的品牌和产品库、技术做支

撑,有丰富的运营经验做指导,携程旅游门店将把精力放在如何'做好一间旅行社门店'这个事儿上。"张先生说。

资料来源:中国旅行社协会,http://cats.org.cn/zixun/neidi/27485。

问题:现代旅行社在营销中面临哪些方面的问题?

插入视频:携程旅游宣传片。

第一节 旅行社营销策划概述

1. 旅行社营销的概念

在网络经济时代,旅行社面临着营销模式的创新考验。加快推动旅游在线服务、网络营销、网上预订、网上支付等智慧旅游服务,体现品牌战略,提高旅行社知名度是旅行社在未来竞争中脱颖而出的必由之路。如何利用各种营销手段塑造旅行社崭新的品牌形象,赋予旅行社新的活力,成为旅行社营销思考的主要问题。

旅行社营销是指旅行社在充分了解旅游消费者需求的基础上,进行的产品、服务和经营理念的构思、开发、定价、促销、分销及售后服务的计划和执行过程。旅行社营销的目的在于创造符合旅游消费者个人和旅行社目标之间的交换条件,产品包括有形产品和无形服务两个方面。旅行社营销是旅游产品和旅游消费者之间的桥梁,旅行社的规模大小、业绩好坏、盈利情况都取决于营销的成功与否。

2. 旅行社营销的内容

由于旅行社的主要产品是旅游线路,因此旅行社营销的主要内容是对旅游线路的营销。旅游线路是指为了使旅游者能够以最短的时间获得最佳的观赏效果,旅游经营部门利用交通线串联若干旅游点或旅游城市(乡镇)所形成的具有一定特色的合理走向。

旅游线路由旅游经营部门设计,贯穿整个游览过程,包括若干活动内容和服务内容,最终满足顾客价值需求。旅行社营销的内容主要包括包价旅游线路、散客旅游线路、自助游线路。

2.1 包价旅游线路营销

2.1.1 全包价旅游

这是指将交通、住宿、门票、餐饮和文娱等费用全部包括在内的旅游产品形式。按照国际惯例,包价旅游也叫团体旅游,参加旅游的人数应在15人以上。全包价旅游一般规定旅游的日程、目的地、交通、住宿、饮食、游览的具体地点、服务等级等,并以总价格的形式一次性收取费用。这是旅行社的主要产品形式,也是旅行社的主要业务。

2.1.2 半包价旅游

这是指在全包价旅游的基础上,扣除中、晚餐费用的一种包价形式。

2.1.3 小包价旅游

这种产品是将食、宿、行、游中的某几项串联组合而成,又称可选择性旅游,包括非选择部分和可选择部分。非选择部分包括接送、住房和早餐,旅游者在旅游前预付旅游费用;选择部分包括导游、风味餐、节目欣赏和参观游览等,旅游者可根据时间、兴趣和经济情况自由选择，费用可预付，也可现付。

2.1.4 零包价旅游

这是一种独特的产品形式，多见于发达国家，旅游者必须随团前往和离开旅游目的地，但在旅游目的地的活动是全自由的，形同散客。

2.2 散客旅游线路营销

散客旅游是相对团体旅游而言的，主要是指9人以下的自行结伴旅游。旅行社通常只为散客设计组合单项或部分旅游产品。

2.3 自助游线路营销

自助游一般是由旅行社提供打折机票、火车票和酒店折扣，游客自行决定旅游日期，自行安排旅游期间的一切活动，包括景点选择等。

3. 旅行社产品销售渠道建设

3.1 旅行社产品销售渠道的概念及类型

旅行社产品销售渠道是旅游线路报价后的完善措施。旅游线路报价即使很有竞争力，也需要正确的销售渠道进行分销。因此，旅行社产品销售渠道的正确与否直接关系到前期工作的成效。

3.1.1 旅行社产品销售渠道的概念

旅行社产品销售渠道是指旅行社产品从生产领域到达消费领域经过的途径，又称销售分配系统。旅行社产品销售渠道的选择是否合理，直接影响着旅行社产品的销售。

3.1.2 旅行社产品销售渠道的类型

旅行社产品销售渠道主要包括两大类：直接销售渠道和间接销售渠道。

（1）直接销售渠道。直接销售渠道又称零环节分销渠道，是指在旅行社和旅游消费者之间不存在任何中间环节，旅行社将产品直接销售给旅游消费者的一种销售方式。

直接销售渠道的形式有两种：一是旅行社直接在当地旅游市场上销售其产品；二是旅行社在主要客源地区建立分支机构或销售点，通过这些机构或销售点向当地居民销售产品。

（2）间接销售渠道。间接销售渠道是指旅行社通过旅游客源地旅行社等中间环节将产品销售给旅游消费者的一种销售方式。

按照销售渠道包含的中间环节的数量，间接销售渠道包括单环节销售渠道、双环节销售渠道和多环节销售渠道。

3.2 旅行社产品销售渠道策略的选择

激烈的竞争促使越来越多的旅行社重视对销售渠道策略的研究，因为这是影响旅行社产品销量的关键因素之一。旅行社产品销售渠道策略同一般旅游企业一样，有直接销售渠道策略和间接销售渠道策略之分，间接销售渠道策略又有销售渠道长度选择策略和销售渠道宽度选择策略之分。目前，我国大部分旅行社采用间接销售渠道策略，在此主要介绍旅行社销售渠道宽度选择策略。

3.2.1 广泛性销售渠道策略

广泛性销售渠道策略是指旅行社通过多家旅游中间商把产品散布到各个零售商处，以便及时满足旅游消费者需求的一种销售渠道策略。对经营出境旅游业务和国内旅游业务的旅行社来说,广泛性销售渠道策略是指广泛委托各地旅行社销售产品、招揽客源的一种销售渠道策略。

这种策略的优点是采用间接销售方式,选择较多的批发商和零售商销售产品,可方便旅游者购买。由于销售渠道广泛,便于旅行社联系广大旅游者和潜在旅游者,因此,旅行社在开始向某一市场推销产品时,采取这种策略有利于发现理想的中间商。这种策略的不足之处在于成本较高,而且由于产品销售过于分散,会给旅行社的管理带来一定困难。

3.2.2 选择性销售渠道策略

选择性销售渠道策略是指旅行社只在一定市场中选择少数几个中间商的销售渠道策略。在旅游市场中采用广泛性销售渠道策略的旅行社在经过一段时间后,往往可以根据中间商在市场营销中的作用、组团能力以及销售量的变化情况,选择其中有实力的几家中间商。

这种策略的优点在于集中少数有销售能力的中间商进行产品销售,可以降低成本。这种策略的缺点是,如果中间商选择不当,就会影响旅行社产品的销售状况。

3.2.3 专营性销售渠道策略

专营性销售渠道策略是指旅行社在一定时期、一定地区内只选择一家中间商的销售渠道策略。在通常情况下,作为旅行社总代理的中间商不能同时代销竞争对手的产品。

这种策略的优点在于可以提高中间商的积极性和推销效率,更好地为旅游者服务。此外,旅行社与中间商联系单一,可以最大限度地降低销售成本,由于产销双方的利害关系紧密,因此能更好地相互支持和合作。这种策略的不足之处在于,如果专营中间商经营失误,有可能降低市场份额,甚至可能完全失去该市场。

4. 旅游中间商的选择与管理

4.1 旅游中间商的选择

在选择旅游中间商之前,旅行社应首先进行综合分析,明确自己的目标市场,明确销售网的目标,产品的种类、数量和质量,旅游市场的需求状况和销售渠道策略,然后才能有针对性地选择符合自己需要的旅游中间商。

深圳中国国际旅行社有限公司(以下简称深圳国旅)是深圳地区最早经营出境游业务的旅行社之一。在国家旅游局主持的全国国内旅行社与国际旅行社"双百强"评比中,深圳国旅连续多年被评为"双百强"单位,在2000年"全国百强"排名中列国际旅行社第16名,2001年前进到第13名;在深圳市旅游局2001年度各项评比中,获得"旅游质量优秀奖""先进单位""外联优秀奖""国内旅游销售优秀奖"四项单项奖;在2003年度"罗湖区诚信经营先进单位"评选中作为旅游行业代表当选先进单位。

深圳国旅每年组织各类出境游超过 10 万人次,在成功开辟了新加坡、马来西亚、泰国、韩国、日本、菲律宾、印度尼西亚、澳大利亚、新西兰等国家和我国香港、澳门地区的旅游线路之后,又组织开展了中国公民赴欧洲、美国、加拿大、巴西、非洲等地的公务、商务考察,是目前深圳市拥有出境游线路最丰富、成团率最高的旅行社。

深圳国旅秉持"一切为顾客着想"的宗旨,视产品质量为生命。在出境旅游方面,深圳国旅一向选择规模大、信誉好的地接社作为合作伙伴。比如,在欧洲游方面,深圳国旅多年来一直选择欧洲规模最大的 GTA 作为合作方;在机票方面,深圳国旅与国泰航空、新加坡航空、法国航空、英国航空、美联航等大型航空公司建立了密切合作关系。这一切都为确保产品质量打下了坚实的基础。

在市场竞争日趋激烈,各家旅行社纷纷以低价抢占市场的时候,深圳国旅依然坚持质量为本,并根据顾客的需求推出不同类型的产品。该社的出境游既可以以全包的方式组织各类观光、商务旅行,也可以帮助客户预订酒店、机票,提供全新概念的国际自助旅游服务。

深圳中国国际旅行社有限公司设有港澳游产品中心、采购中心、营销中心、入境接待、商务会展、省内研发等多个职能业务部门,拥有专业的品牌管理、产品包装策划团队,积极开拓旅游电子商务服务领域,整合大区资源,不断提高组团、接待能力,努力为游客提供更好的旅游产品和服务。

资料来源:百度百科,https://baike.baidu.com/item/%E6%B7%B1%E5%9C%B3%E4%B8%AD%E5%9B%BD%E5%9B%BD%E9%99%85%E6%97%85%E8%A1%8C%E7%A4%BE%E6%9C%89%E9%99%90%E5%85%AC%E5%8F%B8/7082353?fr=aladdin。

问题:旅行社对旅游中间商的考察主要包括哪些方面?

4.2 旅游中间商的管理

4.2.1 日常管理

旅行社对旅游中间商的日常管理方式有以下两种。

(1) 建立业务档案。建立业务档案是旅行社管理旅游中间商的一种重要方法,业务档案应按照旅游中间商的名称建立,记录每一个旅游中间商的历史和现状,输送旅游者的人数频率、档次、欠款情况、付款时间等信息。通过对这些信息的分析和研究,旅行社销售人员能够对各旅游中间商的能力、信誉、合作程度、合作前景等做出预测,并据此对它们分别采取相应的对策。

(2) 及时沟通信息。及时沟通信息是旅行社加强对旅游中间商管理的重要措施之一。旅行社及时向旅游中间商提供各种产品的信息,有助于旅游中间商提高产品推销的效果。同时,旅行社也能够根据旅游中间商提供的市场信息改进产品的设计,开发出更多适销对路的产品。

4.2.2 折扣策略

折扣策略是以经济手段鼓励旅游中间商多向旅行社输送客源,调节旅游中间商输送旅游者的时间或鼓励中间商及时向旅行社付款,以避免不良债权的重要方法。折扣策略包括数量折扣策略、季节折扣策略和现金折扣策略三种类型。

4.2.3 实施旅游中间商评价

旅行社应对旅游中间商档案中的信息进行评价，以掌握每一个旅游中间商的现实表现及合作前景。旅游中间商评价应包括：旅游中间商的积极性、经营能力、信誉。

4.2.4 适当调整旅游中间商

旅行社在管理旅游中间商的过程中，还可以根据旅游市场、旅游中间商和旅行社的自身发展等因素的变化对旅游中间商做出适当的调整。

小结： 通过本节学习，要求学生掌握旅行社营销概念及内容；旅行社产品销售渠道的概念及类型；了解旅行社产品销售渠道策略的选择，会正确处理旅行社对中间商的选择与管理。

小组讨论： 旅行社对旅游中间商考察的方法有哪些？

第二节 旅行社营销策划

1. 旅行社的营销手段

互联网的快速发展对旅行社来说，既是机会，也是挑战。旅游者与旅行社之间的信息不对称逐渐被打破，旅游者出行越来越便捷，对旅行社的依赖越来越小，以往单一做包价旅游团的时代已经过去。面对散客旅游时代的到来，旅行社要主动了解、适应消费主体的需求，运用现代技术和多种营销手段，确保产品和服务这两大核心竞争力，在服务意识、服务手段、服务模式、产品策划等方面都要有一个颠覆性的改变。

1.1 品牌营销

旅行社品牌营销是旅行社利用旅游消费者的品牌需求，创造品牌价值，最终形成品牌效益的营销策略和过程，是运用各种营销策略使目标旅游消费者形成对旅行社品牌和产品、服务的认知过程。旅行社品牌营销从高层次上讲，就是把旅行社的形象、知名度、良好的信誉等展示给旅游者，从而在旅游者心目中形成对旅行社的产品和服务的品牌形象。旅行社可以采用人员推销、广告促销、营业推广以及公共关系等手段实现品牌建设。

1.2 定制营销

旅行社定制营销是将每一位旅游消费者都视为一个单独的细分市场，根据旅游消费者个人的特定需求来进行市场营销组合，以满足每位旅游消费者特定需求的一种营销方式。定制营销最突出的特点是根据旅游消费者的特定需求进行产品开发。

1.3 关系营销

旅行社关系营销是把营销活动看成一个旅行社与游客、供应商、分销商、竞争者、政府机构及其他公众发生互动作用的过程，其核心是建立和发展与公众的良好关系。

1.4 事件营销

旅行社事件营销是指旅行社通过策划、组织和利用具有新闻价值、社会影响以及名人效应的人物或事件，引起媒体、社会团体和消费者的兴趣与关注，以提高旅行社企业或产品的知名度、美誉度，树立良好的品牌形象，最终促成产品或服务销售的手段和方式。由于这种营销方式具有受众面广、突发性强，在短时间内能使信息达到最大、最优的传播效果，节约宣传成本等特点，因此其应用越来越广。

1.5 网络营销

旅行社网络营销是指为发现、满足和创造游客需求,基于互联网、移动互联网平台,利用信息技术与软件工具,进行市场开拓、产品推广、定价促销、品牌宣传等活动,满足旅行社与客户之间交换概念、推广产品、提供服务的需要,同时通过在线活动创造、宣传和传递客户价值,并对客户关系进行管理,达到一定营销目的的新型营销活动。

2017年旅游+互联网产业四大发展趋势

2017年6月14日,在第二届中国文旅大消费创新峰会上,《2017年中国旅游+互联网产业研究及趋势报告》(以下简称《报告》)正式发布。

《报告》显示,当前互联网旅游发展正呈现以下四大趋势。

趋势一:消费端呈现五大变化,包括群体的细分化、体验丰富化、出行设计自助化、交易过程电商化或者叫线上化、旅游购物理性化。品质、渠道、价格均成为游客购物的考虑因素。

趋势二:鉴于目前产业各环节细分度不同的现状,各细分市场还有很大的空间。旅游与生活方式的融合会不断扩大旅游边界,需求越来越多元化,这就促使旅游与其他产业的融合加深,市场细分、消费场景细分进一步深化。这一系列的变化需要互联网的覆盖广度和细度持续升级,互联网的高效信息传播优势将继续加速行业格局的成熟化和高效化。

趋势三:技术驱动型企业促进产品价值的深度挖掘。旅游业最终要回归产品和服务的价值挖掘上,除了互联网的信息技术外,SaaS技术、大数据技术,甚至人工智能等技术将帮助产业用户端需求挖掘与匹配、资源互联互通、产品体验升级。

趋势四:线上线下多元融合。不管是互联网企业还是传统企业都在寻求线上线下的融合,但是目前更多的是渠道的融合。随着互联网在旅游行业的渗透,在渠道融合的基础上,不同场景下的线上线下服务融合、体验融合将更多地出现在用户面前。

资料来源:中国经济网,http://www.ce.cn/culture/gd/201706/16/t20170616_23663733.shtml。

问题:旅游+互联网产业四大发展趋势呈现出来的特点有哪些?

1.6 微信营销

微信营销是网络经济时代企业营销模式的一种创新,是伴随着微信的火热而兴起的一种网络营销方式。微信不存在距离的限制,用户注册微信后,便可与周围同样注册的"朋友"形成一种联系,用户订阅自己所需的信息,旅行社可以通过提供用户需要的信息,推广自己的产品,从而实现点对点的营销。以微信公众号为核心的微信营销,融合了电话、短信、邮件、网站等诸多的传统沟通、营销方式;微信平台基础内容搭建、微官网开发、营销功能扩展等功能的集合,也成就了微信营销在移动互联网营销中举足轻重的地位。

2. 旅行社营销策划的程序与旅游线路策划

旅行社营销策划是指在对旅行社内外环境予以准确分析并有效运用经营资源的基础上,对一定时间内企业(产品)营销活动的方针、目标、战略以及实施方案进行的设计与谋划。

2.1 旅行社营销策划的程序

2.1.1 市场调研

市场调研是指旅行社通过科学的方法寻找市场信息,捕捉商机。旅行社的信息来源包括:门市部游客的咨询,旅游目的地旅行社或旅游部门的推介,各种旅游交易会、展览会,其他渠道。

2.1.2 产品开发

产品开发是指从操作层面对选定的旅游目的地进行考察(旅游目的地的可进入性、区域位置、旅游景点、旅游接待设施、容量等),挖掘产品(线路)能提供给游客的核心价值,同时调查游客的可接受性,即是否有足够的时间和支付能力,以及游客对本产品的感兴趣程度(市场需求偏好);在统筹各项旅游资源要素的基础上,根据线路主题,确定线路名称。

2.1.3 确定价格

确定价格是指旅行社对其所开发的产品(线路),在充分考虑各种定价因素和定价目标的基础上,确定产品的合理价格并进行报价。

2.1.4 寻找并选择销售渠道

寻找并选择销售渠道是指与当地供应商谈判或协商,选取合适的地接社。

2.1.5 产品促销

产品促销包括电视广告、报纸广告、宣传册、网络广告、人员推销等方式。通过有特色的宣传活动、灵活的推销手段、周到的售后服务,在消费者心中树立起与众不同的良好形象。

2.1.6 效果评估

效果评估是指对旅行社实施方案的情况进行效果评估,随时调整并优化策划方案。

2.2 旅游线路策划

旅游线路策划体现了旅行社的生命力,旅游线路策划需要不断创新,通过策划来打造品牌,赢得旅游消费者的认同,这样才能创造效益。但许多旅行社策划的旅游线路看似精美,其实还是对景点的简单组合,最后只能让游客选择一些"鸡肋"之物。因此,旅行社应打破传统的以观光为主的旅游方式,变被动为主动,让大家参与到旅游中来,真正享受旅游的乐趣。

2.2.1 主题内容鲜明

在策划旅游线路时，一般应突出某个主题，如"草原风光旅游""中国佛教文化考察旅游"等，都有自己鲜明的主题。同时，旅行社还应围绕主题策划丰富多彩的旅游项目，让旅游者通过各种活动，从不同侧面了解旅游目的地的文化和生活，领略美好的景色，满足旅游者休息、娱乐和求知的欲望。

2.2.2 顺序节奏适当

在条件许可的情况下，一条旅游线路应尽量避免重复经过同一个旅游点；景点间的距离要适中，在交通安排合理的前提下，同一线路旅游点的游览顺序应由一般的旅游点逐步过渡到吸引力较大的旅游点。

2.2.3 行程丰富便利

行程安排是旅游产品的主要组成部分，直接关系到游客对产品的整体感受和印象。行程的丰富既要体现出产品内涵的丰富，又要创造性地设定每天的行程主题，使每天都有一个核心的亮点，有一个体验的高潮。同时在行程的安排上，不应将性质相同、景色相近的旅游点编排在同一线路中。

2.2.4 服务设施确有保障

旅游线路上旅游点的各种服务设施必须有物质保障，缺少这种保障的旅游点一般不应编入旅游线路。

小结：通过本节学习旅行社营销的各种手段、掌握旅行社营销策划的程序，能够进行旅游线路策划的设计。

小组讨论：旅游线路策划应注意哪些问题？

任务三小结：要求学生理解并掌握旅行社营销的概念、特点及对营销活动的影响；了解旅行社产品销售渠道的概念、类型；掌握旅行社营销手段、策划程序；能够熟练地开展旅游线路策划。

拓展阅读

多途径提质升级冰雪旅游——哈尔滨冰雪旅游专项规划

哈尔滨作为我国最早开展冰雪旅游的地区已经成为我国最热的冬季旅游目的地，但近年来，以吉林国际雾凇冰雪节为代表的冰雪旅游节庆，以北大湖滑雪场、长白山国际滑雪场等为代表的冰雪旅游产品发展迅速，对哈尔滨冰雪旅游提出了严峻的挑战。2022年北京冬奥会的成功申办、东北振兴及中俄的国际合作，为哈尔滨冰雪旅游的发展带来新的机遇。博雅方略认为，哈尔滨应把握区域旅游发展整体及自身冰雪旅游综合优势，快速占领市场，从而推动哈尔滨冰雪旅游产业的全面构建。

一、规划背景

哈尔滨地处东北亚中心位置，是第一条欧亚大陆桥和空中走廊上的重要枢纽，铁路、航空、高速公路、航运构成了快速、便捷、顺畅的立体旅游交通网络。哈尔滨是我国冰雪文化的活动中心和冰雪艺术的发祥地，冰雪旅游起步早，哈尔滨国际冰雪节已经成为世界四大冰雪节庆之一，哈尔滨冰灯游园会、太阳岛雪博会市场美誉度高、影响力大，冰雪大世界、亚布力滑雪旅游度假区等知名冰雪旅游品牌享誉国内外，"冰城"的称号享誉世界，是世界著名冰雪旅游胜地、中国冰雪旅游首选目的地。

随着冰雪旅游的发展，其弱势也逐渐显现。第一，资源缺乏有效整合。各景区相对分散，整合不够，交通上缺乏有效串联，未能形成旅游线路，同时存在低层次同质化开发等问题。第二，产品创新不足，与地方文化结合不紧密。目前旅游产品以冰雕、雪雕等观赏性产品为主，游客参与度低，冰雪旅游产品种类单一，没有突出地方文化特色。第三，产业链尚未形成，产业带动性不强。门票经济比重过大，购物、娱乐消费比重小，冰雪旅游产业链上游的冰雪装备业的发展明显滞后于冰雪旅游的发展速度，冰雪装备以进口为主，冰雪产业带动性不强。第四，冰雪旅游基础服务设施建设滞后，服务质量有待提升。

二、规划理念

通过对哈尔滨冰雪旅游资源的深入挖掘与分析，博雅方略认为，要使哈尔滨冰雪旅游得到长足发展，成为黑龙江以及东北旅游产品中耀眼的明珠，需要从四个方面进行转变。

1. 从"冰雪游"线路向"冰雪综合旅游目的地"转变

提升冰雪旅游产品品质，完善旅游目的地配套服务设施，从东北"精品冰雪游"线路上的重要节点向"冰雪综合旅游目的地"转变。

2. 从"点状突破"向"网状延伸"转变

深挖冰雪文化内涵，做精冰雪旅游品牌景区，做全冰雪旅游产品项目，做好冰雪旅游配套服务，营造冰雪旅游整体氛围，实现冰雪旅游从"点状突破"向"网状延伸"转变，最终将全市域打造成一个冰雪旅游大景区。

3. 由冰雪观光向冰雪观光+冰雪休闲度假转变

在冰雪观光旅游产品的基础上，拓展冰雪旅游空间，大力发展冰雪休闲度假、康体养生产品，促进冰雪旅游由冰雪观光向冰雪观光+冰雪休闲度假转变。

4. 由冰雪低端产业向全产业链转变

改变哈尔滨冰雪旅游门票经济现状，促进造雪装备、滑雪设备设施等相关产业的发展，开发冰雪美食、购物、娱乐等相关产品，实现从冰雪低端产业向上下游全产业链延伸转变。

三、总体定位

传承与发扬冰雪文化，引领中国冰雪旅游标准化建设，以冰雪旅游产业链延伸为发展方向，创新冰雪旅游产品开发，将哈尔滨打造成集国家冰雪旅游标准化创新示范区、全国冰雪文化体验与传承创新基地、东北亚高品质冰雪旅游度假基地于一体的国际著名的综合性冰雪旅游目的地、中国冬季旅游首选地。

四、空间布局

一心：冰雪旅游集散服务中心。

一核：亚布力国际冰雪旅游度假区。

两带：哈亚冰雪生态旅游发展带、松花江乡村冰雪民俗风情带。

三区：都市冰雪文化休闲区、森林生态冰雪度假区、乡村冰雪民俗体验区。

五、创新开发冰雪观光旅游产品

依托松花江雪景、林海雪景、冰雕、雪塑等以冰雪景观为主题的冰雪资源，发展水域雪景观光、森林雪景观光、冰雪节庆观光、冰雪艺术观赏等冰雪观光旅游产品，为游客提供摄影、游乐、赏景、玩雪的旅游场所。

通过冰雪载体展现哈尔滨独特的地方历史文化、民族民俗文化、红色文化，提升冰雪游览的吸引力。进一步发展包括冰雕、雪塑在内的冰雪文化体验产品，重点巩固太阳岛国际雪塑艺术博览会、兆麟公园冰雕艺术博览会，扩大哈尔滨冬季文化体验活动，建设文化旅游体验基地，打造冰雪文化旅游新品牌，创新冰雪大世界等冰雪艺术观光产品，形成一年一特色，保持持续的旅游吸引力。通过展览、雕塑、全息摄影等方式，留住哈尔滨迷人的冰雪景观，打造四季可游的冰雪观光产品。

创新游憩方式，开通"雪国列车"冰雪观光旅游专列，重点打造松花江冰雪雾凇观光游和山河镇—沙河子镇—东升林场森林—海林雪乡小火车沿线冰雪观光。

依托项目：太阳岛景区、国际雪塑艺术博览会、兆麟公园冰雕艺术博览会、冰雪大世界、松花江游轮、冰雪观光火车、冰雪伊甸园、冰河世纪影视文化园、万达文化旅游城（全球最大室内滑雪场）、冰灯游园会、松花江雾凇风情长廊等。

六、大力发展冰雪度假旅游产品

在发展冰雪运动、冰雪观光产品的基础上，将冰雪旅游与各类休闲度假专项产品相结合，以温泉、狩猎、文化体验等项目为依托，打造"雪国假期"品牌，在游客心中将哈尔滨冰雪旅游烙上"度假"印象，形成符合旅游发展趋势的哈尔滨冬季旅游新卖点。借鉴瑞士冰雪度假小镇形态，打造一批具有地方特色、原生态特色的冰雪休闲旅游小镇，形成冰雪休闲观光与文化体验相结合的特色产品。

重点在亚布力、哈亚冰雪旅游带、松花江沿江旅游带上改造、新建一批各不相同、特色浓郁、原生态、外观与时尚功能相结合的冰雪休闲度假小镇，完善配套设施，形成过夜游功能。

依托项目：亚布力国际滑雪旅游度假区、玉泉—平山滑雪旅游度假区、尚志冰雪庄园、帽儿山中国冰雪小镇、凤凰山雪谷、凤凰山"冬养"基地等。

七、高端发展冰雪运动旅游产品

巩固发展滑雪、滑冰、雪地摩托、冰滑梯、冰上自行车、冰壶等基础性冰雪运动旅游产品，开发雪地极限运动旅游产品，引入新业态旅游，扩展冰雪运动形式，大力发展雪地高尔夫、雪地狩猎、雪地拓展、雪地跑酷、雪地悠波球、雪地穿越等新形式的旅游产品，打造中国北方冰雪运动胜地。

与体育产业相结合，鼓励全民开展冰雪体育运动，开展冰雪运动节庆活动，打造国际雪地汽车拉力赛、国际雪地风筝比赛、国际雪地摩托越野大赛等三大国际体育赛事，宣传造势，扩大知名度，提升影响力，使之成为世界冰雪运动顶级赛事。

依托项目：乌吉密滑雪场、帽儿山滑雪场、玉泉狩猎滑雪场、平山狩猎滑雪场、长寿山滑雪场等。

八、丰富完善冰雪娱乐旅游产品

借鉴国外成功经验，引入冰雪旅游新业态，丰富冰雪休闲娱乐产品

1. **加强对大众冰雪娱乐产品的引导，丰富冰雪娱乐产品种类，完善安全保障措施**

借鉴瑞士、加拿大、日本等成功经验，引入圣诞老人村，冰雪童话世界，奇幻冰屋，雪堡历险，冰雪酒店、咖啡厅、酒吧等主题娱乐休闲产品，丰富冰雪休闲娱乐产品种类。

2. **开发"魅力雪村"林海雪原冰雪乡村民俗娱乐产品**

依托原生态乡村、民族民俗冰雪习俗，开发乡村冰雪观光、狗拉雪橇、冰上爬犁、冬季捕鱼、乡村美食、乡村木屋度假等乡村冰雪旅游产品。

3. **开发个性化冰雪娱乐产品**

为满足游客不同需求，大力开发个性化冰雪旅游产品，针对日韩、欧美游客，打造亚布力欧美风情高端滑雪旅游度假区和滑雪小镇，以及尚志乌吉密、玉泉、上京国际日韩风情滑雪度假地；针对国内游客，打造帽儿山、吉华中国北方风情滑雪度假地；针对城市游客，开发近郊儿童滑雪娱乐产品。

依托项目：万达文化旅游城（室内冰雪乐园）、冰雪欢乐谷、冰雪大世界、四季冰雪乐园、圣诞老人村、巴彦港江上人家、太平湖冬钓基地、长岭湖渔猎部落。

九、产业融合规划

以延伸冰雪旅游产业链、形成冰雪旅游特色产业集群、促进哈尔滨从冰雪旅游大市向冰雪旅游经济强市转变为总体目标，促进冰雪旅游上下游产业融合发展，形成完善的冰雪旅游产业链，重点促进冰雪旅游与农业、工业、文化、体育、教育培训等相关产业的融合发展。

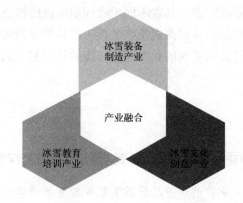

1. 冰雪旅游+工业

（1）重点促进冰雪装备制造业发展。依托哈尔滨老工业基地工业技术优势，大力发展滑雪场设施装备、冰雪运动服装设备、冰雪机械设备等生产制造、设计研发能力。

（2）强化冰雪装备设计研发能力。组建冰雪装备相关研究设计机构，大力研发具有自主知识产权的冰雪装备产品，发展冰雪、休闲、登山、露营、探险等各类个人高端装备用品。

（3）促进冰雪装备制造企业集团化发展。整合哈尔滨冰雪装备企业，促进冰雪装备制造企业的集团化发展，提升哈尔滨冰雪装备企业的竞争力，建立中国哈尔滨冰雪装备制造集团公司。

2. 冰雪旅游+文化

（1）大力发展冰雪文化演艺产品。以冰雪为载体，以金源文化、时尚文化、红色文化、关东文化等哈尔滨地方特色文化为内涵，开发冰上芭蕾、冰雪艺术、冰雪实景剧目等文化演艺产品，在松花江畔打造一台大型冰雪文化实景剧目，开发一批冰雪景区驻场型文化演艺剧目。

（2）打造冰雪文化创意产业基地。设立冰雪旅游专项资金，促进哈尔滨冰雪文化的传承与发展，支持冰雕艺术、雪塑艺术、冰雪摄影、冰雪文化演艺、创意旅游商品、冰雪传统艺术创作的发展，打造中国首个冰雪文化创意产业基地。

3. 冰雪旅游+教育培训

（1）成立冰雪运动专业培训机构。可依托哈尔滨体育学院的冰雪运动师资力量，聘请国际知名教授和专家讲学授课，专门培养冰雪艺术、冰雪运动与表演、冰雪运动、滑雪场建设、经营管理等相关专业人才，打造全国冰雪教育培训基地。

（2）开展冰雪教育培训，普及推广冰雪运动。依托哈尔滨市众多的滑雪场、滑冰场，针对大众游客开设初、中、高不同等级的滑雪、滑冰培训课程，在中小学开设滑雪课，普及滑雪知识，培训滑雪技能，开展百万青少年上冰雪活动，把滑雪作为全民健身运动的主要内容加以推广。

资料来源：黑龙江政府网，http://www.hlj.gov.cn/zwfb/system/2018/01/07/010859149.shtml。

问题：旅行社在进行旅游线路策划时应考虑哪些问题？

任务三　旅游饭店营销策划

知识点：学习并掌握旅游饭店产品在不同生命周期阶段的特点及营销策略，了解饭店产品的定价方法，掌握饭店产品的分销渠道及熟悉饭店产品的促销策略。

技能点：掌握旅游饭店营销策划的相关理论，能够开展相关的案例研究，培养旅游饭店产品的营销策划能力。

香港迪士尼探索家度假酒店满足你所有的探索欲

迪士尼探索家度假酒店是香港迪士尼乐园度假区的全新酒店，也是乐园目前唯一一个以度假和探险为主题的酒店，于2017年4月30日开始运营。这家刚落成的酒店以拉丁文"Ad explorare et somniare"（勇于探索，开创梦想）为格言，引领宾客体验和探索独特的异国风情，是一个理想的度假胜地。

酒店大堂

新酒店楼高七层，共有750个房间，客房分别坐拥园林景观或海景景观，从每个房间可以看到不同的景观。四个庭园以迪士尼及迪士尼·皮克斯动画电影中的角色命名，包括以《飞屋环游记》中南美景致为主题的"彩鸟古云庭园"，呈现《海底总动员》中大洋洲悠闲景象的"小海龟庭园"，以《森林王子》中亚洲大自然为题材的"小哈顿庭园"，以及满载《狮子王》中非洲大草原特色的"拉飞奇庭园"。宾客可在酒店大堂的"梦想之泉"开始探索之旅,并在室外游泳池"雨澄泳池"悠闲畅游。

迪士尼探索家度假酒店有70%的房间是可以做"连通房"的,香港迪士尼乐园度假区酒店运营总监何慧思表示,过去的市场数据反映,很多家庭出游时其实不只是自己的家庭,他们会带上朋友家庭或者兄弟姐妹家庭,还有的带上老人家。"相连房的出现,让宾客在享有私人空间之余也可随时与邻近的亲朋好友分享趣闻、互相照顾。随着需求的增加,我们注意到另两家酒店的相连房可能不够,而在这次新酒店的设计上,我们有意提升数量,让宾客和亲朋有多一点沟通的时间。"何慧思说。

值得注意的是,很多小朋友睡觉的时候,父母都会为他们讲一个故事。迪士尼探索家度假酒店关注到这一点,提前在电话里录了一些故事,让小朋友可以睡前听一听。类似这样的细节安排还有很多,如房间里有小朋友的拖鞋、小朋友的浴袍,这是针对家庭宾客而特别设计的。还为有需要的宾客提供婴幼儿设备,包括儿童牙刷套装、幼童浴盆及儿童脚踏等等,让一家大小都可享受舒适的住宿体验。

酒店客房——园林景观

除此之外,米奇老鼠、米妮老鼠化身为探索领队和冒险家,连同观鸟专家唐老鸭及飞行家高飞,将带领宾客在新酒店展开奇妙的探索之旅。在酒店大厅能看到他们的四个巨型行李箱,比如米奇的航海员服装、米妮收藏的植物标本、高飞做的飞机模型,唐老鸭研究鸟类的工具。"在迪士尼探索家度假酒店,你有机会见到迪士尼朋友在不同的场合出现,给你带来惊喜。比如在你排队办理入住时,高飞可能会突然出现陪伴你。"

何慧思称:迪士尼探索家度假酒店的丛林商店推出多样大小朋友都喜爱的主题商品,部分以探索为主题,符合酒店的特色。比如,在日用品方面,考虑到大家的探索旅程可能要带很多东西,所以推出旅行袋;又比如,考虑到探索旅游期间可能遇到突变的天气,所以推出了雨伞、草帽等。这些商品都结合了酒店的主题做设计。除了日用品,我们也会推出自己的特色商品,如以新酒店为主题的徽章、邮戳等,很多宾客都喜欢这类商品。希望所有宾客都能满载而归。

酒店内还有三间主题餐厅,每间餐厅都糅合不同文化元素及探索主题,可同时为500名宾客呈献世界各地的特色美食。云龙轩以飞龙风筝为主题布置,烹调手法的灵感来自中国五行概念,宾客可尝一尝这里悉心制作的乡野风味、传统粤菜和中国其他省份菜肴。在早餐及午餐时段,迪士尼朋友会穿上全新探索系列服饰与宾客见面。芊彩餐厅的前身是探索家的植

丛林商店——探索主题商品

物及昆虫研究所,现在已焕然一新,为宾客提供多元化的国际佳肴,还有既带创新口味又带着昔日情怀的美食。星航图咖啡厅的天花灯设计则勾画出星座轨迹,"探索家"可以在悠闲写意的气氛之中,享用精品咖啡、现制三明治、特色意粉及现制意大利雪糕等。

星航图咖啡厅——糕点系列

云龙轩

石窝龙皇金沙豆腐

何慧思表示:"香港迪士尼度假区十分高兴迎来全新的第三家酒店。这家别具特色的酒店,融汇探索异国主题及故事情景,让宾客投入全港独有的体验,将进一步提升度假区对本地及海外宾客的吸引力。最重要的是,酒店作为度假区的一部分,宾客瞬间便可投入迪士尼乐园的奇妙世界,体验乐园源源不绝的娱乐项目,是访港度假的独特行程。宾客入住酒店会获赠乐园及指定游乐设施的优先入场证,也可同时选择享用度假区内多家酒店的餐饮、康乐及购物设施,宾客可以尽情欢度一个迪士尼独有、充满奇妙体验的完美休闲旅程。"

世界各地的工艺品

迪士尼幻想工程高级演出项目经理李崇德指出:"酒店有很多特别的收藏品,我们花费了超过3年的时间去搜罗这1 000多件艺术品,在这个过程当中,还融合迪士尼元素做出我们酒店的设计。非常有趣的一点是,我们会和各地的艺术家合作,做出一些特别的设计。例如你在6楼的翼楼交汇处看到的迪士尼朋友的剪影画,就是我们和印尼的艺术家一起合作创作的。我们希望将不同地方的文化融合迪士尼元素,并将这些艺术创作分享给我们的客人。例如,出自印尼巴厘岛艺术家之手的米奇老鼠、米妮老鼠和唐老鸭皮影公仔就是艺术家和我们一起探索,以别具当地特色的艺术手法特别呈现的迪士尼朋友形象。在每一间酒店房间,你还可以看到我们创造的米奇老鼠和米妮老鼠的面具,并且在四个翼楼的房间里,米奇老鼠和米妮老鼠的面具设计的元素都不一样,结合了亚洲、大洋洲、南美洲或者非洲当地的艺术特色,因此,你会有机会看到四大洲不同风格的米奇、米妮面具。"

酒店内四个不同风格的庭园,李崇德说他最喜欢的是代表大洋洲的小海龟庭园,觉得很可爱,因为里面有三个特别的滑浪板,上面雕刻着《海底总动员》的迪士尼朋友;而且这三个滑浪板插在沙里,就像在海滩上一样,你可以站在那里和它们拍照;那里还有一些在草丛里的"小山",代表了南太平洋不同的岛屿,非常可爱。酒店的庭园里有一些安静的地方是为情侣设计的,可以让他们一起度过一段安静的时间。例如,在代表非洲的拉飞奇庭园,正中有一个大火堆,晚上人们可以和自己的伴侣一起,互相交流一下在迪士尼乐园所度过的奇妙的一天的经历,那会很浪漫。

客人在办理入住的时候,会收到酒店提供的一本探索手册。大朋友和小朋友可以跟着探索手册,在酒店内不同的主题区域一边探索,一边参与酒店里的游戏,例如拼拼图;或者到四个不同的庭园去搜集印章,集齐印章可以到酒店前台换取免费礼物。

目前,香港迪士尼乐园度假区共有三家酒店,各具特色。香港迪士尼乐园酒店犹如坐落于南中国海海岸上的一座华丽的维多利亚式宫殿;迪士尼好莱坞酒店完美结合好莱坞电影元素的怀旧色彩;迪士尼探索家度假酒店则以探索黄金时期为主题,为宾客呈献充满异国风情的度假体验,其定位和价格在前两者之间。希望可以通过不同的风格吸引不同的客人,满足他们不同的需求及喜好。

儿童活动区

据悉,入住迪士尼探索家度假酒店或另外两家主题酒店的宾客,将会获赠指定游乐设施的优先入场证,甚至可预留座位欣赏剧场表演。优先入场证的派发数量是入住每家酒店客房的宾客数目,每间客房最多可入住四人。宾客现在预订迪士尼探索家度假酒店房间,即可免费于云龙轩享用两位成人自助早餐及与迪士尼朋友见面。宾客亦可选择享用"两晚起住宿优惠",以高达七五折优惠入住全新酒店。预订标准房间的宾客,亦可免费升级至豪华客房。

香港迪士尼乐园度假区不仅创造独一无二的迪士尼悠闲度假体验,更是探索大屿山风貌的最佳起点。宾客可结合大屿山周边的景点,体验香港适合自然度假的一面。

资料来源:新浪网,http://shenzhen.sina.com.cn/news/ga/2017-04-19/detail-ifyepsch1798689.shtml。

问题:香港迪士尼探索家度假酒店营销的方法和特点有哪些?

插入视频:迪士尼之卡通王国。

第一节 旅游饭店营销策划概述

1. 旅游饭店与旅游饭店营销

1.1 旅游饭店的概念

旅游饭店是指向各类旅游者提供食、宿、行、娱、购等综合性服务,具有涉外性质的商业性公共场所。在旅游饭店概念中,特别强调综合性服务、涉外性质、商业性和公共场所这四个子概念。

1.2 旅游饭店营销的概念

旅游饭店营销与一般消费品营销在基本原理上是一致的。因此可以这样理解旅游饭店营销:旅游饭店营销是以营利为目的,识别、预测和满足旅游饭店消费者需求的管理过程。它包括需要、欲望与需求,产品,效用、价值和满足,交换、交易和关系,市场,市场营销和营销者这六组概念。

2. 旅游饭店市场分析

2.1 旅游饭店市场机会的分析

所谓"市场机会",就是消费者未满足的需求,分析市场机会就是分析市场需求。即使在饭店业相对过剩的情况下,市场也会有"空穴"。辩证地看,供需平衡是相对的,而供需不平衡是绝对的。

寻求市场机会的主要途径有以下三点。

2.1.1 从总需求和总供给差异中寻找市场机会

供需关系中反映出的数量方面、结构方面以及层次方面的差异将提供市场机会。

2.1.2 从市场环境的动态变化中寻找市场机会

市场环境的变化是社会政治动态、经济形势、人文条件等方面变化引起的,也指相关旅游饭店经济战略的转移和经营策略的改变。这些变化会使新的"空穴"产生,从而带来新的市场机会。

2.1.3 从分析本饭店经营条件相对优势中寻找市场机会

根据饭店资源情况扬长避短,同中求好,独辟蹊径,做到"你无我有,你有我特,你跟我转"。

2.2 旅游饭店市场定位分析

市场定位,即确定企业及产品在市场上所处的位置。定位理论的核心思想是"去操纵已存在于顾客心中的东西,去重新结合已存在的联结关系"。通俗地说,就是顾客希望获取什么样的需求,市场就提供什么样的产品来满足这种需求。

旅游饭店市场定位是指为了让饭店产品在目标顾客的心目中树立明确及深受欢迎的形象而进行的各种决策及活动。通过市场定位,饭店的经营者明确饭店所处的位置,面对的是什么类型和层次的顾客,根据需求设计饭店产品,展开促销活动。

2.2.1 旅游饭店市场定位过程

旅游饭店市场定位的过程大致可分为以下四个步骤。

(1)选择适合的客源层次。旅游饭店在进市场定位时,要根据目标市场不同层次顾客的不同需求进行有条件的挑选,明确各层次顾客的关键利益所在,有针对性地投其所好。

(2)树立与众不同的市场形象。在选择了具体的目标市场之后,经营者就要考虑应该确立什么样的形象来博取客人的好感与信任。决策时要从客人的立场来思考问题,忧客人之忧,乐客人之乐。同时经营中要突出自己的风格与个性,在竞争中独树一帜,让顾客情有独钟。例如,饭店反映出浓郁的民族风情和地方特色,就会引起客人的好奇与喜欢。

走心的松赞酒店　高端"驴友"向往的经典

金顶耀眼的噶丹松赞林寺游人熙攘,海拔 4 292 米的白马雪山垭口经幡舞动,骑行者、自驾车队在玛尼石堆旁忙着自拍。这时,却有一些旅行者绕开热闹的集镇,转入某条不起眼的山道,在路的那头,在田野的旁边,在村庄的炊烟里,寻找着这样的名称——松赞林卡、松赞香格里拉、松赞奔子栏、松赞梅里、松赞茨中、松赞塔城。它们是中国最美的小酒店。

松赞塔城酒店，这个偏居镇外只有9个房间的精品酒店，属于迪庆松赞酒店集团旗下的"精品山居"系列，原石垒墙、原木架构，在藏族、纳西族建筑样式中融入江南气质，推窗望山、低头看田，鸡犬之声相闻，2 180元一晚却一房难求，位列全球最大旅游评价网站猫途鹰最新一期"中国最美小酒店"榜首。

用宁静、安详的简单生活抚慰现代人疲惫的心灵，松赞塔城酒店的价值正在于此，但又不止于此。当它与集团在香格里拉市、德钦县、维西县的四家同样在选址、建设上精雕细琢的精品山居酒店和一家旗舰酒店连成"环"后，展示出的是一幅香格里拉壮阔绝美的自然图景和各民族返璞归真、和谐共居的精神哲学。

在面朝卡瓦格博峰的房间醒来，走入藏族人的日常生活，拜访、饮茶、采菌、挂经幡；登上茨中天主教堂矗立百年的钟楼，静静聆听峡谷中澜沧江水日夜奔流；在金沙江边隐秘的山谷村落，看璀璨星光缀满高原天幕；与松赞林寺为邻，听僧人诵咏启迪众生的经文。

在香格里拉区域品牌下细分旅游市场、增加深度体验的旅游产品，配以车辆和管家服务，把"旅游+酒店"的模式延伸到了景区周边更多的原生态区域——那些远离城市在绿水青山间的民族村落。"每一个山居的风景一定是最美的，文化一定是最传统的。"松赞酒店集团的创始人、系列精品山居的打造者白玛多吉就用这样一颗颗与众不同的珠子串出了美丽的"松赞环线"。

资料来源：中国网，http://www.china.com.cn/news/2017-01/24/content_40170549.htm。

问题：结合案例谈谈松赞酒店的特色与定位。

插入视频：松赞梅里。

（3）宣传媒体的选择。饭店的市场形象一经确定，就应通过适合的传播媒体向目标市场传送和宣传。宣传要注意简练、具体，强调特色和顾客能获取的好处，与此同时挑送合适的媒体也十分重要。在选择时既要注意媒体在饭店目标市场的影响力，又要注意节约广告开支。

（4）饭店产品的设计。饭店产品能否被顾客接受并使顾客满意，是检验饭店经营质量优劣的标准，也是市场定位最终需要达到的目的。旅游饭店应根据目标市场和自身形象来设计或更新饭店产品，始终考虑顾客所需，通过产品的魅力加深饭店在顾客心中的地位，巩固饭店所树立起的信誉。

2.2.2 旅游饭店的市场定位策略

（1）"避弱就强"定位法。这是指旅游饭店根据自身的接待能力有意识地避开那些自己不擅长接待的顾客，而接待那些自己擅长接待的顾客。如饭店市场按住宿动机可分为公务客人和游览客人，公务客人包括一般公务客人、高层公务客人、会议团体客人，游览客人包括探亲访友者、团体观光者、散客游览者，饭店应根据自身的接待能力进行选择。旅游饭店定位应把主要的精力放在具有相当规模、能给本饭店创造经济效益的顾客群体上。

（2）"避实就虚"定位法。也叫"抬漏补缺"定位法，就是利用竞争对手市场定位的偏差或疏漏进行定位。任何一家旅游饭店在市场定位时都带有一定的倾向性，如沿海一些城市的华侨饭店就主要以归国侨胞作为目标市场。旅游饭店进行市场定位时要避免空泛,防止面面俱到,要善于钻竞争对手的空子。这就要求经营者必须了解竞争对手的主要定位方向,熟悉客源市场的构成,分析潜在市场的变化及趋势,使定位具有灵活性,做到既能吸引不同类型的顾客,又能主次分明。此外,旅游饭店可针对较为隐蔽而被竞争者忽略的市场,选择有代表的客源进行目标市场定位。

(3)"顺风转舵"定位法。这里的"风"指的是影响旅游市场的主客观因素,其中国家的产业政策对饭店业的发展影响最大。旅游饭店可利用自身经营的特点,根据国家政策的动向适时调整或转换市场定位的方向,以便在经营中掌握主动。

(4)"由此及彼"定位法。这种定位法是以树立饭店形象,提高知名度、美誉度为前提条件,也就是饭店在确定了某一目标市场之后,期望由此目标市场给饭店带来新的目标市场。从营销角度看,这是一种十分重要的营销策略,旅游饭店在经营中应充分发挥熟客、常客的作用。这是因为顾客的多次光顾表示饭店信誉良好;老顾客又是饭店的"活广告",可以带来更多的可靠客源,这种方法的关键在于服务质量和对常客采取的优惠措施。

3. 旅游饭店营销原则

现代旅游饭店开展营销活动,必须考虑如下两个原则。

3.1 创造利润

旅游饭店应树立以顾客为导向的21世纪营销理念。"顾客需要什么服务,就提供什么服务",这应该成为旅游饭店进行产品和服务设计首先考虑的因素。通过满足消费者需求而非通过促使消费者接受旅游饭店的产品和服务来创造利润。

3.2 全员营销

在饭店内部协调各种市场营销工作,让所有部门都要树立顾客导向观念,最终实现饭店整体目标。要改变传统的按饭店经营顺序设置相应功能的业务部门、彼此单向联系的组织模式,建立以消费者既为起点又为终点、协调整个营销管理过程的循环式旅游饭店组织。

4. 旅游饭店营销环境变化趋势

4.1 消费趋向于流行化

人们的消费观念已经发生了很大的变化,消费者的口味变化极快。在饭店里,一些新颖的、借助某些抽象的题材来迎合人们心理的服务可能成为时尚,而风行一时,但是它们犹如昙花一现,旋即淹没在变化的海洋中。变化如此之迅速,预测如此之艰难,使得旅游饭店的市场营销工作变得非常具有挑战性。

4.2 市场细分越来越个性化

随着经济的发展,人们的收入水平和消费水平同步上升,消费需求也向高级阶段发展,消费者已从原有的数量消费、质量消费向个性化消费转变。消费个性化使旅游饭店在设计产品和服务时,必须考虑"量身定制"的问题。

4.3 产品预期上升

可以预计,饭店业的竞争会日趋激烈。为了吸引顾客,各饭店不断使出新招。激烈的竞争促使旅游饭店提供的产品质量、服务质量不断提高,顾客对所提供的产品和服务的期望也随之提高,变得更加挑剔,要真正令顾客满意越来越困难。

4.4 旅游饭店之间的竞争加剧

随着应用技术能力的提高和市场信息的快速传递,市场障碍不断弱化,行业渗透性越来越强,竞争在饭店业会越来越激烈。竞争加剧使旅游饭店利润率降低,面临更大的压力。因此,旅游饭店必须加强与上下游旅游企业的互惠关系,这是旅游饭店未来营销工作的重要内容之一。

4.5 产品差异化难度加大

旅游饭店所提供的产品和服务趋于大众化,"人无我有"的产品和服务很难保证不会被人"克隆"。由于赢利性产品和服务很快被模仿,今天看来是特殊服务明天就成了标准化服务,模仿能力强和速度快使得旅游饭店通过开发新产品来开拓新市场的难度加大。在营销战略上,旅游饭店应把顾客置于组织结构的中心,通过向顾客提供超值服务来与顾客建立中长期的伙伴关系。

另外,网络化、全球化,以及政治、经济形势和社会的变化等各种因素也会使营销环境发生变化,从而对旅游饭店营销战略和策略产生不可忽视的影响。

小结:本节主要是学习旅游饭店与旅游饭店营销的基本概念,掌握旅游饭店市场机会的分析,熟悉旅游饭店营销原则及环境变化趋势。

小组讨论:在新时期旅游饭店营销应注意哪些原则?

第二节 旅游饭店营销策划

1. 旅游饭店产品策略

1.1 旅游饭店产品

旅游饭店产品包括有形设施和无形服务。它是通过旅游饭店服务人员热情周到的服务和令人满意的服务技艺、技巧以及准确无误的服务程序和质量标准,向下榻在旅游饭店的宾客提供的住、食、行、娱、购等综合服务。

1.1.1 饭店产品的五个层次

菲利普·科特勒在其《营销管理》一书中指出:"在计划市场供应品或产品时,营销者需要考虑五个产品层次。"

同样,饭店产品的设计和规划也需要考虑这五个层次,即饭店的核心产品、一般产品、期望产品、附加产品和潜在产品。

(1)饭店的核心产品。饭店的核心产品就是饭店提供给客人的住宿和餐饮的满足,是最基本的层次,即客人入住饭店所需要的最基本的利益。这是饭店产品的基本功能,是饭店产品区别于其他行业产品的最本质的功能。值得注意的是,核心产品描述的只是一种无形的利益,并非整体产品中的实体部分,它在各种饭店之间是没有差异的。核心产品必须由营销者将其转变为可感知的一般产品。

(2)饭店的一般产品。饭店的一般产品即饭店提供给客人的房间和餐饮,是饭店产品的基本形式,是饭店核心产品所依托的有形部分,是饭店整体产品的实体性基础。

(3)饭店的期望产品。饭店的期望产品,即一般公众所普遍认同的饭店在一般产品基础上应该提供的一组属性和条件。例如，客人期望饭店提供干净的床单、衣橱、洗漱用具，相对安静的环境，以及服务人员有礼貌的服务等。需要注意的是，期望产品一般是指饭店产品必不可少的组成部分，它直接影响客人对饭店的评价，对饭店产品策略有着重要意义。

（4）饭店的附加产品。饭店的附加产品是饭店在核心产品之外所追加的利益，能够把本饭店的产品与其他饭店的产品进一步区分开来。这些产品往往不属于饭店必须供应的项目，是饭店为了更好地满足客人的特殊需要而增加的项目，如饭店提供的洗衣服务、租赁服务、客房送餐服务、商务中心服务等。

（5）饭店的潜在产品。饭店产品的第五个层次是潜在产品，即饭店将来可能会实现的新产品。"如果说附加产品包含着产品的今天，则潜在产品指出了它可能的演变。"（菲利普·科特勒）饭店的潜在产品表明了一家饭店的发展前景和它能吸引消费者的潜力。

1.1.2 饭店产品的三层次论

按照饭店产品的三层次论，旅游饭店产品可分为核心产品、展现产品和附加产品。

（1）核心产品。核心产品主要解决顾客购买产品所需要解决的基本问题。如：购买相机的人要得到一个美丽的影像；购买车票的人要挪动一定的距离；购买饭店产品的人要吃好睡好，所有购买饭店产品的人在核心产品上是相同的。

（2）展现产品。核心产品总是最终展现为各种有形的产品形式，由此构成了所谓展现产品或有形品。饭店的展现产品是饭店建筑特色、历史、地理位置、周围环境、服务质量、星级及信誉等。所有的旅游饭店都可以用这些指标衡量其产品和服务的价值。

（3）附加产品。产品的第三个层次是由扩大的服务和利益构成的附加产品。附加产品是脱离了核心产品的约束而追加的产品或服务项目。

旅游饭店产品随着市场大环境的变化而不断地调整变化。如为满足商务客人的需要设立商务中心、商务楼层；为满足入境客人猎奇心理，为奖励旅游团，而把主题宴会搬到万里长城、颐和园；利用各种节假日，举行既做宣传又能赢得客人的食品推销活动；提供被称为"无所不能"的金钥匙（饭店金钥匙对高星级饭店而言，是饭店内外综合服务的总代理，一个旅途中可以信赖的人，一个充满友谊的忠实朋友，一个解决麻烦问题的人，一个个性化服务的专家）超值服务；为提高客人满意度、保证客房设施良好状态而采用"万能工"制度；甚至对中秋月饼进行质量提升和包装改良等。

1.2 旅游饭店产品生命周期

旅游饭店产品生命周期是指饭店产品从进入市场到最后被淘汰退出市场的过程。一个旅游饭店产品生命周期通常可以分为以下四个阶段。

1.2.1 导入期

在这一阶段，产品刚入市场，消费者不知道产品存在，更不了解产品的特点、优越性，旅游饭店的促销费用较高，返点的利润很低，甚至亏本，竞争对手少或还没有，产品性能还不够稳定。这时应及时做好宣传工作，通过各种渠道推销，导入阶段不宜过长，否则产品可能疲软。

1.2.2 成长期

在这一阶段，消费者对产品有了了解，开始有了需求，产品销量已增大，开始赚得利润。此后，效仿的饭店开始出现并逐渐增多，饭店竞争逐步加剧。此时，饭店的重点要放在挖掘市场深度上。

1.2.3 成熟期

在这一阶段，产品销量在增长，但已趋于饱和，竞争激烈，此时不要采取防守策略，应采取进攻策略，寻找新机会，开发新市场。同时，对产品进行改革，推陈出新，维持老顾客，吸引新顾客，延长成熟期。

1.2.4 衰退期

在这一阶段，产品销量急速下降，利润降低。此时应分析是否存在"假象"，即其他旅游饭店撤退后，此产品是否还有一定发展空间，对不可能出现转机的产品立即撤销，以免饭店的资源流失，同时应做好新产品的开发工作。

1.3 饭店新产品开发

任何一家饭店在持续经营了一段时间后，都会面临如何进行新产品开发的问题。

1.3.1 旅游饭店新产品的概念和种类

（1）旅游饭店新产品的概念。旅游饭店新产品是指从生产技术、经营策略、产品功能和目标市场等角度衡量的具有一定新颖性或创新性的产品形式。

（2）旅游饭店新产品的种类。旅游饭店新产品一般有以下六种类型。

①全新产品。这是针对潜在的或尚不存在的市场所开发的新问世的产品，这种新产品不仅对饭店来说是新的，对市场来说也是新的。这种产品一般占整个新产品的10%左右。对于现代旅游饭店来说，它能够开发的全新产品一般主要是一些功能性的设施、设备及其全新的组合与管理模式。

②新产品线。这是指一个饭店首次进入某个已建立的市场的产品，是其他饭店已经使用而本饭店还没有开发和应用的产品。这种新产品约占整个新产品的20%。

③现行产品的增补品。增补品是在已经存在的产品线上增加的新品种，占新产品的26%左右。如马里奥特提供了好几种不同的饭店品牌名称。

④现行产品的改进更新。这是最常见的新产品，主要采取更新换代的形式，用新的性能使原来的产品更丰富、更有效率。通常这种新产品占整个新产品的26%左右。如饭店定期进行的装修改造就属于这一类新产品。

⑤现行产品的重新定位。这种产品在严格意义上不属于新产品，但对于饭店来说，其营销策略必须全面转换，因此可以当作新产品来对待。这种新产品的核心在于以新的市场或细分市场作为目标市场，大约有7%的新产品属于这一类。

⑥降档次经营的产品。这是指在降低成本的基础上提供与原来产品相类似的产品。这种新产品往往是饭店处于特殊时期而推出的，一般占新产品的11%左右。

1.3.2 旅游饭店新产品的开发程序

旅游饭店新产品的开发并没有严格的程序。但是，对于一些重要和投资巨大的产品开发项目，就需要采取更为科学、严谨、有序的开发步骤，以确保产品投入市场之后获得成功。

（1）构思。构思是形成创意的过程，是对饭店未来新产品的基本轮廓和架构的设想，是新产品开发的基础和起点。这些设想可以通过许多方式产生，可能来自饭店内部，也可能来自饭店外部；既可以通过市场调查这样的正式渠道得出，也可以由一些非正式的渠道得出。

（2）筛选。对于饭店来说，并非所有的构思都能付诸实践。所以，饭店还必须根据自身的资源和特点来对各种构思进行筛选。其过程有两个主要步骤：建立评选标准以比较各个不同的构思，确定评选标准中各要素的权数，再根据饭店的情况对这些构思予以打分。在这个过程中，常用的标准有生产规模与潜量、市场增长状况、服务水平和竞争程度等。

（3）概念的发展与测试。经过筛选后的构思要转变成具体的产品概念，它包括概念发展和概念测试两个步骤。产品构思是饭店提供给市场的可能的产品设想，产品概念是用消费者语言表达的精心阐述的构思。在概念发展阶段，主要是将产品的构思转换成产品概念，并从职能和目标的意义上来界定未来的产品，然后进入概念测试阶段。概念测试的目的是测试目标顾客对于产品概念的看法和反应。此外，在发展和测试概念的过程中还要对产品概念进行定位，即将该产品的特征同竞争对手的产品做一个比较，并了解它在消费者心目中的位置。

（4）商业分析。商业分析即经济效益分析，是为了了解这种产品概念在商业领域的吸引力有多大及其成功与失败的可能性。一些常用的分析方法，如盈亏平衡法、投资回收期法、投资报酬率法等都非常有助于饭店的商业分析。

（5）产品开发。产品构思经过概念发展和测试，又经过商业分析被确认为可行的话，就进入了具体产品的实际开发阶段。新产品开发的阶段与制造品不同，除了必须注意产品的实体性要素外，更需注意产品的递送系统的建立与测试。

（6）试销。对于有形产品来说，当新产品研究出来以后通常要经过市场试销，因为消费者在对新产品的实际使用中会发现某些问题。实践表明，很多新产品试制出来后仍然会被淘汰。所以，只有实际的市场销售，才是检验产品优劣的最可靠的办法。

（7）正式上市。正式上市阶段意味着正式开始向市场推广新产品，新产品进入其市场生命周期的导入期。饭店必须在新产品上市之前做出以下决策：在适当的时间和适当的地点，以适当的价格，采用适当的推广战略，向适当的顾客推销新产品。

2. 旅游饭店定价策略

从战略角度选择最有利的价格量度和形式，是一种提高效益的有效手段。价格因素是营销策略组合中灵活性最强的因素之一。

2.1 影响饭店产品定价的因素

2.1.1 定价目标

饭店的定价目标主要有以下几种。

（1）维持饭店生存。维持饭店生存是指饭店产品过剩、竞争激烈，为了确保饭店的生存，采取低价格来提高客源数量，放弃期望的利润水平。

（2）饭店当前利润最大化。饭店当前利润最大化是指饭店对多变的未来市场不明确，希望在短时间内收回饭店的投资并确保最大利润，往往会在已知饭店产品成本的情况下，定一个高价格。这样的策略会有两个结果：一是实现饭店当前利润最大化，二是过高的价格影响饭店产品的销售。

（3）饭店产品市场占有率最大化。饭店产品市场占有率最大化是指为占据市场份额而进行定价。这可能包括最初以亏损销售获得的最大市场分额。采用这种策略需具备以下条件：一是目标市场的需求弹性较大，降低定价能够刺激市场需求；二是随着生产和销售规模的扩大，饭店产品成本会有明显的下降；三是低价能够吓退现在的和潜在的竞争者。

2.1.2 饭店产品成本

按照价格理论，影响旅游饭店定价的因素主要有三个方面，即成本、需求和竞争。成本是饭店产品价值的基础部分，它决定产品价格的最低界限，如果价格低于成本，饭店便无利可图；需求影响顾客对产品价值的认识，进而决定产品价格的上限；而竞争则调节价格在上限和下限之间不断波动并最终确定产品的市场价格。不过，在研究饭店产品成本、市场需求和竞争状况时必须同饭店的基本特征联系起来。

对于饭店产品来说，其成本可以分为三种，即固定成本、变动成本和准变动成本。固定成本是指不随产出而变化的成本，在一定时期内表现为固定的量，如建筑物、饭店设施、家具、工资、维修成本等，在许多旅游饭店中，固定成本在总成本中所占的比重较大。变动成本是随着饭店产出的变化而变化的成本，如电费、水费、餐饮产品的成本等。准变动成本是指介于固定成本和变动成本之间的那部分成本，它们既同顾客的数量有关，也同产品的数量有关；这种成本取决于饭店的类型、顾客的数量和对额外设施的需求程度，因此对于不同的产品其差异性也较大。

2.1.3 市场需求

需求与价格密切相关。需求的价格弹性是指因价格变动而相应引起的需求变动比率，反映了需求变动对价格变动的敏感程度。它通常用弹性系数（Ed）来表示，该系数是饭店需求量变化的百分比同其价格变化的百分比的比值。当 $Ed > 1$ 时，表示富有弹性；当 $Ed < 1$ 时，表示缺乏弹性。在现实生活中，不同饭店产品的需求弹性是不尽相同的，如果对饭店的需求是有弹性的，那么其定价水平就特别重要。

2.1.4 市场竞争状况

市场竞争状况直接影响着饭店的定价。在产品差异性较小、市场竞争激烈的情况下，饭店在价格方面的活动余地也相应缩小。

2.1.5 饭店产品特征

饭店产品是有形的产品和无形服务的有机结合，有形的产品可以用价格来加以衡量；但是对于无形服务，顾客很难知道其成本。那些在购买和使用之前可以得到评估的产品或服务，表现为对比属性；那些只有在使用之后才能进行评估的产品或服务，表现为体验属性；而有一些在使用之后仍不能完全被评估的产品或服务，就表现为信任属性。相对来说，有形产品更多地体现为对比属性，而无形服务更多地体现为体验属性和信任属性。所以，饭店产品特征对饭店产品的定价有很大的影响。

（1）饭店服务的无形性。服务的无形性使其定价比有形产品更困难。在购买饭店服务时，顾客不能客观地、准确地对其进行检查，只能猜测其大概特色，然后同价格进行比较，但结论没有确定。这就解释了为什么饭店服务价格的上限和下限之间的定价区域一般要比有形产品的定价区域宽，最低价和最高价的差距极大。因此，顾客在判断价格合理与否时，他们更多的是受饭店产品中实体要素的影响，从而在心目中形成一个"价值"概念，并将这个价值同价格进行比较，判断是否物有所值。

（2）饭店产品的不可储存性。不可储存性导致饭店必须使用优惠价及降价等方式，以充分利用剩余的生产能力，因而边际定价策略得到了普遍应用。

（3）饭店产品的可替代性。一般来说，越是独特的饭店，卖方越可以自行决定价格，只要买主愿意支付此价格。在这种情况下，价格可能被用来当作质量指标，而提供饭店产品的个人或公司的声誉，则可能形成相应的价格杠杆；另外，饭店产品的质量具有很大的差异性，饭店与饭店之间没有统一的质量标准作为比较。往往是顾客要求得越多，则得到的就越多，而价格没有变化。顾客也可以自己来实现某些饭店的内容，类似的情况往往导致饭店之间更激烈的竞争。当然这也可能增强某些市场短期内价格的稳定程度。

（4）饭店与提供饭店产品的人的不可分割性

饭店与提供饭店产品的人的不可分割性使得饭店受地理因素或时间的限制。同样，消费者也只能在一定的时间和区域内才能购买到饭店产品，这种限制不仅加剧了饭店之间的竞争，而且直接影响到其定价水平。

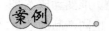

世界最高酒店睡一晚 8.8 万元　创上海房价最贵纪录

坐落于上海环球金融中心 79 层至 93 层的上海柏悦酒店 2008 年 9 月 1 日正式迎客。超高的"海拔"不仅令其成为世界最高的酒店，其每晚住宿 5 000 元至 88 000 元人民币的天价消费，也创下上海酒店房价的最贵纪录。

上海柏悦酒店是凯悦国际酒店集团在华开设的第一家柏悦品牌酒店，由纽约著名的酒店设计师季裕堂以其"摩登中国式私人住宅"的理念设计。与其他酒店动辄数百甚至上千套客房相比，上海柏悦酒店以"精"取胜，客房数量仅为 174 套，且全部为套房式设计。房间面积最大 194 平方米，最小 55 平方米，每一间客房都能欣赏到黄浦江美景，并为入住客人配有专业的贴身"管家"。

据悉，凯悦国际酒店集团目前在上海拥有凯悦、茂悦、柏悦三个品牌，三家酒店均建在黄浦江两岸。而来自凯悦国际酒店集团的消息称，该集团计划在未来的 2~3 年内在华继续扩张 12 家酒店，加上现有的 11 家，总数将达到 20 家以上。业内人士认为，伴随凯悦国际酒店集团在华的扩张步伐，高星级酒店的竞争将进一步白热化。

资料来源：南海网，http://www.hinews.cn/news/system/2008/09/02/010324098.shtml。

问题：结合理论，谈谈上海柏悦酒店房价如此之高的原因。

插入视频：上海柏悦酒店宣传片。

2.2　旅游饭店产品定价策略与方法

为了最终实现饭店的定价目标，就要采取合适的定价策略和方法。

2.2.1　旅游饭店产品的定价策略

旅游饭店产品的定价策略分为"基于满意定价""关系定价"和"成本导向定价"三种。这三种策略可以单独使用，也可以组合使用，见表 5-3-1。

表 5-3-1　旅游饭店三种不同但相关的产品定价策略

定价策略	通过某种方式为顾客提供价值	实施方法
基于满意定价	识别和降低顾客对无形服务不确定性的感知	服务保证 价值驱动定价 统一费用定价
关系定价	激励受益顾客与饭店建立长期的关系	长期契约 价格捆绑
成本导向定价	与顾客共享"饭店通过了解、管理和降低服务成本而获得的成本节约"	成本导向定价/效率定价

2.2.2　旅游饭店产品的定价方法

旅游饭店在定价策略上还应该采用"旺季争取最高利润，淡季采取有限浮动"的原则。"有限浮动"是有底线的，超过底线宁愿空房也不卖，否则就很容易走进另一个客源层次，而改变自己的市场定位。在这一原则的指导下，通常旅游饭店可以选择下列几种定价方法。

（1）成本导向定价法。所谓成本导向定价法，是指旅游饭店依据产品的成本决定产品的价格。成本导向定价法的主要优点：一是比需求导向定价法更简单明了；二是在考虑生产者合理利润的前提下，当顾客需求量大时，价格显得更公道些。为了确保这种定价方法的有效性，成本结构必须确保在短期内不被竞争对手所模仿，而且成本的降低必须让顾客受益，以提升他们的价值感知。成本降低可以降低消费者的购买费用，当然如果顾客对饭店服务过程不满意，同样也是失败的。

（2）需求导向定价法。很多旅游饭店运用需求导向定价法，即根据市场需求强度来确定饭店产品的价格，而不考虑提供产品的成本。以这种方法定出的价格不一定很高，尤其是在竞争加剧和需求降低的情况下，价格更富有弹性。这种定价方法是在不同的需求价格弹性状态下采取提价或降价的定价策略，以刺激需求的变化，保证旅游饭店定价目标的实现。

（3）认知价值定价法。认知价值定价法又称理解价值定价法，即按照消费者在主观上对该产品所理解的价值，而不是产品的成本费用水平来定价。此方法是旅游饭店利用市场营销组合中的非价格变数来影响购买者，在他们的头脑中形成认知价值，然后据此来定价。旅游饭店在运用此方法时，需要正确估计购买者所承认的价值。

（4）心理定价法。心理定价法是旅游饭店为迎合消费者的消费心理采取的定价方法，下面列举几种。

①尾数或整数定价。许多商品的价格宁可定为 0.98 元或 0.99 元，也不定为 1 元，就是为了适应消费者购买心理的一种取舍。尾数定价使消费者产生一种"价廉"的错觉，比定为 1 元更能引起消费者的积极反应，能促进销售。相反，有的商品价格不定为 9.80 元，而定为 10 元，同样使消费者产生一种错觉，是迎合消费者"便宜无好货，好货不便宜"的心理。此种定价法一般在旅游饭店中的商场使用较多。

②声望性定价。此种定价法有两个目的：一是提高产品的形象，以价格说明其名贵；二是满足购买者的地位欲望，适应购买者的消费心理。有些旅游饭店多年苦心经营，在顾客中有了一定声誉，顾客对它们也产生了信任感，所以即使价格定得高一些，顾客还是能够接

受的。

③习惯性定价。如不同的星级饭店已经在某些市场上形成了一种习惯价格，经营者很难改变。降价易引起消费者对饭店产品品质的怀疑，涨价则可能受到消费者的抵制。

④特价优惠。利用顾客趋利心理人为地在短时间内以特价优惠顾客，这样的方式对在短期内提高旅游饭店的知名度有很好的作用。

（5）竞争导向定价法。竞争导向定价法是根据同一市场或类似市场上竞争对手的产品价格来制定本旅游饭店产品的价格。其目的在于开拓、巩固和改善本旅游饭店在市场上的地位，保持市场竞争的优势。这种方法只需要了解竞争对手的服务项目和相应的价格即可，因而简单易行。其不足之处是当特殊市场没有参考价格时，很难对这种市场上的专门服务或特殊服务制定价格。此外，在许多情况下，有关某些细分市场及竞争对手的定价方式等信息也不容易获得。其具体做法如下。

①随行就市定价法。这是指旅游饭店按照行业现行的平均价格水平来定价。此法常用于以下情形：难以估算成本；旅游饭店打算与同行和平共处；如果另行定价，难以估计购买者和竞争者的反应。

②薄利多销定价法。即以减少单位产品销售利润作为代价，将价格定得较低，争取薄利多销，扩大销售量，获得规模效益，在市场竞争中巩固自己的地位。

③差别定价法。即根据具体情况采取多种方式定价，如不同顾客不同价格，不同地区不同价格，不同时间不同价格，不同用途不同价格等。实行差别定价的前提条件是市场必须是可细分的且各个细分市场的需求强度是不同的、高价市场上不可能有竞争者削价竞销、不违法、不引起顾客反感。

（6）利润最大化法。利润最大化对旅游饭店至关重要。资金实力有了保证，才能增强服务顾客的能力。利润最大化意味着定价必须高于其各项成本的总和，以便能有足够的收益，来补偿成本并为旅游饭店发展提供必要的资本。

（7）折扣定价法。大多数饭店产品都可以采用折扣定价法。旅游饭店通过折扣方式可以达到两个目的：一是促进服务的生产和消费；二是鼓励提早付款、大量购买和高峰期以外的消费。折扣定价法包括现金折扣、数量折扣、交易折扣、季节折扣等。

（8）招揽定价法。招揽定价法也称牺牲定价法。此种方法是指第一次营业或第一个合同的价格很低，希望借此能够获得更多的生意，而后来的生意则定为较高的价格。

（9）系列定价法。系列定价法是饭店产品价格本身维持不变，但饭店服务质量、服务数量和服务水平则充分反映了成本的变动。特别适合固定收费的系列标准服务，即产品的质量、数量和水平的差异必须容易为顾客所了解，如现在许多旅游饭店的系列团价等。

（10）关系定价法。为了与顾客建立有利可图的、长期的客户关系，旅游饭店也可以采取长期契约和价格捆绑两种定价法。

①长期契约。饭店可以使用长期契约，为顾客提供价格和非价格方面的激励，以发展和维系长期的关系，或者是巩固现有的关系，或者是开发新的关系。这样的契约能够从根本上改变饭店经营者与顾客之间的关系，可以把饭店产品的商业交易从相对独立的事件转变成一系列稳定的、持续的交互关系。

②价格捆绑。这种方法也是用来提升和维系客户关系的，即把两个或两个以上的产品捆

绑起来销售。价格激励措施可以确保客户购买捆绑产品的价格要低于分别购买的价格。饭店可以从价格捆绑中获得三个方面的收益。第一，可以降低成本；第二，满足客户购买相关产品的需求；第三，能够有效地提高饭店与客户交互的次数，交互次数越多，饭店获得的客户信息就越多，饭店了解客户需求和偏好的可能性就越大。

2.3 旅游饭店新产品的定价策略

2.3.1 撇脂定价

撇脂定价也称取脂定价，指新产品一投入市场就以高于预期价格的价格销售，迅速赚取利润收回投资，再逐步降价的定价策略。这种策略如同从鲜奶中撇取奶油一样，因此得名。在具体实施中，宜采用的方法包括：迅速撇脂策略，即高价格、高水平促销；缓慢撇脂策略，即高价格、低水平促销；迅速渗透策略，即低价格、高水平促销；缓慢渗透策略，即低价格、低水平促销。

2.3.2 渗透定价

渗透定价是指新产品一投入市场就以低于预期价格的价格销售，力争获得最高销售量和最大的市场占有率，尽快地占领市场的定价策略。低价容易为市场接受，吸引更多的顾客，迅速扩大市场；低价薄利能有效地阻止竞争者进入市场；随着产品销量的增加和市场份额的扩大，就能获得大量利润。这种策略一般对市场上存在替代品、竞争激烈、需求弹性大、销量大、市场生命周期长的饭店产品比较适合。

2.3.3 满意定价

满意定价是指新产品一投入市场就以适中的、买卖双方均感合理的价格销售，在销售量长期稳定的增长中，获得按平均利润率计算的平均利润的定价策略。这种介于上述两种定价策略之间的定价策略，既有利于吸引顾客，促进销售，防止低价低利给旅游饭店带来的损失，又能避免价格竞争带来的风险，在相对稳定的环境中获取满意的利润。一般适用于需求弹性适中，销量稳定增长的饭店产品。

3. 旅游饭店营销渠道

3.1 旅游饭店营销渠道选择

建立一个科学有效的营销渠道对一个饭店的经营至关重要。一般来说，饭店营销渠道有两种：一是直接分销渠道，即饭店直接面对消费者；二是涉及批发的间接渠道，即饭店中间商。

渠道 A 是直接分销渠道，渠道 B、渠道 C 是间接销售渠道。

渠道 A：饭店→顾客

渠道 B：饭店→旅游经营商→顾客

渠道 C：饭店→旅游经营商→旅游零售商→顾客

3.1.1 饭店直接分销渠道

直接分销渠道是饭店的柜台直接销售方式。消费者直接在饭店现场购买饭店产品，不经过任何中间环节。渠道 A 就是这种方式。对饭店来说，直接分销渠道具有以下优点。

（1）饭店可以对销售过程进行有效的控制。销售过程作为饭店整个生产与经营过程的一个环节，由于直接与顾客接触，并在顾客购买的关键环节上与顾客接触，对于树立饭店形象和促成交易都非常重要。由饭店自己组织销售过程，其可控性和灵活性比较大。

（2）减少佣金支付或价格折扣。采用中间商无不以付出佣金或折扣为代价。很多研究表明，中间商的代理费用支出是饭店各种营销手段成本当中比较高甚至最高的一项。

（3）直接了解顾客需求及其变化趋势。在与顾客接触时，直接获得来自顾客的反馈信息，可以帮助饭店把握市场的基本情况，便于饭店管理者更好地制定决策。

（4）可以在销售过程中直接进行促销。直接分销的优势在饭店的接待过程中能充分体现。如前台的接待员可以适时地向客人介绍本饭店的特点和优势；行李员在送客人入房时也可以适当地向其介绍本饭店的相关服务。总而言之，采用直接分销，饭店可以在对客人服务的过程中实现"全员营销"。

3.1.2 饭店中间商

作为饭店间接分销渠道成员的组织与机构，称为饭店中间商。渠道 B 和 C 的旅游经营商和旅游零售商就是饭店中间商。

（1）优点。

①扩大市场覆盖面。各种饭店中间商都有自己的客户资源。市场经济越发达，中间商网络就越广泛。产品与消费者之间的障碍越多，中间商的作用就越明显。所以，饭店借助各种中间商所形成的分销网络销售自己的产品是一种能够快速而广泛地进入市场并扩大市场份额的有效手段。

②补充饭店资源，分担经营风险。饭店利用中间商可以缓解自身人、财、物力资源不足的压力，保证饭店产品的正常生产和经营。同时，以契约或其他形式提前将产品部分或全部转让给中间商，也使饭店的经营风险得到一定程度的分解。尤其在饭店经营困难的时候，良好的渠道关系可能会在危急关头给饭店以支持。

③延伸信息触角，拓宽信息来源。各种中间商都是饭店良好的信息渠道，这些渠道所提供的市场需求信息对饭店的经营决策也非常关键。

（2）饭店中间商的类型。

①旅行社。旅行社拥有大量的连接航空公司、铁路部门、饭店和景区等旅游企业的网络系统，也拥有十分广泛的团体客源市场。它们直接向消费者销售其代理的交通产品、住宿产品或景区门票，因此是一种典型的旅游零售商。

②旅游批发商和经营商。旅游批发商和旅游经营商都是从事旅游产品的组合设计和批发销售的中间商（后者有时也从事零售业务）。它们将饭店、交通、餐饮、观光、娱乐和购物加以组合，然后将这些组合产品提供给旅游市场，购买它们产品的往往是作为零售商的旅行社。它们的优势体现在能够接近大量的各种旅游产品生产商，而且对市场需求相当熟悉，在组合产品方面有很丰富的专业知识。

③会议策划人。会议策划人负责与饭店或其他旅游企业进行接触、洽谈，因此，成为饭店营销的中间商之一。会议策划人在合同的基础上为某些组织机构进行会议和展览策划，是一种在展会选址、谈判、预算和促销方面都很有专长的中间商。一些能够承办大型会议的饭店就要与这些人接触。

④旅游管理机构。一些旅游管理机构也会在某种程度上发挥中间商的职能。它们为本地区的旅游产品进行整体性促销，由此就成了重要的旅游信息交换中心。

⑤全球分销系统。全球分销系统（GDS）是一种网络化的预订系统，可以被看作旅游代理商和其他接待业产品分销商的产品目录。这套系统最先是航空公司为了扩大销售量而开发的。

3.2 饭店营销渠道管理

3.2.1 营销渠道的常规管理

（1）对渠道成员进行鼓励，如对有功人员颁发奖金，对中间商给予一定优惠等。

（2）对营销渠道要经常及时进行检查和评价，要不断分析，及时调整。

3.2.2 营销沟通系统的创新

在饭店各部门之间，要重视信息的横向流动，创新信息交流方式，建立信息沟通的有效体系。营销沟通创新主要包括以下方面。

（1）定期召开部门联席会议。部门联席会议分两种，一种是任务型，另一种是程序型。前者是为了集思广益，群策群力来解决饭店日常经营中出现的难题；后者主要是为了加强沟通，各部门相互传递信息，了解对方的观点，加强对彼此目标、工作作风和问题的理解和尊重。营销部门可利用部门联席会议来消除由于认识分歧导致的营销不协调。

（2）建立营销部门和其他部门间的联合机构。如建立营销—客房部联合机构，加强相互间的协调，改变客房部过于重视成本、质量而不愿增加有助于推销产品和服务的行为。

（3）组织营销管理团队。任何营销组织都有一定的僵固性和对市场反应的滞后性，组织临时性的、以某一任务为导向的营销管理团队能较好地解决这一问题。所谓营销管理团队，就是让员工打破原有的部门界限，直接面对顾客向饭店整体目标负责，以群体和协作优势解决营销问题，赢得竞争主导地位。营销管理团队大多是临时性的"专案团队"，在问题解决之后即解散。营销管理团队由于目标明确、被直接授权和角色分工明确，在解决顾客的具体问题、处理各种市场突发事件方面有极大优势。

（4）建立核心营销系统。旅游饭店可以借鉴工业旅游饭店的一些成功做法，建立稳固的上下游旅游饭店联盟，和供应商、分销商一起构成核心营销系统，既能降低市场的协调成本和交易费用，又能强化与同行饭店竞争的能力。建立核心营销体系，关键是着眼于培养与供应商、分销商的互惠伙伴关系。在上游，旅游饭店可以用长期采购关系作为激励手段开发与供应商的合作；在下游，旅游饭店也应设法和分销商建立长期的伙伴关系。

4. 旅游饭店促销策略

所谓饭店促销，是指旅游饭店为了培育和强化企业形象，激发顾客的购买欲望，影响他们的购买行为，扩大饭店产品或服务的销售所进行的一系列沟通工作。这种沟通通常采用说明、引导和鼓励的方式。

4.1 饭店促销方式

对旅游饭店而言，可以借鉴参考的促销方式有许多种，传统的营销理论一般强调这样四种：广告、人员推销、营业推广和公共关系。但从另一个实用和有效的角度分析，旅游饭店的促销方式主要有以下十种，各种方式的运用又常常互相交叉和组合。

4.1.1 依靠政府，借势造势

所谓依靠政府是因为政府承担着引导市场整体走向的责任，具有强大的组织力、影响力，所以借助政府这条大船出海是走向市场的良好途径。

4.1.2 借助媒体，广示天下

现代社会是一个信息社会，信息的载体是传播媒体，包括电视、电影、报纸、杂志、广告等，这些媒体已经成为大众时刻关注的焦点，成为信息来源的渠道。借助媒体可以广示天下，迅速扩大自己的知名度。

4.1.3 口号开路，形象导入

树立形象、传播形象是每一个旅游饭店都十分注重的促销方式，用简洁、明快的语言或图形，浓缩自己的形象，容易较快进入市场对象的脑海，成为市场对象的选择目标。

4.1.4 区域联合，携手促销

有时候一个地区或某一个旅游饭店孤军奋战会显得势单力薄，也会缺少顾客的信任，区域联合对市场的吸引力无形中会加大，而一个地区或一个旅游饭店在区域联合中会得到整体优势所带来的巨大利益。

4.1.5 科技领先，网络推广

现代科技极大地影响着人们的生活，科技进步也给旅游业的发展注入了新的活力。网络促销已经成为世界范围内最热的或者说上升速度最快的促销手段。

4.1.6 举办活动，集中宣传

通过举办文体活动、美食活动、康体活动、展示活动等形式进行促销。活动要准备充分，内容要新颖独特，形式要健康活泼，这样才能在社会上产生轰动效应。如果能够把活动办成定期的，其影响会更大。

4.1.7 关注名人，借名扬名

名人一般是指那些社会上的成功者，他们的影响比普通人要大得多。名人也会产生一些特殊的吸引力，借助名人来吸引客人，是旅游饭店很好地宣传自己的方式。

4.1.8 行业联手，组合产品

旅游是多行业组成的产业，一个旅游饭店不可能完完全全囊括全部的旅游要素，不可能满足旅游者的全部需求。因此，必须把分散的要素组合成产品，使产品具有较强的市场竞争力。在市场上，产品的作用远远大于某个旅游饭店的作用，旅游者在选择旅游饭店时，有可能更多地从产品的角度出发，使自己的需求得到最充分的满足。

4.1.9 全员促销，突出能力

科技进步不可能完全抹杀人的作用，科技也需要人来掌握，更何况旅游促销中常常有情感的因素，而情感是通过人与人之间的交流才得以巩固发展的。所以在旅游促销中，现在仍然要强调个人的能力。有一支好的促销队伍，甚至全员促销，对旅游饭店的发展和走向市场至关重要。

4.1.10 提高质量，重视口碑

任何促销都是在服务质量，包括软件质量和硬件质量得到基本保证的前提下开展的对外活动。促销不是骗人上当，也不是一锤子买卖，所以，必须有服务质量作为基本保障。这种保障是促销强有力的支撑点，是形成良好口碑的支撑点。有良好的口碑，就会有回头客，就会有越走越亲的熟客。

4.2 饭店实物促销

饭店实物促销从饭店诞生之日就已经开始，比如古代客栈在门前摆放酒坛。饭店的实物

促销是维持其统一品牌和统一形象的必然选择。

4.2.1 饭店促销型实物的基本类型

饭店促销型实物是指饭店设置在饭店内及其附近区域、可以用于推销饭店产品或传达饭店信息的宣传物品。饭店促销型实物类型多样，按照其形态特征，可分为平面宣传实物、装饰性实物、饭店情景实物和其他饭店实物四个大的类别。

（1）饭店平面宣传实物。饭店的平面宣传实物是饭店内带有明显促销目的的平面宣传广告，它主要包括以下物品。

①饭店内的方向指示系统。饭店内设有大量的方向指示标牌，它们对客人使用饭店的设施设备有较强的引导作用。尤其对饭店环境不太熟悉的客人，方向指示标牌的消费引导作用较为明显。为了增强其效果，饭店可以在部分指向各消费场所的标牌上附带简短的说明，让客人可以更清楚地了解其消费内容。

②平面宣传海报。饭店的平面宣传海报通常以促销某种特定的饭店产品为目的，由于其目标对象往往是已经入住饭店的客人，因此最常见的是用于促销餐饮、康乐等产品和设施的平面广告。

③饭店宣传画册。饭店宣传画册是饭店用于宣传饭店产品且客人往往可以带走的广告印刷品。饭店宣传画册不仅可以对住店客人进行产品介绍，而且可以随着客人的流动而具有发散性的宣传效果。饭店宣传画册的形式很多，比如菜牌、饭店服务指南、饭店宣传册、美食节宣传手册等。

（2）装饰性实物。装饰性实物是用于装饰饭店环境或映衬节日、活跃气氛而设置的装饰物品，它虽然不以产品促销为直接目的，却能非常强烈地传达饭店产品信息，从而在事实上起到产品促销的作用。装饰性实物通常分为以下三种类型。

①饭店的建筑外观。饭店建筑实体的外观是饭店最实在，也应该是最好的形象标志，它所传递的艺术特质、消费氛围是消费者所能感受的第一印象，因此对于消费引导显得特别重要。比如武夷山的武夷山庄，它的建筑外观所传递的是生态休闲型的园林风格，饭店可以通过夜晚的灯光变幻使其建筑外观的形象有所改变。

②饭店室内装饰。饭店室内装饰的格调可以充分体现饭店产品的消费档次，因此具有直观的消费引导作用。同时，部分消费场所的室内装饰可以直接影响消费者消费产品的数量和类型，比如餐厅的色调，暖色调可以刺激食欲，使消费者吃得更多。

③装饰品。饭店内的装饰品通常是应景实物，也就是为了映衬节日或者其他活动而设置的装饰性物品。比如圣诞节在饭店门口摆一棵圣诞树，在大堂内放一个圣诞老人塑像，过春节吊几个灯笼等，既可以营造喜庆的气氛，又可以向客人暗示饭店的部分节日产品。

（3）饭店情景实物。饭店情景实物是指饭店内具有展示效果且可以被客人使用或购买的设施、商品等实体物品。情景实物往往结合了饭店员工甚至客人本身的行为情景，因此具有展示效果，是饭店产品集中的直接呈现，也是较好的促销方式之一。饭店情景实物主要包括以下物品。

①包含运作情景的饭店设施。比如，饭店咖啡厅的外墙采用透明的玻璃墙，店外的行人可以透过玻璃观察里面的设施设备、服务员的操作、客人的消费；又如，许多饭店将餐厅和厨房之间的隔墙也换成玻璃墙，餐厅内的消费者可以非常清楚地看到厨房内的卫生状况，以

及食品如何从原材料变成美味佳肴。它既具有演示效果,增加消费的情趣,还能促进消费者增加消费数量。

②包含运作情景的实体商品。比如餐厅里面的酒水车、摆放小吃的餐车等,它由服务员推送,能够非常直观地展示饭店所售商品,客人看得见、摸得着,自然效果不错。

③饭店商场。大部分饭店内都会设置规模不一的商场,向客人提供各种商品。商场内商品的摆放也具有展示和促销的作用。

(4)其他饭店实物。除以上三类促销性实物外,饭店还有很多物品直接或间接担当起促销的职能,比如印有饭店标志的购物袋、纪念品、购物券、奖券等。这些物品的主要功能并不在促销,但是由于它们表面往往印有饭店的标志,而且会随着饭店客人的流动而流动,因此不仅有促销的作用,而且有流动宣传的作用。对于此类物品,饭店应该好好利用。

4.2.2 饭店实物促销的作用

饭店实物促销往往需和人员促销相互结合。相比而言,人员促销是通过专职营销人员或负有营销职责的饭店其他人员的语言和行为来实现的,它主要通过听觉、视觉的刺激来达到目的。而饭店实物促销不但有听觉、视觉的刺激,甚至还有嗅觉、味觉的刺激,感官刺激的多样化可以强化饭店顾客的消费行为,提升促销的效果。

实物促销既是为了促销饭店产品,同时也是为了给顾客方便,让饭店顾客了解饭店产品,为顾客更好地利用饭店设施设备、饭店产品提供信息条件,避免顾客有消费需求而无消费门路。实物促销的恰当设计可以使所有促销性实物都成为饭店的装饰工具,从而在事实上起到美化环境的作用,这对于改善饭店消费氛围有比较好的效果。

实物促销可以运用诸多立体化的手段和方式,可以在达到促销饭店产品、传递饭店信息目的的同时,提升顾客的服务感受,让顾客在情景化的促销方式当中获得一种情趣、一种体验;美好的体验往往能转化为顾客的美好回忆,从而有助于顾客忠诚度的形成。

4.2.3 实物促销的设计原则

实物促销是一种在饭店里进行运作,以店内外客人作为对象的营销方式。当促销内容决定以后,促销性实物的采用、设置,时间的选择等要素都需进行综合的权衡,需要遵循如下既定的原则。

(1)品牌化原则。实物促销在进行综合设计的过程中必须注意品牌形象的运用,为了能对顾客进行反复的形象刺激,要求大部分促销性实物都贴上饭店的品牌标志。品牌标志在造型、色调上应该与饭店的常规标志保持一致,以使顾客获得统一的品牌认知。在促销性实物上贴上品牌标志要注意和实物相结合,品牌标志的大小、位置既不能影响促销性实物的美学效果,又能让顾客注意到其品牌标志,两者的结合要有一种若有若无的境界。

(2)美学化原则。要达到促销目的,首先要能吸引顾客的目光,因此,促销性实物的外观要符合美学原则,有美的特质,能让顾客产生新奇感、美感。饭店产品都代表着一种消费档次,有其相应的目标受众,因此在美学品位的选择上,要能照顾到饭店的主体目标客源,符合他们的欣赏口味。

(3)立体化原则。促销性实物类型多样,每种促销性实物的信息传递功效又存在不同。因此,饭店在进行实物促销时应本着立体化的原则,通过多种促销实物的结合运用,发挥其整合的营销效果。当顾客漫步在饭店内外时，可以看到目标同一、形式上又有所变化的促销实物，其获得的反复刺激当然能对顾客形成心理冲击。需要指出的是，促销实物的立体化并不是说实物的运用越多越好，因为太多会显得杂乱，反而破坏饭店环境，因此立体化应该在美学化原则指导下进行运作。

（4）时效性原则。饭店的主体产品是一种无形产品，顾客在体验前和体验后往往无法感知。作为弥补，饭店应该通过促销性实物的有形展示来进行烘托，也就是借有形物体体现无形服务，增强顾客的感知和回忆。促销性实物的气氛烘托作用往往要考虑其时效性和季节性，比如夏天的宣传画应该体现清爽的感觉；冬日的宣传画应该具有温暖舒适的格调；而节假日要让顾客能从促销性实物当中感受到吉祥喜庆的气氛。

4.2.4　饭店实物促销的应用策略

（1）品牌标志实体化策略。品牌标志实体化是饭店进行品牌促销的常用策略之一。实物因素可以直接冲击顾客的视觉，激起顾客的感觉性因素。大凡成功的旅游饭店都有属于自己的实体化品牌标志，比如麦当劳门前的巨大金字 M 以及和蔼可亲的麦当劳大叔塑像，肯德基家乡鸡公司的山德士上校肖像及 KFC 标志，还有中国本土的大娘水饺餐饮公司的吴大娘肖像等，它们都以实体的形象为顾客进行产品差异区分，从而有助于顾客更好地识别产品、购买产品、记忆其标志。饭店还可以将其形象标志印在宣传册、记事纸、文具及其他小件用品上，这也是品牌标志实体化的形式之一

（2）产品认知情景化策略。饭店实物促销的一个好处是能为顾客创造一种情景化的促销氛围，顾客身处促销环境而不自觉，反而能从中获得一种体验。比如，在电梯轿厢中贴上平面宣传画，顾客在乘坐电梯时可以利用其打发无聊时光。在一些节假日或主题活动日，饭店通过相应的环境装饰，让顾客充分体验和感受喜庆气氛，顾客身处其中心境自然会有所变化。通过情景化的实物向顾客传递产品信息往往能达到一种"随风潜入夜，润物细无声"的效果。

（3）物品展示方便化策略。实物促销的设计应该让顾客较为方便地了解饭店所传递的产品信息，比如，饭店的方向指示标牌应该简洁、清晰、明了，切忌故弄玄虚、让顾客一头雾水。物品展示的方便化还应该从展示视线、展示路线等多个方面进行综合设计，比如，在产品生产地采用透明装置，让消费的顾客和潜在的顾客都能观察产品的生产过程；又如，有些饭店改变商场的传统设置方位，将商场和餐厅结合在一起，商场设置在餐厅进出口的位置，顾客进入餐厅必然要经过商场，商场的物品经过艺术化的摆设，既可美化环境，又可直接增加对顾客的消费刺激。当然，在实物促销中改变传统的路线或视线要以方便化作为基本的应用策略，其基本的原理就是减少顾客的边际购买成本，让他们的消费行为更真实、更可靠、更方便。

4.3　旅游饭店关系营销

关系营销是识别、建立、维护和巩固饭店与顾客及其他利益相关方关系的营销活动，其实质是在买卖关系的基础上发展良好的非交易关系，以保证交易关系能够持续不断地建立和发展。关系营销的核心是建立和发展同相关个人与组织的兼顾双方利益的长期联系。

在"关系营销"思想的指导下，一家饭店必须处理好与下面五个子市场的关系。

第一，供应商市场。与供应商的关系决定了旅游饭店所能获得的资源数量、质量及速度。

第二，内部市场。饭店员工即饭店的内部市场。只有对饭店各方面都感到满意的员工，才可能以更好的态度和更高的效率为外部顾客提供更优质的服务，并最终让顾客感到满意。

第三，竞争者市场。在竞争者市场上，饭店营销活动的主要目的是争取那些拥有互补性资源的竞争者的协作，实现知识的转移、资源的共享和更有效的合作。

第四，顾客市场。顾客是饭店生存和发展的基础，市场竞争的实质是对顾客的争夺。

第五，影响者市场。新闻媒体、金融机构、政府管理部门以及行业协会等各种各样的社会团体，对饭店的生存和发展都会产生重要的影响。

4.3.1 关系营销的中心

关系营销的中心是顾客忠诚。顾客忠诚是关系营销的核心和归宿。与交易营销相比，关系营销更关注的是如何提高顾客满意度，培育顾客忠诚。

培育顾客的忠诚，即提高回头率，是饭店的重要营销目标。因为只有忠诚的顾客才会重复购买。美国学者雷环赫德和塞斯研究发现，顾客回头率每上升5%，利润可相应提高5%~12%。这是因为：首先，相对于普通顾客来说，经常惠顾的顾客对价格的敏感程度较低，消费能力更强；其次，忠诚的顾客有助于节约饭店的营销费用，因为平均每个忠诚的顾客会向10个人进行有利的口头宣传；最后，忠诚的顾客具有高度的"参与意识"，是饭店的"兼职咨询员"，愿意为饭店提供各类重要信息。

4.3.2 关系营销的三个层次

根据美国康奈尔大学饭店业研究中心的研究，决定客人忠诚度的有四个因素：价值、利益、（可控制的）支出和（对饭店品牌的）信任，其中最关键的是"利益"和"信任"。因此，关系营销必须为顾客制定增值策略，提供特殊的优待。如建立常客档案，实施常客计划，给予更加个性化的服务等。根据特殊优待给顾客创造不同的价值，市场营销学教授贝瑞和帕拉苏拉曼把关系营销归纳成一级关系营销、二级关系营销和三级关系营销三个层次。

一级关系营销。一级关系营销又被称作频繁市场营销或频率市场营销，是最低层次的关系营销。它维持顾客关系的主要手段是利用价格刺激增加目标市场顾客的经济利益，即采取顾客分级的方式，对忠诚度越高的顾客，做越多的投资，让他们享受特殊的优惠和更多的好处。如万豪、香格里拉就与一些航空公司开发了"里程项目"计划，住这些饭店可以得到航空公司的里程积累。还有的饭店集团，如希尔顿、喜来登等，实施常客计划或成立常客俱乐部，对常客或大客户在价格上给予更多的折扣和优惠。一级关系营销的另一种常用方式是对不满意的顾客承诺给予合理的经济补偿或退款的特权。当然，优惠、积分等方式可以建立起顾客对饭店产品的偏好，但也很容易被竞争对手模仿。同时，由于只是单纯价格折扣的吸引，顾客易受到竞争者类似促销方式影响而转移购买。所以，单纯以经济杠杆是无法打造顾客忠诚度的，还必须通过其他营销方式，创造无法模仿的顾客独特价值。

二级关系营销。二级关系营销就是在增加目标顾客经济利益的同时，也增加他们的社会利益。这种情况下，营销在建立关系方面优于价格刺激，饭店员工可以通过了解单个顾客的需求和愿望，不断充实顾客信息资料，并使服务个性化和人格化，来增加饭店与顾客的社会联系。因而二级关系营销把人与人之间的营销和旅游饭店与人之间的营销结合了起来。如服务时尽量称呼客人姓名，逢年过节或顾客生日时送一些卡片之类的小礼物或电话问候，以及与顾客共享一些私人信息等,都会增加顾客入住同一饭店的可能性。当然,饭店建立完善的回访机制,与顾客建立持续对话的通道,妥善处理顾客投诉,及时发现饭店服务中的差错和不足,改进服务质量,也是二级关系营销中非常重要的内容。

三级关系营销。三级关系营销就是增加与顾客的结构纽带,与此同时附加经济利益和社会利益。结构性联系要求在营销中与顾客建立稳定、便利的联系方式,要更加关心顾客的内心。例如,北京王府饭店规定,凡入住王府饭店20次以上的客人,就列入"王府常客"名单,并可享受下列特殊待遇:拥有一套烫金名字的个人信封、信纸、火柴;一件合身定制的专用浴衣,浴衣上用金线绣着客人的名字,客人离店时收起,下次来店入住时,客房部又取出为客人挂好。只要可能,饭店尽量安排客人住其中意的客房。

三级关系营销还有一种方式,就是根据自身客源结构的特点,通过顾客组织化的形式,建立特殊的团队,并为这个团队提供特别的服务,使顾客感觉饭店销售的不仅仅是一种产品,还是一种生活方式。如上海和平饭店的"金融家俱乐部"、上海某饭店的"建筑师之家"等,饭店为专业会员免费定期提供专业论坛、洽谈会、优惠卡和组织一些文体活动等,深受顾客欢迎。

4.3.3 关系营销的基础

硬件基础。首先,关系营销必须建立顾客数据库,这是硬件基础。如果饭店在每位顾客消费时,通过数据库建立起详细的顾客档案,包括顾客的消费时间、消费频率、偏好等一系列特征,饭店就可借此准确找到自己的目标顾客群,降低营销成本,提高营销效率。其次,饭店还可以通过数据库营销,经常保持与顾客的沟通和联系,并预测顾客需求,提供更加个性化的服务。

强化软件。关系营销还必须强化软件,即员工的素质。直接频繁面对顾客的员工,作为最直接、对顾客影响最大的"品牌接触点",必须经过严格的专业培训和进行标准化管理,具备较高的专业素质和服务水平。

小结:本节学习了旅游饭店产品策略、定价策略、营销渠道、促销策略的基本理论,要求掌握旅游饭店产品的开发程序、旅游饭店产品促销原则,熟悉旅游饭店关系营销的中心。

小组实训:选择一家本地四星级饭店,为其制作一份市场营销策划方案。

任务三小结:通过本任务学习,学生要掌握旅游饭店产品及其在不同生命周期阶段的特点,旅游饭店的营销策略、定价策略,熟悉旅游饭店产品的分销渠道,能够设计旅游饭店产品的促销策略。

拓展阅读

星巴克的体验营销法

体验属于产品范畴,而把体验做成文化,就升华到品牌层级;品牌文化是品牌塑造的重要部分,从产品到品牌的升华,是扎扎实实地做品牌。

任何一个品牌的成功都不是偶然的,总有其值得借鉴的地方,而星巴克凭借小小的一杯咖啡,用30多年时间,在全球开了22 000多家分店,成为全球最大的咖啡连锁店,不得不令人敬佩。

从不在电视和传统纸媒上做广告的星巴克,用它独有的体验文化,打造了一个成功的品牌,堪称奇迹。那星巴克是如何打造极致的体验文化的呢?

一、优质的产品体验

咖啡量产,保证顾客在全球任何一家店喝到的咖啡味道差别都不大。星巴克的目标是让消费者认可这就是咖啡,并留下"我喝到了高质量咖啡"的印象。

造就传奇的咖啡王国非一朝一夕之功,它源于长期以来对人文特质与品质的坚持:采购全球最好的高原咖啡豆以提供给消费者最佳的咖啡产品。

星巴克的咖啡具有一流的纯正口味并且营造出独特的味觉体验,为保证咖啡的质量,星巴克设有专门的采购系统。采购人员常年旅行在印尼、东非和拉丁美洲一带,与当地的咖啡种植者和出口商交流沟通,为的是能够购买到世界上最好的咖啡豆。

他们工作的最终目的是让所有热爱星巴克的人都能品尝到最纯正的咖啡。星巴克的咖啡品种繁多,既有原味的,也有速溶的;既有意大利口味的,也有拉美口味的;顾客可凭自己的爱好随意选择。

二、独特的环境体验

星巴克提供了一个方便、整洁的让人坐下休息、聊天、简单办公的场所,不给顾客心理压力。绝大多数门店有不止一个出入口,不同入口都开在店的不同方向,不喝咖啡,行人也可以把星巴克当成普通商场的走廊从中穿过。

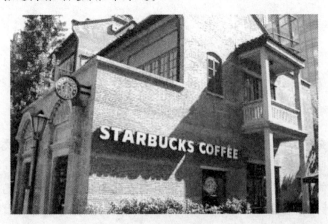

星巴克擅长打造咖啡之外的"体验",在气氛制造、个性化的店内设计、暖色灯光、柔和音乐等方面营造的体验环境,让顾客爱上星巴克。就像麦当劳一直倡导售卖欢乐一样,星巴克把美式文化逐步分解成可以体验的东西。

三、绝妙的生活体验

在星巴克看来,人们的滞留空间分为家庭、办公室和其他场所。

星巴克致力于抢占人们的第三滞留空间,精湛的钢琴演奏、经典的欧美音乐背景、时尚的报刊、精美的欧式饰品等配套设施,力求给消费者营造高贵、时尚、浪漫、文化的氛围,让喝咖啡变成一种生活体验。

四、体贴的服务体验

星巴克的服务是半自助的,大部分服务终止在吧台,需要自己排队端饮料,这样既节省人力又让顾客免于潜在的压力。

"以顾客为本""认真对待每一位顾客,一次只烹调顾客那一杯咖啡",这一源自意大利老咖啡馆工艺精神的企业理念成了星巴克快速崛起的秘诀。

星巴克还极力强调美国式的消费文化,顾客可以随意谈笑,甚至挪动桌椅,随意组合。这样的体验也是星巴克营销风格的一部分。

五、巧妙的沟通体验

星巴克一个主要的竞争策略就是在咖啡店中同顾客进行交流,特别重要的是咖啡师同顾客之间的沟通。每一个咖啡师都要接受不少于 24 小时的岗前培训,包括顾客服务、基本销售技巧、咖啡基本知识、咖啡的制作技巧等。咖啡师必须能够预感顾客的需求,在耐心解释咖啡的不同口感、香味的时候，大胆地进行眼神接触。

星巴克认为它的产品不单是咖啡，而且是咖啡店的体验文化。

六、人文的关怀体验

星巴克不光重视它的顾客，也重视它的伙伴，它让伙伴觉得在星巴克工作是自豪的事，受到尊重，有安全感、归属感，有牵挂，有所追求。星巴克在中国依然是格调和小资的代名词，"我在星巴克工作""我是咖啡师"，两句话足矣。每个小伙伴入职后都要学习咖啡知识，频繁进行咖啡品尝。

星巴克利用企业文化在一定程度上消灭了员工之间的不平等和不尊重。在这里员工可以相对轻松地得到人生的至高追求：被尊重，付出努力就可以获得很高的自我认同。

伙伴们将自己对于星巴克的积极体验传递给每一个来店消费的顾客，使顾客能够享受到更好的体验。

星巴克公司出售的不仅仅是优质的咖啡、完美服务，更重要的是顾客对咖啡的体验文化。

资料来源：职业餐饮网，http://www.canyin168.com/glyy/jycl/201607/66730.html。

问题：结合星巴克的体验营销法谈一谈你受到哪些启发。

插入视频：星巴克宣传片。

任务四　旅游交通营销策划

知识点：通过本任务学习掌握旅游交通营销策划的概念、程序和方法，掌握旅游交通营销策划的体系构建，能熟练设计旅游交通项目价格营销策略。

模块五　旅游营销战略实务

技能点：掌握旅游交通营销策划体系的构建，能够设计旅游交通项目价格营销策略。

全球 8 条顶尖奢华的铁路旅行路线

英国《每日邮报》盘点了世界上为数不多的几条令人难以置信的铁路旅行路线，包括伊朗、泰国、加拿大等国的经典路线。在这些旅程中，旅客们可以在舒适优雅的氛围中，悠闲自在地欣赏窗外美景。

1. 亚洲东方快车之旅——新加坡至曼谷

在这段旅程中，游客可以在餐车享用丰盛的美食，在酒吧品味餐后茶点。途中停靠的站点有新加坡、吉隆坡、槟城、合艾、素叻他尼、春蓬、华欣以及桂河大桥，最终到达泰国首都曼谷。旅程中，游客们可以下车游览泰国的乌布迪亚清真寺，马来西亚的霹雳皇家博物馆、苏丹博物馆，以及在风景如画的桂河泛舟，探索当地的历史文化。

2. 金鹰豪华列车之旅——莫斯科至德黑兰

金鹰豪华列车的官网显示，这条路线经过古代丝绸之路上的波斯，游客们能够自行探索目的地。走完这段旅程需要 17 天，列车始发于俄罗斯首都莫斯科，途经哈萨克斯坦的拜科努尔，乌兹别克斯坦的塔什干、撒马尔罕、布哈拉、希瓦，土库曼斯坦的阿什哈巴，伊朗的马什哈德、伊斯法罕，最终抵达伊朗首都德黑兰。

·289·

3. 印度王公豪华之旅——孟买至新德里

这趟列车由孟买起程，途中经过阿旃陀的中世纪山洞、拉贾斯坦邦的堡垒和宫殿，以及雄伟的泰姬陵。游客们可以在停靠的站点下车，参加当地的游览观光活动，包括夜晚在沙滩上举行的鸡尾酒品酒会、骑象彩喷等活动。

4. 横跨西伯利亚之旅——莫斯科至海参崴

每人花费 1 520 英镑（约合人民币 14 271 元），游客们便可以感受由莫斯科至海参崴这一世界上最长的铁路线。

5. "落基山登山者"号——环游温哥华

列车由温哥华起程，游客们可以领略途中美轮美奂的原野风光。此外，从车窗向外眺望，还可以观赏到沿途的激流以及雪崩景观。更刺激的是，游客们还可以下车追寻野生动物的足迹，游览幽鹤国家公园以及哥伦比亚冰原。

6. 威尼斯辛普伦东方快车——伦敦至威尼斯

这段旅程中，游客们先乘坐极其舒适豪华的普尔曼式列车，穿越海峡后，转移到前往威尼斯的辛普伦东方快车。整列火车如同一座五星级酒店，白天每间包厢都是一间优雅大气的客厅，而晚上则变成舒适豪华的卧室。途中可欣赏秀美壮丽的山川河流，以及乡下唯美惬意的田园风光。此外，列车在巴黎、因斯布鲁克和维罗纳也会有短暂的停靠。

7. 非洲之傲豪华列车之旅——开普敦至比勒陀利亚

这段独一无二的旅程会带领游客们从开普敦起程穿越南非抵达比勒陀利亚，途中经过许多名山秀水以及著名景点。为期六天的旅行会穿越金黄色的高地草原以及令人难忘的荒凉的大卡鲁地区，途中还会经过马奇斯方丹的古村庄。

8. 七星之旅——九州环岛旅行

为期4天的旅程环绕九州岛，穿越福冈、大分、宫崎、鹿儿岛和熊本，途经的热门景点包括如汤，可在东海之滨观赏日落美景以及在阿苏地区漫步观景。

资料来源：人民铁道网，http://www.peoplerail.com/rail/show-483-290291-1.html。

问题：案例中的旅游路线是如何吸引游客的？

插入视频：加拿大铁路旅行宣传片。

第一节　旅游交通营销策划概述

在旅游业食、住、行、游、购、娱六大要素中，旅游交通是一个十分重要的环节，与旅行社、旅游住宿并称为旅游业的三大支柱。旅游交通项目包括三个方面的内容：一是旅游交通路线；二是旅游交通运载工具；三是旅游交通站点。旅游交通项目根据其提供的内容可分为常规交通项目、特色交通项目、主题交通项目；根据售卖方式可分为定制交通项目、联盟交通项目；根据时间长短可分为短期交通项目、长期交通项目；根据范围可分为景区外部的大交通、景区内部的小交通。

1. 旅游交通项目的含义

1.1 旅游交通路线

旅游交通路线包括人工修筑的和自然形成的路线。人工修筑的路线有公路、铁路、索道、运河等。自然形成的路线有内河航道、湖泊航道、海上航道等。前者大部分通过人工劳动修筑而成，后者是在自然水域基础上经过人工探测和试航形成。不论哪种路线，其成本都较高，维护修缮耗资较多。

1.2 旅游交通运载工具

旅游交通运载工具包括现代旅游交通运载工具、传统旅游交通运载工具和特殊旅游交通运载工具。现代旅游交通运载工具主要指飞机、火车、轮船、汽车等和工业城市建设联系紧密的交通工具；传统旅游交通运载工具指人力车、马车、木帆船、雪橇等和自给自足生态联系紧密的交通工具；特殊旅游交通运载工具有汽艇、气球、滑翔机、索道缆车等满足特殊地形地貌交通需求的交通工具。现代旅游交通运载工具是目前旅游活动的主要运载工具，批次多，数量多，而传统旅游交通运载工具和特殊旅游交通运载工具在旅游活动中，更多的是对现代旅游交通运载工具的补充和辅助，批次有限，总量较少。

1.3 旅游交通站点

旅游交通站点包括旅游者集散地、旅游交通运载工具停靠点两种。机场、火车站、汽车站、码头等，既是旅游者集散地，也是交通运载工具停靠点。长途休憩小站、加油站、服务区等，都是旅游交通运载工具停靠点。目前，旅游交通站点主要由所依托的景区所在地和规模、游览方式、旅游客源市场所在地和旅客流向等因素决定。

2. 旅游交通项目的特征

2.1 旅游交通的不可储存性

旅游交通是满足旅游者空间位移需要的产品，生产和消费同时开始、同时结束。旅游交通当天卖不出去，当天的价值就无法实现。旅游交通商品不可储存的特点，要求旅游交通部门要重复利用现有运力，最大限度地提高利用效率。

2.2 旅游交通的季节性

受旅游活动影响，旅游交通需求具有明显的季节性。在大范围内，我国5月到10月气候特性突出，景色优美，7月到9月、1月到2月又是大部分人休假探亲、避暑疗养、旅游观光的时间，是旅游交通需求旺季。在小范围内，周末是一周旅游交通最繁忙的时间。由于旅游交通商品不可储存，旅游交通的季节性导致运力需求的不平衡，淡季过剩、旺季不足是阻碍旅游交通效益增长的重要因素。

2.3 旅游交通的特殊性

旅游交通主要指客源地与目的地或目的地与目的地之间的交通服务，和普通的公共交通既有相同之处也有不同之处，相同之处是都基于出行目的，同等条件下安全、快速是首选项；不同之处是旅游者在有限的游览时间中，倾向于减少重复乏味的交通时间，增加安全有趣的交通时间，同等条件下安全、有趣是旅游交通的首选项。因此，能够在保证安全的前提下，从游客的体验出发，增加游览兴趣的交通项目更受欢迎。

3. 旅游交通的地位和作用

3.1 旅游交通是旅游业产生和发展的先决条件

旅游交通与旅行社、旅游饭店并称旅游业三大支柱。旅游业的服务对象是旅游者，而旅游者大多来自旅游地以外的客源地。旅游者要到达旅游目的地，首先必须解决交通运输问题；到了目的地后，还要进行游览活功，游览完毕还需及时返回客源地。旅游交通被人们称为旅游事业的大动脉，目的是让旅游者"进得来、散得开、出得去"，为旅游业的存在和发展提供先决条件。

"进得来"，指旅游者到达旅游目的地所需要的交通运输服务。

"散得开"，指旅游者到达旅游目的地后，进行游览活动所需要的交通运输服务。

"出得去"，指旅游者游览完毕，安全、舒适、快捷地离开旅游目的地所需要的交通运输服务。

3.2 旅游交通是旅游经济收入的重要来源

旅游交通是旅游者旅行游览活动中使用最频繁的服务，交通费用支出占旅游总支出较大比重，同时旅游交通费用收入是旅游经济收入的重要来源，是衡量地区旅游业发展情况的重要指标。我国疆域辽阔，不同地域游客流动数量大，旅游交通增长潜力较大、增长速度也较快。

3.3 旅游交通促进旅游地区的经济发展

旅游交通的特性决定了交通部门要在交通设施方面增加数量和提高质量，要兴建和扩建机场、车站、码头、港口、高速公路等交通设施，配备相应数量的飞机、汽车、火车、轮船等交通运载工具，满足旅游者对交通运输的需求。这些交通设施的兴建和增加，会给旅游城市创造经济发展的基础条件，还能促进城市群中其他城市的经济发展。

小结：学习掌握旅游交通的含义，了解旅游交通项目的特征，掌握旅游交通的地位和作用。

小组讨论：谈一谈你所在省份的旅游交通发展状况。

第二节 旅游交通营销策划实施

1. 旅游交通项目设计

1.1 项目设计角度

（1）交通工具本身的特色或者知名度，如索道、马车、雪橇、热气球、威尼斯小艇等。

（2）交通服务的优秀程度，优秀的服务也能成为吸引游客的标的物，如一些口碑好的航空公司。

(3) 交通设施的独特性，如栈道、玻璃悬空桥等。

(4) 游客的参与性，如自行车、手划船、自驾游等。

1.2 项目设计要点

(1) 完善交通设施。安全、方便、快捷、舒适是游客对旅游交通的基本要求，在此基础上策划旅游交通产品，达到丰富游客体验和增加收入的目的。

(2) 塑造特色体验。将交通工具、服务、设施、游客的参与和自然人文风貌相结合，重新设计游客旅途中的外部世界，实现旅游栖息地的休憩目的。

(3) 拓展组合。打造与交通有关的旅游项目体系，更快更好地实现经济效益与社会效益。

世界著名内河游轮旅游航线

水景吸引物，尤其是内陆水道——湖泊、河流和运河，因其独特的魅力，为休闲旅游业提供了特别的机会，内河游轮旅游因此蓬勃发展。世界上主要的河流一直吸引着游客。

世界第一长河尼罗河从南到北流贯埃及全境，尼罗河游轮旅游一直是埃及的旅游名片。著名影片《尼罗河上的惨案》讲述的就是发生在尼罗河游轮上的经典故事。建在尼罗河上的特大电站阿斯旺水电站，其110米高的水坝将尼罗河拦腰截断，形成宽15公里、长500多公里的纳赛尔湖，成为内河游船旅游的绝佳景观。埃及的旅游业主要依靠尼罗河游轮作为交通工具。现在埃及每年近千万的海外游客，乘坐尼罗河游轮的就占1/3，可见尼罗河游轮之兴盛。尼罗河游轮行程一般安排三晚四天，每年的11月至次年3月是乘船游览尼罗河的最好时段，数百艘豪华游轮穿梭在阿斯旺与卢克索之间，游客可以悠闲地在沙漠长河中游览与享受，并且价格也不贵。

莱茵河的游轮旅游采用巴士运营模式，沿河建有众多码头，游览莱茵河可以在任意一个码头上船下船，像坐公交车一样方便。这条航线中最热门的是从吕德斯海姆到科布伦兹的一段，在60公里的航程中会经过30座城堡，让人目不暇接。这段游览线路被联合国列为世界文化遗产。

与莱茵河不同,多瑙河上的游轮以休闲体验为主。世界各大游轮公司都有多瑙河游览线路,这里的游轮多以水上酒店式经营。由于多瑙河流经国家众多,在游轮上可以欣赏到两岸丰富的人文景观和欧陆风光。这些游轮会经停好几座欧洲历史文化名城,游客可以去维也纳歌剧院听歌剧,去布达佩斯城里小酌,也可以去参观众多的中世纪大教堂和城堡,还有各式葡萄酒庄园,这种舒适悠然的休闲游是多瑙河的独特魅力。

长江的精华线路在三峡段。重庆是这里最大的城市,重庆三峡游轮旅游也已经初具规模。这里山高水清,沿途也会经过好几座拥有特殊魅力的山城小镇。但是,目前的游客量并不及尼罗河、莱茵河及多瑙河、伏尔加河这种着意发展游轮旅游的航线,甚至也不及密西西比河航线。可见三峡游轮航线还大有潜力可挖。

资料来源:百度文库,https://wenku.baidu.com/view/be762494aeaad1f347933f1a.html。

问题:旅游交通项目对沿途城市的经济效益和社会效益有哪些?

插入视频:多瑙河上的星途游轮宣传片。

2. 旅游交通运输项目价格体系

2.1 交通运输企业的成本项目

2.1.1 燃料及各种材料费

燃料及各种材料费是指交通运输企业在营运过程中实际消耗的各种燃料、材料、润料、备品配件、航空高价周转件、垫隔材料、轮胎、专用工具器具、动力照明、低值易耗品等物品的费用。

2.1.2 营运人员工资及福利费

营运人员工资及福利费是指交通运输企业从事营运活动的人员的工资、奖金、津贴和补贴等费用。

2.1.3 固定资产折旧及修理费

固定资产折旧及修理费是指交通运输企业在生产过程中发生的固定资产折旧费、修理费、租赁费。

2.1.4 其他费用

其他费用如取暖费、水电费、办公费、差旅费、保险费、设计制图费、实验检验费、劳动保护费、季节性和修理期间的停工损失、事故损失等费用。

此外，铁路运输企业还包括铁路灾害防治费、铁路绿化费、铁路护路护桥费、乘客紧急救援费等费用；公路运输企业还包括车辆牌照检验费、车辆清洗费、车辆冬季预热费、养路费、运输管理费、过路费、过桥费、过渡费、过隧道费、行车杂费等费用；水路运输企业还包括港务费、拖轮费、停泊费、代理费、理货费等费用。

交通运输企业一般按月计算成本，从事远洋运输的船舶、航空企业可以以"航次"进行计算。

2.2 交通运输的成本指标

2.2.1 运输成本

运输成本是制定运输价格的基础。运输成本＝主营业务成本＋期间费用＋营业外支出。

2.2.2 换算吨公里成本

换算吨公里是把旅客人公里按一定比例换算成吨公里，然后与货物吨公里相加得出的运输周转量指标。现行规定的换算比例是1人公里等于1吨公里，换算周转量就等于旅客人公里与货物吨公里数相加之和，换算吨公里成本就是整个交通项目系统成本支出总额除以换算吨公里数得出的结果。在换算吨公里成本基础上加上合理的利润和国家税金，可以作为制定和控制客运的平均运价率、制定整个运价水平的标准。换算吨公里成本等于运输支出总金额除以换算吨公里数。例如，设某铁路局某年运输支出总额为52 447.833万元，换算吨公里为2 194 470万吨公里（其中旅客人公里为273 870万人公里，货物吨公里为1 920 600万吨公里），计算换算吨公里成本，那么换算吨公里成本就等于0.0239元。

2.2.3 人公里成本

把运输支出总额按一定的方法分配于货运与客运之间，得出货运支出总额与客运支出总额，这种分配是铁路运输部门成本核算时解决的问题。以货运支出总额、客运支出总额分别除以货物吨公里数和旅客人公里数，得出货物吨公里成本和旅客人公里成本。例如，设某铁路局运输支出总额30 800万元，按规定方法分配后，货运支出总额为25 500万元，客运支出总额5 300万元。该年货物周转量为1 020 000万吨公里，旅客周转量为132 500万人公里，分别计算货物吨公里与旅客人公里成本。

$$货物吨公里成本 = 25\ 500 \div 1\ 020\ 000 = 0.025（元）$$

$$旅客人公里成本 = 5\ 300 \div 132\ 500 = 0.04（元）$$

（注：客运支出总额中不应包括行李、包裹、邮件运输的支出，否则计算的旅客人公里成本比实际要高，在制定旅客票价时应予注意。）

2.2.4 水运综合单位成本

水运综合单位成本指全部货客运输综合计算的单位周转量成本，货客运换算比例为：

铺位运客为 1 人公里（海里）＝1 吨公里（海里）（1 海里 = 1.852 公里）

座位运客为 3 人公里（海里）＝1 吨公里（海里）

水运综合单位成本 = 水运总成本/水运总周转量

水运综合单位成本不能作为制定具体运价的直接依据，但它可以作为衡量和控制水运总价格水平的参考。

2.3 交通运输的原价指标

2.3.1 铁路票价

普通硬座票价是全部旅客票价的基础，其他票价都是在此基础上加成或减成计算的。

按全国汇总的客运成本总支出（应扣除行李、包裹、邮件运输方面的支出），除以旅客周转量计算的人公里成本，可作为普通硬座票价计算的基础，再加上合理利润和国家税金，便形成平均的普通硬座人公里票价。在平均的普通硬座人公里票价基础上，按照短途客运与长途客运人公里成本的差别，确定不同里程区段的运价差，采用货物全程运价的计算方法计算出普通硬座不同里程区段的人公里运价，然后按不同车站之间的距离乘以相应的递差运价率，便可计算出不同车站之间的全程基本票价，此外再加保险费，便为向旅客核收的全程票价。

不同席别的旅客票价的差别，基本上要以不同旅客列车和车辆的运输成本差别为依据，按质论价。影响不同车型、席别运输成本差异的原因有：列车速度、车厢设备、服务条件、列车编成辆数、车厢定员人数等。在其他条件不变的情况下，人公里成本与列车速度、设备、服务条件成正比，与编成辆数、车厢定员人数成反比。

根据它们之间的成本差别，再考虑不同的运价政策要求（如为便于职工、学生通勤通学，市郊列车实行低运价政策等），确定不同客票的加成或减成比例，然后在普通硬座票价基础上计算其他各种票价。如普快票价按普通硬座票价加价 20%，特快票价按普通硬座票价加价 40%，硬卧票价按普通硬座票价加价 80%，软座票价按普通硬座票价加价 75%，软卧票价按普通硬座票价加价 285% 等。

2.3.2 水运客运票价

在客运成本基础上，制定基价和等级差率，并确定各港口间的运价里程。

（停泊基价 + 航行基价）× 运价里程 = 全程基价

为了体现水运成本递远递减的性质，旅客运价也递远递减，这就要求分别制定不同里程区段的基价。为了体现不同客舱、不同席位质量上的差别，要求制定不同客舱、不同席位的等级系数。在此基础上规定不同舱位、不同运距的客运票价，旅客保险费按票价比例计收。不同里程区段的基价乘等级系数，再加上保险费以及不同舱位的卧具费，就可以计算出不同等级的全程票价。

2.3.3 汽车客运票价的计算

（1）汽车客运基本运价的计算。汽车客运基本运价是指普通大型客车在正常营运路线运输的人公里运价，是各种旅客票价的计算基础。旅客基本运价是普通大型客车正常路线的单位运输成本加上合理利润和税金之后形成的。

客运单位成本 =（客车运输车辆费 + 应摊企业管理费）/旅客周转量

（2）各种不同类型的旅客票价的计算。不同类型的旅客票价一般都参考其与基本运价的成本差别，规定一个加价或减价的幅度。

（3）旅客包车运价。

①计程包车运价按车辆驶抵载客地点到包用完毕地点的实际里程，以及客车核定载客量和包用车型的人公里运价计算，起码计费里程为 50 公里，往返包车按全程运费减 10% 计算，单程包车的回程费不超过单程运费的 50%。

②计时包车运价按包车计费时间、客车核定载客量、车型和车座小时运价计算。包车计费时间是指车辆到达约定地点起至完成任务时止的时间。起码计费时间为 1 小时，超过的尾数以半小时递进计费。整日包车，8 小时以下按 8 小时计费，8 小时以上按实用小时计费。载客前后出入库的空驶里程，按 50% 作为计费里程，并以基本运价计算。

小型客车票价是指客位 15 座及以下的小型客车票价，应根据车型、座位数、舒适性等计价。5~15 座的票价一般高于基本运价 200% 以内，5 座以下的由各省、市、自治区规定。

2.4 旅游交通价格的需求弹性

2.4.1 单位弹性

当需求弹性等于 -1 时，需求量和价格将保持同等比例的变化，即旅游交通票价每上涨 1%，需求量将相应减少 1%，此时的需求弹性称为单位弹性。

2.4.2 强弹性

当需求弹性小于 -1 时，需求量的变化大于价格的变化，即价格每上涨 1%，需求量将相应减少 1% 以上，这种弹性称为强弹性。专门为旅游者提供的旅游交通产品，如旅游汽车、旅游列车、旅游包机等，其需求弹性一般属于强弹性。

2.4.3 弱弹性

当需求弹性大于 -1 时，需求量的变化小于价格的变化，即价格每上涨 1%，需求量将相应减少 1% 以下，这种弹性称为弱弹性。我国间接为旅游者服务的公共交通，如市内公共汽车、民航班机、普通旅客列车、普通客运船舶等，其需求弹性一般属于弱弹性。

3. 旅游交通项目销售渠道

3.1 交通产品购买者的需求

交通产品购买者的需求为安全、性价比高、体验感好。

3.2 产品决定的销售渠道限制因素

3.2.1 产品因素

易腐性、标准化程度、体积和重量、单位价值、特色含量、产品生命周期。

3.2.2 市场因素

市场需求、市场规模、市场密度、地理布局。

3.2.3 项目因素

市场投入、预期目标、竞争态势、储运成本。

3.3 确定主要销售渠道

主要销售渠道包括售票中心、公司客户、在线订购、联盟商家。

3.4 评估销售渠道

评估销售渠道主要进行经济性、控制性和适应性评估。

3.5 确定销售渠道

选取单项最优或综合最优的销售渠道进行布局。

4. 旅游交通项目策划

4.1 旅游交通项目可行性评估

4.1.1 项目评估的一般程序

（1）确定目标。当项目工作进入具体的策划程序时，应根据 5W2H 原则再次明确该项目的目的是什么、如何做，以及达到何种可衡量的要求，如活动规模、规格、数量、成本、收益、市场占有率、游客数量指标、消费指标、媒体报道率、市场反应等。

（2）方案拟定。方案拟定，即在当前技术经济条件下拟定达到同一投资目标的多个备选方案，在此基础上进行比较选优。

（3）方案的分析和比较。

①选择基础方案：采用无记名投票方式选择一个方案作为比较对象，并将不同的数量和质量指标转化为统一可比的货币指标。

②建立评价模型：将方案的目标函数、约束条件以及各变量之间的关系，用图表或数学方程式表达出来。建立评价模型后，把各种具体的资料和数据代入模型运算，求出各种方案评价指标的解，作为多方案选优的依据。

③综合评价与选优：对于重大投资方案的决策，不完全依据定量公式计算的结果。通常是在评价模型的定量基础上综合分析政治、经济、军事、社会、稀缺资源等因素，并把定量计算和定性分析结合起来，综合评价，推导结论。综合评价一般采用多级过滤、筛选的方法，将安全性、经济性、社会影响、环境生态平衡等作为制约因素，制定这些制约要素的最低标准，同时，把投资方案与各项最低标准进行比较，进行层层累积的多级筛选，在满足最低要求的前提下，最后以经济效益作为选择最优方案的依据。因此，综合评价与选优是通过定量分析和定性分析，综合考虑方案的优缺点，经过多次反复比较选出最优方案的过程。

4.1.2 旅游交通项目条件分析

（1）资源条件。资源条件是指旅游交通项目需用的自然和人文资源，是旅游交通项目赖以存在的物质基础，只有具备了可靠的资源条件，拟建项目才能有稳固的生存基础。因此，落实各种资源条件是保证项目得以顺利建设和正常产出的重要条件。

①资源开发利用的基本原则。

a. 环境保护原则。如果旅游交通项目对环境改造力度大，按照国家有关规定，建设单位应当在旅游交通项目可行性研究阶段报批建设项目的环境影响报告书、环境影响报告表或环境影响登记表。经交通环境保护机构审核，并经有审批权的环境保护行政主管部门同意，可在初步设计完成前报批建设项目环境影响报告书、环境影响报告表或环境影响登记表。不需要进行可行性研究的建设项目，建设单位应当在项目开工前报批建设项目环境影响报告书、环境影响报告表或环境影响登记表。

b. 综合利用原则。2016 年 6 月，国家发展改革委员会、交通部联合印发《关于推动交通提质增效提升供给服务能力的实施方案的通知》，提出整合交通资源，强化一体衔接，形成集体优势，提高整体效率，拓展交通运输发展领域，促进交通发展与产业发展联动，推进交通建设与新型城镇化深度融合。要求交通建设适应新的生产模式和生活方式，在供给侧和需求侧两端发力，创新交通运输服务，满足多层次、个性化、高质量的出行需求和小批量、高价值、多频次、多样化的货运需求。旅游交通总量巨大、分量繁多，交通综合体的打造和实施能最大限度地保护环境，使人们有效利用资源条件，从而促进生产发展。

c. 提高竞争力原则。提高资源利用效率是旅游交通项目增强竞争力的重要途径，在规划旅游交通项目时，不仅要重视经济效益，更要重视社会效益，交通所耗时间和费用布局要注意整体效应，以最小的资源总成本最大限度地满足社会需求。

②资源条件分析。这主要是分析为项目提供的资源是否落实和可靠。因为只有经过国家指定机构证实的资源，才能作为拟建项目立足的物质基础。

a. 必须明确旅游交通项目所需自然与人文资源的种类性质和可供数量。

b. 分析交通资源的可供数量、质量、获取方式、可用年限。

c. 研究当前技术条件下，充分利用和发挥交通资源优势的作用和影响。

d. 对于需要利用稀缺交通资源和供应紧张的交通资源的项目，还需要分析评估开辟新资源的可能前景及替代资源的途径。

(2) 旅游交通项目选址的具体要求。

①节约土地，少占耕地。

②减少拆迁移民。

③尽量选取工程地质较好的地段。

④合理布置建设面积和安全运行。

⑤应尽量靠近旅游中心吸引物。

4.1.3 旅游交通项目方案选择

(1) 评分优选法。对于一个定性问题，可以将它定量化地使用优选方法去解决。首先，列出对比方案所需要考虑的共同指标，如客流量、投资费用、经营费用、社会效益等，按其对项目目标的重要影响程度给予一定的权重，然后各个方案根据实际情况计算出每个指标的评价分值（即每个指标的评分值与其对应的权重的乘积），取总分最高的为最佳方案。

(2) 方案比较法。以投资回收期较短和经营费用较低为衡量标准，符合这两项要求的为最佳方案。方案比较过程中可根据评分优选法，确定相对效益最大化标准，将投资回收期、经营费用与节约土地、拆迁移民、建筑面积、中心吸引物距离、客流量、社会效益等结合起来考虑。

4.1.4 环境保护评估

旅游交通项目建设应注意保护周围地区的水土资源、海洋资源、矿产资源、森林植被、文物古迹、风景名胜等自然环境和社会环境。

(1) 符合国家环境保护法律、法规和环境功能规划的要求。

(2) 要达到污染物排放总量控制和达标排放要求。

(3) 坚持"三同时"原则，即环境治理措施应与项目的主体工程同时设计、同时施工、同时投产使用。

（4）环境效益与经济效益统一。在研究环境保护治理措施时，应从环境效益、经济效益相统一的角度进行分析论证，力求环境保护治理方案技术可行和经济合理。

（5）注重资源综合利用。对于项目建设和使用过程中产生的废气、废水、固体废弃物，应提出处理和再利用方案。

4.2 旅游交通项目可行性研究报告的编制与审批

4.2.1 可行性研究报告的编制依据

（1）项目建议书（初步可行性研究报告）及其批复文件。

（2）国家和地方的经济和社会发展规划，行业部门发展规划。

（3）国家有关法律、法规和政策。

（4）大中型项目必须具有国家批准的资源报告、国土开发整治规划、区域规划等有关文件。

（5）有关机构发布的工程建设方面的标准、规范和定额。

（6）合资、合作项目方签订的协议书或意向书。

（7）委托单位的委托合同。

（8）国家统一颁布的有关项目评价的基本参数和指标。

（9）有关的基础数据。

4.2.2 可行性研究报告的编制程序

根据我国现行的项目建设程序和国家颁布的《关于建设项目进行可行性研究试行管理办法》，旅游交通项目可行性研究报告的编制程序如下。

（1）旅游交通项目建设单位提出项目建议书和初步可行性研究报告。

（2）旅游交通项目业主、承办单位委托有资质的单位进行可行性研究。

（3）咨询或设计单位进行可行性研究工作，编制完整的可行性研究报告。

（4）进行可行性研究报告的预审与复审。

（5）进行可行性研究报告的最后审批。

4.2.3 可行性研究报告的编制要求

（1）编制单位必须具备承担可行性研究的条件。

（2）确保可行性研究报告的真实性和科学性。

（3）可行性研究的深度要规范化和标准化。

（4）可行性研究报告必须经过认证和审批。

4.2.4 可行性研究报告的审查程序

（1）提出可行性研究报告每部分的内容要点和问题。主要综合考虑以下问题：内容是否全面，是否尽可能全面地考虑了项目的影响因素；数据来源是否可靠、是否准确；分析方法是否正确。

（2）用表格等方式罗列影响项目的重要因素。

（3）找出可行性研究报告中没有得到解决或有疑点的问题。

（4）对上述问题进行详细的分析研究，确定项目评估要点。

4.2.5 可行性研究报告的管理

目前，对于投资项目的管理分为审批、核准和备案三种方式。

政府投资项目中具有直接投资和使用资本金注入方式的项目，政府需要对其可行性研究报告进行审批,其他项目无须审批可行性研究报告。

对于企业不使用政府性资金投资建设的项目,实行核准制和备案制,政府对重大项目和限制类项目从维护社会公共利益角度进行核准,其他项目无论规模大小均改为备案制。对于以投资补助、转贷或贷款贴息方式使用政府投资资金的企业投资项目,应在项目核准或备案后向政府有关部门提交资金申请报告,政府有关部门对是否给予资金支持进行批复,不再对是否允许项目投资建设提出意见。

4.3 旅游项目常规可行性研究方案

4.3.1 旅游项目策划背景

(1) 主要内容。

①项目提出原因、项目开发的必要性、项目选择的依据、项目涵盖范围。

②项目在实现企业自身发展、满足市场和社会需求、促进国家或地区经济社会发展等方面的意义。

③项目期工作概况、项目建议书的编制及审批过程。

(2) 内容分析。

①项目的宏观背景:指国家一定时期的产业政策和规划。产业政策是政府为实现一定的经济和社会目标而对产业的形成和发展进行干预的各种政策的总和。其主要功能是协调产业结构、弥补市场缺陷、有效配置资源,对于保护本国产业增长、减少经济震荡有重要作用。对项目的产业背景进行评估,首先要分析国家的产业政策,包括产业结构、产业组织、产业分布、技术和投资等,把项目的建设与同期的产业政策、技术政策和投资政策的要求进行对比分析,考察项目开发结果与宏观背景的关系,即项目在规划中所处的地位,项目投资时机是否合适等,确定项目建设对宏观背景的影响。

②项目的微观背景:指该项目的开发能给地方、部门和企业带来的益处,如可优化利用资源,可增加加工产品附加值,可填补本地区行业空白,可以替代进口或增加出口,可满足市场需要,可扩大就业,可应用社会协作条件和国家优惠政策等。

在实际旅游项目评估工作中,通常从产业背景、区位背景和项目定位三方面入手,结合上述要点,对投资项目提出的宏观背景和微观背景进行综合分析与评价。

大三亚旅游经济圈:陵水南湾花镇旅游景区昼观花夜赏灯

"哇,三角梅开得真艳,这么大一片花海太美了。"来自天津的游客刚走进陵水黎族自治县南湾花镇旅游景区,便被眼前大片的三角梅吸引住了。

位于陵水新村镇曲港的南湾花镇旅游景区依靠花海和灯海打造出一个五彩缤纷的"三角梅王国"。

在这个占地面积5 000亩的旅游景区,近150万株、共90多个品种的三角梅竞相绽放。踏园赏花是游客在此能够体验到的乐趣。园区中,一片片颜色鲜艳、造型各异、大小不一的三角梅花阵,在阳光下尽

显独特风情。

"原来三角梅有这么多种颜色,同一株还可以开出几种颜色的花,真是长见识了。"一名游客说。

南湾花镇景区副总经理于先生介绍,目前这里有树龄20年以上的精品三角梅2 000余株,我们力争将景区打造成为国内品种最全、数量最多的三角梅种植基地,让游客能够观赏到更齐全的三角梅品种。

在景区中,约700亩的环形人工湖上有5座观光桥。位于湖中央的风光岛,绿树成荫,吸引不少白鹭来栖。在此,除了能够欣赏到千姿百态的三角梅,游客还能观鸟飞听虫鸣。

"目前,园区中建有450亩农家果园,种有芒果、圣女果等,果子成熟的季节,游客可以采摘,享受当农夫的乐趣。"于先生说。

除了花,灯也是南湾花镇景区的主打项目。每当夜幕降临,上百组四川自贡彩灯"点亮"花海,为游客献上一场流光溢彩的视觉盛宴。

据介绍,园区灯展分为海洋世界、异国风情、中华故事等几个板块,分别用不同颜色的灯饰进行点缀。在海洋世界板块,闪烁的霓虹灯犹如波光粼粼的海面,章鱼、水母等海洋生物在"水面"上跃动,俨然一个动感十足的"海洋王国"。

在夜色中,由玫瑰花形的LED灯组成的玫瑰灯

海营造出浪漫甜蜜的氛围。除了地面上的灯光造景,景区还在人工湖水面上设置了灯组,水面上的灯与水中倒影交相辉映,别有一番风味。

每逢周末和节假日,南湾花镇还会上演烟花秀,表演形式以高空烟花为主,中低空烟花错落配合,让游客置身于一片灿烂的烟花海洋中。

于先生介绍,景区希望通过打造集休闲观赏、科研繁育、度假养生、展现民族民俗文化于一体的综合性农业休闲度假旅游景区,填补陵水旅游休闲观赏体验产品的空白,为海南旅游项目增添亮点。

下一步,南湾花镇还将被打造成集种植、观光、娱乐、餐饮、住宿等为一体的生态休闲

农庄，将设有农园、农家乐餐厅、特色民宿、露营地、体育娱乐场地等区域。游客可以在农庄中体验到田园之乐，品尝到原生态特色的种植养殖食品，享受到有趣、健康的娱乐生活。

除了让游客有景看、有地方玩，农庄还将通过提供就业岗位反哺周边居民，促农增收。目前，景区共聘用 260 名工人从事绿化管理、苗木栽培等工作，其中当地农民 160 人。随着农庄建设展开，所需的工作人员也会增加，农庄会优先聘用当地村民，培训出更多的专业技能型劳动力，带领当地村民脱贫致富、共同发展。

交通指南：

高铁：乘坐高铁至陵水站，在高铁站外搭乘标注陵水至新村的公交车，在曲港转盘处下车向G223国道方向前行100米即南湾花镇。

中巴车：从三亚/海口汽车总站搭乘至陵水的中巴车至陵水客运站，在客运站外搭乘陵水至新村的公交车，在曲港转盘处下车向G223国道方向前行100米即南湾花镇。

资料来源：武威，陈思国．上百组彩灯点缀陵水5000亩三角梅 游客可昼观花夜赏灯［N］．海南日报，2018－01－19．

问题：结合案例，谈一谈进行旅游交通项目策划应考虑哪些要素。

4.3.2 旅游项目资源与环境分析

（1）现有资源状况，如自然资源、人文资源、知识产权、人力资源、资金、技术、装备等的优势和劣势。

（2）现有环境状况，如政策、法律以及竞争等机遇和挑战。

（3）项目开发后的市场前景，如市场需求量、产品销售量预测、产品竞争力等。

4.3.3 项目发展定位与目标

（1）阐述对拟建项目在供需、销售、价格、竞争对手、产能分布等方面调查研究的数据。

（2）确定项目的目标市场，预测市场份额，提出营销策略，确定风险评估机制。

（3）对项目产品方案和项目发展方向进行技术经济论证比较。

（4）确定项目的基本定位和发展目标，主要包括项目定位、目标分析、总目标分目标列表、经济指标、技术指标、环境指标等。

4.3.4 建设条件与地址选择

（1）项目所在地理位置，水文、地质、地形条件，地震、洪水情况。

（2）项目所在地区通信设施、水电设施及其他基础设施现状。

（3）项目选址比较方案：地价、拆迁等工程费用，建筑面积，与中心吸引物的距离，客流量，社会效益等情况。

4.3.5 项目的基本框架

旅游交通项目的基本框架一般包括交通项目的功能定位、围绕交通线提供的产品方案、整体线路布局、整体设施布局、工艺方案、人员配备、项目实施进度安排、运营管理方案、质量验收九大部分。不同旅游项目根据自身特点，基本框架会略有变化。

4.3.6 项目组织方案

项目组织方案由两部分组成。

（1）项目组织框架：项目所需的组织机构、运作团队、定员数量。

（2）项目组织质量：技术人员、管理人员的素质要求，人员招募、人员培训的形式与机制,团队合作的形式与机制。

4.3.7 项目营销方案

(1) 营销渠道。

(2) 营销内容:定位、价格、广告、促销等。

4.3.8 项目商业模式设计

商业模式设计包括核心产品、赢利模式、收入来源、收入预测和支出预测。

4.3.9 项目资金及效益分析

(1) 主要内容。

①项目投资方案:固定资产投资、流动资产投资、投资效用测算、投资金额预算、利息和流动资金、用款计划等。

②项目资金筹措方案:资金筹措方案、资金筹措结构、融资成本分析、融资合作方式等。

③项目的微观财务效益分析。

(2) 内容要点。

①项目宏观经济效益分析。主要是从社会经济资源有效配置的角度,对项目的直接和间接经济价值进行分析,对于有可能产生重要影响的项目,要分析其对行业发展、区域经济和宏观经济的影响,对经济建设所做的贡献,从而判断拟建项目的经济合理性。对于那些关系国家安全、国土开发等具有较明显外部效果的政府审批或核准项目,需要从国家经济整体利益的角度来考察,并以能反映资源真实价值的影子价格来计算项目的经济效益和费用,通过经济评价指标的计算和分析,得出项目是否对整个社会经济有益的结论。

②项目微观财务效益分析。主要是进行项目的投入产出分析,预测项目能实现的财务成果,通过内部收益率、净现值、投资回收期、资产负债率等指标判断项目的财务可行性。

③项目资本金的筹措。项目资本金是指在建项目总投资中由投资者认缴的出资额,对建设项目来说是非债务性资金,项目法人不承担这部分资金的任何利息和债务。投资者可按其出资的比例依法享有所有者权益,可转让,但不得收回。资本金确定了项目产权关系,是项目获得债务资金的信用基础。

投资者可以用货币、实物、工业产权,非专利技术、土地使用权、资源开采权等作价出资。出资的资产必须经过有资格的资产评估机构评估作价,工业产权和非专利技术作价出资的比例不得超过项目资本金总额的20%,部分高新技术企业可占35%以上。

项目资本金的筹措方式主要有:股东直接投资、股票投资、政府投资、贷款、债券、租赁。

4.3.10 项目社会效益评价

项目社会效益评价是指对可能产生重要社会影响的项目在扶贫、教育、文化、区域综合开发、公共卫生、环境保护等方面进行社会影响评价,包括社会影响效果分析、社会适应性分析、社会影响风险及对策分析。

4.3.11 项目风险分析与控制

项目风险分析与控制包括风险预测、对策方案和备选方案,如市场风险、政策风险、财务风险、项目自身风险等。

4.3.12 环境治理措施方案

对于环境污染问题，应根据项目的污染源和排放污染物的性质采取不同的治理措施。

（1）废气污染治理可采用冷凝、吸附、燃烧和催化转化等方法。

（2）废水污染治理可采用物理法（如重力分离、离心分离、过滤、蒸发结晶、高磁分离等）、化学法（如中和、化学凝聚、氧化还原等）、物理化学法（如离子交换、电渗析、反渗透、气泡悬上分离、汽提吹脱、吸附萃取等）、生物法（如自然氧池、生物滤池、活性污泥、厌氧发酵）等方法。

（3）固体废弃物污染治理：有毒废弃物可采用防渗漏池堆存；放射性废弃物可封闭固化；无毒废弃物可露天堆存；生活垃圾可采用卫生填埋、堆肥、生物降解或者焚烧方式处理；利用无毒害固体废弃物加工制作建筑材料或者将其作为建材添加物，进行综合利用。

（4）粉尘污染治理可采用过滤除尘、湿式除尘、电除尘等方法。

（5）噪声污染治理可采用吸声、隔音、减震、隔震等措施。

（6）对建设和生产运营引起的环境破坏，如山体滑坡、植被破坏、地面塌陷、土壤劣化等，也应提出相应的治理方案。

4.3.13 实施项目的保障措施

实施项目的保障措施包括构建组织管理、政策法规、资金融资、人力资源支撑、资源整合等多方面的保障体系。

项目策划方案完成后，可作为项目决策的依据，也可作为地方政府环保部门和规划部门审批项目的依据。项目策划方案作为编制项目实施环节设计方案的前提，是梳理项目涉及部门、互订协议、签订合同文件的基础，同时，施工组织、工程进度安排及竣工验收都要在策划书确定的范围内进行最后项目质量验收评估。

4.4 旅游交通项目经济评价的注意点

4.4.1 阶段重点不同

项目前期研究包括项目规划、机会研究、项目建议书和可行性研究四个阶段，每个阶段经济评价的深度和侧重点有所不同。在项目规划和机会研究阶段，项目不确定性大，此阶段可以使用综合性的信息资料，通过简便的指标计算进行分析；在项目建议书阶段，重点是围绕项目立项建设的必要性和可能性，分析项目具备的经济条件，采用的数据可适当粗略，评价指标可适度；可行性研究阶段的经济评价，应按照建设部印发的《建设项目经济评价方法与参数》最新版的要求，对建设项目的财务可接受性和经济合理性进行详细全面的分析论证。

4.4.2 运用影子价格合理计算

影子价格又称"计算价格""最优价格""预测价格"，是荷兰经济学家詹恩·丁伯根在20世纪30年代末首次提出的，运用线性规划的数学方式计算的，反映社会资源获得最佳配置的一种价格。他认为影子价格是对"劳动、资本和为获得稀缺资源而进口商品的合理评价"。1954年，他将影子价格定义为："在均衡价格的意义上表示生产要素或产品内在的或真正的价格。"萨缪尔逊进一步做了发挥，认为影子价格是一种以数学形式表述的，反映资源在得到最佳使用时的价格。联合国把影子价格定义为："一种投入（比如资本、劳动力和外汇）的机会成本或它的供应量减少一个单位给整个经济带来的损失。"

苏联经济学家列·维·康特罗维奇根据当时苏联经济发展状况和商品合理计价的要求，提出了最优价格理论。其主要观点是以资源的有限性为出发点，以资源最佳配置作为价格形成的基础，即最优价格不取决于部门的平均消耗，而是由在最劣等生产条件下的个别消耗（边际消耗）决定的。这种最优价格被美国经济学家库普曼和苏联经济学界视为影子价格。列·维·康特罗维奇的最优价格与丁伯根的影子价格，其内容基本是相同的，都是运用线性规划把资源和价格联系起来。但由于各自所处的社会制度不同，出发点亦不同，因此二者又有差异：丁伯根的理论以主观的边际效用价值论为基础，而列·维·康特罗维奇的理论同劳动价值论相联系；前者的理论被人们看成一种经营管理方法，后者则作为一种价格形成理论；前者的理论主要用于自由经济中的分散决策，而后者的理论主要用于计划经济中的集中决策。

4.4.3 定量分析和动态分析为主

项目经济评价要求尽量采用定量指标，对一些不能量化的因素，不能直接进行数量分析，可以先定性，再通过影子价格定量。

动态分析是指利用资金时间价值的原理对现金流量进行折现分析，与此相对应的静态分析不对现金流量进行折现分析。所谓折现，指对企业未来的现金流量及其风险进行预期，然后选择合理的折现比率，将未来的现金流量折合成现值。一般来说，资产评估中所选的折现率应与特定主体在现实约束条件下的期望报酬率相适应。根据具体情况采用以下几种方法：按行业或企业的平均资金利润率确定折现率；按加权平均资金成本确定折现率；按安全利率加权风险利率确定折现率。项目经济评价的核心是折现，所以分析评价要以折现的动态指标为主。非折现的静态指标与一般的财务和经济指标内涵基本相同，比较直观，但只能作为辅助指标。

4.4.4 确定项目计算期

确定项目计算期是指经济评价中为建设期和运营期的动态分析设定期限。建设期是从项目资金正式投入开始到项目建成投产为止所需要的时间，可按合理工期或预计的建设进度确定。运营期包括投产期和达产期，投产期指项目投入生产，但生产能力尚未完全达到设计能力时的过渡阶段；达产期指生产运营达到设计预期水平到生产运营衰落持续的时间。

项目计算期应根据多种因素综合确定，包括行业特点，主要装置、主要设备的经济寿命等，如旅游交通项目吸引物的生命周期、交通运载工具等。项目计算期不宜定得太长，一方面是因为按照现金流量折现的方法，把后期的净收益折为现值的数值相对较小，很难对财务分析结论产生决定性的影响；另一方面由于时间越长，预测的数据越不准确。

由于折现评价指标、影子价格都受计算时间的影响，对需要比较的项目或方案应取相同的计算期。

4.4.5 确定项目价格体系

（1）建设期的投入价格。建设期的投入价格因预测期限较短，实践中常常结合涨价预备费进行综合计算。所谓涨价预备费，是指对建设工期较长的投资项目，在建设期内可能发生的材料、人工、设备、施工机械等价格上涨，以及费率、利率、汇率等变化，而引起项目投资的增加，需要事先预留的费用，又称价差预备费或价格变动不可预见费。

（2）运营期的原料和产品价格。由于项目运营期比较长，在前期研究阶段对将来的物价上涨水平较难预测，预测结果的可靠性也难以保证，所以通常只预测初期价格，对运营期各年采用统一不变的价格。预测初期价格时，因项目可能有多种投入或产出，在不影响评价结论的前提下，只需对在生产成本中起重要作用的原材料和主要产品的价格进行预测。其中，主要产品的价格根据市场预测结果和销售策略确定。在对未来市场价格信息有充分可靠判断的情况下，本着客观谨慎的原则，也可以采用相对变动的价格，甚至考虑通货膨胀因素。在这种情况下，财务分析采用的财务基准收益率也应考虑通货膨胀因素。但如果采用影子价格体系为基础的预测价格，影子价格体系不考虑通货膨胀因素的影响。

4.5 旅游交通项目融资

4.5.1 股票融资

《中华人民共和国证券法》规定，公司公开发行新股，应当具备健全且运行良好的组织机构，具有持续盈利能力，财务状况良好，3年内财务会计文件无虚假记载，无其他重大违法行为，以及经国务院批准的国务院证券监督管理机构规定的其他条件。

（1）《首次公开发行股票并上市管理办法》规定，首次公开发行的发行人应当是依法设立并合法存续的股份有限公司；持续经营时间应当在3年以上；注册资本已足额缴纳；生产经营合法；3年内主营业务、高级管理人员、实际控制人没有重大变化；股权清晰。发行人应具备资产完整、人员独立、财务独立、业务独立的独立性。发行人应规范运行。

发行人财务指标应满足以下要求：

①在3个会计年度净利润均为正数且累计超过人民币100万元，净利润以扣除非经常性损益后较低者为计算依据；

②连续3个会计年度经营活动产生的现金流量净额累计超过人民币5 000万元；或者3个会计年度营业收入累计超过人民币3亿元；

③发行前股本总额不少于人民币3 000万元；

④最近一期末无形资产（扣除土地使用权、水面养殖权和采矿权等后）占净资产的比例不高于20%；

⑤最近一期末不存在未弥补亏损。

（2）非公开发行股票的条件。上市公司非公开发行股票应符合以下条件：

①发行价格不低于定价基准日前20个交易日公司股票均价的90%；

②本次发行的股份自发行结束之日起，12个月内不得转让；控股股东、实际控制人及其控制的企业认购的股份，36个月内不得转让；

③募集资金使用符合规定；

④本次发行导致上市公司控股权发生变化的，还应当符合中国证监会的其他规定。

非公开发行股票的发行对象不得超过10名。发行对象为境外战略投资者的，应当经国务院相关部门事先批准。

4.5.2 政府投资

政府投资包括各级政府的财政预算内资金、国家批准的各种专项建设资金、地方政府预算资金等。政府投资主要用于关系国家安全和市场不能有效配置资源的经济和社会领域，包括加强公益性和公共基础设施建设，保护和改善生态环境，促进欠发达地区的经济和社会发展，推进科技进步和高新技术产业化。中央政府投资除本级政权建设外，主要安排跨地区、跨流域、对经济和社会发展全局有重大影响的项目，如青藏铁路。

国家根据资金来源、项目性质和调控需要，分别采取直接投资、资本金注入、投资补助、转贷和贷款贴息等方式，并按项目安排使用。

在项目评价中，对投入的政府投资资金，应根据资金投入的不同情况进行不同的处理。

（1）全部使用政府直接投资的项目，一般为非经营性项目，不需要进行融资方案分析。

（2）以资本金注入方式投入的政府投资资金，在项目评价中应视为权益资金。

（3）以投资补贴、贷款贴息等方式投入的政府投资资金，在项目评价中应视为现金流入，根据具体情况分别处理。

（4）以转贷方式投入的政府投资资金，在项目评价中应视为债务资金。

4.5.3 企业债券

企业债券是企业以自身的财务状况和信用条件为基础，依照《中华人民共和国证券法》《中华人民共和国公司法》规定的条件和程序发行的，约定在一定期限内还本付息的债券，如铁路债券。企业债券代表发债企业和债券投资者之间存在债权债务关系。债券投资者是企业的债权人，不是所有者，无权参与或干涉企业经营管理，但有权按期收回本息。企业债券有如下特点：

（1）筹资对象广、市场大，但发债条件严格、手续复杂。

（2）利率虽低于银行贷款利率，但发行费用较高，需要支付承销费、发行手续费、兑付手续费及担保费等费用。

企业债券是用于资金需求大、偿债能力较强的建设项目。目前，我国企业债券的发行总量需纳入国家信贷计划，申请发行企业债券必须经过严格的审核，只有实力强、资信好的企业才有可能被批准发行企业债券，还必须有实力很强的第三方提供担保。

4.5.4 国际债券

国际债券是政府、金融机构、工商企业或国际组织为筹措和融通资金，在国际金融市场上发行的、以外国货币为面值的债券。国际债券的重要特征是债券发行者和债券投资者属于不同的国家，筹集的资金来源于国际金融市场。

按照发行债券所用货币与发行地点的不同，国际债券主要有外国债券和欧洲债券两种。发行国际债券的优点是资金规模巨大、稳定、借款时间较长，可以获得外汇资金；缺点是发债条件严格、信用要求高、筹资成本高、手续复杂；适用于资金需求大，能吸引外资的建设项目。发行国际债券，筹措到的资金是外国货币，汇率一旦发生变动，发行人和投资者都有可能蒙受意外损失或获取意外收益，因此，国际债券很重要的一部分风险是汇率风险，涉及国际收支管理，国家对企业发行国际债券进行严格的管理。

4.5.5 融资租赁

融资租赁是资产拥有者在一定期限内将资产租给承租人使用，由承租人分期付给一定的租赁费的融资方式。出租人根据承租人对租赁物件的特定要求和对供货人的选择，出资向供货人购买租赁物件，并租给承租人使用，承租人则分期向出租人支付租金，在租赁期内租赁物件的所有权属于出租人，承租人拥有租赁物件的使用权。融资租赁是一种租赁物品的所有权与使用权相互分离的信贷方式，由于其融资与融物相结合的特点，出现问题时租赁公司可以收回、处理租赁物，因而在办理融资时对企业的资信和担保资质要求不高，较为适合中小企业融资。

4.5.6 法人内部融资

（1）可用于项目建设的货币资金。可用于项目建设的货币资金，包括法人现有资金和未来经营活动中可能获得的盈余现金。

①现有资金是指现有的库存现金和银行存款，扣除必要的日常经营所需的货币资金额，多余的货币资金可用于项目建设。

②未来经营活动中可能获得的盈余现金是指在拟建项目的建设期内，企业在经营活动中获得的净现金结余，可以抽出一部分用于项目建设。

企业现有的库存现金及银行存款可以通过企业的资产负债表了解，未来经营活动中可能获得的盈余现金，需要通过对企业未来现金流量的预测来估算。

（2）资产变现的资金。资产变现的资金包括法人流动资产、长期投资和固定资产折现的资金。企业可以通过加强财务管理，提高流动资金周转率，减少存货、应收账款等流动资产占用而取得现金，也可以出让有价证券取得现金。企业的长期投资包括长期股权投资和长期债权投资，一般都可以通过转让而变现。企业的固定资产中，有些由于产品方案改变而闲置，有些由于技术更新而被替换，都可以出售变现。

（3）资产经营权变现的资金。资产经营权变现的资金指法人可以将其所属资产经营权的一部分或全部转让，取得现金用于项目建设。

4.6 旅游交通项目运营策划

4.6.1 旅游客源调查

（1）旅游目的地、景区的旅游接待人数历年增长或减少的变化趋势。

（2）旅游目的地、景区的旅游接待人数在一定时期内的季节变化规律。

（3）旅游目的地、景区接待的旅游者所在城市和地区分布状况和变化趋势。

（4）人均国民收入、个人可支配收入和物价指数等经济参数的变化趋势。

4.6.2 旅游客运计划管理

（1）始发站旅游客运量：是指在始发站（始发机场、车站、码头）乘坐交通工具的旅游者数量和周转量。

（2）中途停靠站旅游客运量：是指在运营范围内各条路线中途停靠站乘坐交通工具的旅游者数量和周转量。

（3）旅游运营企业总客运周转量：计划期总客运周转量（人·公里）＝计划期旅游客运量（人次）×旅游者平均运距（公里）。

4.6.3 旅游运力计划管理

（1）计划初期客运能力：计划开始时企业实有交通工具数量、座位数，交通工具类型等。

（2）计划中期客运能力：各个阶段新增加的交通工具数量、座位数，交通工具类型；各个阶段改装的交通工具数量、座位数，交通工具类型；各个阶段减少或淘汰的交通工具数量、座位数，交通工具类型等。

（3）计划末期客运能力：最终需要拥有的交通工具数量、座位数，交通工具类型等。

（4）计划期平均客运能力：计划期内的平均交通工具数量、座位数，交通工具类型等。

4.6.4 旅游交通班次时刻表编制

（1）按照客流流向确定运营路线和始发站、中途停靠站、终点站。

（2）按照客流流量确定各条运营路线的班次数量和交通工具类型。

（3）按照客流时间确定各个班次的始发时间、中途停靠时间，抵达终点站时间。

（4）编制班次序号和班次时刻表。

4.6.5 旅游交通工具上的管理

（1）安全服务管理：预防为主，程序化操作，如列车车门要求"一关、二锁、三拉、四检"。向旅客宣传安全知识，如航空乘务员向旅客讲解示范安全带、救生衣、氧气面罩的正确使用方法和注意事项。

（2）导游宣讲管理：导游宣讲内容应包括与旅游地有关的民俗文化知识，旅客运输的重要法规和政策，客运时间安排，旅行安全常识等。

（3）餐饮服务管理：在有限空间里，为游客提供安全、卫生、方便、快捷的餐饮服务。

（4）清洁卫生管理：交通工具外部应干净，内部应无异味、无灰尘、无虫鼠、无杂物，器具整洁明亮等。

小结：学习掌握旅游交通项目设计、价格体系、销售渠道等内容，能够开展旅游交通项目策划。

小组实训：应用旅游交通项目策划理论知识，设计一条旅游路线策划方案。

第三节　自驾旅游项目

1. 自驾旅游项目的含义

自驾旅游是旅游者以自驾车的形式，以旅游活动为主要目的的旅游行为，又称自驾游。2006年，首届中国自驾游高峰论坛对自驾游的定义为："自驾游是有组织、有计划，以自驾车为主要交通手段的旅游形式。"自驾游在选择旅游对象、旅游参与程序、旅游体验等方面给旅游者提供了较大程度的自由空间，具有自由化与个性化、灵活性与舒适性、选择性与季节性等特点。目前，按照车辆属性不同可分为自有车辆自驾游和租赁车辆自驾游，按照旅游距离不同可分为短途自驾游和长途自驾游。

插入视频："圣地西藏"自驾游宣传片。

自驾游兴起于20世纪中期的美国，后流行于西方发达国家。进入21世纪，我国汽车工业的大发展为自驾游的推广和普及奠定了基础。2015年4月发布的《中国自驾游发展报告》显示，我国每年自驾车出游总人数约达到22亿人次，占年度出游总人数的六至七成。2016年3月5日，国务院总理李克强在第十二届全国人民代表大会第四次会议上所做的《政府工作报告》中提出："落实带薪休假制度，加强旅游交通、景区景点、自驾车营地等设施建设，规范旅游市场秩序，迎接正在兴起的大众旅游时代。"国务院办公厅《关于进一步促进旅游投资和消费的若干意见》提出，到2020年，引导社会资本建设自驾车房车营地1 000个左右。

自驾游市场规模 2020 年或突破万亿元

在消费升级和"自由行"盛行的大背景下,自驾旅游已成主流。据中国旅游车船协会对自驾车出游人数的统计情况来看,近5年来自驾出游人数持续增长,占国内旅游人数比例稳定在半数以上。2016 年全年国内旅游 44.4 亿人次,自驾游占据国内旅游总人次的 60% 左右,到 2020 年自驾游市场规模有望突破万亿元。从年龄上来看,自驾游群体集中在 21~40 岁,其中尤以 31~40 岁的旅游者为多,这部分人群拥有一定的经济基础,并且对个性化旅游的需求度较高,且多为"亲子游"的旅游者。

据了解,2017 年与自驾车、房车和露营旅游有关的政策法规密集出台。2017 年 7 月,国家旅游局、国家体育总局等 8 个部门联合发布了《汽车自驾运动营地发展规划》。同月,发改委、财政部等 14 个部门联合印发的《促进乡村旅游发展提质升级行动方案(2017 年)》中,自驾游被重点提及。这些政策的出台为国内自驾游发展提供了机遇与政策引导。

从长沙的情况来看,近年来也有越来越多的旅游者选择驾车来场"说走就走的旅行"。2017 年国庆中秋长假期间,长沙 16 个纳入监测的景区日均接待自驾车辆 15 000 台左右。长沙县开慧镇的慧润房车露营基地、浏阳大围山的树栖星之营、望城区白箬铺镇的快乐车行等众多房车露营基地,每逢周末和节假日人气爆棚。

资料来源:林森. 自驾游市场规模 2020 年或突破万亿元 [N]. 长沙晚报,2018-01-25.
问题:结合材料谈谈你和周围朋友的自驾游经历。

2. 自驾游市场特征及影响因素

2.1 自驾游市场特征

2.1.1 出游时间
自驾游出游时间多集中在周末和节假日。

2.1.2 住宿地点
靠近交通干线的住宿地更受欢迎。

2.1.3 消费热点
短途自驾游的游客消费主要集中在餐饮、门票上,对沿途和目的地的物美价廉的特产有较强的购买能力,如时令水果、新鲜蔬菜等。长途自驾游的游客消费更多集中在过路费、过桥费、燃油费、食宿费、门票费上面。

2.1.4 参与形式
大多数自驾游为家庭、熟人结伴旅游。

2.2 自驾游市场影响因素

2.2.1 从供给的角度看,旅游景区自驾游市场的影响因素

(1)地理位置。旅游景区自驾游市场与旅游景区自身相应的旅游市场的汽车可达性因素,如旅游景区与市场(特别是经济较为发达的旅游客源产生地)之间的实际距离远近、旅途沿线的基本路况等有着十分密切的关系。按照有关经验,除小众游客外,自驾游一般以

2～3 小时的驾车距离（"三小时生活圈"）为佳，并以半天车程为限。同时，道路的畅达性也是自驾游游客考虑的重要因素。

（2）景观吸引力。旅游景区景观资源的丰富程度、独特性、知名度和美誉度与对自驾游游客的吸引力成正比。

（3）配套服务和设施。自驾游游客多为中高端人群，吸引其到旅游景区旅游，除了景区要具有较为完善、较高标准的旅游配套服务和设施外，还必须有适应自驾游的观光道路系统、停车场地、加油站、汽车修配服务机构等配套服务和设施。

2.2.2　从需求的角度看，旅游景区自驾游市场的影响因素

（1）旅游景区客源市场所处区域的经济发展水平、居民收入水平。

（2）旅游偏好和闲暇时间。

一般来说，经济发展水平较高的地区，居民消费水平较高，汽车拥有率也较高，同时视野较为开阔，对旅游质量的要求也较高，更注重个人体验，常规随车团队旅游难以满足其出游需求，因而自驾游发展基础较好。同时，居民收入水平也制约着自驾游市场的发展规模、自驾游产品的价格定位、自驾游业务的季节性变动等情况。

3. 自驾游安全应对措施

3.1　自驾游安全问题

3.1.1　车辆问题

自驾游对车辆性能有较高要求，目前很多车主自驾游之前没有对车辆进行专门的检查和保养，或者因为缺乏对路况的针对性了解，导致维修保养不到位，行驶途中出现安全隐患，进而发生交通事故。

3.1.2　驾驶员问题

自驾游者不仅要开车还要旅游，而且对于异地路况不太熟悉，最有可能导致驾驶员疲惫不堪，在路上一旦出现一点小差错极有可能导致事故的发生。同时，在自驾游旅途中，驾驶员很可能因为旅游吸引物使其情绪高涨导致车辆加速，或者注意力分散忽略路况，而导致交通事故的发生。

3.1.3　安全保障问题

目前，针对自驾游还没有太多方面的保障，比如，没有专门针对自驾游的保险措施，政府没有出台相应的保障措施，没有成立专门的救援队伍等，这些都会使自驾游得不到安全保障，不利于自驾游的安全顺利进行。

3.1.4　路标不清楚

为了方便人们出行，我国建起了很多高速公路，但是很多道路标识不清，还有一些高速公路对景区的路标还没有完善。特别是一些偏远、新建的景区，有的还没有设置路标，这都会导致自驾游游客找不到路、绕远等情况发生，而且在偏远地区还无人可问，进而分散注意力，引发事故。

3.1.5　自然条件的影响

自驾游路段发生大雨、大雪、浓雾等情况，或遇到一些自然灾害，比如山体滑坡、泥石流等，都会影响路面情况，进而引发交通事故。

3.2 自驾游安全应对措施

3.2.1 全面检测车辆

检查燃油是否加至油尺刻度的上限;检查机油是否达到机油尺刻度的上限;检查冷却液液面;检查刹车油杯,油面在刻度下限就需要更换刹车片;检查轮胎胎压是否符合标准,是否出现老化裂纹或创伤;检查照明灯、喇叭、信号灯、后视镜、门锁、玻璃升降是否正常;检查玻璃水是否充足,喷水泵是否正常工作,雨刷片弹性是否正常;检查车内的 GPS 导航仪是否能正常工作。

3.2.2 备足行车装备

装备包括:绳索类,如拖车绳、启动用的搭线;液体类,如机油、齿轮油、刹车油、润滑油、冷却液等;轮胎类,如备胎、补胎工具和车载气泵;冰雪天还需备防冻液、轮胎防滑链等。

3.2.3 带齐必需用品

必需用品包括:各种证件,如身份证、驾驶证、行驶证、车辆完税证明、车辆的保险单据等;通信设备,如手机、备用电池、充电器等;地图、适量现金和信用卡;日用品、换洗衣物、食品、饮用水等;应急药物,如防蚊虫叮咬药、消毒用品、外伤药、感冒药和肠胃药。

4. 房车自驾游

房车(Recreational Vehicle,RV),也称旅居车。房车按照车辆长度可分为大型房车(长度大于 6 米)和小型房车(长度小于等于 6 米),按照车体运载方式可分为自行式与拖挂式两种。内部构造一般包括卧室、卫生间、盥洗室、会客厅、厨房等区域,配备温控调节、娱乐设备、电器设备、安全设备等,和缩微版的房子一样。但它和传统住宅相比体积更小,对固有土地没有绝对依赖性,又称为车轮上的家。

4.1 房车自驾游存在的问题

4.1.1 相应制度尚未健全

房车分为自行式与拖挂式两种,自行式房车体积过于庞大,行动起来多有不便;拖挂式房车则需要外界的牵引力。两种房车都对驾驶员的驾驶技术要求很高,但目前国内还没有相应的制度规范对此做出明确规定,相关法律也不完善。此外,对房车行驶的道路也有诸多限制,如拖挂式房车不能上高速公路,在购买保险时也缺乏针对房车设计的保险种类,制度不健全是房车发展的主要问题。

4.1.2 房车营地建设比较落后

作为"移动的家",房车对于营地有很高的要求,需要提供电力、水源、排污等服务。在欧美国家,因为拖挂式房车占比 70% 以上,且车主使用房车的强度和频率远远低于家庭轿车,在一个地方停留的时间多于在路上行驶的时间,因此,各国政府大力发展房车营地。美国现有房车 800 多万辆,营地 16 500 多个,欧洲现有房车 1 000 多万辆,营地 3 万多个。欧美房车营地不仅点多面广,营地内各种娱乐、运功、商务等服务功能一应俱全。而我国目前营地建设还比较落后,给房车出行造成了一定的限制。

4.2 我国房车自驾游发展的趋势

4.2.1 发展势头良好

目前,我国的房车市场还处于起步阶段,但发展势头较好,人们对房车的认识也渐渐提高。2009年颁发的《国务院关于加快发展旅游业的意见》中明确提出："为培育新的旅游消费热点，房车、邮轮、游艇等作为旅游装备制造业，纳入国家鼓励产业目录。"这使房车的发展在制度上有了一定的保障。国务院办公厅发布的《关于加快发展生活性服务业促进消费结构升级的指导意见》（〔2015〕85号国办发）指出：要"适应房车、自驾车、邮轮、游艇等新兴旅游业态发展需要，合理规划配套设施建设和基地布局"。指明了房车配套基础设施的建设方向，为房车的进一步发展奠定了良好基础。据不完全统计，截至2016年7月，全国房车保有量突破2万辆大关，已经建成或正在建设的自驾车房车营地超过300个，全国24个省、市、自治区成立了房车露营自驾一级协会。

房车旅游发展近2年进入快车道，每年以85%左右的速度增长。中央和地方政府及旅游主管部门多次发文，出台了一系列优惠政策，扶持自驾车房车营地投资建设，推动自驾车房车营地加速发展。一些房车制造厂商已经有能力降价，把低档自行式房车的单价降到每辆10万元左右。一旦以价换量取得成功，将快速把年产销量拉升到10万辆以上的水平，取得规模经济的正常效益。其他相关产品供给也将呈现出规模化、品牌化、连锁化发展的良好势头。

4.2.2 赢利模式多样化

国内很多房车营地利用配套木屋、别墅、会议、餐饮、游乐、体育、婚纱摄影等辅助设施和活动的收入，摊销营地早期投资中高昂的土地成本。从其发展趋势看，许多营地建设的终极目标是某个区域旅游的目的地，而非单一的停车场和宿营地。同时，随着自动驾驶技术、车联网技术、纯电动汽车等新能源新技术的运用，房车还能够整体或部分实现能源分享，在车主不用的时候出租给其他需要者，各取所需。

2016年11月8日，国家旅游局会同国家发展改革委员会、工业和信息化部、公安部、财政部、国土资源部、环境保护部、住房和城乡建设部、交通运输部、国家工商总局、国家体育总局等多部门联合印发《关于促进自驾车旅居车旅游发展的若干意见》（以下简称《意见》），提出了一系列解决房车旅游发展的政策措施。《意见》提出，到2020年重点建成一批公共服务完善的房车旅游目的地，推出一批精品房车旅游线路，培育一批连锁品牌企业，增强房车使用管理的技术保障能力，形成网络化的营地服务体系和完整的房车旅游产业链条，建成各类房车营地2 000个，初步构建起房车旅游产业体系。同时，在推进房车旅游发展过程中，要加强规划指导、完善公共服务体系、加快房车营地建设、提升房车租赁服务、提高房车旅游经营服务水平、大力发展房车及营地设施制造业、加强对房车旅游的科学管理、推广房车旅居生活新方式。

《意见》还提出了解决目前制约房车旅游发展的若干政策措施。一是依法加强房车交通管理。对于列入《机动车辆生产企业及产品公告》的国产旅居挂车及符合国家相关标准的进口旅居挂车，应当依法予以办理机动车登记。安装符合国家标准牵引装置的小型客车，可以拖挂重量不超过2.5吨的中置轴旅居挂车上路行驶。研究改进房车准驾管理制度。二是优化营地用地政策。房车营地项目建设应该符合城乡规划、房车营地建设规划、房车营地建设与服务规范，依法依规使用土地，不得占用基本农田，不占或者尽量少占耕地。选址在土地利用总体规划确定的城镇规划区外的房车营地，其公共停车场、各功能区之间的连接道路、商业服务区、车辆设备维修及医疗废物保障区、废弃物收纳与处理区等功能区可与农村公益事业合并实施,依法使用集体建设用地,其自驾车营区、房车营区、商务俱乐部、木屋住宿区、休闲娱乐区等功能区应优先安排使用存量建设用地,确需新供的,用途按旅馆用地管理,宜以招标方式实行长期租赁或者先租后让;其他功能区使用未利用土地的,在不改变土地用途、不固化地面的前提下,可按原地类管理。选址在土地利用总体规划确定的城镇规划区内的房车营地,全部用地均应依法办理转用、征收、供应手续。已供房车营地项目建设用地不得改变规划确定的土地用途,不得分割转让和转租。三是完善相关管理制度。原则上,自驾游俱乐部纳入旅行社序列管理,自驾游领航员纳入导游序列管理,开展旅游经营的各类营地纳入景区序列登记管理。各地要制定出台针对营地运营特点的卫生、环保和住宿登记具体政策措施,进一步简化营地的前置性审批手续。拖挂式旅居车上路按照牵引车辆的高一档标准收费。四是加强财税金融扶持。中央财政加大对纳入国家规划和年度建设计划的营地项目和中西部贫困地区的营地建设项目的支持力度。各地要加大对自驾游道路、停车场、厕所、电信、环卫处理等基础设施建设的支持力度。房车旅游营地的用水、用电价格实行与工业企业相同的价格政策。该《意见》印发后,国家旅游局将会同有关部门加强对《意见》落实情况的检查,督促各地全面落实好相关政策措施,为房车旅游发展创造良好环境。

4.3 旅游交通综合体

旅游交通综合体指将旅游交通功能与旅游餐饮、住宿、游览、购物、娱乐结合为一体的,以旅游交通为纽带,带动各项功能一体化发展,实现旅游要素有机融合的整体开发和利用的综合枢纽。旅游交通综合体是在城市综合体的基础上外向发展的产物,目前城市综合体多以连体建筑群为代表,如城市广场、城市商区、城市花园等,而旅游交通综合体所涵盖的范围更大,它是以交通线路为串联的多个食、住、行、游、购、娱旅游项目的集聚体。

4.3.1 城市交通综合体

目前,旅游交通综合体比较成熟的 TOD(Transit-oriented Development,以公共交通为导向的开发)模式,是立足于 BRT(Bus Rapid Transit,快速公共交通系统)之上的项目集群开发。

TOD 模式要求旅游交通项目具备以下条件。

(1)立体密度开发。立体开发指项目建筑群有高层空间,采用大厦和楼台衔接的方式疏散分流不同目标人群;密度开发包括两个含义:一是指项目建筑群和交通端点有多处接口,二是指商圈、商区、休憩区和交通路线毗邻交错,有较大的人群疏散空间。

(2)功能复合集约。功能指旅游交通综合体内各规划区的作用,在食、住、行、游、购、娱系统中扮演什么角色,可吸引哪类相关人群;功能复合指不同规划区的功能再结合,如酒店休憩,入住客人可间接带动该区域的餐饮,同时通过交通路线安排,为娱乐购物项目提供消费群体,而区域内的餐饮、娱乐、购物也为酒店入住客人提供了居住的便利条件;功能复合集约指不同规划区充分利用空间、动线资源,为莅临人群提供更高的行为效益和效率,如一站式购物,可以同时进行休憩、娱乐、餐饮,既节省时间,又节省交通成本。

在游客时间足够的情况下,多项目功能复合能产生比单项目更多的倍数效益。但功能复合并不必然带来功能集约,只有科学合理地研究目标人群的需求,并综合规划与管理,才能达到集约的目的。

（3）分流网络多点化。分流指通过交通动线的安排，达到进得来、散得开、出得去的要求；分流网络指通过网状路线安排，化整为零，减少单位面积的人群密度，增加人群可接触区间密度；分流网络多点化指通过多出入口管理，实现交通综合体内外人流的导入与导出，实现莅临人群与新入人群、滞留人群与新入人群的对换。

4.3.2 高速公路交通综合体

高速公路交通综合体是以高速公路服务区为依托，包括加油、加气、充电、修理、配件等车辆服务，同时提供停车休息、卫生间、购物、餐饮等人员服务，应急救援、医疗、公共管理等公共服务的综合区域。目前，高速公路交通综合体倾向于通过公路服务区构造公路服务圈，进而带动周边居民区、制造产业园区、农产品种植园区三位一体化发展。

高速公路交通综合体通常选取圈层开发与引导相结合的方式发展。

（1）构造服务区域外圈（服务圈、产业区、居住区）的各类交通动线，方便服务区与外圈人流、物流、信息流的自由往来，在此基础上打造相应的商业服务。

（2）服务区设立物流、展销中心，集中展示，分散批发，帮助周边圈层主动进入服务区，并在此基础上催化更进一步的食、住、行、游、购、娱项目。

4.3.3 港口交通综合体

港口交通综合体以港口运转节点和枢纽为中心，包括码头操作平台、货运堆场、物流园区、产业园区、集疏运板块等区域和必备的信息管理系统，金融、物流、法律、贸易服务系统，政府公共管理、公共服务系统等，由此派生出围绕港口的物流中心、金融中心、商业中心、生活中心、服务中心、医疗中心、信息中心。港口交通综合体以交通动线、物流动线为基础，控制人工、燃料、设备损耗成本，能促进整个区域对外贸易、加工业的发展和升级换代，促进地区获得新的发展机会。

目前，港口交通综合体业绩最明显的是自贸区模式，所谓自贸区（Free Trade Zone，自由贸易区），是指在贸易和投资等方面具有比世贸组织有关规定更加优惠的贸易安排的区域。目前我国有2013年8月22日设立的上海自贸区，2014年12月12日设立的广东、天津、福建自贸区，2016年8月31日设立的辽宁、浙江、河南、湖北、重庆、四川、陕西自贸区。自贸区以上海自贸区港口试点内容为主体，结合地方特点，不断充实新的试点内容。国家还在积极发展海外投资的基础上，设立内地和澳门自贸区，谈判建立中日韩自贸区等。

旅游交通综合体将建筑群体地下地上有形交通要素和项目空间贯穿起来，结合交通信息化大数据监控指挥，同时将街道、停车场、市内公共交通与地铁、轻轨、空运、航运系统有机联系，形成多种交通方式融为一体、高效衔接的综合交通格局，并带动临路、临铁、临港、临轨物流园和商贸圈的发展，是目前发展运行的主要模式。

小结：学习掌握自驾游概念，自驾游市场特征、影响因素和自驾游安全应对措施，了解房车自驾游项目，掌握旅游交通综合体的各种形式及其发展趋势。

小组实训：设计一个自驾游项目运营策划方案。

任务四小结：通过本任务学习掌握旅游交通营销策划的概念、程序和方法，掌握旅游交通营销策划的体系构建，熟练设计旅游交通项目价格营销策略，能够进行旅游交通营销策划体系的构建和旅游交通项目价格营销策略的设计。

拓展阅读

全球十大地标性轨道交通综合体

1. 英国伦敦国王十字车站综合开发：欧洲最大型城市再生项目

项目位于伦敦市中心，是耗资68亿英镑打造的城市综合体，于2016年全部建成。包括50栋新大楼、2 000个住宅单元、20条街道、26英亩公共开放空间、340万平方英尺①商办空间、50万平方英尺零售空间。

7 500平方米的车站西大厅已经成为欧洲最大的单跨式车站结构，由16个从锥形中央漏斗向外辐射的钢结构组成，犹如一棵表现力十足的大树。大厅优雅的圆体造型与邻近的北方大酒店（Great Northern Hotel）相呼应，酒店底层可直达大厅。

西大厅邻近西部大楼的外立面，清晰地展示了修复后原始车站的一砖一瓦。乘客可采用两种方式从极具特色的内部空间进入站台：或者经由西翼建筑楼位于售票厅的首层门线到达，或者使用中层大门，直通新的横穿站台的人行桥。

主列车棚长250米、高22米、宽65米，横跨8个站台。修复工程包括重现原始南立面的大胆设计，使南北两面的山形墙及站台重新进行玻璃装饰。同时，全新的玻璃人行桥延伸至主列车棚，取代了旧式的中棚Handyside大桥，使得从任一站台和大厅的中层都能到达主列车棚。

设计首次融合了主郊列车棚，为进出车站的乘客提供了一个完全连贯的地面系统。改善后的郊区列车棚位于西大厅的北部，西翼楼群也提升了其3个站台的运转力。

车站的重大改造建立了库比特原始车站和21世纪建筑之间有标志意义的对话——是英国战略性基础设施设计的量子转移。这一新旧关系在国王十字车站项目中创造了现代的交通超级中心，同时也成了英国铁路史上的里程碑。

---

① 1平方英尺=0.093平方米。

项目是伦敦市中心过去150年来最大规模、单一拥有权的开发计划，也是欧洲最大型城市再生计划。建成后，这一地区将成为一个集住、办、商、学、游多方位可持续发展的宜居综合体，该站乃至该区的成功转型为跨城铁路和众多英国火车站地区的更新开发提供了范例。

2. 法国巴黎拉德芳斯：世界上第一个城市综合体

拉德芳斯是巴黎都会区首要的中心商务区，是世界上第一个城市综合体，至今仍然充满旺盛的生命力，在当地人们的生活中发挥着巨大作用。

经过16年分阶段的建设，拉德芳斯成为高楼林立，集办公、商务、购物、生活与休闲一身的地标性轨道交通综合体。

交通系统行人与车流彻底分开，互不干扰，地面上的商业与住宅建筑以一个巨大的绿化平台广场相连，而地下则是道路、火车、停车场与地铁组成的交通网络。对于拥挤的巴黎市区来说，平台广场67公顷的步行系统是难得的行人天堂。

作为巴黎新区，其标志性建筑"大拱门"是个立方体，呈门框状，中间形成一个高与宽各100米的空间，足足可以摆进一个巴黎圣母院。两侧各为36层的办公用房，其使用面积达10万平方米，可供5 000人同时办公之用。

悬挂在巨大门框内形状不规则的棚顶，用的材料是透明塑料软片，远远望去如同一片云彩飘进门框，给规整严肃的建筑带来勃勃生机，给观赏者带来无限遐想。

外立面全部为大理石或暗色玻璃贴面，建筑材

料的总重量超过30万吨，这项空前绝后的工程花费了近30亿法郎，绝对可以称得上是现代巴黎的新地标。

新区内最早落成的"新工业和技术中心"的建筑也极具特色。这个建筑物外表犹如一个巨大的倒扣的贝壳，只由三个支点支撑，整个建筑的内部没有一根立柱，堪称科技与艺术完美结合的典范。

3. 澳大利亚墨尔本联邦广场：墨尔本最大的零售业中心

项目位于墨尔本CBD，占地3.6公顷，包括办公、商业以及多功能娱乐设施。横跨两个街廓的大型商场和大楼一样充满未来学派风格，其中共有200多家商店以及超大型百货公司，近年来已经扩张为墨尔本最大的零售业中心。

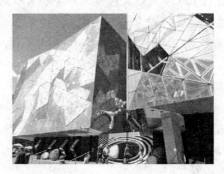

商场地下一层设有墨尔本中心车站入口大厅。墨尔本中心车站是环线上一个重要的换乘枢纽，设有两层站台，分别服务不同方向的多组地铁线。

作为市民文化活动中心，露天圆形剧场内可容纳3.5万人。周围文化和商业建筑约4.4万平方米，其中包括澳大利亚维多利亚国家艺术馆新馆（NGVA）、澳洲动画影像中心（ACMI）、ACMI和SBS电视台的写字楼、工作室、画廊等，以及众多的餐馆、咖啡馆和商铺。

联邦广场是维多利亚州最精密、最庞大的建设项目之一，结合了先进前卫的建筑设计，是整个墨尔本城新鲜活力的展示中心。

11栋建筑可以用诡异奇特来形容，大面积不规则、不平行的构图，突兀的外观让人感觉像是没完工或者是随意搭建的积木造型。

整个设计使广场与多样的城市肌理和周围的景观建立起一种明确并富有变化的联系的同时，满足多种形式的配置和安排布局，包括从集散15 000人的大型公共场地到提供休息和思考的私密空间。

4. 日本博多运河城：日本最成功的大型商业中心之一

项目位于九州最大的商业中心天神地区和交通枢纽博多车站之间，是日本最成功的大型商业中心之一，体现了日本策划与美国设计的完美结合，开创了日本综合Shopping Mall的全新理念和业态，为日本大型综合商业设施的开发提供了里程碑式的借鉴模板。

设计没有采用追求建筑物本身形态美的手法，而是重视在建筑物之间的衔接处人们如何行动以及建筑物与城市之间的关系。

在商业布局的营造上，运河城首先突出了运河特色，它以南北流向的人工运河为中心，集中设置游艺、商店、餐饮、电影院、音乐厅及饭店。

由于运河城周边是曲线道路，设计师将所有沿街立面处理成与道路一致的弧线，在增加空间与面积的同时最大限度地保持了与地块周边的和谐。

在排列着曲线优美、色彩艳丽的建筑群中央，约180米长的运河缓缓流淌，同时还有富有冲击力的喷泉表演来展现时光的流逝。

5. 德国柏林波茨坦广场：柏林著名的游览场所之一

最初的波茨坦广场只有一个十字路口，之后在这里建起了波茨坦火车站，从而发展成为柏林市繁华中心区域，发展成交通最繁华的地区之一，也成了都市生活的代名词。

周围城市景象生动活泼而又多姿多彩。在高大宏伟的现代化建筑里，餐厅、购物长廊、剧场和电影院形成了一种独特的大融合。

项目最大的特色在于对雨水的利用：将适宜建设绿地的建筑屋顶全部建成"绿顶"，利用绿地滞蓄雨水，一方面防止雨水径流的产生，起到防洪作用，另一方面增加雨水的蒸发，起到增加空气湿度、改善生态环境的作用。

波茨坦广场承载着东、西柏林分裂而遗留的历史创伤。薄沙般浅浅的流动台阶在微风拂动下，形成波光粼粼的韵律表面，为人们提供更多的亲水、戏水乐趣。城市水景设计使得波茨坦广场成为柏林著名的游览场所之一。

6. 美国纽约新世界贸易中心：北美最环保节能的典范建筑之一

纽约新世界贸易中心是"9·11"事件后在世界贸易中心遗址上重新建造的建筑群，在新世界贸易中心地下的纽约地铁最大换乘枢纽也已启用。枢纽站连通11条地铁线、铁路系统、渡船码头。站内有高耸、光线明亮的中庭，整个枢纽站与商业街成为曼哈顿下城一个标志性的公共空间。

项目包括6栋建筑物、1个纪念博物馆、1个交通枢纽，并配套多个公共设施。其中世界贸易中心一号楼、世界贸易中心四号楼、世界贸易中心七号楼、国家纪念馆与博物馆已完成重建并对外开放，整个地区建成后将重塑曼哈顿岛的金融商业中心。

建筑按照LEED金质标准设计建造，在节能、节水、减少二氧化碳排放、室内环境质量、能源管理等方面达到全球典范水平，空调系统方面采用哈德逊河水制冷供暖，过渡季节采用河水实现自然冷却。

作为北美最环保节能的典范建筑之一，每一层都采用了麦克维尔水冷整装柜式空调机组，自带冷热源，并配有变频驱动器和进出风消声器，采用对臭氧层无任何破坏的R410A环保制冷剂，室内机采用VAV变风量送风装置，机组还自带了McQuay MicroTech-Ⅲ控制，非常方便接入楼宇自动控制系统。

7. 日本大阪：交通与城市功能的无缝贴合

该项目一期工程于2013年建成，包括3栋170多米高的塔楼、1栋130多米高的塔楼以及8层的商业设施裙房。

项目南接大阪车站，东面是阪急梅田车站，西面隔着规划二期用地与新梅田中心遥相呼应。一期总占地面积约8.6公顷，总建筑面积约40万平方米。通过大阪车站的大台阶可以直接步入日均客流量250万人左右的梅北广场，人流被引入地下商场。

一条长约500米，主干道宽6米的立体空中走廊，贯穿南北馆等商业核心区域。南馆商业裙房中有200多间商铺，"知识资本区"作为一期开发的核心设置在北馆，可为约3 000人提供学习、研究、交流、办公的场所。

购物中心外立面设有富有动感和柔和的线条，将水的意向阐述得淋漓尽致。配置的各种灯光，在夜晚呈现不一样的光影效果。

项目改变了这一地区以往仅以交通枢纽功能为主的单一性，为该地区增添了崭新的魅力与活力。

8. 香港国际金融中心：永不陨落的香港地标

该项目开发总建筑面积43.6万平方米，分两期完成。一期是办公大厦，楼高210米，地上38层，地下4层，每日约有5 000人在此工作；二期88层、高420米，可容纳15 000人。

国际金融中心商场（IFC Mall）连接机场快线香港站大堂，并将国际金融中心其余三个部分连接在一起，地上4层，占地80万平方米，汇聚超过200家国际品牌商户。

此外，国际金融中心底层连接中区行人天桥系统，连接邻近建筑物包括交易广场、香港邮政总局及中环码头。在地面则设有有顶的公交车总站、出租车站及停车场等交通设施。

建筑外墙均为玻璃幕墙，顶层设计为皇冠式和象牙形装饰，晚间由投射灯照射，被誉为

"永远不陨落的香港地标"。

9. 日本涩谷 Hikarie：8 条轨道交通线聚集的文化创意基地

涩谷位于东京市区，这里汇聚了 8 条轨道交通线，是日本著名的交通中枢，也是集合了商业、办公、文化等复合功能的地区。

涩谷 Hikarie 从地下 4 层至地上 34 层的崭新外观吸引着人们的眼球，购物中心"ShinQs"（地下 3 层 – 地上 5 层）中约有 200 家店铺，其中 4 成以上是日本第一店乃至世界第一店，都是十分罕见的稀有品牌。仅涩谷首家的店铺就占到 7 成以上的 ShinQs 可以说处处散发着独特魅力。

近年来，涩谷作为年轻人的聚集地，成为各种新文化的发源地，在全世界享有盛誉。

在时尚、设计、音乐领域，涩谷具有很高的文化集聚效应，其作为文化创意基地制造出的新潮流无疑增加了整个东京的魅力。

10. 香港港铁九龙站上盖 Union Square：四大名企联合开发

项目为港铁九龙站一个综合商住开发计划，集住宅、写字楼、商场、酒店设施于一体。由港铁公司联同九龙仓、恒隆、永泰控股、新鸿基合作开发。

开发总面积达 109 万平方米，包括 18 座住宅大厦及 2 座混合用途的建筑（包括住宅、酒店及服务式住宅），提供 5 866 个住宅单位；一家豪华酒店及 72 472 平方米服务式住宅；一幢 118 层高的环球贸易广场，其中包括 231 778 平方米的甲级写字楼及香港丽思·卡尔顿酒店，并附设天际 100 观景台。

大型购物商场面积达 100 万平方米，包括一所 1 050 平方米的幼儿园，各种公交车站点、出租车及私家车落客处，以及约 5 600 个车位，此外顶层平台设占地 70 万平方英尺的公共空间及休憩绿化区。

资料来源：赢商网，http://www.winshang.com。

问题：结合案例，谈一谈城市轨道交通综合体有哪些旅游开发资源和优势。

模块五总结与复习：

1. 旅游景区策划的概念、内容、原则与流程。
2. 旅行社营销策划的概念、特点。
3. 旅行社产品销售渠道、营销手段与策划。

4. 进行旅游线路设计。
5. 旅游饭店产品在不同生命周期阶段的特点及营销策略。
6. 旅游饭店的定价方法。
7. 旅游饭店产品的分销渠道。
8. 旅游饭店主要的促销策略。
9. 旅游交通营销策划的概念、程序和方法。
10. 掌握旅游交通营销策划的体系构建。
11. 自驾游的含义、发展特点与主要问题。
12. 自驾游注意事项。

实训活动：结合所学，以小组为单位设计旅游线路，并策划相关的旅游景点、旅游饭店、旅游交通等相关信息。

参 考 文 献

[1] 〔美〕菲利普·科特勒. 市场营销管理（亚洲版）[M]. 北京：中国人民大学出版社，2001.
[2] 〔美〕菲利普·科特勒，等. 旅游市场营销[M]. 谢彦军，译. 北京：旅游教育出版社，2002.
[3] 〔英〕维克多·米德尔顿. 旅游交通实务[M]. 向萍，译. 北京：中国旅游出版社，2001.
[4] 〔澳〕唐·约翰逊. 旅游业市场营销[M]. 张凌云，马晓秋，译. 北京：电子工业出版社，2004.
[5] 〔英〕维克多·米德尔顿. 旅游营销学[M]. 北京：中国旅游出版社，2001.
[6] 吴金林，李丹. 旅游市场营销[M]. 北京：高等教育出版社，2010.
[7] 马勇，刘明俭. 旅游市场营销管理[M]. 大连：东北财经大学出版社，2011.
[8] 谷慧敏. 旅游市场营销[M]. 北京：旅游教育出版社，2010.
[9] 梁智. 旅行社运行与管理[M]. 大连：东北财经大学出版社，2014.
[10] 陈永发. 旅行社经营管理[M]. 北京：高等教育出版社，2008.
[11] 陈锋仪，王莉霞，库瑞. 旅行社经营与管理案例分析[M]. 天津：南开大学出版社，2004.
[12] 〔美〕尼尔·沃恩. 饭店营销学[M]. 程尽能，译. 北京：中国旅游出版社，2001.
[13] 〔美〕罗伯特·刘易斯. 酒店市场营销和管理案例[M]. 大连：大连理工大学出版社，2005.
[14] 陈淑君. 饭店经营竞争研究[M]. 北京：经济科学出版社，1999.
[15] 王文君. 饭店市场营销原理与案例研究[M]. 北京：中国旅游出版社，1999.
[16] 吴国清. 旅游线路设计[M]. 北京：旅游教育出版社，2015.
[17] 原群. 旅游规划与策划全真案例[M]. 北京：旅游教育出版社，2014.
[18] 〔英〕布莱恩·鲍尼费斯，〔英〕克里斯·库珀. 世界旅游目的地经营管理案例[M]. 孙小珂，等，译. 沈阳：辽宁科学技术出版社，2009.

[19] 赵轶. 市场营销（第二版）[M]. 北京：清华大学出版社，2014.
[20] 梁晓萍，胡穗华. 市场营销（第二版）[M]. 广州：中山大学出版社，2010.
[21] 黄浩，钟大辉. 市场营销学[M]. 成都：西南财经大学出版社，2009.
[22] 李国秋，吕斌. 企业竞争情报理论与实践[M]. 北京：清华大学出版社，2011.
[23] 吴健安，钟育赣. 市场营销学（应用型本科版）[M]. 北京：清华大学出版社，2015.
[24] 雷银生. 企业战略管理教程（第二版）[M]. 北京：清华大学出版社，2010.
[25] 徐汉文，袁玉玲. 市场营销策划（第二版）[M]. 北京：清华大学出版社，2014.
[26] 黄聚河. 营销策划——理论与实务[M]. 北京：清华大学出版社，2013.
[27] 谢彦君. 基础旅游学[M]. 北京：中国旅游出版社，2004.
[28] 赵西萍，黄越，张宸路. 旅游市场营销学[M]. 北京：高等教育出版社，2001.
[29] 刘德光. 旅游市场营销学[M]. 北京：旅游教育出版社，2002.
[30] 韩勇，丛庆生. 旅游业市场营销学[M]. 北京：北京大学出版社，2006.
[31] 宋国琴. 旅游营销学[M]. 杭州：浙江大学出版社，2016.
[32] 王成慧. 旅游营销案例[M]. 天津：南开大学出版社，2016.
[33] 陈婷婷. 基于特殊生命周期的旅游产品价格组合策略[J]. 合作经济与科技，2011（12）.
[34] 高峰. 旅游网络营销渠道策略分析[J]. 人民论坛，2010（5）.
[35] 夏晶. 我国旅游业市场营销策略分析[J]. 商业研究，2002（4）.
[36] 张运生. 旅游产品生命周期理论研究[D]. 河南大学，2008.
[37] 谢彦君. 旅游体验研究[M]. 天津：南开大学出版社，2006.
[38] 伍大勇. 市场营销[M]. 石家庄：河北大学出版社，2010.
[39] 冯开红. 营销策划实务[M]. 北京：科学出版社，2012.
[40] 熊越强，张海涛. 公共关系学[M]. 上海：上海交通大学出版社，2015.
[41] 〔美〕菲利普·科特勒，〔美〕约翰·T·鲍文，〔美〕詹姆斯·C·麦肯斯. 旅游市场营销（第六版）[M]. 谢彦君，李淼，等，译. 北京：清华大学出版社，2017.
[42] 罗兹柏，蒋述东，陈静，王志芬. 旅游市场营销[M]. 上海：格致出版社，上海人民出版社，2013.
[43] 李天元，曲颖. 旅游市场营销[M]. 北京：中国人民大学出版社，2017.
[44] 李博洋，陈志刚. 旅游市场营销[M]. 北京：清华大学出版社，2014.
[45] 李婉娜. 众创背景下辽宁旅游产业发展与创新人才建设SWOT分析[J]. 辽宁经济，2017（9）.
[46] 董倩. 基于ASEB分析的沈阳故宫体验式旅游研究众[J]. 太原城市职业技术学院学报，2017（12）.